KB052201

제2판

Understanding the Management Information

경영정보의 이해

차훈상 · 홍일유

法文社

오늘날 디지털 기술은 개인의 삶은 물론 기업의 비즈니스 활동이 수행되는 방식을 근본적으로 변화시키고 있다. 디지털 기술의 이용으로 시간과 공간의 장벽이 무너지고, 물리적 이동 없이 유연한 대응이 실현됨은 물론, 이전에는 상상하기 어려웠던 새로운 혁신과 창의적 문제해결이 가능해지면서 기업들은 디지털 기술에서 새로운 비즈니스 기회를 발견하고 있다. 반면, 최근 정보 및 통신기술의 급속한 발전으로 인해 글로벌화가 가속화되고, 개인정보 유출로 인한 기업위기 발생위험이 증가하며, 비즈니스 환경이 점차 복잡해지는 추세를 나타내는 등 위협요인도 등장하고 있다. 이에 따라 경영자들은 이와 같은 경영압박 요인들을 효과적으로 대응해 나가야 하는 과제를 안고 있다.

본서는 이러한 시대적 요구에 대한 해답으로 기획 및 집필되었다. 미래 경영자이기도 한 학생들이 최근 디지털 기술발전의 동향을 파악하고 나아가 이들 기술이 기업의 비즈니스 활동에 미치는 영향을 이해할 수 있도록 하는데 역점을 두었다. 특히, 최근 기업들에게 관심을 모으고 있는 빅데이터, 사물인터넷, 인공지능, 클라우드 컴퓨팅, 소셜미디어 등 신기술을 소개하며 향후 이들 기술이 기업에서 어떤 역할을 담당할 수 있는지 조명하였다.

이미 국내 대학교재 시장에는 수많은 경영정보시스템 서적들이 존재한다. 그러나 이들 대부분이 정보기술에 관한 기본 이해가 있는 독자들을 타겟으로 전문적인 내용을 전개하고 있어, 경영학이나 정보기술 분야를 접해보지 않은 입문자들에게는 간혹 이해하기가 어려운 측면이 있었다. 본서는 급변하는 경영환경 속에서 정보기술의 주요 동향 및 정보기술이 담당하는 역할을 초보자에게도 부담이 없도록 최대한 풀어 설명함과 동시에 흥미를 유발할 수 있는 학습기법들을 적용함으로써 본문 내용을 쉽게 이해하는데 도움이 될 수 있도록 하였다.

구체적으로 본서는 다음과 같은 형식 및 내용면의 특징을 가지고 있다.

형식면의 특징

- 이론의 단순한 나열보다는 요점을 중심으로 개념 및 추세를 소개하였다. 또 학생들이 이해하기 용이하도록 가능한 한 쉬운 표현으로 내용을 설명하였다.

- 독자들의 이해를 돕기 위해 사진과 그래픽 등 예시 자료를 최대한 활용하였다.
- 독자들의 흥미를 유발할 수 있도록 다음과 같은 내용들을 각 장마다 포함시켰다.
  - 들어가기: 미니 사례를 통한 각 장의 주제나 개념에 대한 사전 소개
  - 쉬어가기: 본문에서 나오는 어려울 수 있는 개념이나 용어 등에 대한 부연 설명
  - 핵심 체크: 각 장에서 공부한 내용을 확인할 수 있는 핵심문제
  - 요약: 각 장의 핵심 내용에 대한 최종 요약
  - 현장 사례: 각 장의 주제와 관련한 정보기술을 실세계에서 적용한 과정에 대해 심층 분석할 수 있는 기업 응용 사례

내용면의 특징
- 경영정보의 이해를 돕기 위해 본서는 다음과 같이 2부로 구성되어 있다.
  - **제1부 최근 정보기술의 동향:**
  오늘날 비즈니스 패러다임의 근본적인 변화를 가져온 디지털 혁명에 대해 소개하며, 이를 기반으로 최근 화두가 되고 있는 4차 산업혁명이 무엇이며 이를 견인하는 다양한 지능 정보 기술들을 살펴본다. 특히 독자들은 정보의 보고라 불리는 빅데이터의 활용 기술, IT 자원을 보다 효율적으로 활용할 수 있는 클라우드 컴퓨팅 기술, 소셜미디어의 활용기술 등에 대해 알아볼 수 있는 기회를 가지게 된다.
  - **제2부 정보기술이 기업에 미치는 영향:**
  기업들이 급변하는 정보화 사회에 대응하기 위해 도입하는 다양한 정보기술들을 소개한다. 특히, 전사적 데이터 및 자원 관리 시스템, 이를 확장한 외부 공급망 관리 시스템, 고객 관리 시스템, 지식 자원 관리 시스템 등이 무엇인지 알아보고 이들이 각각 기업에 어떤 중요한 영향을 미치는지에 대해 알아본다. 또한, 인터넷을 통한 온라인 비즈니스의 중요성을 고려해, 새롭게 달라지고 있는 e-커머스와 이를 뒷받침하는 컴퓨터 보안 및 프라이버시의 중요성에 대해서도 소개하였다.

항상 빠르게 변화하는 경영정보 분야에 대한 최신 지식을 담으려다 보니 준비기간이 충분하지 못하고 아쉬운 부분도 남아 있다. 부족한 부분들은 여러 독자들의 도움을 받아 끊임없이 보완해 나갈 생각이다.

또한 주변 여러 사람들의 헌신적인 노력이 없었다면, 이 책은 완성되기 어려웠을 것이다. 특히 책의 개념 단계부터 최종 단계까지 치밀한 기획, 편집 및 교정 작업으로 책의 가치를 높이는데 기여해 주신 법문사 편집부 노윤정 차장 및 영업부 유진걸 과장께 감사드린다.

2023년 2월
공저자 씀

차 례

제5장 소셜미디어가 만드는 세상

제2부 정보기술이 기업에 미치는 영향

제6장 전사적 데이터 관리

제9장 새로운 시대의 e-커머스

제10장 컴퓨터 보안과 프라이버시

제 1 부

최근 정보기술의 동향

디지털 혁명과 정보기술

20년 걸려 '디지털 트윈' 완성한 지멘스…생산량 15배·품목 20배

▲ 토마스 슈미드 한국지멘스 DI 대표

"생산공정 최적화를 위해 모든 공정을 디지털화한 스마트공장은 선택이 아니라 필수입니다." 토마스 슈미드 한국지멘스 DI 대표(사진)는 지난 1일 한국경제신문과의 인터뷰에서 "설계부터 서비스까지 모든 공정을 최적화하기 위해선 '디지털트윈' 기술이 필요하다"며 이렇게 말했다.

1847년 독일 뮌헨에서 설립된 지멘스는 19~20세기 산업용 기술 개발을 주도한 기업이다. 1879년 경전철을 시작으로 심장박동기, 실시간 진단 초음파 기계, 컬러 액정휴대폰 등이 모두 지멘스 기술력으로 탄생했다. 2000년대 들어 DI(디지털 인더스트리), 에너지, 헬스케어 등으로 사업 영역을 재편했다.

디지털트윈은 현실 세계의 일부분을 가상 세계에 구현한 것으로, 지멘스 DI부문이 주력하는 기술로 꼽힌다. 쌍둥이처럼 똑같은 세계가 두 곳에 존재한다는 점 때문에 '트윈'(쌍둥이)이라는 이름이 붙었다. 컴퓨터 속 가상 세계 시뮬레이션으로 현실을 분석·예측해 발생할 수 있는 문제점을 파악하는 데 사용한다.

지멘스는 제조 현장에 디지털트윈 기술을 폭넓게 적용하고 있다. 1989년 독일 바이에른주 소도시 암베르크에 조성된 1만㎡(3,000여 평) 규모의 지멘스 공장은 디지털트윈이 적용된 스마트공장으로, 관련 기술을 연구하는 사람이라면 반드시 들러야 할 '성지'로 꼽힌다.

슈미드 대표는 정보기술(IT)과 운영기술(OT)의 결합이 디지털트윈의 핵심이라고 설명했다. 그는 "과거엔 제품 설계와 제조 과정의 데이터가 분리돼 있었다"며 "디지털트윈을 통해 IT와 OT를 연결하면 설계부터 생산에 이르는 과정을 시뮬레이션할 수 있어 신제품 출시 기간이 획기적으로 단축된다"고 말했다.

'디지털 대전환'을 주도하는 독일 지멘스의 대표작인 '디지털 트윈'. 실제 공장과 똑같은 형태의 가상공장을 컴퓨터에 구현해 가상세계 시뮬레이션으로 실제 생산 현장의 활동을 분석·예측할 수 있도록 했다.

지멘스의 경쟁력을 묻는 질문엔 '소프트웨어 기술'이란 답이 돌아왔다. 그는 "IT와 OT 통합을 위해 10년간 소프트웨어 관련 기업 인수에만 100억유로 이상을 투자했다"고 말했다. 이어 "세계에서 디지털트윈을 사용하고 있는 기업 비중은 현재 11%지만 3년 안에 34%까지 3배 이상으로 성장할 것"이라고 강조했다.

지멘스는 국내 기업과의 협력에도 박차를 가하고 있다. 지난해 말엔 LG에너지솔루션과 '제조 지능화 공장' 구축 협약을 체결했다. LG에너지솔루션과 미국 제너럴모터스(GM)의 합작법인인 얼티엄셀즈 제2공장에 디지털트윈 기술을 적용해 배터리 생산 기술을 고도화할 계획이다.

▲ '디지털 대전환'을 주도하는 독일 지멘스의 대표작인 '디지털 트윈'. 실제 공장과 똑같은 형태의 가상공장을 컴퓨터에 구현해 가상세계 시뮬레이션으로 실제 생산 현장의 활동을 분석·예측할 수 있도록 했다.

한국지멘스는 지난달 29일 서울 강남에 디지털 엔터프라이즈 체험센터(KDEXc)를 열었다. 한국지멘스는 이곳을 국내 기업·대학 등의 디지털 전환 관련 협업을 위한 공간으로 활용한다는 계획이다. 슈미드 대표는 "한국 기업은 다른 국가에 비해 스마트공장 숫자가 훨씬 빠르게 증가하고 있다"며 "특히 탄소 배출을 비롯한 친환경 공정 솔루션 관련 논의를 활발하게 진행하고 있다"고 말했다.

출처: 한국경제신문, 2022. 7. 3

1 디지털 혁명

디지털 혁명의 개념

디지털 혁명이란 기계 및 아날로그 기술에서 디지털 기술로의 변화를 뜻한다. 이러한 변화의 물결은 디지털 컴퓨터가 기업에 도입되기 시작한 1950년대에 시작되었다. 이 용어는 20세기 후반들어 디지털 컴퓨터 및 통신기술에 의해 초래된 대규모 변화를 뜻하기도 한다. 농업혁명 및 산업혁명과 마찬가지로, 디지털 혁명은 정보화 시대의 시작을 가져온 전환점이기도 하다.

▲ 정보기술은 오늘날 우리사회에 큰 변화의 바람을 일으키고 있다.

디지털 혁명을 불러온 배경에는 디지털 기술의 등장이 중요한 몫을 담당했다. 20세기 후반에 마이크로프로세서 기술과 이를 기반으로 한 개인용 컴퓨터(즉 PC) 기술의 끊임없는 개발을 통해 컴퓨터 성능은 지속적인 발전을 거듭해 왔다. 이러한 기술적 변화의 흐름에 힘입어 컴퓨터 기술은 디지털 컴퓨터는 물론 카메라, 개인용 음악재생기기 등 다양한 정보기기에 내장되기에 이르렀다. 한편, 컴퓨터 네트워킹, 인터넷, 디지털 방송 등과 같은 디지털 전송기술은 마이크로프로세서 기술 못지않게 정보화에 중요하게 기여했다. 특히, 디지털 휴대전화 기술은 시간과 공간의 장벽을 초월해 오락, 의사소통, 그리고 정보공유를 가능하게 함으로써 디지털 혁명에서 매우 중요한 역할을 수행하였다.

사회 및 경제에 미친 영향

▲ 트위터 등 소셜미디어는 최근 중국에서 시민들이 정부의 강압적인 코로나 봉쇄정책에 대항해 백지 시위를 전개하며 이를 전세계에 알리는데 크게 기여하였다.

디지털 혁명은 우리 사회 및 경제에 다양한 긍정적인 효과를 가져왔다. 우선 사회에 미친 영향을 살펴보면, 이용자들이 보다 쉽게 서로 연결되고, 커뮤니케이션이 수월해짐은 물론, 이전보다 정보가 보다 원활하게 공개되고 공유되었다. 미키오 카쿠는 자신의 저서 '미래의 물리학'에서 1991년의 구소련 붕괴는 팩스기기 및 컴퓨터 등 정보노출을 가능하게 한 기술의 등장에 크게 기인했다고 주장한다. 최근에 와서는, 2000년대 접어들어 빠르게 확산된 소셜 네트워킹 서비스(특히, 페이스북, 트위터 등)와 스마트폰 기술이 상당한 정치적 변화를 가능하게 했다. 특히, 중국에서는 시민들이 자국 정부의 강압적인 코로나 봉쇄정책에 대항해 백지 시위 등 민주화 운동을 전개하며 이를 전세계에 전파해 나가는데 정보기술이 중요한 역할을 담당하였다.

한편, 디지털 혁명의 경제적 영향은 실로 지대하다. 예를 들어, 월드와이드웹(WWW)이 없었다면 글로벌화와 범세계적 아웃소싱(즉 외주)은 오늘날과 같이 널리 확산되기 어려웠을 것이다. 디지털 혁명은 개인들과 기업들이 서로 소통하는 방식을 근본적으로 변화시켰다. 중소기업들은 갑자기 해외 대규모 시장을 접근하는 것이 가능해졌다. 맞춤형 서비스 및 제조능력과 더불어 급속한 기술비용 하락은 우리 사회의 여러 부문에서 혁신을 가능하게 했다. 이러한 변화의 흐름 가운데, 디지털 기술은 기업들의 생산성 및 비즈니스 성과를 크게 증대시켜 주고 있다.

반면, 디지털 혁명의 이면에는 부정적 영향도 발견되고 있다. 이를테면, 정보 과부하, 인터넷 사기, 사회적 고립 등이 그것이다. 미국의 뉴스매체들에 대한 최근 조사에서, 응답한 매체들의 65%가 인터넷이 저널리즘에 도움이 되기보다는 해악요소로 작용한다고 응답했다. 즉, 인터넷 자체에 여과기능이 부재하기 때문에 아마추어든 프로든 누구나 글을 작성할 수가 있고, 그로 인해 정제되지 못한 정보가 범람하고 이용자들 간의 비방현상이 빈번하게 발생할 수 있다.

▲ 오늘날 인터넷, 웹, 소셜미디어 등의 기술은 세계를 하나로 만들어주고 있으며, 기업들에게도 새로운 비즈니스 기회를 열어주고 있다.

일부 경우에는, 기업 구성원들이 휴대 정보기기 및 업무용 컴퓨터를 개인용(가령, 이메일, 인스턴트 메시징, 컴퓨터 게임 등)으로 이용하는 현상이 보편화됨에 따라 이들 기업의 생산성도 저하되고 있는 것으로 나타나고 있다. 이에 따라 디지털 기기의 비업무적 이용을 막으려는 기업들은 직원들의 키보드 입력이나 정보 이용을 감시하는 경우도 있어 프라이버시 침해 우려를 낳기도 한다.

극복하여야 할 과제들

디지털 혁명은 우리 사회에 정보의 편리한 접근 등 수많은 혜택들을 가져다 주는 반면, 여러 우려사항들도 불러오고 있다.

프라이버시 이슈

디지털 혁명이 진행되는 동안 프라이버시는 주된 관심사안으로 등장했다. 방대한 양의 다양한 정보를 저장하고 활용할 수 있게 됨으로 말미암아 개인의 활동 및 관심을 추적할 수 있는 가능성이 열리게 되었다. 자유주의자들 및 프라이버

▲ 디지털혁명은 정보접근의 용이성으로 인해 우리사회에 프라이버시 침해와 같은 역기능을 불러올 수 있다.

시 옹호자들은 개인 정보를 자동으로 감시하고 모니터링하는데 대한 우려를 나타내기 시작했다. 이들은 중앙집중적 권력구조가 국민을 통제하는 사회, 즉 조지오웰이 예견했던 미래 사회가 현실화될까 두려워한다. 소비자 및 노동 관련단체들은 이렇게 비자발적으로 수집 및 공유된 개인정보를 바탕으로 채용 혹은 대출승인 결정시 차별하거나, 근로자 행동 및 대화 내용을 모니터링하며 이득을 취하는 기업들 행위에 반대해오고 있다.

콘텐츠 규제 이슈

인터넷, 특히 1990년대 등장한 웹(WWW)은 커뮤니케이션 및 정보공유의 새로운 길을 열어주고 있다. 정보를 글로벌 규모로 쉽고 빠르게 공유할 수 있는 능력이 생겨 새로운 차원의 언론자유가 나타났다. 개인들과 조직들은 어떤 주제에 대해서라도 글로벌 청중을 향해 별비용을 들이지 않고 정보를 출판할 수 있는 능력을 갑자기 갖게 됐다.

대형 온라인 협업 프로젝트(가령, 위키피디아, 오픈소스 소프트웨어 등)가 생겨나고, 또 유사

▲ 인터넷의 유해콘텐츠가 미성년자들에게 노출되는 것에 대한 우려가 점차 늘고 있다.

한 관심을 가진 사람들이 모인 가상 커뮤니티(가령, 온라인 카페, 페이스북, 트위터 등)이 우리 사회의 주된 소통공간으로 자리잡고 있다. 뿐만 아니라, 중소기업들은 글로벌 무대에서 제품이나 서비스를 판매하는 것이 가능해졌다.

반면, 사회 및 종교기관들은 물론 특정 관심집단들도 인터넷상의 다수 콘텐츠가 논란의 대상이 됨은 물론 심지어 위험하기까지 하다는 점을 확인했다. 특히 미국의 경우 다수 부모들과 종교기관들은 포르노 콘텐츠가 미성년자들에게 노출되고 있는데 대해 우려하고 있다. 뿐만 아니라, 아동 포르노, 폭탄 제조법, 테러행위 등과 같은 주제에 관한 정보가 범람하고 있어 이에 대해 걱정하는 사람들이 늘고 있다. 이러한 우려는 인터넷 및 웹에 대한 검열 및 규제에 대한 필요성의 제기로 이어지고 있는 추세이다.

저작권 및 상표 침해이슈

▲ 영화, 음악 등 디지털 제품은 유통이 용이해 저작권 침해우려가 증가하고 있다.

디지털 혁명이 이행되는 과정에서 저작권 및 상표와 관련한 이슈들이 제기되고 있다. 소비자들이 저작권이 보호된 작품(특히 음악, 영화, TV콘텐츠 등)을 복제해 유통시키는 것이 점차 쉬워지고 있는 추세이다.

프라이버시, 저작권, 검열 및 정보공유와 관련하여 디지털 혁명은 논쟁의 여지를 남기고 있다. 디지털 혁명이 진행되어 감에 따라, 우리 사회가 그동안 얼마나 그 영향을 받았으며 또 미래에는 얼마나 영향을 받게 될지 불분명하다.

디지털 기술이 발전하면서 불법 복제의 탐지가 더 어려워지게 되므로, 디지털 문서의 신뢰성에 의문이 제기될 수 있다. 역사학적인 관점에서 볼 때, 인류역사 상당부분이 현존하는 기록문서를 통해 밝혀져 왔다. 디지털 기록은 생성은 물론 삭제나 수정도 용이하기 때문에, 그 법적인 효력도 종이기반의 기록보다 더 낮을 수밖에 없다.

삼성전자가 웨어러블 기기 기반 재활환자 재택치료 서비스 상용화에 한발 더 다가섰다. 하드웨어와 소프트웨어를 넘나드는 기술 경쟁력을 토대로 차세대 디지털 헬스케어 시장을 선도한다는 전략이다.

27일 삼성전자에 따르면 미국법인 디지털헬스팀을 이끌며 심장질환 재택 재활 프로그램 '삼성 하트와이즈' 프로젝트를 진행중인 리키 최 스탠포드대학교 임상조교수는 최근 삼성 뉴스룸과의 인터뷰에서 "우리의 목표는 환자들이 의료진과 정기적으로 접촉하면서 일정한 부분의 재활을 스스로 집에서 할 수 있도록 하는 기술적 도구를 찾는 것"이라고 밝혔다.

최 교수는 "우리의 역할은 반드시 직접적이고 일차적인 헬스케어 제공자가 아닐지라도 기술적으로 헬스케어를 하는 것이 가능하도록 보조하는 것"이라며 "기존 헬스케어 시스템 절차를 건너뛰는 것이 아니라 환자가 집에서 편안한 방식으로 재활할 수 있게 하고, 헬스케어를 받을 수 있는 환자의 수를 확대할 수 있을 것"이라고 덧붙였다.

하트와이즈 프로젝트는 삼성전자가 미국 헬스케어 전문 기업 카이저 퍼머넌트와 공동 개발하고 있는 재택 재활치료 프로그램이다. 만성 심장 질환을 앓고 있는 카이저 퍼머넌트 환자들이 삼성전자 웨어러블 기기를 사용해 기록한 심박수, 걸음수, 운동시간 등을 기반으로 집에서 편리하게 환자의 심장 상태를 모니터링 하는 등 재활을 할 수 있도록 돕는다.

이 프로그램은 다양한 임상 연구 등을 통해 효과를 입증하며 상용화에 다가서고 있다. 지난 8월 미국의학협회저널에 게재된 논문에 따르면 하이트와이즈로 재택 재활을 시행한 환자들의 재입원율은 기존 재활센터에서 치료를 받은 환자들보다 18.2% 낮았다. 본격 임상을 시작한 지난 2019년부터 1만3,000명 이상 환자들의 재활 과정을 모니터링하고 2,500명 이상의 임상 참가자를 확보해 얻은 결과다.

하트와이즈 프로젝트 구현의 핵심은 삼성전자가 가진 스마트폰과 웨어러블 기기 등 모바일 경쟁력이다. 삼성 갤럭시 워치와 스마트폰 내 워치 앱 등 디지털 솔루션을 기반으로 하기 때문이다. 갤럭시 워치는 바이오센서 데이터를 수집해 환자에 활동 가이드를 제시하고, 의료진은 환자가 입력한 주요 정보와 결과를 토대로 치료 경과를 살핀다.

최 교수는 "심장의 상태나 수술 여부에 따라 재활 프로그램이 필요한 환자들이 있지만 실제로 모든 환자들이 재활센터 기반 프로그램에 참여하는 것은 현실적으로 어렵다"며 "재활센터 기반의 여러 프로그램은 물리적, 인적 자원의 제약이 있는데, 집에서 할 수 있는 환자 참여도가 높은 프로그램은 이런 문제들을 해결해줄 것"이라고 강조했다.

매튜 위긴스 삼성리서치 아메리카 헬스솔루션랩 소장은 "웨어러블 기술로 가능한 것이 무엇인지, 그리고 웨어러블 기술이 어떻게 현실의 임상 절차에 통합될 수 있는지가 디지털 헬스의 미래를 가능하게 할 결정적인 요소라고 생각한다"며 "이 모든 과제들을 성공적으로 헤쳐 나가고 있는 혁신적인 파트너십의 일원이라는 것이 자랑스럽다"고 전했다.

출처: The Guru, 2022. 11. 27

정보기술 발전의 트렌드

▲ 소득격차나 지리적 격리 등으로 인한 정보기술 활용도의 격차는 점차 중요한 이슈로 부상하고 있다.

'80년대 초 인텔 및 마이크로소프트사가 함께 주도해온 소위 PC 혁명은 전통적 사회에서 정보화 사회로의 전환을 크게 가속화시킨 것으로 평가되고 있다. 특히 '90년대 들어 전 세계를 하나로 잇는 인터넷 및 월드와이드웹 기술이 개인은 물론 조직에도 급속하게 확산됨에 따라, "손바닥 안에 모든 정보를!"(Information at your finger tips)이라는 캐치프레이즈는 이제 흔히 들을 수 있는 문구가 되었다.

이러한 컴퓨터 및 통신 기술의 급속한 발전에 힘입어, 최근의 정보화 트렌드는 다음의 세 가지 방향으로 진전되어 왔다. 첫째는 컴퓨터 하드웨어의 눈부신 발전으로 성능이 크게 향상된 반면, 컴퓨터의 가격은 매우 낮은 수준으로 떨어져 컴퓨터의 구입이 훨씬 용이해졌다는 점이다. PC의 급속한 가격하락으로 누구나 큰 경제적 부담 없이 컴퓨터를 구입할 수 있게 된 것이다. 그러나 컴퓨터의 보급이 늘어남에도 불구하고, 정보기술 혜택을 누리는 층과 누리지 못하는 층간에 존재하는 정보격차(digital divide) 현상은 점차 심각한 사회적 이슈로 부상하고 있는 추세이다. 우리나라에서도 소득격차 또는 지리적 격리 등으로 인해 존재하는 정보격차의 해소를 위해 정부 및 민간차원에서 대응을 하고 있다.

둘째, 광대역(broadband) 통신 인프라의 구축으로 컴퓨터간의 상호접속이 수월해지고 세계 어느 곳에 있는 정보든지 자유자재로 접근할 수 있게 되었다. 컴퓨터가 정보의 처리 및 저장을 담당하는 주요 수단이라고 한다면, 통신망은 컴퓨터에 저장된 정보처리 결과를 지리적으로 떨어져 있는 이용자에게 전달하기 위한 주요 수단이다. 따라서 컴퓨터가 아무리 성능이 좋아진다 해도 컴퓨터와 컴퓨터간을 연결하는 고속도로가 없다면 컴퓨터의 잠재력은 제한을 받을 수밖에 없다. 우리나라는 최근 들어 초고속통신망을 위시한 정보고속도로(information superhighway)가 구축됨에 따라, 컴퓨터만 있으면 국내는 물론이고 세계 어느 곳에 있는 정보라도 바로 연결하여 이용할 수 있게 되었다.

셋째, 누구나 컴퓨터를 쉽게 이용할 수 있는 툴의 등장으로 컴퓨터를 배우기가 쉬워졌다. 초기의 컴퓨터가 컴퓨터 전문가들의 전유물이었다면 요즈음의 컴퓨터는 남녀노소 관계없이 누구나 쉽게 사용할 수 있는 사용자친화적(user-friendly) 컴퓨터의 성격을 띠고 있다. 사

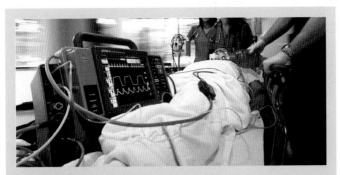

▲ 사물인터넷은 센서 등 정보통신 기기를 통해 24시간 환자건강상태 데이터를 수집해 전송함으로써 위기상황에 대한 신속한 대응을 가능하게 하고 있다.

용자친화적 컴퓨터환경의 대표적인 예로는 그래픽중심의 운영환경(graphical user interface), 마우스, 월드와이드웹 등이 있다. 특히 최근에 와서는 웹사이트의 범세계적 기준으로서 접근성이 중요하게 요구되고 있기 때문에, 시각장애자나 청각장애자도 인터넷을 즐길 수 있는 시대가 열리고 있다.

끝으로, 각종 사물에 센서와 통신 기능을 내장하여 인터넷에 연결함으로써 주변환경의 상태와 관련된 데이터를 전송하게 함으로써 환경변화에 대한 능동적 대응이 가능해지는 이른바 **사물인터넷** 시대가 열리고 있다. 이를테면 부정맥을 앓고 있는 환자에게 심장박동 모니터링 기계를 부착하고 작동시키면, 심전도 검사결과가 기록되어 실시간으로 중앙관제센터로 전송되며, 중앙관제센터는 검사결과 기록을 의료진에게 전송해 임상보고서를 작성하도록 함으로써 환자의 위급한 건강상태에 대한 24시간 진단 및 대응이 가능하다. 사물인터넷과 관련한 내용은 제2장에서 더 상세히 다루기로 한다.

② 정보시스템이 기업에 미치는 영향

경영환경의 변화

오늘날 기업들은 과거 산업화사회의 기업들과 근본적으로 다른 경영환경에서 비즈니스를 수행하고 있다. 빠르게 변화하는 비즈니스 환경에서 살아남기 위해 기업들 간의 경쟁은 날로 심화되고 있다. 결국 신속하게 경쟁우위를 창출하고 환경변화에 대응해 나가는 기업만이 살아남을 수가 있게 되었다. 아래에서는 최근 경영환경의 변화를 주도하는 주요 요인들을 요약해 보기로 한다.

글로벌 경쟁의 심화

▲ 글로벌화의 확대로 기업들은 시장접근, 비용절감 등 새로운 비즈니스 기회를 발견하고 있다(현지 시장에서 판매할 자동차를 생산 중인 체코의 현대차 공장)

국제간의 업무장벽이 깨지면서 기업의 글로벌화(globalization)가 추진되어 경쟁이 더욱 심화되고 있다. 예를 들면 근래들어 중국, 인도, 베트남 등 국가에 생산기지를 구축한 북미 혹은 유럽 기업들은 자국 생산시보다 노동비용을 크게 줄이는 것이 가능해졌다. 과거의 경쟁이 산업 내 또는 지역 내로 제한적인데 비해 오늘날의 경쟁은 국제화·세계화되고 있다고 할 수 있다. 국제간의 통신망구축과 인터넷의 확산은 기업의 글로벌화를 더욱 촉진하게 되고 기업은 정보기술을 이용하여 글로벌경영의 이점을 최대한 활용할 수 있게 되었다. 특히 과거 자국시장 보호를 이유로 외국기업의 진입이 허용되지 않았던 항공산업, 금융산업, 통신산업 등 주요산업에 대한 규제가 완화됨에 따라 글로벌 기업들의 국내시장 진입이 용이해짐은 물론, 경쟁도 날이 갈수록 심화되고 있다. 반면, 자국시장에만 의존하던 국내 기업들도 경쟁력을 높여 글로벌 시장에 접근함으로써 매출을 신장할 수 있는 기회를 갖게 됐다.

기술의 급속한 발전

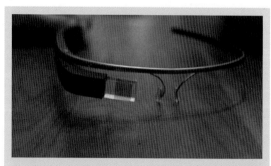

▲ 오늘날 구글 글래스와 같이 과거에 상상도 하지 못했던 기술들이 빠르게 등장하는 추세이다.

최근 기술이 빠르게 발전함에 따라 기업은 적합한 기술을 도입함으로써 비즈니스 프로세스나 제품을 혁신하고 나아가 회사의 역량을 제고시키는 기회를 발견할 수가 있다. 특히 기술은 제조 및 서비스 분야에서 더욱 중요한 역할을 수행하고 있다. 기술의 발전으로 인해 제품 및 서비스가 보다 다양해지고 또 품질도 향상되므로 많은 기업들이 기술개발에 투자를 하는 추세이다. 비록 기술투자에 자금지출이 요구되기는 하나, 기술도입의 결과로 비용절감, 고객만족도 향상, 대외이미지 제고 등 효과들을 기대할 수 있어 적절한 기술투자는 회사의 발전을 위해서도 필요하다. 그러나 한 때 최신으로 인정받던 기술이 얼마 안 가서 새로운 다른 기술의 출현으로 무용화되는 사례가 빈번하게 발생하고 있다. 따라서 기술도입 결정이 과거 어느 때보다 더 신중하게 이루어져야 한다는 의미이다.

지식기반 경제의 부상

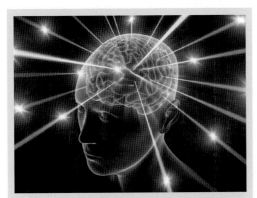
▲ 지식이 우리경제의 근간이 되면서 지식경영 능력은 기업의 성패를 가르는 핵심요인이 되고 있다.

컴퓨터와 더불어 인터넷 등 통신네트워크가 등장하면서 정보 및 지식의 전달이 더욱 용이해졌다. 이러한 배경에서, 지식을 잘 축적해 부가가치 활동에 잘 활용하는 기업이 경쟁에서 앞서나가는 시대가 되었다. 대량생산 능력이 기업의 성패를 좌우하던 산업화 사회의 경제와 달리, 오늘날 경제는 제품 및 제품의 생산방법을 개발하는데 인간의 노하우가 중요하게 요구된다는 점에서 **지식기반 경제**(knowledge-based economy)라고 할 수 있다. 경제의 부가가치 창출이 인간두뇌에 의해 가능하기 때문이다. 정보를 수집, 분석, 창출하는 지식근로자들이 늘어나고 있으며, 기업의 핵심 경쟁력이 이들 근로자들의 능력에 의해 좌우되는 추세이다. 지식경영을 통해 기업이 지식을 수집, 창출, 축적하고 또 축적된 지식을 기업 구성원들이 창의적으로 공유 및 활용함으로써 제품개발과 같은 부가가치 창출활동을 효과적으로 수행하는 것이 여러 기업들의 당면 과제이다.

정보시스템의 영향

▲ 월마트는 리테일링크 시스템을 이용해 보다 효율적으로 제품 공급을 받고 있다.

앞서 살펴보았듯이, 오늘날 기업들은 글로벌 경쟁의 심화, 지식기반 경제의 부상, 기술의 급속한 발전 등으로 급변하는 환경 가운데 비즈니스 운영을 하여야 하는 상황이다. 이러한 경영환경 변화에 능동적으로 대응하기 위해서는 정보시스템을 비즈니스 활동과 잘 접목시키는 것이 중요하다. 기업이 정보시스템을 활용해야 하는 일곱 가지의 주요 이유가 있다.

비즈니스 운영의 최적화

기업은 채산성을 극대화하기 위해 비즈니스 운영의 효율성을 향상시켜야 한다. 정보시스템은 일상적인 비즈니스 운영에 대해 시간을 단축하고 비용을 절감시킬 목적으로 경영관리자들이 이용할 수 있는 수단이다. 가령, 월마트의 경우 리테일링크(RetailLink) 시스템을 이용해 공급사들과 월마트 상점들을 온라인으로 연결해 주고 있다. 고객이 제품을 구매하는 즉시, 공급사측에서는 온라인으로 재고의 변동사항을 파악하며 해당 상점에 필요시 재고보충할 물품을 발송할 수가 있다.

비즈니스 프로세스의 혁신

정보기술은 기업 업무 프로세스의 혁신을 위해서도 중요하게 활용될 수 있다. 비즈니스 프로세스의 혁신은 업무수행 방식의 근본적인 재설계를 통해 기업의 경영지표를 획기적으로 개선시키는 것을 목표로 한다. 그러나 아무리 창의적인 비즈니스 프로세스를 도입하기로 하더라도 정보기술 없이 세 프로세스를 현업에 구현하는 것은 현실적으로 불가능하다. 궁극적으로 정보기술은 업무프로세스의 혁신을 위해 구현도구(enabler) 역할을 하기 때문에 정보기술과 업무프로세스를 조화롭게 접목시킴으로써 경영성과를 극대화할 수 있도록 노력을 기울이는 것이 중요하다.

품질 개선

▲ 세븐일레븐 재팬은 제품품질을 개선시키기 위한 수단으로서 정보시스템을 활용했다.

오늘날 유통업체들은 정보기술을 사용하여 제품 품질을 개선하는 효과를 얻고 있다. 예를 들어, 일본의 세븐일레븐 재팬사는 POS(판매시점) 시스템을 통해 축적된 판매데이터를 분석하여 잘 팔리는 품목과 안 팔리는 품목을 분리한 후 안 팔리는 품목은 줄이고 잘 팔리는 품목을 확대함으로써, 매장 품목 관리를 보다 효과적으로 또 효율적으로 수행하고 있다. 한편, 정보기술은 서비스 품질의 개선을 위해서도 활용되는 추세이다. 오늘날 다수 병원들이 환자기록관리시스템, 영상이미지관리시스템 등 정보기술을 이용해 환자 진료에 관한 정보의 신속한 접근을 가능하게 함으로써 의료서비스의 품질을 향상시키고 있다.

고객/공급사 관계강화

기업이 고객의 니즈를 탁월하게 충족시킬 때 고객은 반복구매로 이에 보답하며, 궁극적으로 매출 및 이익도 증가한다. 또한 기업이 공급사와의 관계를 개선할수록, 공급사도 제품 공급을 보다 원활하게 할 수 있으며, 이로 인해 원가가 낮아진다. 예를 들면, 맨하탄의 만다

▲ 만다린 오리엔탈 호텔은 IT를 이용해 투숙객 취향을 관리함으로써 고객만족을 높이고 있다.

▲ 모바일 통신회사인 버라이즌은 경영관리자들의 신속한 의사결정이 가능하도록 웹기반 대시보드 시스템을 운영하고 있다.

린 오리엔탈 및 기타 고급 호텔들은 정보시스템을 이용해 고객과의 친밀성을 높인다. 이들은 컴퓨터를 이용해 객실의 선호 온도, 객실 체크인 시각, 선호하는 TV 프로그램 등과 같은 투숙객 취향을 파악 및 관리한다.

의사결정의 질 개선

여러 경영관리자들이 정보의 바다 가운데 일을 하면서도, 적절한 의사결정을 하는데 필요한 적시정보가 부족하다. 이러한 문제로 인해 원가가 높아지고 고객도 잃는 결과가 발생한다. 정보시스템은 경영관리자가 의사결정을 하는데 필요한 실시간 시장 데이터의 접근을 가능하게 한다. 가령, 통신회사인 버라이즌은 웹기반 대시보드를 이용해 경영관리자들에게 고객의 불만사항이나 네트워크 성능상황에 관한 정밀한 실시간 정보를 제공한다. 경영관리자들은 이러한 정보를 이용해 즉시 통신장애가 발생한 곳에 수리인력을 파견할 수 있고, 고객들에게 수리상황을 알릴 수 있으며 서비스를 신속하게 정상화할 수가 있다.

경쟁우위의 창출

기업이 운영의 탁월성, 신규제품 및 비즈니스 모델의 개발, 고객/공급사 관계강화, 의사결정의 개선 등 비즈니스 목표를 달성할 경우, 경쟁 우위를 창출할 가능성이 높아진다. 경쟁사보다 더 탁월하게 목표를 달성하면, 우수한 제품을 더 저렴하게 판매하며 고객 및 공급사의 요구에 실시간으로 대응할 수 있게 되어, 결국은 매출이 늘고 이익도 높아진다. 예를 들어, 도요타 생산시스템은 낭비를 최소화하는 공정을 지원함으로써 지속적인 개선을 가능하게 해 경쟁력이 제고되었다.

출시 기간(time-to-market)의 단축

끝으로, CAD/CAM 등의 기술을 통해 제품설계 기간을 단축함으로써 경쟁사보다 더 신속하게 제품을 개발완료하고 이를 출시함으로써 시장 초기선점을 하는 것이 가능하다. 가령, 지난

▲ 오늘날 차 메이커들은 CAD/CAM과 같은 정보기술을 이용해 제품 출시기간을 크게 단축시키고 있는 추세이다.

1980년대 말경 미국 포드사의 엔지니어팀은 제휴관계에 있는 일본 마즈다(Mazda)사의 생산현장을 방문하고 마즈다의 신차 출시기간이 1년 미만인데 반해 자신들의 출시기간은 2년에 가깝다는 사실을 발견하고, 곧 제조설계 능력을 획기적으로 개선함으로써 1990년대 초에는 출시기간을 마즈다 수준으로 단축하고 다시 일본차에 대한 경쟁력을 회복하게 되었다.

오늘날 정보시스템은 비즈니스를 수행하기 위한 초석이다. 여러 산업의 기업들이 정보기술을 적극적으로 이용하지 않고는 생존조차 어려울 뿐 아니라, 생산성을 증대시키는데도 정보기술이 핵심적 역할을 담당하고 있다. 정보기술은 이제 기업의 보편적인 구성요소가 되었지만, 새로운 제품 및 비즈니스 수행방식의 초석으로서 기업에게 전략 우위를 제공하는 중요한 요소이다.

③ 정보시스템의 개념

정보시스템은 조직의 운영 관리와 의사결정을 지원하는데 목적을 둔 기업내 요소들의 집합이다. 뿐만 아니라, 정보시스템은 기업의 구성원들이 문제를 분석하고 복잡한 현상을 시각적으로 조명하며 또 새로운 제품을 개발하는데도 활용이 되고 있다. 이와 같이, 오늘날 정보시스템은 조직활동의 조정관리, 의사결정의 수행에서 제품의 설계에 이르기까지 조직활동 전반에 걸쳐 없어서는 안될 중요한 도구가 되고 있다.

정보시스템이란?

최근 급변하는 경영환경의 변화에 대응하기 위해 정보시스템을 도입하는 기업들이 늘면

▲ 정보시스템이란 조직의 정보를 저장, 조회, 변환 및 전파하는 것을 주된 목적으로 하는 컴퓨터기반의 시스템이다.

서 우리 주변에서는 정보시스템이란 용어를 자주 듣게 된다. 정보시스템이란 무엇일까? 정보시스템은 컴퓨터 하드웨어, 소프트웨어, 통신 네트워크, 데이터 자원, 사람, 그리고 회사정책 및 절차를 포괄하는 시스템의 개념으로 조직의 정보를 저장, 조회, 변환 및 전파하는 것을 주된 목적으로 한다. 하드웨어란 눈에 보이는 물리적인 컴퓨터 기기를 뜻하고, 소프트웨어란 하드웨어를 이용해 정보를 처리하기 위한 프로그램을 의미하며, 네트워크란 통신기술을 이용해 정보를 다른 위치의 이용자들에게 전송하는데 필요한 경로이다. 그리고 데이터 자원은 필요시 조회할 수 있도록 조직의 데이터를 모아놓은 집합체이며, 사람들은 이러한 정보기술을 이용, 운영 혹은 관리하는 인력을 뜻한다.

정보시스템이라 하면 흔히 컴퓨터 시스템을 떠올리지만, 기업들은 수백년 전부터 수작업에 기반한 정보시스템을 사용해 왔다. 근래에 와서 컴퓨터 및 인터넷 기술이 등장하면서부터 컴퓨터 기반의 정보시스템으로 진화하게 된 것이다. 최근 정보시스템의 몇 개 예를 들어본다면, 기업 데이터를 전사적인 관점에서 통합적으로 관리하는 전사적 시스템, 공급사들로부터 제품공급을 원만하게 받기 위한 공급망관리 시스템, 고객들의 요구사항을 효과적으로 수렴 및 반영하기 위한 고객관계관리 시스템, 기업이 지식을 획득, 창출, 전파, 공유, 활용할 목적으로 이용되는 지식관리 시스템 등이 있다.

정보시스템의 기능

그림 1-1에서와 같이, 정보시스템이 의사결정을 지원하고 운영을 통제하며 문제를 해결해 나가는데 필요한 정보를 생산하기 위해서는 입력, 처리, 출력, 피드백의 네 가지 요소가 있어야 한다.

입력(input)은 조직내부 혹은 외부로부터 원시 데이터를 획득하고 수집하는 것을 말하며, 처리(processing)는 이러한 데이터를 의미있는 형태로 가공하는 것을 말한다. 출력(output)은 이와 같이 처리된 정보를 필요한 사용자에게 제공하는 기능을 의미한다. 또한 시스템에는 피드백(feedback) 기능이 있는데 출력결과를 평가하여 입력단계에 반영하는 기능을 말한다.

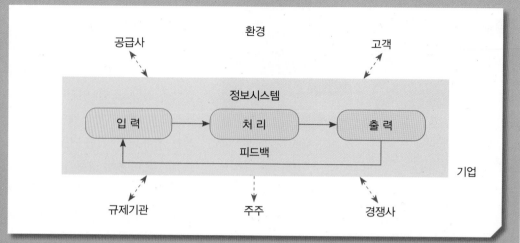

그림 1-1   정보시스템의 기본 기능

▲ 정보시스템은 입력, 처리, 출력의 주요 기능을 수행하며, 기업과 그 정보시스템은 경영환경의 요소들(즉 공급사, 고객, 경쟁사 등)과 상호작용을 한다.

다른 시스템과 마찬가지로 정보시스템은 환경이라는 틀 내에 존재한다. 따라서 정보시스템은 조직과 조직을 둘러싸고 있는 환경에 대한 정보를 제공한다. 기업의 환경으로는 고객, 공급사, 경쟁사, 정부 등이 있다.

정보시스템의 유형

기업의 정보시스템은 그 목적에 따라 몇 가지 유형으로 분류될 수 있다. 첫째, 데이터처리시스템(data processing system)은 원시데이터를 수집해 처리하는데 초점을 둔 정보시스템으로서 컴퓨터기술이 처음 기업에 도입되었을 때 등장한 시스템이다. 최근의 예로는 고객의 금융거래 데이터를 관리하는 은행의 계정계시스템, 물품 판매시마다 판매내역을 관리하는 편의점의 판매시점(POS) 시스템 등이 있다.

둘째, 정보보고시스템(information reporting system)은 경영관리자들이 필요로 하는 정보를 미리 정해진 형태로 출력함으로써 경영의사결정에 필요한 정보를 제공하는데 목적이 있다. 데이터처리시스템에 저장된 원시데이터를 가공해 리포트 형식으로 정보를 제공해 의사결정을 지원한다.

그림 1-2 정보시스템의 유형

데이터처리 시스템	원시데이터의 수집 및 처리
정보보고 시스템	데이터를 가공, 요약해 경영관리자에게 제공
의사결정지원 시스템	경영관리자의 의사결정에 필요한 계량적 분석 지원
사무자동화 시스템	정보의 효율적 생성 및 전달을 통해 사무실 환경의 업무 생산성 제고
중역정보 시스템	최고경영층의 전략경영에 필요한 정보 제공
전략정보 시스템	경쟁우위를 창출하기 위한 경쟁무기 역할 수행

▲ 기업의 정보시스템은 다양하며, 각기 고유한 역할을 담당한다.

셋째, 의사결정지원시스템(decision support system)은 경영관리자가 계량적 문제를 해결하는데 필요한 지원을 제공하는 정보시스템이다. 정보보고시스템이 기업 비즈니스활동의 현황을 요약해 보여주는데 초점이 있는 반면, 의사결정지원시스템은 계산을 통한 수리적 분석기능을 제공함으로써 의사결정에 대한 지원을 제공한다. 최근 들어서는 비즈니스 인텔리전스 시스템으로 진화하는 추세를 보이고 있다.

넷째, 사무자동화시스템(office automation system)은 사무실 환경의 업무 생산성을 제고하기 위한 정보시스템이다. 종이와 펜에 의존하던 수작업에서 벗어나 컴퓨터와 통신네트워크 기술을 이용해 업무를 신속하고도 효율적으로 처리하는 데 목적을 둔다. 워드프로세싱, 스프레드시트, 프리젠테이션, 전자출판, 이메일 등 소프트웨어들이 사무자동화시스템에 속하는 대표적 예들이다.

다섯째, 중역정보시스템(executive information system)은 기업 최고경영진의 정보요구를 충족할 목적으로 개발된 시스템이다. 중역들이 스스로 사용할 수 있어야 하므로, 사용이 용이해야 하고 상세한 수치데이터보다는 차트 데이터를 통해 전반적인 트렌드나 패턴을 보여주는데 역점이 있다.

끝으로, 전략정보시스템(strategic information system)은 경쟁우위를 창출하기 위한 목적으로 사용되는 정보시스템을 뜻한다. 기존의 정보시스템들이 수작업으로 수행되던 업무를 컴퓨터 기술을 통해 자동화함으로써 업무 효율성을 제고하는데 초점을 맞춘데 반해, 전략정보시스템은 정보시스템을 경쟁무기로 활용함으로써 시장에서 기업의 전략적 위상을 높이는데 주된 목적이 있다.

본서의 구성

아래에서는 『경영정보의 이해』에 수록된 내용의 구성을 요약해 보기로 한다. 본서는 '최근 정보 기술의 동향'과 '정보기술이 기업에 미치는 영향'의 두 파트로 구성되어 있다. 아래에서는 이들 파트에 포함된 각 장의 주요 내용 및 특징을 간략히 살펴보기로 한다.

제1장 – 디지털 혁명과 정보기술

오늘날 비즈니스 패러다임의 근본적인 변화를 가져온 디지털 혁명에 대해 소개한다. 아울러 디지털 혁명의 긍정적 및 부정적 영향에 대해 알아본다. 그리고 오늘날 정보시스템이 기업 비즈니스 활동에 어떤 영향을 미치는지 살펴보고 또 정보시스템의 개념, 기능 및 유형에 대해서도 학습한다.

제2장 – 4차 산업혁명을 이끄는 지능정보기술

최근 사물인터넷, 인공지능, 빅데이터 등 새로운 기술의 발전과 더불어 제4차 산업혁명이 전 세계적으로 새로운 화두가 되고 있다. 본 장에서는 4차 산업혁명의 역사적 흐름에 대하여 살펴보고, 이를 이끄는 핵심동인인 인공지능과 정보기술에 대하여 각각 자세히 알아보도록 한다. 또 지능 정보기술을 기반으로 한 4차 산업혁명이 우리 생활 전 분야에서 어떠한 변화를 가져올지에 대해 살펴본다.

제3장 – 빅데이터를 이용한 정보의 재발견

인터넷의 발전, 소셜미디어를 통한 대중의 적극적인 콘텐츠 생산, 그리고 스마트폰과 같은 다양한 기기가 쏟아내는 엄청난 양의 데이터는 "빅데이터"라는 새로운 정보의 보고를 만들어내고 있다. 본장에서는 과연 빅데이터는 무엇이고, 이를 활용하기 위해서는 어떠한 새로운 기술을 이용하여야 하며, 과연 빅데이터의 활용이 지금까지 우리가 쉽게 접근할 수 없었던 문제들에 대한 해답을 찾는데 도움을 줄 수 있을지 살펴본다.

그림 1-3 본서의 구성

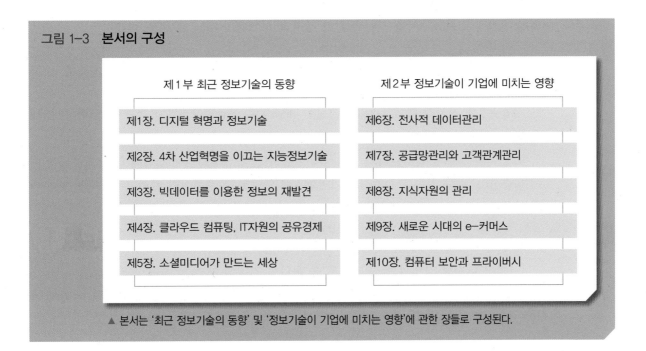

제1부 최근 정보기술의 동향	제2부 정보기술이 기업에 미치는 영향
제1장. 디지털 혁명과 정보기술	제6장. 전사적 데이터관리
제2장. 4차 산업혁명을 이끄는 지능정보기술	제7장. 공급망관리와 고객관계관리
제3장. 빅데이터를 이용한 정보의 재발견	제8장. 지식자원의 관리
제4장. 클라우드 컴퓨팅, IT자원의 공유경제	제9장. 새로운 시대의 e-커머스
제5장. 소셜미디어가 만드는 세상	제10장. 컴퓨터 보안과 프라이버시

▲ 본서는 '최근 정보기술의 동향' 및 '정보기술이 기업에 미치는 영향'에 관한 장들로 구성된다.

제4장 – 클라우드 컴퓨팅, IT 자원의 공유경제

클라우드 컴퓨팅은 기업이나 개인이 필요에 따라 정보기술이나 IT자원을 인터넷을 통하여 빌려쓸 수 있는 서비스를 의미한다. 본 장에서는 이러한 클라우드 컴퓨팅이 가지는 특징과, 이를 통해 제공할 수 있는 다양한 유형의 서비스와 배포방식에 대하여 알아보도록 한다. 또한 클라우드 컴퓨팅을 통해 얻을 수 있는 이점을 이해하고, 이러한 이점을 최대한 살릴 수 있는 서비스나 기업환경에 대하여 살펴본다.

제5장 – 소셜미디어가 만드는 세상

최근 개인간 정보 공유는 물론 기업의 마케팅 도구로 관심을 모으고 있는 소셜미디어를 주제로 하는 장이다. 우선 소셜미디어와 관련된 개념들을 알아보고 주된 특징 및 예를 소개한다. 또한 소셜미디어가 그동안 진화되어 온 과정을 살펴보고, 오늘날 기업들이 소셜미디어를 이용해 어떻게 마케팅활동을 전개할 수 있는지 그 방법 및 전략에 대해 학습한다.

제6장 – 전사적 데이터 관리

오늘날 기업의 경영환경은 점차 복잡해지고 그 변화속도가 빨라지고 있어 이러한 변화에 대한 신속한 대응능력을 얻기위해서는 전사적 데이터 관리가 필수적이다. 본 장에서는 데이터의 통합적 관리가 왜 필요한지 알아보고, 또 데이터 통합환경을 구현하기 위한 대안으로서 기존 애플리케이션 통합과 전사적 애플리케이션 도입에 관해 학습한다. ERP라고 알려진 전사적 소프트웨어를 기반으로 한 전사적 시스템의 개념, 중요성, 비즈니스 가치 그리고 도입의 실패요인 등에 관해 살펴본다.

제7장 – 공급망관리와 고객관계관리

기업내부의 전사적 데이터관리를 확장한 개념으로, 공급망관리와 고객관계관리가 큰 관심을 받고 있다. 본 장에서는 공급망을 통해 자재, 자금, 정보가 어떻게 이동하는지 그 흐름을 파악하고, 이를 통해 공급망관리의 필요성과 이를 위한 공급망관리 시스템의 핵심 기능들에 대해 학습한다. 또한 최근 고객중심의 기업환경에 발맞춰, 고객중심의 기업전략의 중요성에 대해 알아보고, 이를 위해 고객관계 관리시스템이 갖추어야 할 핵심 기능들을 살펴보도록 한다.

제8장 – 지식자원의 관리

21세기 디지털 경제의 핵심 키워드 중 하나인 지식의 개념 및 중요성을 조명한다. 우선, 지식에 기반한 경제가 출현한 배경을 알아보고 지식기반 경제가 전통적 경제와 어떻게 다른지 비교를 통해 살펴본다. 그리고 기업이 지식중심 경영을 전개하는데 중요한 지식 유형, 조직학습, 지식경영 단계에 대해 학습한다. 끝으로, 지식관리시스템의 개념을 소개하고 기업이 지식관리시스템을 통해 지식경영을 효과적으로 추진할 수 있는 방안에 대해 알아본다.

제9장 – 새로운 시대의 e-커머스

누구나 한번쯤은 인터넷 쇼핑몰을 통해 제품이나 서비스를 구매해 본 경험이 있을 정도로 e-커머스는 우리생활의 일부로 자리 잡고 있다. 본장에서는 e-커머스가 발전해 온 과정을 간략히 살펴보고, 기존의 오프라인 시장과 비교할 때 e-커머스가 어떠한 특징을 가지고 있는지 몇가지 대표 유형별로 살펴본다. 또한 e-커머스와 더불어 기존의 비즈니스에서는 불가능했던 새로운 혁신을 통한 가치 창출의 사례들을 소개함으로써, 앞으로 e-커머스가 더욱 발전할 수 있는 방향에 대해 알아본다.

제10장 – 컴퓨터 보안과 프라이버시

기업의 중요한 정보자원들이 기업 내외부의 다양한 보안위협 요인들에 점차 폭넓게 노출되면서 컴퓨터 보안 및 프라이버시가 점차 중요한 이슈로 부상하고 있다. 본 장에서는 정보시스템 보안의 개념 및 중요성을 이해하고, 보안침해 사고에서 취약점의 역할 및 이에 대한 관리방안에 대해 알아본다. 또한 정보시스템 보안의 주요 위협요인들을 천재지변/인재 사고, 비의도적 행위, 의도적 행위의 세 가지 부류로 나누어 학습한다. 그리고 프라이버시의 개념, 중요성 및 관리방안에 대하여 살펴본다.

01 디지털 혁명이란 컴퓨터기술이 등장하면서 아날로그 기술에서 디지털 기술로의 대규모 변화를 뜻한다.

정답 ○

해설 디지털 혁명은 아날로그 기술이 디지털 기술로 대체되는 사회전반의 변화를 뜻하며, 이를 가능하게 하는 지렛대는 정보기술이다.

02 디지털 혁명은 우리 사회 및 경제에 주로 부정적인 영향을 미쳤다.

정답 ×

해설 이용자들의 상호접속성, 커뮤니케이션, 정보 공유가 이전보다 더 향상됨은 물론 경제적으로도 많은 혁신이 가능해졌다.

03 오늘날 기업의 정보시스템은 컴퓨터를 기반으로 하므로 업무처리 속도 및 정확성을 제고하는 효과를 가져왔다.

정답 ○

해설 최근 기업 정보시스템은 대부분 컴퓨터 기반의 시스템이다.

04 디지털 기술이 눈부신 발전을 맞는데 기여한 것으로 보기 어려운 것은?

① 마이크로프로세서 기술의 발전
② 통신 및 네트워킹 기술
③ 컴퓨터 비용의 하락
④ 사회의 동질화

정답 ④

해설 사회의 동질화는 디지털기술의 발전과 관계가 없다.

05 디지털 혁명의 부정적인 측면에 속하지 않는 것은?

① 인간 사교능력의 저하   ② 정보 과부하
③ 인터넷 사기   ④ 사회적 고립

정답 ①

해설 인간 사교능력 저하는 디지털 혁명과 관계가 없다.

06 디지털 혁명이 진행됨에 따라 나타난 결과로 보기 어려운 것은?

① 시간과 공간의 장벽 제거   ② 정치적 변화를 가능케 함
③ 기업의 비즈니스 성과 증대   ④ 대량생산 능력의 제고

정답 ④

해설　대량생산 능력은 디지털 기술과 직접적 관련이 없다.

07 오늘날 경영환경의 변화를 주도하는 요인과 거리가 먼 것은?

① 기술의 급속한 발전　　　　　　② 근로조건의 향상

③ 글로벌 경쟁의 심화　　　　　　④ 지식기반 경제의 부상

정답　②

해설　근로조건의 향상은 경영환경 변화를 주도하는 요인이 아니다.

08 정보시스템이 기업 비즈니스 활동에 제공하는 효과로 볼 수 없는 것은?

① 비즈니스 운영의 효율화/최적화

② 비즈니스 프로세스의 혁신

③ NGO(비정부기구) 기능의 강화

④ 고객/공급사 관계의 강화

정답　③

해설　NGO 기능은 정보시스템의 직접적 효과와 관련이 없다.

09 정보시스템이란 개념 안에 포함되기 어려운 것은?

① 컴퓨터 하드웨어　　　　　　　② 소프트웨어

③ 프랜차이즈　　　　　　　　　　④ 데이터

정답　③

해설　프랜차이즈는 정보시스템과 관련이 없다.

10 다음의 정보시스템 기능 중 경영관리자의 의사결정 및 문제해결을 위한 보고서가 생성되는 단계는?

① 입력　　　　　　　　　　　　　② 처리

③ 출력　　　　　　　　　　　　　④ 피드백

정답　③

해설　화면 혹은 종이로 출력된 결과(가령, 보고서)를 이용해 의사결정 및 문제해결을 할 수 있다.

11 기업의 데이터처리시스템에 해당하는 것은?

① 비즈니스프로세스 혁신　　　　② 사무자동화시스템

③ 편의점 POS시스템　　　　　　④ 벤치마킹

정답　③

해설　편의점 판매시점(POS) 시스템은 일상적인 판매거래와 관련된 데이터를 처리하는 시스템이다.

12 오늘날 경영관리자의 계량적 분석에 가장 큰 효용가치를 제공할 수 있는 시스템은?

① 정보보고시스템   ② 의사결정지원시스템

③ 중역정보시스템   ④ 전략정보시스템

정답 ②

해설 의사결정지원시스템은 계량적 데이터분석을 통해 의사결정을 지원해 준다.

13 전략정보시스템의 주요 기능을 바르게 설명한 것은?

① 업무처리 속도 향상   ② 업무 정확성 제고

③ 경쟁우위 창출   ④ 회사전략 개발

정답 ③

해설 전략정보시스템은 경쟁우위 창출을 통해 시장에서의 기업 위상을 높이는 시스템이다.

14 디지털 혁명이 진행되면서 개인정보가 의도적으로 혹은 비의도적으로 유출될 수 있게 됨에 따라 (   ) 이슈에 대한 관심이 점차 높아지고 있다. 빈 칸에 적합한 단어는?

정답 프라이버시

해설 프라이버시란 사생활 및 개인정보의 보호를 뜻한다.

15 오늘날 정보화 사회에서 정보기술의 혜택을 누리는 층과 누리지 못하는 층 간에 존재하는 차이를 가리켜 (   ) 현상이라고 부른다.

정답 정보격차

해설 정보격차는 주어진 여건으로 인하여 정보를 쉽게 접할 수 있는 자와 그렇지 못한 자에게 경제적 차이나 사회적 차이가 일어나는 것을 뜻한다.

요약

● 디지털 혁명이란 컴퓨터 및 인터넷 기술의 등장으로 아날로그 세계에서 디지털 세계로 변화됨을 뜻하는 용어로서, 정보화 시대의 시작을 가져온 전환점이다.

● 디지털 혁명은 이용자들간의 커뮤니케이션을 촉진함은 물론 정보 공유를 원활하게 함으로써 우리 사회 및 경제에 수많은 긍정적인 변화를 가져왔다. 반면, 디지털 혁명은 정보 과부하, 인터넷 사기, 사회적 고립, 프라이버시 침해 등 우리 사회에 부정적 영향을 미치기도 한다.

● 정보기술은 인텔과 마이크로소프트가 주도해온 PC 혁명에 힘입어 그동안 끊임없는 발전을 거듭해 오면서, 첫째 성능이 크게 향상되고 가격이 현저하게 하락해 오고 있고, 둘째 광대역 통신망 구축으로 시간 및 공간의 장벽이 빠르게 허물어지고 있으며, 셋째 컴퓨터를 쉽게 이용할 수 있는 툴의 등장으로 남녀노소를 불문하고 누구나 컴퓨터를 쉽게 이용할 수 있게 됐고, 끝으로 사물인터넷 시대가 열리면서 환경변화에 대한 능동적 대응이 크게 가능해질 전망이다.

● 오늘날 경영환경은 글로벌 경쟁이 더욱 심화되고, 기술이 급속하게 발전하며, 또한 지식기반 경제가 부상하고 있어 경영환경의 변화에 대한 기업들의 신속한 대응이 요구되고 있다. 경영환경 변화에 효과적으로 대응하기 위해서는 정보시스템을 창의적으로 활용하는 노력이 필요하다.

● 정보시스템이 기업에 제공하는 주요 효과로는 비즈니스 운영의 효율화, 비즈니스 프로세스의 혁신, 제품 및 서비스 품질의 개선, 고객 및 공급사 관계의 강화, 경영의사결정의 질 개선, 경쟁우위의 창출, 출시기간의 단축 등이 있다.

● 정보시스템이란 컴퓨터 하드웨어, 소프트웨어, 통신 네트워크, 데이터자원, 사람, 그리고 회사정책 및 절차를 포괄하는 개념으로 조직의 정보를 저장, 조회, 변환 및 전파하는 것을 주된 목적으로 한다.

● 정보시스템의 주요 기능으로는 원시 데이터의 시스템내 입력(input), 입력된 데이터의 가공을 통한 처리(processing), 처리된 결과정보의 출력(output), 그리고 출력된 결과를 평가하여 다시 입력단계에 반영하는 피드백(feedback)이 있다.

● 정보시스템의 유형으로는 원시데이터를 처리하기 위한 데이터처리시스템, 경영관리자들에게 가공된 정보를 제공하기 위한 정보보고시스템, 경영관리자에게 계량적 분석기능을 제공하는 의사결정지원시스템, 사무실환경에서 사무업무 생산성을 제고시키는데 초점을 둔 사무자동화시스템, 임원들의 정보 니즈를 충족시키기 위한 중역정보시스템, 그리고 경쟁우위를 창출할 목적으로 이용되는 전략정보시스템 등이 있다.

'디지털 혁신' 일고 있는 삼성서울병원의 미래 모습은?

정보통신기술(ICT) 고도화로 병원 풍경이 바뀌고 있다. 환자 중심성을 우선으로 둔 ICT 기반의 첨단 기술로 환자들은 병원에 들어서는 순간부터 진료를 마치고 집으로 돌아가기까지 긴 여정 동안 '디지털 혁신'을 경험한다.

병원에 도착한 환자들은 당일 진료일정과 순서 등 진료여정을 모바일로 안내 받고, 진료 전 모바일로 문진을 작성해 병원정보시스템으로 전달한다. 모바일 입원수속 서비스로 입원수속 절차도 대폭 줄었다.

이는 지난 2021년 '첨단 지능형 병원'을 선포한 삼성서울병원의 모습이기도 하다. 환자들은 더 이상 문진을 작성하거나 진료 관련 서류를 떼기 위해 오랜 시간 대기하지도, 또 병원을 헤매지 않아도 된다.

미래병원으로 진화하고 있는 삼성서울병원은 첨단 지능형 병원을 선포한 이래 괄목할만한 성과를 보이고 있다. 같은 해 미국 시사주간지 뉴스위크(Newsweek)가 선정한 '세계 최고 스마트병원'에서 세계 31위와 국내 1위를 기록했다.

뿐만 아니다. 올해 미국 보건의료정보관리시스템협회(HIMSS)의 IT 인프라 인증(HIMSS INFRAM) 최고 등급을 세계 최초로 받음으로써 첨단 지능형 병원의 핵심이 될 IT 인프라에 대한 국제적 인정을 얻게 됐다. HIMSS는 의료의 질과 환자의 안전성 향상 등을 목표로 의료기관의 정보화 수준을 평가하는 기관이다.

이처럼 삼성서울병원이 미래병원으로 발돋움 할 수 있는 배경에는 '디지털혁신추진단'이 있다. 디지털혁신추진단은 ▲정보전략팀 ▲의료정보팀 ▲데이터 서비스팀으로 구성됐으며, 소화기내과 이풍렬 교수가 단장으로 디지털혁신추진단을 이끌고 있다.

이 단장은 인터뷰를 통해 "첨단 지능형 병원을

▲ 삼성서울병원

혁신의 모토로 ▲진료 ▲물류 ▲환자 서비스 ▲운영자원 ▲공간 ▲인재 ▲케어 등 7개 혁신분야를 정하고 이에 따른 20여개가 넘는 혁신과제를 수행하고 있다"며 "지난해부터 금년까지 많은 것들을 이뤘다"고 말했다.

이 단장은 "모바일 문진 서비스로 병원에 오기 전 문진을 작성하게 되니 불필요한 대기 시간이 사라지고 간호사들이 일일이 수기로 작성된 문진정보를 전산 입력 하는 수고가 줄면서 환자 응대 시간이 늘면서 간호서비스가 획기적으로 개선됐다"고 했다.

특히 로봇이 진료재료를 직접 배송하는 '스마트 물류 로봇 시범사업'이나 AI를 활용한 욕창 단계 예측 솔루션과 같은 시스템은 의료 인력의 업무부담을 줄여주는 동시에 환자경험을 향상시켜 '두 마리 토끼'를 잡을 수 있는 '디지털 혁신'으로 꼽는다.

AI 기반 욕창 단계 예측 솔루션(연관기사: "AI 시스템 정확도, 빅데이터 '옥과 석' 가르기가 핵심")은 욕창을 스마트폰으로 촬영하면 AI가 딥러닝으로 사진을 분석해 욕창 단계를 예측하고 그에 맞는 드레싱을 추천해주는 시스템이다. 병원은 욕창 단계를 예측할 수 있고 적기 치료를 통해 환자들의 욕창 발생률을 감소시킬 수 있다는 장점이 있다. 특히 신규 간호사들의 업무 활용에 큰 도움을 줄 수 있다는 점도 이점으로 꼽힌다.

삼성서울병원에 따르면 스마트 물류 로봇 도입은 국내 최초다. 로봇을 이용해 사람의 도움 없이 진료 재료를 알아서 배송할 수 있도록 자동화 시스템을 개발해 기존 업무를 수행하던 간호사 등 의료진이 환자에게 집중할 수 있는 시간을 확보했다.

또 환자가 없는 야간에 배송 할 수 있는 만큼 낮 시간대 병원의 혼잡도를 줄

▲ 스마트물류로봇이 스마트카트장에 진료재료를 싣고 병동으로 배달하고 있는 모습

이는 데도 도움이 됐다. 스마트 물류로봇 사업은 내년 말까지 전체 병원으로 확대할 계획이다.

이 단장은 "각 병동에서 하루, 주간, 월간 사용하는 표준 치료제 수량을 빅데이터 분석을 통해 산출해 냈고 이 수량의 3배에 대한 재고를 스마트카트장에 넣어 로봇을 통해 각 병동으로 배달시킨다"며 "과거 재료가 배달되면 간호사들이 검수해 인벤토리에 저장해야 했지만 지금은 자동으로 재고관리까지 되고 있다"고 말했다.

최종수 정보전략팀장은 "간호사들이 인수인계할 때 물품에 대한 수량 확인 등 직접 간호활동이 아닌 부분에 시간이 소요돼 퇴근이 늦어지는 일이 많았다"며 "직접 간호활동이 아닌 부분을 자동화함으로써 업무부담을 줄여줄 수 있다는 점도 장점"이라고 했다.

이 단장은 디지털 혁신을 추진하기 위해서는 장기적인 관점에서 멀리 내다보고 투자를 해야 한다

고 강조했다. 그러면서 환자는 물론 내부 구성원들도 감동할 수 있는 혁신을 추진해 나가겠다는 의지도 드러냈다.

이 단장은 "IT 인프라 등에 투자할 때 비용이 크게 든다. 현재 병원 시스템이 멈추지 않도록 그대로 유지하면서 새로운 인프라를 구축해 나가기 위해 큰 비용이 투입될 수밖에 없다"며 "장기적으로 봤을 때 지금 투자하는 게 비용대비 효과가 좋을 것이라고 생각한다"고 말했다.

이 단장은 "첨단 지능형 병원을 구축해 환자나 내부 구성원들이 변화된 시스템에 작은 부분이라도 감동하는 게 중요하다"며 "추진단이 발족한 지 1년 반도 안 됐다. 아직 걸음마 단계라고 생각한다. 병원이 추구하는 첨단 지능형 병원 구축을 위해 노력하고 있는 만큼 그 감동이 널리 퍼져 나가길 바란다"고 덧붙였다.

출처: 청년의사, 2022. 9. 2

1. 사례내용에 따르면, 삼성서울병원이 선포한 '첨단 지능형 병원'을 모토로 추진하는 디지털 혁신은 어떤 변화를 지향하는가?

2. 삼성서울병원에서 스마트 물류 로봇은 어떤 목적을 위해 도입되었고 또 도입 후 어떤 효과가 나타났는지 설명하시오.

3. 삼성서울병원에서는 AI 기반 욕창 단계 예측 솔루션을 도입했다고 하는데, 이 기술의 도입이 이 병원의 욕창치료 의료진의 업무에 어떠한 영향을 미치게 될지 설명하시오.

4. 삼성서울병원이 도입한 스마트 물류 로봇 기술 및 욕창 단계 예측 기술을 다른 국내 병원들이 도입하도록 추천하겠는가? 또 다른 병원들이 이러한 기술들을 도입하는데 있어 고려해야 할 사항은 무엇인지 알아보자.

제 2 장

4차 산업혁명을 이끄는 지능정보기술

1. 4차 산업혁명의 역사적 흐름
2. 지능정보기술이 이끄는 4차 산업혁명
3. 4차 산업혁명이 가져올 미래 변화

4차 산업혁명 시대의 유망 직업은?

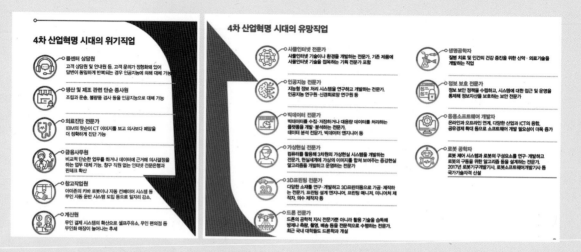

4차 산업혁명 시대를 대표하는 키워드를 바탕으로, 각광받는 직업과 위기의 직업을 살펴봤다

인공지능(AI)

IBM의 인공지능 왓슨은 암환자를 치료할 때 의심되는 부위의 영상 이미지와 환자 부위에서 떼어낸 조직을 검사해 암 여부와 종류를 결정하는 의사의 역할을 수행한다. 성별, 나이, 진행 정도에 따라 적정한 치료법을 추천한다. 오진율도 낮다. 영상의학과 의사처럼 MRI, CT, X선 등 촬영 영상을 판독하는 진료 영역을 담당하는 직업, 병의 원인이나 진단에 도움을 주는 임상병리사는 인공지능의 등장과 함께 위기의 직업으로 거론된다.

인공지능은 방대한 데이터베이스라는 전제가 있다면, 과거의 데이터나 답변 이력을 실시간으로 분석해 대다수 고객의 민원이나 문의 사항에 답변할 수 있다. 로봇 기자가 등장한 지도 오래됐다. 향후 빅데이터를 기사화하는 부분 등에서는 인간 기자를 넘어서는 능력치를 발휘할 수도 있다. 법률과 판례에 특화된 인공지능 변호사도 있다. 법률 자문 쪽으로 인공지능 서비스를 활용하는 것이다. 보험계약 시 인적 특성, 과거의 자료를 보고 인수 여부를 결정하는 보험인수심사원도 대체되고 있다. 보험 가입자의 특성과 보험지급 내역 데이터를 통해 인공지능이 빠르게 손실 가능성을 계산한다.

인공지능은 4차 산업혁명 기술들의 '뇌'나 다름없다. 다른 기술과의 융합이 활발하게 이뤄지기 위해, 지능을 가진 컴퓨터를 연구하고 개발하는 전문가인 인공지능 전문가의 역할이 커지고 있다. 컴퓨터공학뿐 아니라 심리학, 언어학, 인류학 등 다양한 분야의 인공지능 전문가들이 있다.

빅데이터

데이터는 4차 산업혁명 시대의 '원유'로 불릴 만큼 부가가치가 높다. 빅데이터는 자료를 통해 종합적 판단을 하는 인공지능을 구현하기 위해 반드시 필요한 전제다. 사물인터넷, 스마트 공장의 자동화, 기계학습이 모두 빅데이터를 기반으로 완성된다. 국내 빅데이터 분석가들은 이미 네이버·다음 등 포털 기업을 비롯해 금융, 의료, 공공기관에서 활동하고 있다. 삼성·LG 등 대기업도 빅데이터 전담 부서를 설치해 운영 중이다. 단순히 자료를 수집하는 직업

군은 지고 데이터 분석 전문가, 빅데이터 엔지니어 등 전문가에 대한 수요가 늘어나고 있다.

디지털 통화와 핀테크

지점이 없는 은행의 시대다. 인터넷 전문은행, 비대면 대출, 블록체인이 도입돼 빠르게 확산되면서 위기의 직업으로 거론되는 것 중 하나가 금융사무원이다. 예금, 출금, 신규가입·해지, 공과금 수납을 위해 은행에 갈 필요가 없다. 향후 핀테크가 더 활성화되면 은행 지점과 창구 직원은 더욱 감소할 가능성이 크다. IT기술과 금융을 융합한 금융 서비스를 기획하거나 결제나 송금 시스템을 구축하고 운영하는 핀테크 전문가가 조명받는 이유다. 증권회사, 투자자문회사의 역할도 대체되고 있다. 연봉 50만 달러의 투자분석가가 40시간 동안 하는 일을 골드만삭스의 금융 분석 플랫폼 '켄쇼'가 단 몇 분 만에 해낸다. 골드만삭스는 주식 트레이더를 600명에서 2명으로 줄였다.

로봇

아마존 물류센터에서는 로봇팔이 물건을 올리고 내린다. '키바'라는 소형 로봇이 포장 직원들에게 제품을 전달한다. 로봇이 활용되면서 주문에서 출고까지 시간이 60분에서 15분으로 줄었다. 자동차, 전자부품, 컴퓨터 업종에 로봇이 도입되면서 근로자들의 업무 부담과 안전사고 위험은 줄었지만, 그만큼 사람의 일자리는 대체됐다. 물류창고 관리원, 창고 작업원뿐 아니라 생산과 제조 관련 종사원들의 일자리 전망도 좋지 않다. 당연하게도 조명받는 직업은 로봇 전문가다.

드론

군사용이나 학술용으로 '촬영'과 '관찰' 역할을 하던 드론이 운송시장을 파고들었다. 새로운 '하늘길'로 운송 영역이 넓어졌다. 인공지능이 더해졌고, 자율주행도 가능해졌다. CJ대한통운은 카메라를 장착한 드론으로 화물 정보를 수집하고, 직접 배송도 할 수 있는 시스템을 구축하고 있다. 두산모빌리티이노베이션은 지난해 공적 마스크를 살 수 없는 섬 주민들에게 수소 드론으로 마스크를 배송했다. 우정사업본부는 2022년까지 테스트베드 10곳을 구축해 운영할 계획이다. 드론은 교통수단의 접근이 어려운 장소에 물류를 이동시킬 수 있는 해결사 역할을 할 것으로 기대된다. 단순히 물류를 배송하는 배송·택배 기사들의 입지가 줄어들고, 드론 조종사 등 새로운 직업들이 주목을 받는 이유다. 다양한 형태의 드론에 대한 지식과 조종 기술을 갖춘 드론 전문가를 비롯해 드론 점검 기술자, 드론 관련 교육 전문가 등이 유망한 신직업으로 조명된다.

3D 프린팅

영국 이코노미스트지는 "3D프린팅 기술은 4차 산업혁명의 대표주자로, 100여 년 전 포드가 자동차 대량생산을 시작한 것과 맞먹는 파급력을 가져올 것"이라고 전망한 바 있다. 제품, 음식, 건물 등을 만들어내는 3D프린팅 기술은 제조 분야의 직업군들에 영향을 미치고 있다. 3D프린팅으로 건축을 할 경우 미장공, 콘크리트공, 철근공 등의 직업은 더 이상 필요하지 않게 된다. 교정 장치, 틀니를 3D프린터로 제작하게 되면서 치기공사 등의 직업도 위기에 놓였다. 다양한 욕구를 맞춤형으로, 빠르게 충족할 수 있다는 점 때문에 3D 전문가들이 각광받고 있다.

가상현실

새로운 기술의 탄생과 함께 만들어진 직업군도 있다. 가상현실(VR)·증강현실(AR) 전문가다. 현실의 이미지에 가상의 이미지를 겹쳐 보여주는 이 기술은 게임을 벗어나 관광, 훈련, 비행 등 다양한 분야에 적용되고 있다. 비행기 시뮬레이터를 이용한 조종사 훈련, 가상의 이미지를 통한 조립과 정비 등이 그것이다. 최근에는 유통과 쇼핑, 문화산업에서도 활용되기 시작했다. 자동차 VR 콘텐츠가 등장하고, VR을 통해 부동산 매물을 구입할 수 있는 서비스가 나타났다. 가상현실 내에서 정신 재활 치료도 가능하다.

가상공간 체험은 이용자들의 몰입도를 높이고, 증강현실 기술을 활용한 안내 시스템은 이용자의 편익을 증가시킨다. 가상현실과 관련된 기술이 상용화되고 저렴한 비용으로 보급될 수 있는 여건도 마련됐다. 가상현실에 대한 사용자의 요구를 파악하고, 시스템과 콘텐츠를 기획하고 개발하는 가상현실 전문가에 대한 수요가 생겨나고 있다.

보안

사물인터넷, 클라우드, 빅데이터 등 기술 확산에 따라 모든 것이 이어지는 네트워크 환경에서 보안 문제는 더욱 중요해진다. 하나가 뚫리면 도미노처럼 피해가 이어진다. 접속 단말기를 통해 IT 자원을 사용하는 클라우드 서비스의 이용률이 높아지면서, 개인 데이터 유출과 감시 등의 문제도 발생할 수 있다. 개인정보 유출 사고가 이어지는 상황에서, 단순 정보 보호 차원이 아닌 총체적 위험 관리를 위해 정보 보안 전문가를 확보하고자 하는 기업의 움직임도 이어지고 있다. 사물인터넷 전문가와 보안 전문가가 각광을 받는 이유다.

출처: 시사저널(http://www.sisajournal.com), 2021. 3. 30

① 4차 산업혁명의 역사적 흐름

4차 산업혁명이 전 세계적으로 화두인 가운데 사물인터넷, 인공지능, 빅데이터 등 관련 기술은 이미 우리 생활을 빠르게 변화시켜 나가고 있다. 과연 4차 산업혁명은 무엇이고 이는 우리의 미래를 어떻게 변화시킬 수 있을까? 4차 산업혁명을 이해하기 위해서 먼저 산업혁명의 역사를 간략히 짚어보도록 하자.

▲ 석탄을 이용한 증기기관의 발명은 농경 중심 사회가 제조업 중심의 사회로 바뀌는 계기가 되었다.

제1차 산업혁명

최초의 산업 혁명은 18세기 중반부터 19세기 초반까지, 약 1760년에서 1820년 사이에 영국에서 시작된 기술의 혁신과 새로운 제조 공정으로의 전환을 의미한다. 이러한 혁명의 핵심은 석탄이라는 에너지를 이용한 증기기관의 발명과, 이를 이용한 공장 체제의 도입이다.

이러한 변화는 면직물 산업을 중심으로 시작되었는데, 농경 중심 사회가 제조업 중심의 사회로 바뀌는 계기가 되었고, 공장에 투자하는 자본가들이 생겨나게 되었으며, 농업 부문의 유휴 노동력은 제조업으로 이동하게 되었다. 산업 혁명은 후에 전 세계로 확산되어 세계를 크게 바꾸어 놓게 된다. 산업 혁명이란 용어는 1844년 프리드리히 엥겔스가 처음 사용하였으며, 1차 산업혁명 이후의 사회를 우리는 근대사회라고 일컫는다.

제2차 산업혁명

▲ 포드사가 도입한 컨베이어 벨트 시스템

제2차 산업혁명은 제1차 세계 대전 직전인 1870년에서 1914년 사이에 일어났다. 제1차 산업혁명의 핵심이 석탄을 사용한 증기기관이었다면, 제2차 산업혁명의 핵심은 전력을 새로운 에너지원으로 사용하는 대량생산체제라 할 수 있다. 특히 철강, 석유 및 자동차 산업 등이 빠르게 확장되기 시작했다.

대표적인 예로 미국 포드사는 1908년 컨베이어 벨트를 사용한 대량생산체제로 세계 최초의 대중용 자동차를 출시하였고, 폭발적인 인기를 누리기도 하였다. 그 밖에도, 모터, 전화, 전구, 축음기, 내연 기관 등 지금도 중요한 대부분의 기술이 이때 개발되었다. 2차 산업혁명을 거쳐 탄생한 사회를 우리는 현대산업사회라고 부른다.

▲ 제3차 산업혁명은 1990년 이후 컴퓨터와 인터넷 등 네트워크 기술의 발전과 더불어 나타났는데, 정보와 지식이 경제의 기반을 구성하고, 정보기술들이 핵심 도구로 등장하게 되었다.

제3차 산업혁명

제3차 산업혁명은, 1990년 이후 컴퓨터와 인터넷 등 네트워크 기술의 발전과 더불어 나타난 정치, 경제, 사회 전반의 급격한 변화를 의미한다. 기존의 자본과 에너지를 대체하여 정보와 지식이 경제의 기반을 구성하고 컴퓨터와 통신을 이용한 정보기술들이 핵심 도구로 등장하게 되었다. 흔히 제3차 산업혁명은 정보혁명이라고도 하는데, 전통적인 생산요소나 수단을 혁신적으로 바꿈으로써 생산, 유통, 소비의 전 과정에서 정보가 중심이 되는 변혁을 의미한다. 이러한 정보의 형태가 0과 1의 디지털 신호 형태이기 때문에 정보혁명을 "디지털 혁명"이라고도 한다. 인터넷 및 정보 통신 기술이 주축이 된 제3차 산업혁명은 그동안 중앙집중화 된 이전의 혁명들과 달리 분산화가 중요한 특징으로 나타났다. 제러미 리프킨 미국 펜실베이니아대 와튼스쿨 교수는 그의 저서를 통해 "수평적 권력을 기반으로 한 3차 산업혁명 시대가 왔다"고 말했다.

제4차 산업혁명

제4차 산업혁명은 비교적 최근에 나타난 우리사회의 획기적인 변화를 포괄하는데, 그 용어는 2016년 다보스 세계경제포럼(World Economic Forum, WEF)의 주제로서 처음 주창되었다. 아직까지 명확히 정의를 내리기는 이르지만, 세계경제포럼에서는 4차 산업혁명에 대해 "3차 산업혁명을 기반으로 한 디지털과 바이오 산업, 물리학 등의 경계를 융합하는 기술 혁명"이라고 설명한 바 있다. 한편, 국내 산업통상자원부의 정의를 빌리자면 4차 산업혁명은 "인공지능기술을 중심으로 하는 파괴적 기술들의 등장으로 상품이나 서비스의 생산, 유통, 소비 전 과정이 서로 연결되고 지능화되면서 업무의 생산성이 비약적으로 향상되고 삶의 편리성이 극대화되는 사회·경제적 현상"이라고 정의하였다.

4차 산업혁명은 기계의 지능화를 통해 생산성을 고도로 향상시키고, 산업구조를 근본적

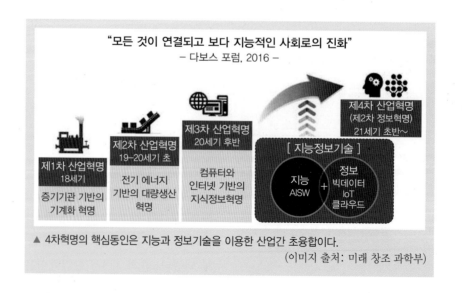

▲ 4차혁명의 핵심동인은 지능과 정보기술을 이용한 산업간 초융합이다.

(이미지 출처: 미래 창조 과학부)

으로 변화시키는 특징을 가진다. 따라서, 대규모의 설비 투자(자본)나 인건비 절감(노동) 등 기존의 생산요소에 대한 혁신보다는, 데이터를 수집하고 분석함으로써 얻어낸 정보들을 기계가 학습함으로써 새로운 가치를 창출하게 된다. 예를 들어 2015년, 정보 회사인 구글은 종업원 약 6만명이 $234억의 수익을 창출한 반면, 전통적 자동차 제조회사인 제네럴 모터스(GM)사는 종업원 약 21만명이 절반도 안되는 $97억원의 수익을 창출하였다.

이처럼 4차 산업혁명을 이끄는 핵심 동인을 흔히 지능정보기술라고 부르는데, 이는 인공지능(Artificial Intelligence, AI)의 "지능"과 사물인터넷, 클라우드 컴퓨팅, 빅데이터, 모바일(IoT, Cloud Computing, Big Data, Mobile: ICBM)에 기반한 "정보"가 종합적으로 결합된 형태를 말한다. 이에 대해서는 다음 장에서 좀더 자세히 알아보도록 하자.

② 지능정보기술이 이끄는 4차 산업혁명

4차 산업혁명의 동인인 지능정보기술을 한마디로 정의하면, 기존에 인간만이 가능했던 인지, 학습, 추론 등 고차원적 정보 처리 능력을 향상된 정보기술을 통해 구현하는것을 의미한다. 이를 보다 쉽게 이해 하기 위해서는 인공지능과 정보기술이 그동안 어떤 발전 과정을 거쳐왔는지 살펴볼 필요가 있다.

인공지능(Artificial Intelligence: AI)기술

인공지능의 등장

인공지능이라는 개념은 일찌기 1956년, 미국 다트머스 대학에 있던 존 매카시 교수가 개최한 다트머스 회의에서 처음 등장하였다. 당시 인공지능 연구의 핵심은 인간처럼 문제를 풀 수 있는, 즉 인간의 인지방법을 모사하는 기계를 구현하는데 집중되었다. 그 결과, 인지방법을 흉내낼 수는 있었지만, 당시 컴퓨터 처리능력의 한계로 복잡한 문제를 푸는 수준에는 도달하지 못하였고, 이에 대한 연구는 1970년대 급격한 빙하기를 맞이하였다.

머신러닝: 스스로 학습하는 인공지능

이후 1980년대에 들어서면서, 컴퓨터에 지식과 정보를 학습시키는 연구가 활발해졌고, 여러가지 실용적인 인공지능 시스템들이 개발되었다. 이 단계에서 인공지능은 자료를 인위적으로 주입시킴으로써 문제 해결능력을 높이게 되는데, 제한된 자료수준과 단순학습의 한계로 연구가 다시 침체에 빠졌들었다. 그러다가, 1990년대 후반부터 인터넷의 대중화와 검색엔진 등을 통해, 이전과 비교도 안되는 방대한 양의 빅데이터 수집이 가능해졌고, 이른바 머신러닝(Machine Learning)이 가능하게 되었다. 즉, 수 많은 빅데이터를 분석하여 인공지능 시스템이 스스로 학습하는 형태로 진화하게 된 것이다.

딥러닝: 인간의 뇌를 모방한 인공지능

▲ 이세돌 9단과 인공지능 알파고의 바둑대전

2010년 이후, 인공지능분야에서 기존의 머신러닝의 한계를 뛰어넘는 비약적인 발전이 딥러닝(Deep Learning)을 통해 이루어졌다. 딥러닝은 머신러닝에 포함되지만, 보다 발전되고 구체적인 구현 방법이며, 그 핵심은 분류를 통한 예측이다. 즉, 수많은 데이터 속에서 패턴을 발견해 인간이 사물을 구분하듯 컴퓨터가 객체를 분별한다. 컴퓨터의 분별 능력 학습은 크게 두 가지로 나뉜다. 지도 학습(supervised learning)과 비지도 학습(unsupervised learning)이다. 기존의 머신러닝은 대부분 지도 학습에 기초하고 있다. 예를 들어, 지도 학습 방식은 컴퓨터에 먼저 '이런 이미지가 고양이야'라고 방대한 양의 사진을 주입해 학습을 시켜주면, 기계는 인공신경망(neural network)을 통해 새로운 고양이 사진이 주어졌을때 이를 판별하게 된다. 따라서, 사전에 반드시 학습 데이터가 제공돼야만 인공신경망이 판단을 할 수 있고, 사전 학습 데이터가 적으면 오류가 커지므로 데이터양도 충분해야만 한다. 반면 비지도 학습은 '이런 이미지가 고양이야'라고 학습시키지 않고, 고양이의 이미지를 보면서 이를 스스로 일반화시키고, 자율적으로 컴퓨터가 '이런 이미지가 고양이군'이라고 패턴을 발견하면서 학습하게 된다.

즉, 딥러닝은 인간처럼 단지 몇 번의 경험만으로도 일반화를 통해 특정 분야의 지능을 만들어 내게 된다. 따라서 지도 학습 방식보다 혼자 스스로 배우는 진일보한 방식이며, 대신 보다 복잡한 인공 신경망 구조(deep neural network)를 통해서만 구현이 된다. 이러한 복잡한 인공신경망을 운영하기 위해서는 고도의 연산 능력이 요구되고, 그 결과 웬만한 컴퓨팅 능력으로는 시도하기가 쉽지 않았다. 하지만, 2015년 이후 신속하고 강력한 병렬 처리 성능을 제공하는 그래픽 컴퓨터 프로세서(GPU: Graphic Processing Unit)의 등장으로 딥러닝기술은 급격한 발전을 하게 되었다.

딥러닝이 가장 활발하게 이용되고 있는 분야를 꼽는다면 음성 인식과 이미지 인식이다. 데이터의 양 자체가 풍부한 데다 높은 확률적 정확성을 요구하고 있기 때문이다. 우리가 잘 알고 있는 인공지능 바둑 프로그램 알파고 역시 16만 건이 넘는 프로기사 기보를 토대로 매일 3만번의 실전 경험을 쌓으며 스스로 학습하며 성장하였다. 짐작도 어려울 만큼 수없이 많은 연산량은 176개의 GPU로 이루어진 고성능 시스템이 있었기에 가능했다. 일반적인 CPU 시스템보다 30배 이상 연산속도가 빨랐기에 보다 짧은 시간에 효과적으로 연산이 가능해졌고, 전력 소모도 크게 줄일 수 있었다. 비단 알파고 뿐만 아니라 요즘 관심이 증가하고 있는 자율주행자동차, 스마트폰의 개인비서 서비스 등, 많은 새로운 분야에 인공지능의 도입이 예견되고 있다.

쉬어가기 🔁 CPU? GPU? 비슷한 컴퓨터 용어 바로 알기

중고등학교 때부터 배우는 것이 바로 컴퓨터의 기본적인 구조다. 중앙처리장치, 주기억장치, 보조기억장치, 입출력 장치 등의 용어는 컴퓨터에 별로 관심이 없는 사람이라도 왠지 익숙할 것이다. 중앙처리장치를 CPU라고 하는 건 알겠는데, 클럭은 뭐고 쿼드코어는 무슨 의미인지, CPU나 GPU는 이름이 비슷한데 무슨 차이가 있는지 아리송하기 마련이다.이들 모두 프로세싱 유닛(Processing Unit), 즉 프로세서(processor, 처리기)라는 범주에 있다는 것은 동일하고, 연산 기능을 가지고 있다는 점에서도 같지만, 역할과 등장 배경이 조금씩 다르다.

CPU(Central Processing Unit) - 범용 연산 능력을 중시하는 컴퓨터의 두뇌

CPU란 중앙처리장치라는 이름 그대로 컴퓨터의 중심에 위치하여 시스템 전반을 이끄는 장치다. 입력 받은 명령을 해석 / 연산한 후, 이를 통해 결과 값을 출력 장치로 전달한다. 컴퓨터 시스템의 두뇌라고 할 수 있는 가장 중요한 부품이기 때문에 CPU의 성능에 따라 해당 컴퓨터 시스템 전반의 등급이나 가격이 결정되는 경우가 많다.

컴퓨터 CPU의 세부 사양을 살펴볼 때 유심히 볼 것은 클럭(동작속도)의 수치와 코어(핵심 회로)의 수, 그리고 캐시 메모리(임시 저장소)의 용량 등이다. 클럭 수치가 높으면 단일 작업을 빠르게 처리하는 데 유리하며, 코어의 수가 많으면 멀티태스킹(다중작업)을 하거나 멀티코어 연산에 최적화된 프로그램을 구동하는데 이점이 있다. 그리고 캐시 메모리가 넉넉하면 덩치가 큰 프로그램을 구동하거나 자주 하는 작업을 반복 처리할 때 작업 효율을 높일 수 있다. 예전의 CPU는 높은 클럭을 추구하는 경향이 있었으나, 이는 소비전력이 올라가는 부작용이 있어 최근에는 클럭을 높이기 보다는 코어의 수를 늘려 성능을 높이는 것이 대세다. 2개의 코어를 가진 듀얼코어(Dual Core) CPU, 4개의 코어를 가진 쿼드코어(Quad Core) CPU는 이미 대중화되었으며, 일부 고급 제품에는 6개의 코어를 가진 헥사코어(Hexa Core), 8개의 코어를 가진 옥타코어(Octa Core) 형태도 도입되고 있다. 대표적인 PC용 CPU로는 인텔의 '코어' 시리즈나 '펜티엄' 시리즈, AMD의 'FX' 시리즈나 'A시리즈' 등이 있으며, 모바일 기기용으로는 퀄컴의 '스냅드래곤' 시리즈, 삼성의 '엑시노스' 시리즈 등을 들 수 있다.

▲ Nvidia의 H100 GPU

GPU(Graphics Processing Unit) – 그래픽 성능에 큰 영향을 미치는 특화 프로세서

컴퓨터, 특히 PC에서 그래픽 데이터를 모니터로 전달하는 부품을 그래픽카드라고 한다. 과거의 그래픽카드는 CPU에서 연산한 내용을 그대로 모니터에 전달하는 변환기의 일종에 불과했다. 하지만 각종 멀티미디어 콘텐츠, 특히 게임에 높은 연산능력을 중시하는 3D 그래픽이 본격적으로 도입되면서 그래픽 처리를 CPU에만 의존하는 형태는 한계를 보이기 시작했다.

이로 인해 1990년대 중반에 들어 고속 그래픽 처리에 특화된 전용 프로세서가 그래픽카드에 탑재되는 경향이 본격화된다. ATi(이후 AMD에 합병)나 S3, 3DFX, 엔비디아 등이 이러한 그래픽 특화 프로세서를 다수 출시하며 성능이 향상된 그래픽카드가 하나 둘 출시되기 시작했다. 다만, 이런 그래픽 프로세서가 'GPU(Graphics Processing Unit)'라는 이름으로 불리게 된 건 1999년에 엔비디아가 '지포스' 칩을 출시한 이후다. 이전에는 '그래픽 프로세서'나 '비디오 어댑터' 등으로 불리곤 했으나, 엔비디아에서 주창한 'GPU'라는 용어가 워낙 강한 인상을 준 나머지, 이후에는 이것이 거의 일반명사화 되었다. 고성능 GPU를 탑재한 컴퓨터는 CPU의 성능이 좀 떨어지더라도 높은 3D 그래픽 처리능력을 갖추게 되기 때문에 게임 구동능력이 한층 향상된다. 그리고 최근에는 그래픽 처리뿐 아니라 이외의 범용 작업에도 GPU의 처리 능력을 보태는 이른바 'GPGPU(General Purpose computing on Graphics Processing Units)' 기술이 점차 주목 받고 있다. 동영상의 구동 및 변환, 그래픽 편집, 그리고 환경 변화 예측 프로그램 등에 GPGPU 기술이 적극적으로 도입 중이다. GPU는 병렬 처리를 효율적으로 처리하기 위한 수천 개의 코어를 가지고 있으므로, 어플리케이션의 연산 집약적인 부분을 GPU로 넘기고 나머지 코드만을 CPU에서 처리하는 GPU 가속 컴퓨팅은 특히 딥러닝, 머신 러닝 영역에서 강력한 성능을 제공하게 된다. AI에서 화두가 되는 딥러닝 GPU는 주로 Nvidia, AMD 두 회사에서 제공하고 있다. Nvidia는 개발자를 위한 글로벌 AI 컨퍼런스인 GTC(GPU Technology Conference) 2022에 H100를 소개했다. H100은 800억 개 트랜지스터를 포함하는 9세대 데이터 중심의 GPU이다. Nvidia의 주장에 따르면 "세계에서 가장 크고 강력한 가속기이며 대규모 AI 모델에 완벽하다"라고 말했다.

정보기술

딥러닝과 같은 새로운 인공지능 기술이 제대로 동작하기 위해서는 대용량의 데이터를 수집하고, 이를 분석하여 새로운 정보로서의 패턴과 의미를 찾아내야만 한다. 이를 뒷받침할 수 있는 기술로 사물인터넷, 클라우드 컴퓨팅, 빅데이터, 모바일(IoT, Cloud Computing, Big Data, Mobile: ICBM) 등이 핵심 정보기술로 거론된다. 각 기술에 대한 설명은 이 책의 다른 장에서 보다 자세히 다루고 있으므로, 여기서는 4차 산업혁명과 이 기술들이 어떤 관련을 가지고 있는지에 대해서 간략히 살펴보자.

사물인터넷(Internet of Things: IoT)

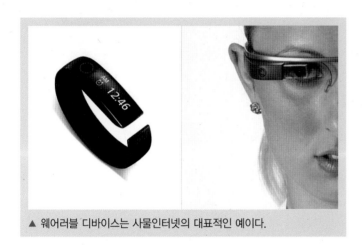

▲ 웨어러블 디바이스는 사물인터넷의 대표적인 예이다.

사물인터넷이란 세상의 모든 물건에 통신 기능을 가진 센서가 장착되어, 사물과 사물 간에 인터넷을 통해 정보를 상호 소통하는 지능형 기술 및 서비스를 말한다. 따라서, 굳이 사람이 개입하지 않아도 사물들끼리 알아서 정보를 교환할 수 있게 된다는 뜻이다. 아직까지 낯선 용어로 보이지만, 벌써 여러 실생활에서 적용되어지고 있다. 사물인터넷의 대표적인 예로 스마트 가전을 들 수 있다. 개개의 가전 제품들에는 이들이 사용하는 에너지의 양과 사용패턴 등을 정보로서 수집하고 전송이 가능한 센서가 부착된다. 이런 센서가 보내는 정보는 인터넷을 통해서 전달되고 이런 정보는 각 제품, 심지어는 만든 회사와 모델명까지 밝혀낼 수 있는 일종의 서명처럼 쓰일 수 있다고 한다. 이런 정보를 통해 어떤 식으로 에너지를 절약하고 효율적으로 사용할 수 있는지에 대한 전략을 수립하게 된다고 한다. 실제로 영국에서는 현재 120만 가정에서 사용되는 가전제품에 이러한 센서를 부착해 스마트 전력망을 구축하였다고 한다. 숨겨진 정보의 재발견이라 하겠다. 4차 산업혁명의 핵심이 "연결"과 "지능화"라는 점에서 지능화된 사물간의 통신을 나타내는 사물인터넷은 가장 핵심이 되는 기술이다.

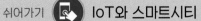

IoT는 첨단 기술을 사용하여 일상 생활에서 삶의 질을 개선하고 운영 효율성을 높이는 스마트 시티의 핵심 기술이다. IoT를 통해 도시는 도시 인프라를 통해 데이터를 수집하고, 해당 정보를 사용하여 운영을 최적화하고, 정보에 기반한 더 나은 결정을 내릴 수 있다. 이 기술은 다음과 같은 다양한 영역에서 혁신을 주도할 수 있다.

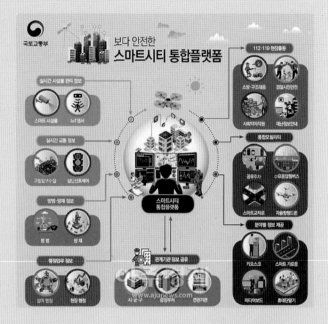

인프라

스마트시티는 기반 시설에 센서를 통합하여 유지보수 프로그램 개선, 효율성 향상, 원격 운영 구현 등 다양한 이점들을 제공한다. 스마트시티 인프라는 가로등과 수자원 네트워크, 도로 및 교통 시스템에 이르기까지 모든 것을 포함한다. 예를 들어 타이머와 동작 센서를 가로등에 설치하여 어두워지거나 누군가가 근처에 있을 때 점등되도록 프로그래밍할 수 있다.

건물

IoT는 도시들이 공공 소유 건물의 효율성과 운영 개선을 지원한다. 도시들은 스마트 기술을 사용하여 조명, 난방, 에어컨, 엘리베이터 등 건물 내의 광범위한 시스템으로부터 데이터를 수집하고 원격으로 운영할 수 있다.

에너지 공급

IoT는 전력 시스템의 신뢰성, 효율성 및 지속가능성을 개선하는데 도움을 줄 수 있다. IoT는 변전소, 재생 에너지 발전소, 에너지 저장 시설 등 전력망의 거의 모든 분야에 관여한다. 운영자는 IoT를 활용하여 장비 문제의 조기 감지, 변수 생성 리소스 관리 그리고 유통을 최적화할 수 있다.

수자원

스마트 시티에서 깨끗한 물의 안정적인 공급과 안전한 폐수 처리를 하는 수자원 시스템의 구축은 매우 중요하다. 운영자들은 IoT 시스템을 통해 누수를 신속하게 감지하여 낭비를 줄이고, 손상된 파이프라인이 수리되지 않아 발생할 수 있는 향후 작동상의 문제를 방지할 수 있다. 또한 스마트 기술은 수자원 감소 속도를 예측하여 향후의 안정적인 공급을 대비할 수 있다.

클라우드 컴퓨팅

4차 산업혁명 시대에는 네트워크로 연결된 컴퓨터를 통하여 할 수 있는 일이 점차 증가한다. 클라우드 컴퓨팅은 정보를 자신의 컴퓨터가 아닌 인터넷에 연결된 다른 컴퓨터들을 이용하여 처리하는 기술이다. 클라우드 컴퓨팅 제공자는 컴퓨팅 자원의 풀(pool)을 형성하고, 다수의 고객들이 이를 공유하고 필요한 만큼 나누어 쓰게 된다. 클라우드 서비스를 제공하는 가장 대표적인 회사는 온라인 쇼핑으로 잘 알려진 아마존, 구글, 애플 등이다.

이들 클라우드 서비스 제공업자는 수천, 수만 개의 범용 서버를 한자리에 모아 둔 물리적 장소인 '데이터 센터'를 운영함으로써, 규모의 경제를 통한 자원의 공유를 극대화시킬 수 있게 된다. 따라서, 두 가지 핵심기술이 필요한데, 하나는 흩어진 자원을 하나로 연결시켜주는 분산 컴퓨팅 기술이고 다른 하나는 모아진 자원을 각 사용자별로 배분시켜 줄 수 있는 가상화 기술이다. 데이터 센터에서는 분산 컴퓨팅 기술을 이용하여 범용 서버들을 하나로 연결하여 엄청난 연산능력을 보유한, 마치 하나로 보이는 슈퍼컴퓨터를 구성할 수 있다. 이렇게 구성된 슈퍼컴퓨터는 다시 여러 사용자나 서로 다른 작업을 위해 공유되어야 하는데 이를 위해 가상화 기술이 사용된다. 즉, 하나의 서버에는 하나의 운영체계를 설치해야 한다는 통상적인 방식과 달리 하나의 서버 위에 가상화 소프트웨어를 설치해 줌으로써, 여러 개의 서로 다른 운영체계를 설치하고 사용자들이 독립적으로 운영할 수 있게 된다.

클라우드 환경에서 제공되는 서비스는 크게 인프라스트럭처 서비스(IaaS: Infrastructure as a Service), 플랫폼 서비스(PaaS: Platform as a Service), 소프트웨어 서비스(SaaS: Software as a Service)의 세 가지 형태로 구분할 수 있다. 인프라스트럭처 서비스는 가장 기본적인 서비스 모델로서, 수백 또는 수천 대의 컴퓨터를 연결한 강력한 컴퓨팅능력, 데이터 저장공간, 파일 보관 서비스 등의 기반구조를 제공한다.

소프트웨어 서비스는 소프트웨어 자체를 다수의 사용자의 요청에 따라 제공하는 웹 기반의 애플리케이션 서비스를 지칭한다. 예를 들어 마이크로 소프트 오피스365 사용자는 웹상에서 워드, 엑셀, 파워포인트 등의 개인용 소프트웨어를 언제 어디서나 이용할 수 있다.

▲ 인프라 스트럭처 서비스 중 하나인 클라우드 스토리지는 데이터 스토리지를 서비스로서 관리하고 운영하는 클라우드 컴퓨팅 공급자를 통해 데이터를 인터넷에 저장하고 어디에서나 사용이 가능하도록 해준다. 구글의 구글 드라이브, 네이버의 N드라이브 등, 그 종류가 매우 다양하다.

구글(Google)도 '워크스페이스(workspace)'를 통해 유사한 서비스를 제공한다.

플랫폼 서비스는 인프라스트럭처 서비스와 소프트웨어 서비스의 중간 단계에 해당한다. 주 서비스 사용자는 애플리케이션 개발자들이 되는데, 이들은 애플리케이션을 개발·실행할 수 있는 플랫폼을 클라우드를 통해 제공받게 되며 인프라스트럭처 서비스와 같이 서버의 운영 체계 자체를 제공받지는 않는다. 가령 구글이 제공하는 맵을 자신의 애플리케이션에 이용하기 위해서는 구글 앱 엔진(App Engine) 플랫폼 서비스를 사용한다.

4차 혁명과 더불어 컴퓨터뿐만 아니라 수많은 기기들이 사물인터넷으로 연결되고, 그 결과 지금까지 다루지 않았던 엄청난 양의 데이터가 인터넷으로 쏟아지고 있다. 이러한 데이터의 저장과 처리는 클라우드를 통해 제공되는 대용량 스토리지와 강력한 병렬 그래픽프로세서(GPU: Graphic Processing Unit)가 아니면 도저히 불가능하다. 다행인 점은 앞서 언급한 바와 같이, 이런 강력한 프로세서를 개별 이용자가 구매할 필요없이 클라우드를 통해 원하는 만큼만, 원하는 시간에 빌려쓸 수 있다는 점이다. 4차 산업혁명 시대에는 생산과 소유 대신, 이처럼 연결과 공유가 중요해지는 세상이다. 클라우드 컴퓨팅에 대해서는 4장에서 보다 자세히 설명하도록 한다.

빅데이터

4차 산업혁명의 기반을 이루는 핵심분야인 인공지능은 수많은 센서를 통한 각종 데이터의 실시간 수집도 중요하지만, 이런 빅데이터를 맞춤형 분석을 실행해, 이로부터 새로운 지식을 창출함으로써 완성된다. 특히, 빅데이터는 규모만 큰 것이아니라 그 형태가 각양각색이다. 가령, 온라인 쇼핑 관련 상품 정보, 소셜네트워크를 통해 제공하는 실시간 뉴스피드, 유튜브에 올라오는 비디오, 자동차에 부착된 센서를 통해 수집되는 운전자 데이터, 스마트폰이 제공하는 위치정보, 헬스 기기를 이용한 신체 정보 등을 생각해보자. 이러 다양한 데이터들은 하나의 주어진 형식을 따르기보다는 동영상, 음성, 사진, 텍스트와 같이 다양하고 비정형화된 형태를 띄고 따라서 그만큼 분석 또한 어려워진다. 이를 위해, 텍스트 마이닝, 평판분석, 소셜네트워크 분석, 군집 분석 등의 새로운 빅데이터 분석기술이 각광을 받고 있다.

뿐만 아니라, 빅데이터 시대의 새로운 통찰력은 이러한 분석결과를 전체적으로 바라봄으로써 가능한데, 이와 관련된 시각화(visualization) 기술도 요즘들어 더욱 중요해지고 있다. 빅데이터의 활용기술들과 시각화에 대한 자세한 설명은 3장을 참조하도록 한다.

모바일

모바일은 클라우드에 데이터를 제공하는 수단이자, 최종사용자에게 서비스를 전달하는 인터넷의 보다 확장된 연결수단을 의미한다. 클라우드에 제공되는 정보들은 다양한 모바일 기기를 통해 전달된다. 스마트폰, 테이블릿, 자율주행자동차, 스마트가전기기 등 모두가 모바일 기기로 정의할 수 있으며, 이들은 무선 인터넷을 통해 통신을 하게 된다. 무선 인터넷은 앞서 언급한 사물간 지능통신, 즉 모든 사물에 센서나 통신 기능을 부과하여 지능적으로 정보를 수집하고, 상호 전달하는 네트워크의 구성을 가능하게 하였다. 사물인터넷과 결합된 모바일 기술은 분산된 환경 요소에 대하여 인간의 명시적 개입 없이 상호 협력적으로 센싱, 네트워킹, 정보 처리 등 지능적 관계를 형성하는 사물 공간 연락망을 형성하게 된다. 모든 기기의 스마트화에 따라 사람이 중심이던 인터넷에서 사물은 물론 현실과 가상세계의 모든 정보와 상호작용하는, 바로 4차 산업혁명이 추구하는 초연결시대가 열리고있다.

③ 4차 산업혁명이 가져올 미래 변화

지능정보기술을 기반으로 한 4차 산업혁명은 우리 생활 전 분야에서 급격한 변화를 가져오고 있으며, 이러한 변화는 크게 다음의 4가지로 요약할 수 있다.

스마트화: 초연결과 지능화의 확산

4차 산업혁명은 사물·사람, 제품·서비스 등이 사물인터넷, 빅데이터, 인공 지능 등 파괴적 기술과 접목되어 상호 연결되고 지능화 되는 결과를 가져올 것이다. 이러한 스마트화의 대표적인 특징은 다음과 같다.

무인 의사결정

인간의 고차원적 판단기능 기계가 수행함으로써 기계가 독립된 주체로 활동하여 자동화 및 무인화가 확산된다.

실시간 반응

정보수집, 데이터 분석, 판단 추론 등 일련의 과정들이 핵심 정보 기술(IoT, Cloud, Big Data, Mobile 통신)을 통해 즉각 처리되어 실시간 응답 반응이 가능해진다.

자율 진화

기계의 성능이 딥러닝 등 기계 학습을 통해 스스로 진화하여, 기하급수적으로 향상된다.

만물의 데이터화

과거에는 보관 활용이 곤란했던 데이터(생체 행태정보, 비정형 정보 등)도 기계 학습 과정을 거쳐 의미를 추출하는게 가능해졌다.

이와 같은 생활 전반의 스마트화는 기업간 경쟁의 규칙에도 큰 변화를 초래하고 있다. 즉, 이전까지는 경쟁 요소가 제품의 가격이나 품질이었다면, 이제는 어떻게 데이터를 연결하고 지능화 하여 새로운 가치를 만들어 내느냐가 관건이 되었다. 예를 들어 폴로 랄프로렌은 스마트 기기와 연결된 셔츠를 개발해 심박수나 스트레스 지수 등의 실시간 확인이 가능한 제품을 출시하였다. 또한, 경쟁 단위도 하나의 단순한 제품이 아니라 여러 제품과 기술이 하나로 연결된 일종의 시스템으로 확대되는 추세이다. 예를 들어, 여러 가전 기기가 하나로 연결되는 스마트홈, 사무실과 기기들이 하나로 연결된 스마트 빌딩 등이 좋은 예가 될 수 있다.

서비스화: 제품 중심에서 제품 + 서비스 중심으로

사물인터넷 등 파괴적 기술의 등장으로 제품단위 보다는 제품 + 서비스 중심으로 비즈니스 모델의 전환이 가속화 되고 있다. 가령, 기존의 제조업체들은 설계, 디자인, 유지·관리 등 전후방 서비스 부분을 결합한 포트폴리오를 강화하는 추세이다. 글로벌 기업 GE는 엔진과 터빈 등의 제조업 중심에서 유지·관리와 컨설팅 등을 결합한 서비스 기업화를 추구하고 있

는데 매출의 40% 이상이 서비스 분야에서 이루어지고 있다. 자동차 산업도 비슷한 예가 될 수 있는데, 제조를 넘어서 배터리 충전 서비스, 더 나아가 위치·공간·교통정보 서비스 등이 결합되어 새로운 서비스로 고도화 되고 있다.

▲ 전기자동차 제조회사인 테슬라는 자동차 제조를 넘어서 배터리 충전과 같은 서비스를 결합하여 새로운 비즈니스 모델로의 전환에 성공하였다.

친환경화: 친환경 신사업의 창출

파리협정 발효(2016년 11월) 등 글로벌 환경규범이 본격화 되면서, 4차 산업혁명의 기술 혁신도 친환경화를 가속화 하는 방향으로 발전하고 있다. 기업은 빅데이터, 인공지능을 활용하여 수요예측·맞춤형 최적 생산을 추구 함으로써 자원 이용 효율의 극대화를 위해 노력하고 있으며, 전자기기에 센서를 탑재하고 지능화된 전력망을 이용함으로서 에너지 수요 관리 최적화가 확대되고 있다.

 쉬어가기 **'에너지의 인터넷' 스마트 그리드가 온다**

4차 산업혁명은 사회·경제·문화 등 여러 방면에 영향을 미칠 것으로 예상된다. 특히 에너지 분야에서도 에너지의 디지털화를 촉진하는 '에너지 4.0' 시대에 진입하고 있다. 에너지 4.0 시대에는 신재생에너지를 활용하면서 지능적인 제품 생산과 스마트한 에너지 사용이 중요할 것으로 예상된다. 무엇보다 스마트 그리드를 기반으로 한 다양한 첨단 기술들이 에너지 산업에 적용될 것으로 전망된다. 스마트 그리드는 정보통신기술(ICT)을 활용해 전력의 수요와 공급을 언제든지 최적화할 수 있는 차세대 지능형 전력망이다.

스마트 그리드의 핵심은 전력망에 정보기술(IT)을 합쳐 소비자와 전력 회사가 실시간으로 정보를 주고받는 것이다. 이 시스템을 이용하면 소비자는 전기요금이 쌀 때 전기를 쓸 수 있고 전자제품이 자동으로 전기요금이 싼 시간대에 작동하게 할 수도 있다.

전력 생산자가 전력 사용 현황을 실시간으로 파악할 수 있기 때문에 전력 공급량을 탄력적으로 조절할 수 있다. 전력 사용이 적은 시간대에 최대 전력량을 유지하지 않아도 되므로 버리는 전기를 줄일 수 있고 전기를 저장했다가 전력 사용이 많은 시간대에 공급하는 탄력적인 운영도 가능하다. 또 과부하에 따른 전력망의 고장도 예방할 수 있다.

스마트 그리드 하부에는 마이크로 그리드가 있다. 마이크로 그리드는 자체적으로 전력을 생산하는 소규모 네트워크를 말한다. 아파트라면 단지별로, 마을이라면 마을별로 전력을 생산하는 것이다. 마이크로 그리드 체제가 활성화된다면 지역에 맞춰 일조량이 높은 지역에선 태양광을, 바람이 많이 부는 해안가에선 풍력으로 전

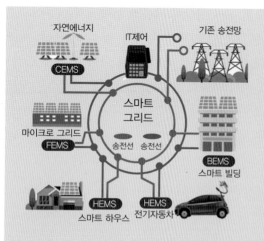

기를 생산하면 된다. 이는 현재의 중앙 집중형 대신 분산 전원 시스템을 가능하게 한다. 그래서 자연환경에 따라 발전량이 들쑥날쑥한 신재생에너지의 문제점을 해소할 수 있어 신재생에너지를 확산시키는 필수 인프라로 인식되고 있다.

또 다양한 분산 전원을 전력 규모에 따라 독립적으로 운영할 수 있고 각 계통에 센서를 달아 소비자의 요구에 실시간으로 반응하게 된다. 이러한 네트워크 때문에 스마트 그리드를 '에너지의 인터넷'이라고 부르기도 한다.

우리나라 정부는 2020년 7월 14일 코로나19 사태 이후 경기 회복을 '한국판 그린뉴딜'을 확정·발표하였다. 이는 2025년까지 디지털 뉴딜, 그린 뉴딜, 안전망 강화 등 세 개를 축으로 분야별 투자 및 일자리 창출을 목적을 하고 있다. 스마트 그리드는 한국판 뉴딜의 최대 핵심사업인 '지역균형뉴딜'에서 관심을 받고 있다. 소규모 지역에 전력을 자급자족할 수 있는 스마트 그리드 시스템인 '마이크로 그리드'가 지역균형 뉴딜의 에너지망 구축에 최적이기 때문이다. 마이크로 그리드는 송배전에 의한 전력손실과 고압송전을 위한 인프라가 최소화되므로 그 자체로 탄소저감에 효과적이다. 정부는 한국판 뉴딜에 투입되는 160조원 가운데 약 47%에 달하는 75조원을 지역균형 뉴딜에 투입할 것이라 밝힌 바 있다.

출처: 한국경제매거진, 2018. 3. 14, 한국에너지정보센터(http://www.energycenter.co.kr), 2021. 8. 10

플랫폼화: 제품 · 서비스 네트워크를 통한 가치 창출

4차 산업혁명은 다수의 제품과 서비스를 서로 연결하고 통합하는 매개체를 통해 새로운 가치를 창출하는 비즈니스 모델을 확산시킨다. 특히 지능 정보기술을 활용한 기업들은 공격적으로 산업을 확장하며 기존의 제조업체나 서비스업체를 위협하기도 한다. 예를 들어 차량 공유 업체 우버의 기업가치는 2022년 126조원에 육박하며, 이는 이미 제네럴 모터스나 포드 등 기존 기업을 추월하였다. 애어비앤비와 같은 숙박 공유서비스 업체도 기존의 호텔 사업자들을 위협한다.

핵심 기술을 중심으로 다양한 제품과 서비스를 연결하여 신시장을 창출하는 경우도 생겨나고 있다. 가령, 네스트랩(Nest Labs)는 자사 온도 조절기를 중심으로 에너지 공급, 가전, 응용 소프트웨어, 보안 서비스 등 약 50개 기업을 IoT 기술로 연결하여 스마트 홈을 구현한다. 뿐만 아니라 위에서 언급한 우버의 경우 차량 공유서비스를 중심으로 물류(우버 카고), 여행(우버 트래블), 자율주행 택시 등으로 그 비즈니스 영역을 확장하고 있다.

2022년 10월 15일 오후 3시 30분쯤 5,000만 명이 쓰는 국민 메신저 카카오톡이 판교 데이터센터 화재로 작동을 멈추자, 전 국민의 일상이 사실상 '블랙아웃' 되는 초유의 사태가 벌어졌다. 카톡으로 서로 안부를 묻지 못하는 상황을 넘어, 택시·송금·결제·웹툰 같은 카카오 주요 서비스가 일제히 멈춰버렸기 때문이다. 카카오톡과 연동된 각종 민·관 서비스들도 장애 도미노를 일으키면서 대한민국 주말이 올스톱된 것이다. 전국 거리에선 승객을 태우고도 요금을 받지 못해 망연자실한 택시기

카카오팀
@kakaoteam

오늘 오후 3시 30분 경부터 데이터센터에 화재가 발생하여 현재 카카오톡을 비롯한 카카오 서비스가 원활하지않은 문제가 있습니다. 빠른 복구를 위하여 최선을 다해 노력하겠습니다. 큰 불편을 드려 대단히 죄송합니다.

▲ 카카오의 서비스 장애 관련 메시지

사, 식당 음식 값을 지불하지 못해 당황한 손님, 가상화폐를 제때 팔지 못한 투자자 같은 피해 사례가 속출했다. 카카오뿐 아니라 네이버 일부 서비스까지 한동안 장애를 일으켰다.

카카오는 "유례없는 대형사고"라면서 전 직원을 동원해 밤샘 복구 작업을 펼친 끝에 16일 오후 9시 30분 현재 카카오톡 메신저와 페이·내비 등 주요 서비스를 겨우 복구했다. 하지만 서비스 지연 현상은 계속돼 완전 복구가 언제 될지는 알 수 없는 상황이다. IT업계에서는 "세계 최고 수준의 초고속 인터넷 보급률, 세계 최초 5G 이동통신 서비스 시작 등 IT 강국으로 통했던 한국의 민낯이 드러났다"는 말이 나온다.

이번 사태를 통해 플랫폼 독점 사회로 변모한 한국 사회의 취약성이 여지없이 드러났다. 카카오·네이버 아이디만 있으면 민간뿐 아니라 정부가 제공하는 각종 편의 서비스 대부분을 이용할 수 있는 '초연결 사회'가 한순간에 모든 것이 마비되는 '초먹통 사회'로 전락할 수 있다는 것이다. 사실상 전 국민이 사용하는 포털과 메신저를 각각 보유한 네이버와 카카오는 최근 10여 년간 금융·결제·쇼핑·여가 등으로 서비스 영역을 무차별 확장해왔다. 정부조차 카카오톡을 통해 코로나 백신 접종, 맞춤형 복지 같은 서

▲ 네스트의 스마트 온도 조절기와 보안 카메라

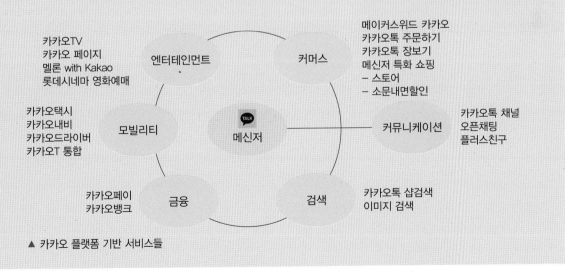

카카오TV
카카오 페이지
멜론 with Kakao
롯데시네마 영화예매

엔터테인먼트

커머스

메이커스위드 카카오
카카오톡 주문하기
카카오톡 장보기
메신저 특화 쇼핑
– 스토어
– 소문내면할인

카카오택시
카카오내비
카카오드라이버
카카오T 통합

모빌리티

메신저

커뮤니케이션

카카오톡 채널
오픈채팅
플러스친구

카카오페이
카카오뱅크

금융

검색

카카오톡 샵검색
이미지 검색

▲ 카카오 플랫폼 기반 서비스들

비스를 안내하고 있다. 보안 업계 관계자는 "두 회사의 아이디만 있으면 뭐든지 할 수 있는 세상이 됐지만, 역설적으로 두 회사가 문제를 일으키면 전국이 마비되는 플랫폼 종속 사회가 돼버렸다고도 볼 수 있다"고 했다.

출처: 조선일보, 2022. 10. 17.

01 제4차 산업혁명을 흔히 "디지털 혁명"이라고 한다.

> **정답** ×
>
> **해설** 디지털 신호를 이용한 정보에 의존하는 제3차 산업혁명을 "디지털 혁명"이라고 한다.

02 인공지능이 처음 대두된 시기는 1980년대이다.

> **정답** ×
>
> **해설** 인공지능은 1956년에 처음 등장하였지만, 최근 급속하게 성장하였다.

03 클라우드 컴퓨팅 서비스를 제공하는 가장 대표적인 회사는 아마존이다.

> **정답** ○
>
> **해설** 아마존은 온라인 쇼핑으로 잘 알려져 있지만, 실제로 가장 큰 대규모 클라우드 컴퓨팅 서비스를 제공한다.

04 다음은 몇 차 산업혁명에 대한 설명인가?

> 기업들은 전력을 새로운 에너지원으로 사용하게 되었으며 컨베이어 벨트 등을 이용한 대량생산 체제가 철강, 석유 및 자동차 산업 등을 중심으로 빠르게 퍼져나가게 되었다.

① 제1차 산업혁명 　　　　　② 제2차 산업혁명
③ 제3차 산업혁명 　　　　　④ 제4차 산업혁명

> **정답** ②

05 4차 산업혁명에 대한 설명 중 가장 올바른 것은?

① 정보혁명
② 컴퓨터와 인터넷 등 네트워크 기술의 발전과 더불어 나타난 정치, 경제, 사회 전반의 급격한 변화
③ 수평적 권력을 기반으로 산업혁명
④ 지능과 정보기술을 이용한 산업간 초융합

> **정답** ④
>
> **해설** ①, ②, ③ 모두 제3차 산업혁명에 대한 설명이다.

06 4차 산업혁명을 이끄는 핵심 동인인 정보기술에 포함되지 않는 것은?

① 인공지능 　　　　　　② 사물인터넷
③ 클라우드 컴퓨팅 　　　④ 빅데이터

> **정답** ①

해설 인공지능은 지능 기술에 해당한다.

07 인공지능에 대한 다음 설명 중 올바르지 않은 것은?

① 1990년대 후반부터 인터넷이 대중화 되고, 이전과 비교도 안 되는 방대한 양의 데이터를 이용한 머신러닝이 가능하게 되었다.

② 지도학습은 수많은 데이터 속에서 패턴을 발견해 인간이 사물을 구분하듯 컴퓨터가 객체를 분별하는 것을 가능하게 하였다.

③ 딥러닝은 복잡한 인공 신경망 구조를 통해 구현된다.

④ 딥러닝은 보다 많은 연산을 요구하기 때문에 연산속도가 빠른 GPU를 사용하는 경우가 많다.

정답 ②

해설 패턴의 발견은 비지도 학습을 통해 습득된다.

08 사물인터넷에 대한 설명 중 올바르지 않은 것은?

① 사물인터넷이란, 사물과 사물 간에 유선 방식이 아닌 모바일을 이용해 정보를 상호소통하는 지능형 기술 및 서비스를 말한다.

② 사물인터넷의 대표적인 예로 스마트 가전을 들 수 있다.

③ 사물인터넷은 컴퓨터 뿐만 아니라 다양한 센서들을 이용한다.

④ 사물인터넷도 컴퓨터나 스마트폰과 같이 DDoS 해킹 등 보안관련 문제에 노출될 수 있다.

정답 ①

해설 사물인터넷이란, 사물과 사물 간에 인터넷 (유/무선 모두)을 이용해 정보를 상호소통하는 지능형 기술 및 서비스를 말한다.

09 우리가 웹에서 오피스 작업을 위해 사용하는 오피스 365는 클라우드 컴퓨팅이 제공하는 서비스의 형태 중 무엇에 해당하는가?

① IaaS ② PaaS
③ SaaS ④ CaaS

정답 ③

해설 오피스 365는 소프트웨어 서비스(Software As a Service: SaaS)에 해당된다.

10 4차 혁명을 이끄는 빅데이터에 대한 다음 설명 중 가장 적절한 것은?

① 빅데이터는 그 규모가 크지만 대부분 텍스트 형태이기 때문에, 텍스트 마이닝의 중요성이 커졌다.

② 빅데이터는 데이터의 전체적 의미보다는 개별 트랜잭션 하나하나를 자세히 분석하는 게 중요하다.

③ 인공지능과 빅데이터 분석은 서로 밀접한 관련이 없다.

④ 빅데이터의 분석 결과를 가장 효과적으로 활용하기 위해서는 시각화 기술이 중요하다.

정답 ④

해설 ① 빅데이터는 규모도 크지만, 형태도 동영상, 사진, 센서 데이터 등 다양하다.
② 빅데이터는 데이터의 전체적 의미를 파악하는 게 중요하다.
③ 인공지능의 발전을 위해서는 학습을 위한 빅데이터의 활용이 반드시 뒷받침되어야 한다.

11 4차 혁명이 가져올 대표적인 미래 변화에 해당되지 않는 것은?

① 4차 산업혁명은 사물 · 사람, 제품 · 서비스 등이 사물인터넷, 빅데이터, 인공 지능 등 파괴적 기술과 접목되어 더욱 스마트화 될 것이다.

② 사물인터넷 등 파괴적 기술의 등장으로 제품단위 보다는 제품+서비스 중심으로 비즈니스 모델의 전환이 가속화 되고 있다.

③ 기업은 빅데이터, 인공지능을 활용하여 수요 예측 · 맞춤형 최적 생산을 추구함으로써 자원 이용 효율의 극대화를 위해 노력할 것이다.

④ 기업들은 특성을 살려 소수의 특정 제품이나 서비스를 개발하는데 주력하게 된다.

정답 ④

해설 스마트화, 서비스화, 친환경화, 플랫폼화

12 4차 혁명이 가져올 스마트화에 대한 설명 중 올바르지 않은 것은?

① 인간의 고차원적 판단기능 기계가 수행함으로써 기계가 독립된 주체로 활동하여 자동화 및 무인화가 확산된다.

② 정보수집, 데이터 분석, 판단 추론 등 일련의 과정들이 ICT 기술(IoT, Cloud, Big Data, Mobile 통신)을 통해 즉각 처리되어 실시간 응답 반응이 가능해진다.

③ 지도학습의 발전으로 학습에 필요한 데이터의 양이 기하급수적으로 증가된다.

④ 과거에는 보관 활용이 곤란했던 데이터(생체 행태징보, 비정형 정보 등)도 기계 학습 과정을 거쳐 의미를 추출하는게 가능해진다.

정답 ③

해설 딥러닝 등 기계 학습을 통해 스스로 진화하여 기계의 성능이 기하급수적으로 향상된다.

13 빈칸에 알맞은 단어를 넣으시오.

4차 산업혁명을 이끄는 핵심 동인을 흔히 (①   )라고 부르는데, 이는 (②   )과 (③   )가 종합적으로 결합된 형태를 말한다.

정답 ① 지능정보기술, ② 지능, ③ 정보

14 빈칸에 알맞은 단어를 넣으시오.

(①   )은 머신러닝에 포함되지만, 보다 발전되고 구체적인 구현 방법이며, 그 핵심은 분류를 통한 예측이다.

정답 ① 딥러닝

15 다음은 4차 혁명이 가져올 대표적인 미래 변화 중 무엇을 설명하는 것인가?

- 4차 산업혁명은 다수의 제품과 서비스를 서로 연결하고 통합하는 매개체를 통해 새로운 가치를 창출하는 비즈니스 모델을 확산시킨다.
- 지능 정보기술을 활용한 기업들은 공격적으로 산업을 확장하며 기존의 제조업체나 서비스업체를 위협하기도 한다. (예: 우버)
- 핵심 기술을 중심으로 다양한 제품과 서비스를 연결하여 신시장을 창출하는 경우도 생겨나고 있다 (예: 네스트랩)

정답 플랫폼화

요약

● 4차 산업혁명은 인공지능기술을 중심으로 하는 파괴적 기술들의 등장으로 상품이나 서비스의 생산, 유통, 소비 전 과정이 서로 연결되고 지능화되면서 업무의 생산성이 비약적으로 향상되고 삶의 편리성이 극대화되는 사회 · 경제적 현상이다.

● 4차 산업혁명을 이끄는 핵심 동인은 지능정보기술이며, 이는 인공지능과 정보가 종합적으로 결합된 형태이다.

● 인공지능은 1956년 처음 등장한 이후, 스스로 학습하는 머신러닝을 거쳐 2010년 이후 딥러닝(Deep Learning)을 통해 비약적으로 발전하게 되었다. 딥러닝은 인간처럼 단지 몇 번의 경험만으로도 일반화를 통해 특정 분야의 지능을 만들어 내는 고도화된 기술이다.

● 4차 산업혁명을 이끄는 정보 기술에는 사물인터넷, 클라우드 컴퓨팅, 빅데이터, 모바일(IoT, Cloud Computing, Big Data, Mobile: ICBM)이 있다.

● 사물인터넷이란 세상의 모든 물건에 통신 기능을 가진 센서가 장착되어, 사물과 사물 간에 인터넷을 통해 정보를 상호소통하는 지능형 기술 및 서비스를 지칭한다.

● 4차 산업혁명 시대에는 네트워크로 연결된 컴퓨터를 통하여 할 수 있는 일이 점차 증가하며, 따라서 자신의 컴퓨터가 아닌 클라우드 컴퓨팅을 통해 컴퓨팅 자원을 공유하고 필요한 만큼 나누어 쓰게 된다.

● 지능정보기술은 각종 빅데이터의 실시간 수집, 맞춤형 분석, 이로부터 새로운 지식을 창출함으로써 완성된다.

● 4차 산업혁명이 추구하는 초연결시대를 위해서는 인터넷의 보다 확장된 연결이 필요하며, 이를 위해 다양한 모바일 기기, 센서, 사물간의 모바일 연결 기술들이 발전하고 있다.

● 4차 산업혁명은 앞으로 초연결과 지능화의 확산을 통한 스마트화, 제품과 서비스의 결합, 친환경 신사업의 창출, 제품 · 서비스 네트워크를 통한 새로운 플랫폼 위주의 시장 창출 등 우리의 미래를 다양하게 변화시킬 것이다.

4차 산업혁명, 자라처럼 하면 성공한다

모든 사업에서 재고를 남기지 않으면 성공이라고 말한다. 재고는 예측을 잘못해 발생한다. 정확히 예측할 수 있다면 재고를 남기지 않고 이익을 볼 수 있다. 하지만 대부분의 회사는 정확한 예측을 할 수 없기 때문에 재고를 남기게 되고 결국 재고 정리를 할 수밖에 없다. 그러나 재고 정리를 하지 않는 기업들이 있다. 의류업체 자라(ZARA)가 대표적이다.

일반적인 제품의 생산과 판매 공정을 보면 기획·디자인·생산·마케팅·판매가 순차적으로 이루어진다. 제품 수요를 예상하여 제품을 기획·디자인하여 판매한다. 이러한 제품들은 미리 생산해 놔야 하므로 초기 투자와 재고가 많을 수밖에 없다. 제품이 팔리고 사용자들의 반응이 다음 제품에 반영되기까지 상당한 시간이 걸리기 때문이다.

시장 예측, 1년 전 vs 1개월 전

의류 제품의 경우 거의 1년 주기로 제품 피드백이 이루어진다. 소비자 요구사항을 디자인에 반영하는 기간이 거의 1년이라는 말이다. 이러한 제품들의 판매 성과는 정확한 예측에 달려있다. 그러나 예측이란 항상 부정확하기 때문에 결국 재고가 쌓이고 결산이 끝나면 떨이 판매를 해야 한다. 기다리는 사람에게는 횡재에 가까운 소비이지만 생산자에게는 눈물의 떨이판이다. 이런 재고 정리 세일이 유니클로나 자라에서는 보기 어렵다. 재고를 남기지 않기 때문이다. 그러면 이 회사들은 어떻게 하기에 재고를 남기지 않는 것일까?

이 회사들은 4차 산업혁명이란 말이 나오기 전부터 생산과 판매 공정을 4차 산업혁명 개념에 맞게 개선해왔다. 이들 회사에도 기존 생산 방식처럼 모든 단계가 존재한다. 그런데 각 단계가 순차적으로

이루어지는 것이 아니라 원형으로 구성되어 진행된다. 그리고 그 중앙에는 빅데이터·인공지능(AI)·사물인터넷(IoT)으로 구성되는 데이터센터가 자리 잡고 있다. 다른 경쟁자들의 상품이 전 세계의 컨테이너 선박을 떠돌고 있는 동안에, 자라는 2~3주 안에 새로운 상품을 기획하고 출시하기까지 한다.

데이터는 POS 기기, 온라인 판매, 소비자 설문조사, PDA 기기, 옷에 부착된 RFID 등을 통해 수집된다. 매장 직원들은 매장에 투입되기 전에 PDA 기기를 활용하여 단추, 지퍼, 색상, 재단 등 옷의 세부 사항에 대한 소비자의 선호를 기록하도록 훈련받는다. 직원들이 밤마다 PDA에 고객 선호에 대한 피드백을 PDA에 입력하면, 지역 매니저는 자신이 담당하는 지역의 고객 선호 자료를 따로 분리한다. 자

라는 판매하는 모든 옷에 RFID 태그를 부착한다. RFID(Radio Frequenct Identification) 는 극소형 칩에 상품정보를 저장하고 안테나를 달아 무선으로 데이터를 송신하는 장치를 말한다. 옷에 부착된 RFID 태그를 통해 재고 상태를 손쉽게 파악할 수 있을 뿐만 아니라 어떤 옷들이 드레스룸에서 자주 들락날락 하는지, 즉 소비자의 선호도 파악할 수 있다. 또한 자라는 인스타그램, 설문조사, SNS 등에서 데이터를 수집한 후, 자라 고객들의 패션 감각에 대한 정보를 각 매장에 전달한다.

그런 다음, 위에서 언급된 모든 데이터들을 스페인 Arteixo에 위치한 자라의 데이터 센터에 합산시킨다. 이 데이터 센터에서는 24시간 동안 분석 전문가들이 일하며 데이터를 처리하여 새로운 디자인을 출시하고, 매장으로 2주 안에 배송시키는 일이 이루어진다. 자라는 매주 그들이 판매하는 각각의 옷들에 대한 재고 예측을 실시하며, 모두 판매된 옷들에 한해서는 소량으로 재생산한다. 자라는 위에서 언급된 데이터들을 바탕으로 손님들에 대해 잘 알고 있기 때문에, 어떤 문제가 생겼을 때 다른 경쟁사들보다 빠르게 대응할 수 있다. 거의 실시간으로 각 단계에서 일어나는 정보가 상호 '연결'되어 공유되고 '융합'되는 것이다. 1년 전 예측을 토대로 만들어진 제품에 비해 월등한 경쟁력을 지닌다. 매장에는 한 달

▲ 자라는 실시간 판매 정보를 이용하여 일주일에 두 번씩 소량 주문 생산을 한다.

전 팔리던 물건은 더는 보이지 않는다. 이렇게 하면 당연히 재고가 생기지 않는다. 재고가 생기지 않으면 성공이다. 이것이 바로 자라가 단시간에 세계적 회사로 성장하게 된 이유이기도 하다. 이처럼 소비자 요구사항을 직접 생산에 연결해주는 것이 빅데이터·AI·IoT 기술이다.

기업인 불안하게 하는 4차 산업혁명 정책

"도무지 무엇을 해야 할지 모르겠습니다. 4차 산업혁명에 동참하지 않으면 큰일 날 것 같은데, 개념도 어렵고, 무엇을 해야 할지 모르겠습니다. 정부도 그렇고 아무도 방향을 가르쳐주는 사람이 없습니다." 중소기업 사장의 말이다. 기업인 입장이 이해된다. 정부 보고서를 보면 빅데이터·AI· IoT·자율주행·드론 등의 기술을 이용하여 혁신하라고 말한다. 그러나 이 기술들을 가지고 무엇을 혁신해야 할지 알 수 없다. 기업 입장에서 생각해보면 정작 4차 산업혁명을 왜 해야 하는지 모르겠다는 말이다. 이것은 목적과 방법을 구별하지 않기 때문이다. 대부분의 일은 목적이 있고, 그것을 달성하기 위한 방법이 존재한다. 복잡한 일일수록 이 두 가지를 구분하여 생각하면 방향이 명확해진다.

4차 산업혁명이 회자하기 시작한 지 벌써 수년이 흘렀다. 그동안 우리는 선진국 사례를 보면서 4차 산업혁명에 대한 공부를 해왔다. 2016년 4차 산업혁명을 제창한 세계경제포럼(WEF)의 클라우스 슈바프 회장은 '사이버 시스템과 물리 시스템의 통합'이라고 정의했다. 사물과 데이터가 융합되어 통합적으로 움직인다는 뜻이다. 또 다른 측면에서는 초연결이라 말하기도 한다. 사물과 데이터가 모두 연결되어 정보를 주고받는다는 뜻이다. 개념이 모호하다. 그리고 이런 것들은 선진국들이 정의한 것들이다. 무조건 따라 할 수 없다. 이제 차근히 우리 처지에 맞는 정의를 새롭게 하고, 우리의 전략을 수립하여 추진해야 한다.

4차 산업혁명의 목적을 '소비자 요구사항을 생산 공정에 직접 연결하는 것'이라 정의해 보자. 이렇게 하면 모든 산업과 모든 회사에 적용 가능한 정의가 된다. 소비자 요구사항에 맞는 제품을 만들어야 한다는 명제는 너무나 당연한 일이고 만고의 진리다. 하지만 현장에 가보면 소비자 요구사항이 곧바로 생산 공정에 전달되지 않는 경우가 많다. 예측된 소비자 취향과 유행도 중요하지만, 더욱 정확한 것은 판매 현장에서 나타나는 소비 패턴, AS센터에 접수되는 불만 사항 등이다. 이러한 정보를 거의 실시간으로 생산 현장에 연결해야 소비와 생산이 결합하게 된다.

핵심은 생산 주기 단축

현재 국내 기업에서 고객 취향이나 불만 사항이 제품이나 서비스 설계에 반영되는 주기를 보자. 4차 산업혁명의 구체적 실행 목표는 고객 요구사항이 생산에 반영되는 주기를 단축하는 것이다. 주기가 1년인 회사는 이를 6개월로 단축하는 것이 목표이고, 6개월인 회사는 3개월로 줄이는 것이 목표가 될 수 있다. 앞서 내가 옷을 샀던 회사의 주기는 1년이다. 그러나 유니클로나 자라의 경우에는 1개월 이내가 된다.

목적이 이처럼 정의되면 이것을 달성하기 위한 방법을 찾아야 한다. 고객의 요구사항을 신속히 제품 또는 서비스의 기획과 생산에 결합하는 방법에는 여러 가지가 있을 수 있다. 회사에 따라, 산업에 따라 다를 수 있다. 어떤 회사는 엑셀 파일을 이용할 수 있고, 어떤 회사는 데이터베이스 또는 빅데이터를 사용하여 할 수 있다.

한국섬유산업연합회는 빅데이터와 AI 기반 섬유 패션 플랫폼인 '패션넷'을 운영하는데 2021년 1,000만 건 이상의 이미지와 텍스트 데이터를 수집하고 AI 기술을 활용해 350여 건의 데이터 기반 트렌드 정보를 제공했다. 특히 이미지 인식 기술을 활용한 월별 e커머스 정보, 시즌별 런웨이 트렌드 정보 제공을 통해 업계의 기획 적중률을 높이는 데 기여하면서 회원별 맞춤형 정보 제공을 위해 시범 사업도 진행할 계획이다.

더욱 복잡하고 큰 회사는 인공지능과 빅데이터 또는 블록체인을 이용해야 가능할 수 있다. 이처럼 모든 산업에 목적은 동일하지만 방법은 다양할 수 있다. 이렇게 생각하면 기업이 해야 할 일의 방향이 보이게 될 것이다.

소비자 요구를 생산에 연결시켜야

앞에서도 언급했듯 빅데이터나 인공지능 등의 기술은 수단이다. 목적은 소비자의 요구사항을 제조에 빨리 직접 연결하기 위함이다. 앞서 불안감을 토로하던 사장의 표정이 밝아졌다. "이제 길이 보이는 것 같습니다. 우리 회사는 작으니 엑셀 파일로 할 수 있겠군요." 복잡한 기술을 사용하지 않고 목적을 달성할 수 있다면 더욱 좋은 일이다. 대상이 복잡할수록 목적과 방법을 구분하여 보면 선명해진다.

출처: 중앙일보, 이광형의 퍼스펙티브, "4차 산업혁명, 유니클로·자라처럼 하면 성공한다", 2018. 3. 19; "5 Minute Big Data Case Study: Zara", Adam Nathan, 2017. 7. 11; 서울 경제, "듣고 보고 입는 데이터!", 2022. 1. 24.

토의문제

1. 필자는 4차 산업혁명의 목적을 '소비자 요구사항을 생산 공정에 직접 연결하는 것'이라고 정의하였다. 이 장에서 배운 내용을 토대로, 자신이 생각하는 4차 산업혁명의 목적을 정의해 보자.

2. 자라의 경우 인공지능이 어떤 용도로 사용될 수 있을지 생각해 보자.

3. 자신이 레스토랑을 운영한다고 가정해 보자. 식재료의 경우 특히 재고는 큰 손실로 이어진다. 자라의 사례를 바탕으로 재고를 최소화하기 위한 운영전략을 토론해 보자.

제 3 장

빅데이터를 이용한
정보의 재발견

압도적인 '데이터 과학자'가 필요하다···
전문가들이 전하는 '채용·유지' 전략

데이터 과학자는 통계, 머신러닝, 알고리즘 및 자연어 처리를 사용하여 실제 비즈니스 문제를 해결하기 위해 정형 데이터와 비정형 데이터를 수집하고 분석한다. 빅데이터의 카우보이들인 그들은 고객 경험을 개선하고, 신제품을 추진하며, 중요한 비즈니스 결정에 영향을 미칠 숨겨진 패턴을 찾아낼 수 있다.

그러나 이를 활용하려는 모든 기업에 적합한 경험이 많은 데이터 과학자는 말할 것도 없고, 충분히 훈련을 받은 데이터 과학자도 부족하다. 이 문제를 더욱 복잡하게 만드는 것은, 이러한 IT 전문가를 유치하고 고용하기 위한 싸움을 아마존, 구글, 페이스북과 같은 기술 및 인터넷 대기업들이 압도적으로 주도하고 있다는 점이다. 이들은 다양한 프로젝트 옵션, 높은 급여 패키지 및 스톡옵션과 함께 인상적인 브랜드 명성을 제공할 수 있다.2021년 가트너 연구 보고서에 따르면, 시니어 데이터 과학자를 고용하는 것은 '매우 어려운 일'이며, 주니어 수준의 데이터 과학 인재를 찾는 것조차 쉬운 일이 아니다. 조사 대상 기업의 55%가 데이터 과학자를 고용하려고 한다고 언급한 2021년 포레스터 보고서에서도 유사한 결과가 나왔다. 보고서는 또한 62%는 데이터 엔지니어가 필요하고 37%는 머신러닝 엔지니어가 필요하다고 지적했다. 둘 다 데이터 과학의 핵심 지원 역할이다.

목적에 집중하라

7,240만 개의 활성 고객 계정과 7조 개의 데이터 포인트를 보유한 신크로니의 수석 부사장 겸 CIO인 베스 힐리는 항상 데이터 과학 팀을 확장하려고 한다.

코네티컷주 스탬포드에 본사를 둔 이 소비자 금융서비스 회사에서 일하는 힐리는 "데이터 양이 매우 빠르게 증가하고 있다. 그것은 우리의 통찰력을

▲ 이미지 출처: Adobe Stock

불어넣는 연료이고, 우리의 수요는 시간이 갈수록 계속 증가할 것이다. 우리는 이 기술들을 유치하고 유지해야 한다. 우리는 우리가 그들을 위해 매일 경쟁하고 있다는 것을 알고 있다. 경쟁업체보다 앞서가는 것이 우리에게 큰 관심사이고, 우리는 뒤쳐진다고 느끼지는 않지만 뒤쳐지지 않는 것에 매우 관심을 두고 있다"라고 말했다.

강력한 데이터 과학자를 찾고 유지하기 위해 신크로니는 유연한 시간, 지속적인 교육 기회, 재택 근무 또는 하이브리드 재택/사무 일정과 같은 원격 작업 옵션을 제공한다.

오시코시의 수석 부사장이자 CIO인 아누팜 케어는 데이터 과학자와 기타 데이터 전문가를 유치하기 위해 영감을 주는 프로젝트에 주목하고 있다. 위스콘신에 본사를 둔 이 산업회사는 특수 트럭, 군용 차량 및 공항 소방 장비를 포함하여 광범위한 제품을 설계하고 제작한다.

케어는 "그들의 일에 의미를 부여하는 것이다. 우리는 기본적으로 지역사회에 도움이 되는 제품을 설계하고 제조하고 있으며, 이는 장점이다. 우리는 소방관, 군인, 환경노동자 및 청소부와 같은 일상의 영웅을 위한 제품을 생산하고 있으며, 그것은 매우 강

력하고 영감을 주는 임무이다. 생산에 도움이 되는 애널리틱스 모델을 만들었다는 것을 느끼게 한다. 그것은 우리 소방관들이 제 시간에 물건을 얻으며 더 나은 제품을 얻는다는 말이다"라고 말했다.

케어는 "디지털 기술 팀 내에서, 우리는 새로운 것을 시도하고 배우는 것에 집중하는 매우 혁신적이고 진보적인 문화를 가지고 있다. 그들은 새로운 기술을 사용하고 멋진 기술을 손에 넣을 수 있으며, 이곳은 당신이 아이디어에 생명을 불어넣을 수 있는 곳이다"라고 말했다.

혁신가가 혁신할 수 있게 하라

매사추세츠주 니덤에 본사를 둔 산업 분석 회사인 IDC의 '인텔리전스의 미래(The Future of Intelligence)' 연구 책임자인 찬다나 고팔은 데이터 과학자들에게 최첨단 기술과 흥미로운 프로젝트를 제공하는 것이 이들을 유치하고 유지하는 데 핵심이라고 말했다.

HR 관리자와 IT 리더는 데이터 과학자가 고등교육을 받은 전문가이며, 종종 수학 또는 데이터 과학 박사 학위를 가지고 있다는 것을 기억해야 한다. 그들은 사업에 중요하면서 과학, 그들의 공동체 또는 사회에 가능한 더 넓은 혜택을 미치는 어려운 문제들을 갈망한다. 그리고 그 문제가 이전에 해결된 적이 없다면, 훨씬 더 좋다.

고팔은 "만약 그들이 하는 일이 지루하다면, 그들은 머물지 않을 것이다. 데이터 준비를 하지 않고 크고 흥미로운 질문을 해결하고자 노력하고 있는지 확인해야 한다. 비즈니스 측면의 사람들과 함께 팀을 구성해서 그들이 대기업 요구에 부합하고 있는지를 확인해야 한다. 그리고 데이터를 이해하는 사람들로 구성된 지원 팀을 그들에게 제공해야 한다"라고 말했다.

고용 팀과 전략

IDC의 고팔을 비롯한 IT 리더 및 업계 애널리스트들은 이러한 수요가 많은 IT 전문가를 고용하고 유지하는 것에 대해서 다음과 같이 조언한다.

목적을 제시하라. 데이터 과학자는 많은 직업 선택권을 가지고 있다. 만약 그들이 하는 일에 지루해한다면, 그들은 머물지 않을 것이다. 최신 프로젝트를 제공하거나 명분을 더하는 작업을 제공함으로써 그들의 호기심을 자극하고 추진력을 높여라. 특히, 회사는 임무수행에 필수적인 프로젝트를 데이터 과학자들에게 제공함으로써 그들 스스로 필수인재라고 느껴야 한다.

자유롭게 풀어줘라. 데이터 과학자는 조직으로부터 지원을 받을 때 효과적이고 행복하다. 데이터 엔지니어와 머신러닝 엔지니어를 불러 엔지니어링 작업과 데이터 준비를 처리함으로써 데이터 과학자가 창의적 작업에 집중할 수 있도록 자유롭게 해준다. 또한 최고의 데이터 활용 능력을 갖춘 직원을 식별하여 데이터 과학 팀의 주제 전문가로 포함시켜 비즈니스 요구사항에 맞는 가치를 창출하는 진정한 데이터 과학자를 지원할 수 있도록 하는 것도 가치가 있다.

데이터과학자를 비즈니스에 연계하라. 비즈니스와 연결하라. 데이터 과학자 또는 데이터 과학 팀이 섬에서 혼자 작업하지 않도록 하라. 비즈니스 팀과 연결하여 가장 중요한 질문에 대해 협력하고 비즈니스에 지속적으로 측정 가능한 영향을 미치도록 하다.

툴과 인재의 파이프라인을 구축하라. 데이터 과학자가 데이터 엔지니어의 지원을 받을 수 있도록 보장할 뿐만 아니라, 낮은 수준의 반복 작업을 처리하기 위한 스마트 소프트웨어를 구현하고, 대학과 제휴하여 데이터 과학 지원 팀을 강화할 훈련된 인턴과 신규 졸업생의 파이프라인을 만드는 것을 고려하도록 한다.

지속적인 성공을 위해 교육하라. 다른 IT 분야와 마찬가지로 데이터 과학 기술 및 툴의 발전이 지속적으로 나타나고 있다. 지속적인 교육을 제공하여 데이터 과학자가 뛰어난 능력을 유지할 수 있도록 지원하고, 현재 직원에게 진정한 데이터 과학자에게 도움이 되는 데이터 애널리틱스 역할을 수행하는 데 필요한 교육을 제공하도록 한다.

충분히 보상하라. 물론, 그 모든 것에도 불구하고, 만약 당신이 적정한 보수를 지불하지 않는다면, 힘든 싸움에 직면하게 될 것이다. 보수가 유사 업체 및 경쟁업체와 동등하거나 넘어서는지 확인하라. 또한 당신이 제공하는 패키지에 원격 작업 및 유연 근무와 같은 경쟁력 있는 복지가 포함되어 있는지 확인하라.

출처: CIO, 2022. 9. 5

 빅데이터란?

"빅데이터를 통한 고객관리,""빅데이터를 활용한 범죄 예방 시스템,""빅데이터와 4차 산업혁명"과 같이 "빅데이터"라는 용어가 새로운 키워드로 여기저기서 쉽게 접할 수 있게 되었다. 도대체 빅데이터는 무엇이고, 이를 활용하면 지금까지 우리가 쉽게 접근할 수 없던 문제들을 어떻게 해결할 수 있을까? 이러한 질문에 대한 해답을 찾기 위해 빅데이터란 무엇인지 먼저 알아보자.

빅데이터의 3요소: 규모, 다양성, 속도

규모(Volume)

빅데이터는 빅(Big)이라는 이름에서 알 수 있듯이 일단 규모가 크다. 대략 유사이래 2003년까지 생성된 모든 데이터를 그 용량으로 따지면 5 엑사 바이트(Exabyte, 1018 byte)정도라고 한다. 그런데 오늘날 인류가 하루에 만들어내는 데이터의 양이 그 크기의 절반인 2.5 엑사 바이트라고 하니 그 규모가 어마 어마 한다. 실제로 이런 양의 데이터를 DVD로 저장한다면 그 높이가 지구에서 달까지 왕복할 정도에 이른다. 이와 같이 매일 방대한 규모의 데이터가 쌓이게 된 주된 요인으로는 인터넷의 발전, 소셜미디어 등을 통한 대중의 적극적인 콘텐츠 생산, 그리고 스마트폰과 사물인터넷 기반의 다양한 기기가 만들어내는 새로운 데이터 등이 손꼽힌다.

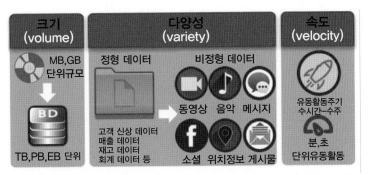

▲ 빅데이터의 특징은 방대한 크기의 데이터, 다양한 형태의 데이터, 짧은 유동활
용주기로 요약할 수 있다.

다양성(variety)

빅데이터를 설명할 때, 규모와 더불어 생각해야 할 것이 그 다양성이다. 앞서 설명한 바
와 같이 쏟아지는 대규모의 데이터는 그 형태가 각양각색이다. 가령, 온라인 쇼핑 관련 상품
정보, 소셜네트워크를 통해 제공하는 실시간 뉴스피드, 유튜브에 올라오는 비디오, 자동차
에 부착된 센서를 통해 수집되는 운전자 데이터, 스마트폰이 제공하는 위치정보, 헬스 기기
를 이용한 신체 정보 등을 생각해보자. 이런 다양한 데이터들은 하나의 주어진 형식을 따르
기보다는 동영상, 음성, 사진, 텍스트와 같이 다양하고 비정형화된 형태를 보여준다.

속도(velocity)

빅데이터를 나타내는 또 하나의 키워드는 속도다. 앞서 언급한 바와 같이 데이터가 생성
되는 속도가 빠르다. 누구나 어디서든 데이터를 만들고 스트리밍 형태로 웹에 쏟아 붇다 보
니 그 늘어나는 속도가 종잡을 수 없을 정도이다. 이렇게 불어나는 데이터를 빠르게 처리하
기 위한 컴퓨팅 파워도 최근 몇 년간 놀라울 정도로 성장하였다. 특히 4장에서 좀더 자세히
설명할 클라우드 컴퓨팅 기술은 범용 서버들을 병렬로 연결하여 집약된 컴퓨팅 자원을 손
쉽게 이용할 수 있게 하였다. 이전 데이터 처리속도가 수 주였다면, 이제는 수 분이나 수 초
이하로 단축되었고, 심지어 거의 실시간 처리가 가능해졌다. 예를 들어, 인간의 유전자 지도
를 밝혀내는 게놈 프로젝트(Human Genome Project, HGP)의 경우 2003년에는 30억달러라는
비용과 13년이라는 긴 시간을 투자하여야만 겨우 완성할 수 있었다. 하지만 불과 20년이 지
난 지금은 누구든지 100달러의 비용만 지불하면 개인의 유전자 지도를 2시간만에 받아볼
수 있다.

요약하자면, 빅데이터를 나타내는 3요소(3Vs)는 첫째, 제타 바이트 (ZB = 1,000조 MB)의
규모 (Volume), 둘째, 정형화되지 않은 데이터의 다양성 (Variety), 셋째 빠른 속도 (Velocity)의

데이터의 생성, 분석, 활용이라고 할 수 있다.

빅데이터의 출현 배경

그렇다면 과연 이와 같이 방대한 규모의 다양한 형태의 데이터가 최근 몇 년간 빠른 속도로 증가하고 관심을 받게된 배경은 무엇일까?

값싼 하드웨어 인프라

▲ 하드 디스크의 가격이 매우 저렴해지면서 과거에는 꼭 필요한 데이터만 저장을 하던 것이, 요즘에는 어떻게 사용할지 모르더라도 일단은 모든 데이터를 값싼 저장소에 저장하게 되었다.

무엇보다도 빅데이터의 출현을 가져온 가장 중요한 요인은 하드디스크와 같은 데이터 저장소, 이를 처리하기 위한 컴퓨터 프로세스, 데이터를 전달하기 위한 네트워크 환경 등이 가격대비 성능이 급격히 증가하였다는 점이다. 가령 1980년 1TB 하드디스크 가격이 14,000달러였지만 최근에는 같은 용량의 보다 빠른 SSD 하드 디스크도 100달러 이하로 판매된다. 그러다 보니 과거에는 비싼 컴퓨팅 자원의 한계로, 꼭 필요한 데이터만 저장을 하던 것이, 이제는 심지어 어떻게 사용할지 모르더라도 일단은 값싼 저장소에 저장을 하게 되었다. 또한 과거에는 제한된 데이터 분석 및 처리 능력으로 텍스트, 이미지, 동영상 등의 비정형화된 데이터를 활용하는데 많은 어려움이 있었다. 하지만 지금은 네트워크의 성능이 발달하면서 분산된 범용 컴퓨터들을 하나로 모아 집약적으로 데이터를 처리하는 기술이 발달하게 되었고, 심지어 대용량의 슈퍼 컴퓨터도 처리하기 힘든 분석을 척척 해내고 있다. 이러한 인프라 기술의 발전은 빅데이터 관련 산업의 비약적인 발전을 선도하게 되었다.

빅브라더

이와 같이 대량의 데이터를 값싸게 저장하고 처리할 수 있는 기술 기반이 확보되다 보니,

기업들 중에는 자신의 고객들의 일거수일투족을 감시하고 정보를 수집하는 경우가 점차 늘어나고 있다. 이러한 기업들을 일컬어 "빅브라더"라고 부른다. 가령 온라인 쇼핑 웹사이트에서 소비자들이 어떤 제품들을 비교하고, 어떻게 마우스를 움직이고, 구매 결정을 내리기 위해 얼마만큼 시간이 걸렸는지 등이 모두 웹 로그파일로 축적된다. 또한 스마트폰의 사용이 늘어나면서 사용자의 위치정보나 신상 정보들이 자신도 모르게 누출되기도 한다. 이러한 빅브라더들의 감시가 더욱 심해지고 있어 개인정보의 보호라는 측면에서 사회적 문제로 제기되기도 한다.

쉬어가기 카타르 월드컵, 1만5천 대 카메라 동원⋯21세기판 빅브라더 논란

조지 오웰의 소설 '1984'에 등장하는 사람들은 언제 어디서나 24시간 송수신이 가능한 '텔레스크린'에 감시 당한다. 사람들의 일거수일투족은 언제나 '빅 브라더' 의 감시 아래 놓여 있다. 그런데, 이렇게 소설 속에서나 있을 법한 일이 카타르 월드컵에서 비슷한 방식으로 실현될 것으로 보인다. 카타르 정부 측이 경기가 열리는 모든 경기장에 15,000여 대의 안면 인식 카메라를 설치해 선수와 경기뿐 아니라 관객들 전원과 경기장 주변을 빠짐없이 모니터링하겠다고 밝혔다.

미국 피플지는 카타르 정부가 경기장 내 테러와 훌리건을 방지하기 위해 15,000여 대의 안면 인식 카메라를 설치했다고 보도했다. 월드컵 최고 기술 책임자인 니야스 압둘라히만은 모든 카메라가 단일 지휘통제 센터인 '아스파이어'의 통제 아래 운영될 것이라고 밝혔다.

압둘라히만은 아스파이어가 경기장뿐 아니라 인근의 모든 지하철과 버스를 모니터링할 것이며, 유사시를 대비해 모든 경기장 출입문의 개폐 시스템 또한 관리하고 있다고 말했다. 월드컵이 개최되면 설치된 카메라뿐 아니라 거리의 유동 인구를 모니터링할 수 있는 무인 비행장치(드론) 또한 투입될 예정이다.

압둘라히만은 해당 모니터링 시스템이 앞으로 모든 스포츠 경기장에 적용될 '선진 기술'이라고 강조했다. 카타르 정부 측은 "유사시 상황에 대처하기 위한 설비일 뿐이다. 재산과 인명 피해가 없다면 카메라는 그저 상황을 지켜보는 것에만 쓰일 것이다"라고 밝혔다. 카타르 정부가 월드컵을 대비한 경기장 구축 및 모니터링 체계에 3,000억 달러(약 415조 원)를 투자했을 것으로 외신들은 추정했다.

카타르 정부는 또한 카타르에 입국하는 모든 외국인에게 정부가 배포하는 모바일 애플리케이션인 에테라즈(Ehteraz)와 하야(Hayya)를 의무적으로 내려받도록 요청하고 있다. 이에 한 지역 언론의 기술 담당자는 "해당 앱을 통해 개인정보가 유출되고 데이터 보안성이 훼손될 수 있다. 내가 만약 관계자라면 카타르 월드컵에 내 휴대전화를 가져가지는 않을 것"이라며 부정적인 반응을 보이기도 했다.

출처: 뉴시스 (Newsis), 2022. 11. 8

대중의 데이터 생산

▲ 기업들뿐만 아니라 대중들이 생산해 내는 웹 컨텐츠들 (User Created Content, UCC)이 빅데이터의 축적에 가장 큰 몫을 하고 있다.

기업들뿐만 아니라 대중들도 빅데이터의 축적에 큰 몫을 하고 있다. 바로 SNS 사용자의 증가와 이를 이용한 다양한 활동 및 데이터의 생산이다. 특히 스마트폰의 사용과 더불어 한 달에 한 번이라도 페이스북 계정으로 모바일에 접속하는 이용자 수가 10억명을 돌파하였다고 한다. 또한 연령층도 확산되어 55-64세 이용자들도 50%이상씩 증가하고 있다. 매월 한 이용자당 평균 90개 이상의 컨텐츠를 생성하고, 뿐만 아니라 댓글, 선호도, 태그, 웹 로그 등과 같이 다른 활동의 부산물로 생겨나는 간접데이터(exhaust data)를 고려하면 지금 이 시간에도 생산해 내고 있는 데이터의 양이 엄청나다는 것을 쉽게 짐작할 수 있다. 이와 더불어 동영상 등 멀티미디어 데이터도 급증하고 있다. 가장 대표적인 동영상 UCC(user created content)사이트인 YouTube는 1분마다 24시간 분량의 비디오가 업로드 된다고 한다.

새로운 센서를 이용한 데이터 수집

이제는 데이터를 만들어내는 기기가 컴퓨터만이 아니다. 사물인터넷(IoT)라는 용어의 대중화에서 보듯이 이제는 우리 주변 모든 기기들이 서로 인터넷을 통해 연결되고 통신을 하며 그 와중에 데이터를 쏟아내고 있다. 스마트폰은 눈(카메라), 귀(음성 인식 센서), 위치(GPS)와 같은 다양한 센서를 장착하고 실시간 정보들을 만들어 내고 있다. 뿐만 아니라, 운전하는 자동차에 달린 감지장치들은 운전자가 어떤 식으로 가속 페달을 밟았고, 어떻게 회전을 하며, 연료 효율은 어떤지 등을 실시간으로 무선 네트워크를 통해 중앙 서버에 전달한다. 이 밖에도 스마트 에너지 미터, 스마트 가전, 헬스/의료 모니터링 기기, 건축물 진동 센서 등 이전에는 상상도 못한 새로운 기기들을 통해 데이터가 축적되고 활용되어지고 있다.

② 빅데이터를 활용하기 위한 핵심 기술

빅데이터가 가지는 경영정보로의 가치는 무궁무진하지만, 이를 효과적으로 활용하기 위

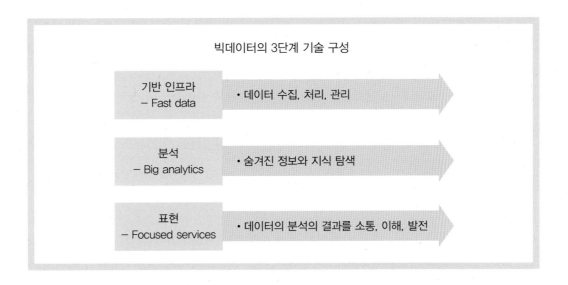

빅데이터의 3단계 기술 구성

기반 인프라 – Fast data	• 데이터 수집, 처리, 관리
분석 – Big analytics	• 숨겨진 정보와 지식 탐색
표현 – Focused services	• 데이터의 분석의 결과를 소통, 이해, 발전

해서는 적절한 기술의 활용이 동반되어야만 한다. 빅데이터관련 핵심 기술은 크게 데이터를 수집하고 처리하고 관리하는데 필요한 인프라, 숨겨진 정보와 지식을 찾아내는 분석기술, 찾아낸 분석 결과를 효과적으로 표현하는 3가지 기술로 구분할 수 있다.

기반 인프라 – Fast Data

빅데이터의 기반 인프라는 데이터를 수집, 처리, 관리하는 역할을 담당한다. 빅데이터는 규모 자체가 방대하며 형식 또한 다양하기 때문에, 한대가 아닌 여러 대의 컴퓨터를 어떻게 병렬로 연결하여 보다 효율적이고 빠르게 데이터를 처리하느냐가 관건이 된다. 따라서 이와 관련된 분산파일 시스템이나, 분산 병렬 처리 기술 등이 핵심기술이다. 각 기술에 대한 복잡한 설명은 이 책의 범위를 벗어나므로 생략하고 비교적 쉽게 이 두 가지 핵심기술에 대해 알아보자.

분산파일 시스템

분산 파일시스템은 대용량 데이터를 여러 장소에 분산하여 저장할 수 있도록 구성된 파일시스템이다. 따라서, 원본 파일은 블록단위로 쪼개어져 서로 다른 서버에 저장되지만, 사용자가 이 파일에 접근할 때는, 마치 자신의 컴퓨터에 저장된 단일 파일시스템 이미지를 제공하는 것이 가능해진다. 고가의 단일 서버를 사지 않고 비교적 저렴한 수천대 규모의 저가 범용서버들을 클러스터로 묶어서 사용함으로써 그 비용절감 효과가 뛰어나기도 하지만, 더욱 중요한 것은 언제든지 필요할 경우 추가로 서버를 클러스터에 추가할 수 있는 뛰어난 확장성을 보장해 준다. 대용량 데이터를 효과적으로 저장하기 위해 64MB의 큰 파일 블록 단위를 사용하며, 이런 큰 파일 블록은 아래 설명하는 맵리듀스 병렬처리의 기본구성 블록으로 사용된다.

병렬처리

병렬처리는 대규모 데이터를 효과적으로 처리하기 위한 프레임워크이다. 대용량 데이터를 여러 장소에 분산하여 저장 할 수 있는 분산 파일시스템이 상용화 되면서, 이렇게 분산된 데이터를 병렬로 처리하는 방식이 생겨났다. 이러한 분산처리는 크게 3가지 프로그램을 거치면서 이루어진다. 첫째, 분산되어 있는 범용서버들에게 해당 작업을 적절히 할당하는 작업이 맵(map)이라는 프로그램을 통해 이루어진다. 이렇게 작업이 할당이 되면 분산되어 있

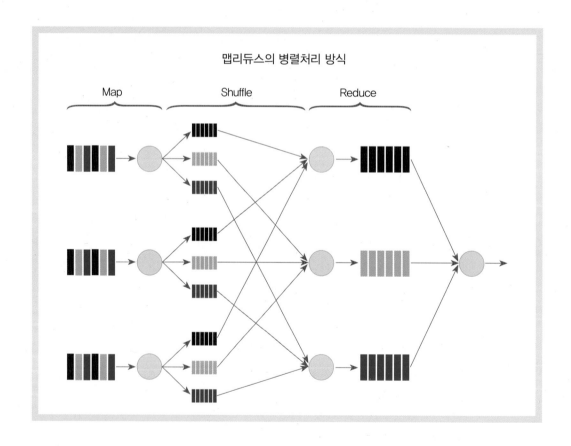

는 각 서버들은 맡은 작업을 효율적으로 마치고, 처리된 결과를 각 유형(키 값)에 따라 정렬시키는 셔플(shuffle)작업을 한다. 이후 유형별 정렬된 결과를 하나로 통합하여 최종 결과물로 다시 구성하는 작업이 필요한데 이게 리듀스(reduce) 프로그램의 역할이다.

가령 예를 들어 1,500페이지의 책에서 3가지 키워드를 찾는 작업을 생각해 보자. 위의 그림에서 맵 프로그램은 3개의 범용 서버에 각각 500페이지 분량의 작업을 분산 할당하고 3가지 키워드를 찾도록 명령한다. 각 서버 별로 할당된 500페이지를 검색하고 작업을 마친 후에는 키워드 별로 정리하는 셔플 작업을 해준다. 마지막으로 각 서버들이 검색한 결과를 한 곳으로 통합하여 전체 1,500페이지에 대한 키워드 별 검색결과를 종합해주는 리듀스작업이 실행된다.

맵리듀스 방식의 중요한 특징 중 하나는 기존의 병렬 처리 모델은 처리를 맡은 프로세스가 있는 컴퓨터로 분산된 데이터를 모아서 처리를 하였지만, 맵리듀스의 경우는 반대로 데이터가 있는 곳으로 프로그램(코드)을 배포하여 처리한다는 점이다. 그 이유는, 빅데이터는 그 규모가 처리를 위한 프로그램보다 훨씬 큰 것이 일반적이며 따라서 데이터를 네트워크를 따라 이동시키지 않고, 명령을 맡은 프로그램을 데이터가 존재하는 분산 서버들로 보내 처리함으로써 효율성이 높아진다.

분석 - Big Analytics

빅데이터의 핵심은 무엇보다도 주어진 데이터에 대한 분석을 통해 숨겨진 정보와 지식을 탐색하는데 있다. 수많은 데이터 중에서 가치 있는 데이터는 소수에 불과하다. 따라서 대용량 데이터를 처리하고, 의미 있는 데이터를 발굴하는 기술이 필요하다. 이러한 분석 기술은 하루 아침에 생겨났거나 획기적으로 새로운 기술이 아니다 대부분의 분석기법들은 통계학과 전산학, 특히 기계학습/데이터 마이닝 분야에서 이미 사용되던 기법들이며, 이 분석 기법들의 알고리듬을 대규모 데이터 처리에 맞도록 개선하여 빅데이터 처리에 적용시키고 있다.

텍스트 마이닝(Text Mining)

빅데이터의 큰 비중을 차지하는 비정형 텍스트 데이터에서 가치와 의미를 찾아내는 기법이다. 대용량 언어자원과 통계적, 규칙적 알고리듬을 사용하여 인간이 사용하는 텍스트(자연어)를 구조화 시켜 처리하는 자연어처리(natural language processing)가 핵심이 된다. 주요 응용분야는 자동분류(document classification,), 자동군집(document clustering), 연관 단어나 특성 추출(information extraction), 문서 요약(document summarization) 등이 있다.

평판 분석(Opinion Mining)

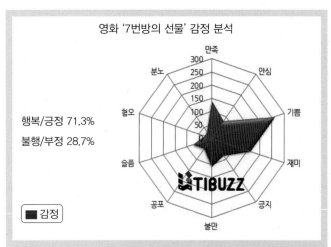

영화 '7번방의 선물' 감정 분석

행복/긍정 71.3%
불행/부정 28.7%

■ 감정

▲ 영화 '7번방의 선물'을 언급한 페이스북 포스팅을 빅데이터 텍스트 마이닝 기법을 이용하여 분석하였다. 그 결과 슬픈 영화임에도 기쁨에 대한 감정이 가장 높고 그 다음이 재미로 나타났다. 영화의 의도와 관객의 감정이 일치하는 경우 영화의 흥행에 도움이 될 것이다. (출처: TIBUZZ)

텍스트 마이닝의 응용 분야로 오피니언 마이닝, 혹은 평판 분석 기술이 있다. 평판 분석은 먼저 웹문서, 댓글, 소셜미디어를 통한 정형/비정형 텍스트 등에서 소비자의 의견 등을 수집하고 이를 분석하여 긍정, 중립, 부정의 선호도를 판별한다. 이와 같이 비정형 텍스트데이터에서 감정을 파악하는 기법을 감성(Sentiment) 분석이라고 하는데 전문가에 의한 선호도를 나타내는 표현/단어 자원의 축적이 필요하다. 감성분석 결과는 특정 서비스 및 상품에 대한 시장규모를 예측하고, 소비자의 반응을 살피며, 입소문에 대한 분석 등에 활용된다. 정확한 평판 분석을 위해서는 앞서 설명한 텍스트마이닝, 자연어 처리, 형태소 분석 등을 종합적으로 활용하여야 한다.

소셜네트워크 분석(Social Network Analytics)

소셜네트워크 분석은 수학의 그래프 이론에 바탕을 두고 있다. 사용자들간의 인맥과 이들간에 서로 주고 받는 메시지 데이터들을 기반으로 소셜네트워크의 연결구조 및 연결강도 등을 분석하며, 이를 바탕으로 사용자의 영향력, 관심사, 성향 및 행동 패턴 등을 알아낼 수 있다.

소셜네트워크 분석을 통해 찾아낸 영향력이 있는 사용자를 인플루언서(Influencer)라고 부른다. 인플루언서를 중심으로 한 인맥 정보들은 효과적인 마케팅을 위한 기반 정보로도 사용되는데 잠재적 소비자 군을 도출하고 커뮤니티 내에서 수행하는 역할과 의사소통 방식 및 경로를 파악하여 최상

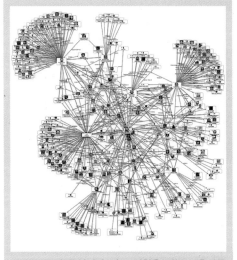

▲ 입소문의 중심이나 허브 역할을 하는 사용자를 찾는데 소셜네트워크 분석기법을 활용한다.

의 마케팅 커뮤니케이션 채널을 파악할 수 있다. 한편, 소셜네트워크는 실시간 정보 유통의 채널로서 사건에 대한 실시간 뉴스를 전달한다. 따라서 트윗과 같은 소셜메시지를 분석하여 사건에 대한 징후와 경과 파악이 가능해진다. 가령, 이러한 메시지가 소비자들의 제품이나 서비스에 대한 의견이라면 기업은 이를 빠르게 수렴하여 의사결정 시간을 단축함으로써 경영상의 리스크를 최소화하는 방향으로 이용할 수 있다.

군집 분석(Cluster Analysis)

군집분석은 다변하는 데이터 간의 유사도를 정의하고 서로의 거리가 가까운 것부터 합쳐가면서 최종적으로 유사 특성군을 발굴하는데 사용된다. 예를 들어 트위터나 페이스북에서 주로 쇼핑이나 패션에 대해 이야기하는 사용자군, 최근 스마트폰이나 테이블릿 등 전자기기에 대해 관심이 있는 사용자군 등 관심사나 취미에 따른 사용자군을 군집분석을 통해 뽑아낼 수 있다. 이러한 군집 분석은 특히 타켓마케팅이나 맞춤형 추천시스템 등을 위해서 없어서는 안 되는 중요한 요소이다.

표현 - Focused Services

빅데이터는 다양하고 방대한 정보를 제공하지만 한편으로는 정보 과부하와 자료 과다로 인해 그 의미를 해석하고 지식으로 활용하는게 쉽지만은 않다. 즉, 빅데이터의 분석 결과는 수 백장의 촘촘한 리포트로가 되어서는 안 되며, 방대한 양의 데이터를 가공하여 집약된 한 장의 결과물을 만들어낼 때 그 가치를 인정받게 된다. 미국 노벨 경제학상을 받은 허버트사이먼(Herbert Simon)은 일찍이 "넘쳐나는 정보를 효과적으로 사용하기 위해서는 제한된 인간의 주목(attention)을 효과적으로 배분해야 한다"고 말했다. 과연 무엇이 빅데이가 가진 의미를 가장 효과적으로 표현하는 방법일까?

시각화(Visualization)

빅데이터를 가장 효과적으로 표현하는 방안은 바로 우리의 눈을 사용하는 "시각화(visualization)"이다. 앞서 언급한 바와 같이 빅데이터를 논의할 때 개별 데이터 하나 하나의 정확성은 중요하지 않다. 특정 상품에 대한 평가에서 20,000명이 "좋아요"라고 한 것과 20,001명이 "좋아요"라고 한 것이 큰 차이가 있을까? 빅데이터를 통해 알고자 하는 것은 20,000명 가까운 사람이 그 상품을 좋아한다는 큰 그림이다. 따라서 빅데이터의 분석결과를

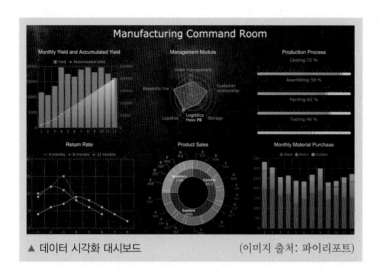

▲ 데이터 시각화 대시보드 　　　　　　　(이미지 출처: 파이리포트)

보여주는 기법은 방대한 자료를 분석해 한 눈에 알아볼 수 있도록 도표나 차트 등을 활용하는 경우가 많다.

데이터 시각화 결과를 공유하는 대표적인 방식으로 데이터 대시보드(Data Dashboard)가 있다. 데이터 대시보드란 여러 시각화 차트와 표 등으로 구성되어 중요한 데이터 지표를 모니터링하는 용도로 사용한다. 대부분의 데이터 대시보드는 데이터 조회 기간을 선택하거나 특정 기준으로 데이터를 필터링할 수 있는 인터랙티브 기능을 제공해 사용자는 자유롭게 데이터 탐색을 할 수 있다.

시각화를 통해 얻을 수 있는 장점은 다양하다. 첫째, 많은 양의 데이터를 한눈에 볼 수 있다는 것이다. 데이터를 가공되지 않은 형태로 본다면, 검토가 불가능한 수준의 방대한 수치일 뿐 아니라, 해당 데이터를 통해 유의미한 경향성을 찾는 것도 어려울 것이다. 하지만 이를 시각화 하면 데이터 분석 전문가가 아니더라도 한눈에 데이터가 전달하려는 핵심을 파악할 수 있다. 둘째, 자료를 습득하는 이용사의 입상에서 흥미를 유발하고, 이는 정보의 빠른 확산을 촉진하게 된다. 셋째, 시각화를 통해 습득한 정보는 오랜 기간 기억에 남게 된다.

시각화 기술

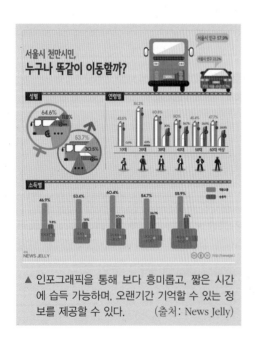

▲ 인포그래픽을 통해 보다 흥미롭고, 짧은 시간에 습득 가능하며, 오랜기간 기억할 수 있는 정보를 제공할 수 있다. 　　　　(출처: News Jelly)

빅데이터의 시각화 기술에는 시간 시각화, 분포 시각화, 관계 시각화, 공간 시각화, 비교 시각화, 인포그래픽 등이 사용된다.

- **시간 시각화**: 막대그래프나 시계열 그래프 등을 이용하여 특정 시점이나 특정 시간 구간의 데이터 값을 표현한다.
- **분포 시각화**: 최대, 최소, 전체 분포를 나타내는 그래프로 전체의 관점에서 각 부분이 차지하는 정도를 파이차트나 누적막대 그래프 등으로 나타낸다.
- **관계 시각화**: 변수들 사이에 존재하는 상관 관계를 보여주는 기술로 스캐트 플롯이나, 버블 차트 등이 사용된다.
- **인포그래픽**: 인포메이션과 그래픽의 합성어로 차트, 지도 다이어그램, 로고, 일러스트레이션 등을 활용하여 다

량의 정보를 한눈에 파악할 수 있도록 하는 기술이다.

③ 빅데이터의 활용과 발전방향

경영정보로서의 빅데이터

일반적으로 기업정보는 주로 "언제 얼만큼 제품을 생산하였는지", "어떤 고객이 어떤 상품을 구매하였는지" 등과 같은 거래의 정확한 기입과 관리가 중심이 된다. 반면, 빅데이터가 가지는 경영정보로의 가치는 이와는 대조적이다. 즉, 빅데이터는 개별 거래에 주안점을 두기보다는 가능한 대량의 데이터를 취합하여 분석함으로써 새로운 정보를 예측(predictive analytics)하는데 그 목적이 있다. 즉, "누가 무엇을 언제 샀냐"가 중요하기보다는, "전체 고객의 동향을 볼 때 내년에 가장 유행할 상품 군은 무엇일까"와 같은 통합된 데이터를 이용한 분석에 초점을 두게 된다. 대표적인 예로 고객 유형별 관심, 감성분석, 트래드 파악 등 다양한 형태의 분석이 이루어질 수 있다.

빅데이터의 사용목적이 통합된(aggregated) 관점에서 데이터를 분석하여 새로운 사실을 예측하는 것이다 보니, 개별 데이터 하나 하나의 정합성과 유효성은 상대적으로 그 중요성이 떨어진다. 대신, 얼마나 많은 데이터들을 빠르게 수평적으로 확장할 능력을 갖추었는지(horizontal scalability), 대규모 데이터의 처리를 얼마나 빨리 분산하여 처리할 수 있는지 등이 중요한 요소가 된다. 특히 데이터의 형태가 텍스트, 사진, 동영상과 같이 정형화되어 있지 않다 보니, 데이터 분석을 위해 텍스트 마이닝, 이미지 프로세싱, 인공지능 등 새로운 기술을 사용하여야 하고, 이를 위한 대규모 분산 처리 능력이 갈수록 중요해지고 있다.

빅데이터 분석이라는 표현이 빈번하게 사용되고 큰 기대를 받고 있지만, 국내에서의 활용 수준은 아직까지 기대에 미치지 못하는 경우가 많다. 다음 장에서는 빅데이터 분석을 활용해 고객만족도를 크게 향상시키고 내부 업무의 운영효율성을 극대화 시킨 다양한 사례들에 대해 살펴보고, 이를 바탕으로 앞으로 어떻게 빅데이터 사용을 활성화할지에 대한 발전방향을 알아보도록 하자.

빅데이터의 활용 사례

맞춤형 추천시스템

새로운 맞춤형 광고방식으로 각광을 받고 있는 추천시스템은 빅데이터에 의존하는 경우가 많다. 이러한 추천 시스템은 단순히 개별 사용자의 과거 구매 기록에 의존하지 않고, 유사성을 가진 수많은 고객들을 종합적으로 분석하는 협업필터링(Collaborative Filtering) 기법을 사용한다.

다음 그림은 이용자 기반 필터링과 상품 기반 필터링을 통해 고객에게 어떤 상품을 추천할 수 있는지를 보여준다. 먼저 이용자 기반 필터링의 경우, 이용자1과 이용자3은 과거 B와 C상품 모두를 구매했다는 점에서 높은 유사점을 가진다고 할 수 있다. 따라서, 이용자3에게 상품을 추천할 때는, 단순히 과거에 이용자3이 구매한 B와 C를 다시 추천하기보다는, 아직 구매는 안했지만 선호도가 유사한 이용자1이 이미 구매한 상품 A나 D를 추천하는 것이다. 상품기반 필터링도 이와 유사한데, 가령 우측에서 상품 A와 C는 이용자 1과 2 모두에게 교차판매된 기록이 있으므로 상품간 유사관계가 높다고 할 수 있다. 따라서 이용자3이 상품 C를 구매하였다면 이 유사관계를 이용해 상품 A를 추천한게 된다.

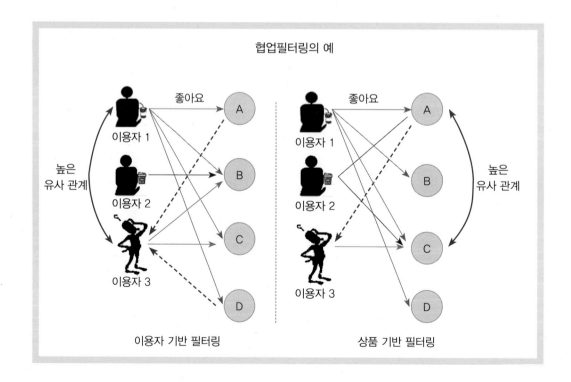

협업필터링의 예

따라서, 협업 필터링은 단순히 한 고객과 이전 구매한 상품간의 2차원적 매트릭스를 넘어서, 다수의 고객이 보여주는 취향이나 선호도 등을 빅데이터로 분석하여 소비자가 진정으로 살만한 상품을 골라내고 추천하는 것이다. 이 분야의 대표주자인 아마존 온라인 매장은 실제 추천시스템을 통한 매출이 총 매출의 10% 정도를 차지할 정도라고 한다.

구글 트랜드

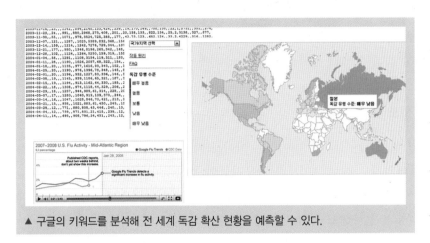

▲ 구글의 키워드를 분석해 전 세계 독감 확산 현황을 예측할 수 있다.

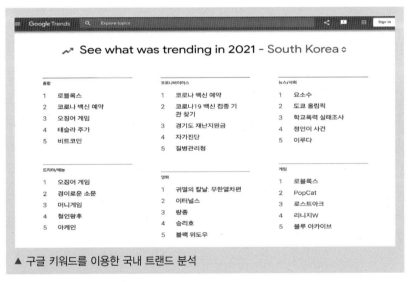

▲ 구글 키워드를 이용한 국내 트랜드 분석

구글은 검색엔진을 통해 실시간으로 수많은 키워드를 처리한다. 이러한 키워드를 시간별 장소별로 데이터로 수집하고 이를 분석함으로써 새로운 의미를 찾을 수 있는데, 구글의 트랜드 분석(trends.google.com)이 그렇다. 예를 들어 이전까지는 전염병이 퍼져나가는 추이를 알아내기 위해서는 병원이나 관련 기관들이 이러한 사실을 파악하고 정보를 수집하여야만 했다. 하지만, 이를 대신하여 웹 사용자들이 사용하는 관련 키워드들(독감, 고열, 기침 등)의 사용 시간, 빈도, 위치(IP 주소)를 파악함으로써 전염명의 진행 상황 및 이동 경로를 예측하는데 사용한다.

웹 사용자의 키워드와 위치 정보가 결합된 빅데이터는 그 활용분야가 무궁무진하다. 가령 선거철 유권자들의 선호도 분석, 계절별 피서지, 음식 선호도 분석 등 다양한 분야에 효과적으로 활용될 수 있을 것이다.

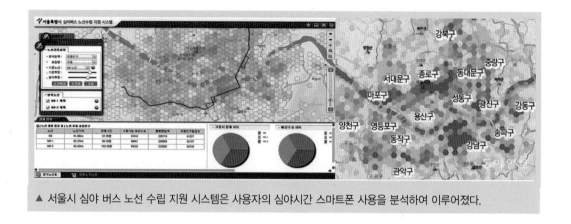

▲ 서울시 심야 버스 노선 수립 지원 시스템은 사용자의 심야시간 스마트폰 사용을 분석하여 이루어졌다.

스마트폰의 위치정보

스마트폰 사용자가 생성하는 실시간 데이터는 아마도 가장 방대한 빅데이터라 할 수 있을 것이다. 이 장의 들어가기 사례로 스마트폰 사용자들의 통신데이터로 촛불집회 참석자들을 분석한 결과를 살펴보았다. 이 밖에도, 서울시에서 운영하는 심야버스는 공공 부문 빅데이터 사업 중 가장 성공적인 사례로 평가 받고 있다. 대중교통노선을 결정할 때 관건은 사람들이 얼마나 이용할지 수요를 파악하는 것이다. 서울시는 2013년 심야버스 6개 노선을 추가하면서 그동안 시민설문조사, 버스사업자의 의견 등을 바탕으로 결정하던 경유지를 빅데이터인 휴대전화 위치 정보를 활용하여 결정하였다. 이를 위해서 서울시는 KT와 양해각서(MOU)를 맺고, KT 고객의 통화 기지국 위치와 청구지 주소를 활용해 유동인구를 검증하였는데 한 달 동안 매일 자정부터 오전 5시까지 통화 및 문자메시지 데이터 30억 건을 이용했다.

이러한 데이터를 분석하여, 서울 전역을 반경 500m 크기의 1,252개 정육각형으로 나누고, A육각형에서 심야에 통화한 사람이 B육각형에 살고 있다면, 결국 A에서 B로 이동하는 수요로 판단했다. 이러한 분석결과를 토대로 분석하니 홍대·합정, 동대문, 신림역, 역삼·강남, 시청·종로 등의 순으로 심야 유동인구가 많다는 것을 파악하고, 심야택시 승·하차 데이터를 분석해 강남이 교통 수요가 가장 많다는 것 또한 파악했다. 또한 시각화된 유동인구를 노선 별, 요일별 패턴을 분석해 심야버스 노선을 최적화된 시스템으로 운행하고 있다.

문맥분석

구글의 자동 번역기(https://translate.google.com)를 사용해 본 적이 있다면, 대부분 그 결과에 대체로 만족감을 표시한다. 특히 문맥상의 의미를 제대로 짚어내는 사실에 놀라기 마련이다. 이전부터 이와 같은 번역기의 발명은 여러 번 시도되어 왔다. 하지만 같은 단어라도 문맥에 따라 의미가 다르다 보니 실패를 거듭했다. 가령 IBM의 자동 번역프로그램이 그 예

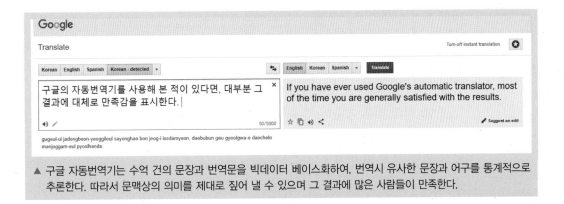

▲ 구글 자동번역기는 수억 건의 문장과 번역문을 빅데이터 베이스화하여, 번역시 유사한 문장과 어구를 통계적으로 추론한다. 따라서 문맥상의 의미를 제대로 짚어 낼 수 있으며 그 결과에 많은 사람들이 만족한다.

이다. 초기 명사, 형용사, 동사 등 단어와 어문의 문법적 구조를 인식하여 번역을 시도하다 보니 번역된 결과물의 표현이 어색하고 만족스러운 결과를 얻지 못하였다. 가령 Apple이 사과로 해석되어야 할지 애플 회사로 해석해야 할지는 문맥이 결정하게 되는데 이를 파악하는 게 쉽지 않았다. 이후 캐나다 의회의 문서를 활용, 이를 반복적으로 기계에 학습시킴으로써 영어-불어 자동번역 시스템개발을 시도하였으나 실패하게 된다. 여기서 문제는 '수백만 건'의 문서는 충분한 양의 분석자료가 아니었던 것이다. 이후 구글은 이를 거울 삼아 '수억 건'의 문장과 번역문을 빅데이터 베이스화하여, 58개 언어 간의 자동번역 프로그램 개발에 성공하였다. 즉, 번역시 유사한 문장과 어구를 데이터베이스에서 통계적으로 추론하는 방식을 이용한 것이다. 매일 분석 데이터의 양이 늘어남에 따라, 구글의 번역결과는 점점 더 발전하고 있다.

인공지능 시스템

▲ 왓슨은 빅데이터와 인공지능을 활용한 슈퍼컴퓨터이다. 미국의 낱말 맞추기 게임인 제퍼디에 참여한 왓슨은 가장 적절한 정답을 확률적으로 계산함으로써 챔피언들을 재치고 당당히 우승을 하였다.

지난 2011년 슈퍼컴퓨터 왓슨이 화제가 된 적이 있다. 한마디로 자연어 검색과 인공지능을 이용한 실시간 빅데이터 처리 슈퍼컴퓨터이다. 2011년 미국의 낱말 맞추기 게임인 '제퍼디'에 참여한 왓슨은 챔피언들을 재치고 당당히 우승한다. 비디오를 보면 어떤 식으로 왓슨이 정답을 유추하는지 볼 수 있는데 항상 대답하기 전에 여러 기법을 동원하여 정답을 확률적으로 계산함을 알 수 있다. 더욱 최근에는, 구글 딥마인드가 개발한 인공지능 바둑왕 알파고가 화제가 되었는데, 어떤 수가 승률을 높이는 좋은 수인지 방대한 빅데이터 분석과 피드백을 통해 스스로 바둑을 이해하는 강화 학습을 한다고 한다. 이와 같은 빅데이터와 접목된 인공지능은 여러 분야에서 두각을 드러내고 있다. 가령, 의료 분야에서는 환자 기록과 함께 기존 치료법 의료 논문, 특허 등 관련 빅데이터를 분석하여 환자에게 3초 안에 적절한 치료법을 제시한다.

또한, 미국 정부 기관의 경우 빅데이터 분석을 통해 사기 방지 솔루션을 성공시킨 사례를 가지고 있다. 빅데이터 분석을 위한 솔루션을 제공하는 선두 회사 중 하나인 SAS 사는 최근 정부 대상 사기 방지 프레임워크(Fraud Framework for Government)라는 빅데이터 분석 도구를 이용하여 방대한 자료로부터 이상 징후를 포착하고, 예측 모델링을 통해 과거의 행동정보를 분석하며, 사기패턴과 유사한 행동을 검출하였다고 한다. 이러한 분석은 국민 의료보장제도나 장애인 의료보장제도 등과 같은 정부 복지 프로그램들에서 발생하는 문제들의 징후를 사전 감지하는 것에서부터 허위납세신고, 구매카드 사기, 입찰 담합 행위, ID 도용 등에 이르는 다양한 문제 해결에 활용된다고 한다. 결과적으로 이러한 분석 결과는 3,450억달러(약 388조원)의 세금 누락 및 불필요한 세금 환급 절감 효과를 가져다 주었다고 한다.

최근에는, 2022년 12월에 공개된 챗지피티(ChatGPT)가 많은 관심을 받고 있다. 인공지능 연구재단 오픈에이아이(OpenAI)가 개발한 초거대 인공지능(AI) 기반 챗봇인데, 자연어 처리를 통해 언어를 학습, 인간과 자연스러운 대화를 나누고 질문에 대한 답을 내놓는다. 챗지피티는 방대한 데이터 처리 능력을 바탕으로, 이용자 질문이나 요청을 인식하고 단순히 사전에 입력된 데이터가 아니라, 마치 전문가가 옆에서 설명을 해주듯이 훌륭한 답변을 만들어낸다. 특정 키워드나 조건을 충족하는 소설·시·에세이를 쓰는 것은 물론이며, 제안서 작성 및 복잡한 코딩 문제를 푸는 것도 가능하다.

사물인터넷

이 밖에도 다양한 센서를 통한 새로운 데이터 수집과 이용이 각광받고 있다. 볼보는 운행중인 차량에 부착된 센서, 즉 사물인터넷(IoT)을 이용한 빅데이터 수집 및 분석으로 유명하다. 즉 운행 중 발생하는 속도, 제어, 운전 패턴 등 데이터가 고객데이터와 합쳐져 실시간으로 중앙 분석 허브로 클라우드 컴퓨팅 방식을 통해 전송된다. 이렇게 수집된 데이터를 분석함으로써, 볼보사는 잠재적 부품 결함을 고객이 말하기 전에 조기에 예측(Proactive maintenance)할 수 있고 에어백 등 안전 관련 설치의 특정 상황에서의 동작 분석도 가능해졌다. 또한 이러한 분석 결과는 프로세스 개선, 부품 공급자에게 개선 요구, 고객 패턴에 맞는 소프트웨어적 업데이트로 사고 시 반응성 향상 등 다양한 분야에 반영되었다. 그 결과 기존 50만대 판매 시점에서 발견하던 결함을 1,000대 판매 시점에서 발견할 수 있었으며 고객 충성도의 눈에 띄는 향상을 가져왔다고 한다.

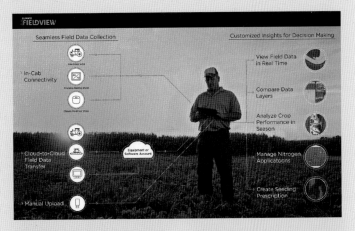

최근 미디어에서 '4차 산업혁명'이라는 말을 많이 접하게 된다. '4차 산업혁명'이란 최첨단 정보통신기술(ICT)이 온라인을 넘어 다양한 오프라인 산업 현장에 적용되기 시작하면서 일어나는 산업 간의 융합과 혁신을 의미한다. 농업에도 역시 이러한 '4차 산업혁명'으로 인한 변화와 혁신의 바람이 불고 있다. 그중에서도 가장 중요한 핵심 키워드로 주목받고 있는 것이 바로 '빅데이터(Big Data)' 기술이다. 농업에서의 '빅데이터'란 농작물이 자라는데 영향을 주는 수많은 외부 요인들에 대한 정보를 수집하고 분석한 방대한 양의 데이터를 말한다. 빅데이터를 활용한 데이터 농업은 경작지 곳곳에 센서를 부착하는 것은 물론, 공중에 드론을 띄우거나 인공위성을 통해서도 데이터를 모

은다. 이러한 첨단 정보망은 농작물의 건강과 토양 상태, 해충과 질병 현황, 기온 및 습도, 기상예보 등을 수집하고 분석한다. 농업인들은 태블릿PC나 스마트폰 등 스마트 기기를 통해 이해하기 쉽게 정리된 정보를 언제든 송신 받을 수 있고 보다 합리적인 대처 방안을 마련할 수 있다. 기후변화와 세계 인구의 증가 및 농업 인구의 감소 등 농업을 둘러싼 외부 환경이 극적으로 변하고 있는 상황에서 사람이 대처할 수 없는 영역을 빅데이터가 보완할 수 있다.

이미 많은 국가들에서 빅데이터를 활용한 데이터 농업이 널리 활용되고 있다. 특히 미국과 브라질, 캐나다, 유럽 등의 농업 선진국들은 농업 재도약의 디딤돌로 빅데이터를 활용하고자 노력하고 있다. 정부와 기업, 농업인들은 첨단 정보 수집 장비를 적극적으로 도입하고 있고 더 나은 기술 개발을 위한 연구와 투자를 늘려나가고 있다. 예를 들어, 몬산토 회사는 데이터 농업을 이끄는 기업으로서 빅데이터 정보망 구축을 위한 노력을 해왔는데, 대표적인 서비스인 '클라이미트 필드뷰'(The Climate FieldView™)는 실시간으로 날씨 데이터와 구체적인 토지 및 작물 분석 데이터를 농업인들에게 제공한다. 이를 통해 농업인들은 더 나은 생산성과 수익성을 얻을 수 있게 되었다. 21세기, 빅데이터는 농업을 지속가능하게 만드는 핵심 기술로 주목받고 있으며, 앞으로도 빅데이터를 활용해 많은 농업인들이 비용은 줄이면서 농가 생산성은 혁신적으로 높일 수 있도록 노력해나가야 할 것이다.

출처: 몬산토 블로그

빅데이터의 발전방향

빅데이터 전문가의 확보가 절실

앞서 사례에서 보듯이 빅데이터의 활용분야는 무궁 무진하며 그 숨겨진 가치는 평가하기 힘들 정도이다. 하지만, 막대한 비용을 들여 데이터를 저장하였지만 하지만, 분석하고 활용할 줄 아는 전문가가 없다면 무슨 소용이 있겠는가? 실로 데이터 과학자(Data Scientist)들의 부족이 심각하다. 카트너 그룹은 이러한 전문가의 부재로 포춘 500대기업의 85% 이상이 빅 데이터를 경쟁우위 확보에 활용하는데 실패할 것이다라고 하였다. 데이터 과학자는 IT와 비즈니스 도메인에 대한 지식과 경험뿐만 아니라, 통계학 및 수학적 지식을 갖춘 전문가이다. 기업들이 점차 방대한 양의 정보를 잘 사용하기 위해서는 기존의 데이터 마이닝이나 비즈니스 인텔리전스(Business Intelligence, BI)만으로는 부족하다는 점을 깨달을 것이며, 이에 따라 데이터 과학자들에 대한 수요는 앞으로 기하급수적으로 늘어날 것이다. 이에 대한 준비가 시급하다.

개인정보 보호에 대한 대책

메타플랫폼 주가 추이
(단위: 달러) ※미국 현지시간

338.54

237.76

1월 3일 2월 3일

▲ 페이스북의 모기업 메타플랫폼이 2022년 2월 3일, 애플 개인정보보호정책 변경에 따른 광고 매출 타격으로 인해 주가가 26% 폭락하였다.

페이스북의 개인정보 유출이 지난 2018년 심각한 사회적 문제가 되었다. 이후 2021년 애플은 '앱(애플리케이션) 추적 투명성'(ATT) 정책을 제시하였다. 애플의 ATT 정책은 앱에서 사용자의 개인정보를 추적할 때 반드시 동의를 얻어야 한다는 내용을 담고 있다. 앞서 앱 사용자가 개인정보 수집에 동의하지 않는다는 의사표시를 하지 않는 한 동의한 것으로 간주했던 '옵트아웃'(Opt-out) 방식의 개인정보 동의 절차를, 동의 표시를 한 사용자만 대상으로 개인정보를 추적할 수 있도록 하는 '옵트인'(Opt-in) 방식으로 바꾼 것이다. 따라서 개인정보를 이용한 광고수익에 크게 의존하던 메타(이전 페이스북)와 같은 회사는 큰 타격을 입게 되었고, 이를 반영하여 지난 2022년 2월 3일 하루 26%의 큰

주가 하락을 보여주었다. 이처럼 빅데이터는 대량의 개인정보가 수집 및 관리되므로 사업자의 고의 또는 과실에 의해 개인정보가 침해 혹은 누설될 수 있다. 방송통신위원회의 '빅데이터 개인정보보호 가이드 라인'이 있지만 이 또한 현행 개인정보보호법에 위배될 수 있고, 인권 침해 가능성이 있다며 시민단체들은 우려를 표하고 있다. 따라서 빅데이터를 산업발전에

유익하게 사용하려면 개인정보침해에 대한 강화된 대책이 필수적이다.

개인 데이터 은행 (personal data bank)의 출현을 조심스럽게 예측하기도 한다. 웹상에서 제공된 개인정보는 제3의 회사에게 넘어가기도 하고 관리가 힘들어지기 마련이다. 개인 데이터 은행은 데이터를 마치 자산과 같이 취급하여 관리한다. 즉, 고객은 자신의 개인 정보를 인출 해서 원하는 서비스를 제공 받은 후에는 서비스 제공자나 웹 사이트에 공개되어 있는 개인 정보를 다시 돌려 받아 은행에 예치할 수 있는 방안을 제공할 것이라고 한다. 데이터가 거래의 수단이 될 수 있음을 보여주는 예이다.

 쉬어가기   **애플 "개인정보 원천 제한" VS 구글 "보호·광고 일거양득"…비슷한 듯 다른 행보**

애플과 구글이 이용자 데이터 활용을 제한하는 개인정보 정책을 잇달아 내놓으며 광고 시장에 지각변동이 일어날 전망이다. 앞으로 웹 브라우저나 모바일 앱에서 이용자 검색, 방문정보를 기반으로 한 맞춤형 광고가 제한되기 때문이다. 다만 구글은 애플과 달리 새로운 형태로 이용자 취향을 분석·활용할 수 있는 대안을 제시하고 있어 양대 모바일 운영체제(OS) 간 광고 생태계가 극명한 차이를 보일 것으로 예상된다.

업계에 따르면 광고 업체들은 앞으로 변화된 개인정보 보호 환경에 맞춰 광고 전략을 어떻게 수정해야 할지 촉각을 곤두세우고 있다.

구글은 최근 개인정보 보호를 위해 안드로이드 이용자 데이터를 제3자(Third Party), 즉 앱 개발사 등 광고 업체와 더 이상 공유하지 않을 계획이라고 밝혔다. 지금까지 광고 도매상으로서 이용자 활동 기록을 판매했지만, 이러한 방식이 개인정보 규제가 갈수록 강화되는 전 세계적인 추세에 맞지 않다고 판단한 것이다.

애플 VS 구글 개인정보 보호 정책

애플	구글
지난해 4월부터 이용자 동의 있어야 검색·방문기록 등 데이터 수집 가능	중장기적으로 이용자 활동 기록 대신 취향 기반 '토픽' 정보 제공 계획
2020년 3월 '사파리' 브라우저에서 쿠키 수집 차단	'크롬' 브라우저에서 2023년까지 쿠키 활용 단계적 제한

광고업계에선 우려의 목소리가 높다. 앞선 애플의 정책 변화로 메타(페이스북)가 큰 타격을 받았기 때문이다. 애플은 2121년 4월 이용자가 동의할 경우에만 데이터를 수집할 수 있도록 개인정보 정책을 바꿨다. 업데이트 후 전 세계 아이폰 이용자의 85%가 앱 추적을 거부해 iOS 생태계에서 맞춤형 광고가 훨씬 어렵게 됐다. 메타는 직격탄을 맞았다. 메타는 최근 실적발표에서 "애플의 개인정보 보호책 변경으로 페이스북과 인스타그램 등 매출이 100억 달러 감소할 것"이라고 예상하기도 했다. 주가도 급락해 18일(현지 시간) 기준 한 달 전 대비 30% 넘게 떨어졌다.

구글은 이 같은 점을 고려해 2022년 말까지 '프라이버시 샌드박스' 베타 버전을 대안으로 출시할 계획이다. 프라이버시 샌드박스는 '토픽'이라는 관심 기반 정보를 광고에 활용할 수 있도록 열어둔 솔루션이다. 예를 들어 운동이나 여행 등 관심사를 나누고 이용자가 각 카테고리에 맞는 사이트에 방문할 때 구글이 해당 정보를 공유하는 방식이다. 기존 데이터 활용 방식 제한도 당분간 유예하기로 했다. 광고 업계가 대안을 마련할 시간을 준 셈이다. 앤서니 샤베즈 구글 프라이버시 부문 부사장은 "개발자와 광고주의 기존 툴을 제한하는 데 주력하는 다른 플랫폼(애플) 방식은 효과적이지 못하다"며 "개인정보 보호와 개발자 비즈니스도 저해할 수 있다"고 지적하기도 했다.

애플, 구글 데이터에 의존하는 '서드 파티' 방식에서 벗어나 각 기업이 자체 데이터를 통해 정교화 된 광고를 하는 '제로 파티', '퍼스트 파티' 기술도 각광받을 전망이다. 업계 관계자는 "광고주들도 자신들이 갖고 있는 고객 데이터를 단순히 쌓기만 할 게 아니라 어떻게 해야 효과적으로 활용할 수 있을지 근본적으로 검토할 때가 됐다"고 말했다.

출처: 서울경제 신문, 2022. 2. 21

01 빅데이터는 규모적으로는 크지만 주로 정형화된 테이블 구조의 데이터로 이루어진다.

　정답　×

　해설　빅데이터는 다양성을 특징으로 하며 정형화, 반정형화, 비정화된 데이터들의 조합이다.

02 빅데이터는 주로 비관계형 데이터 베이스를 이용한다.

　정답　○

　해설　기존의 비즈니스 데이터는 관계형 데이터베이스를 이용해 왔지만 빅데이터는 빠른 저장 및 처리를 위해 비 관계형 데이터 베이스를 이용한다.

03 빅데이터를 분석한 결과는 주로 테이블 형식으로 표현된다.

　정답　×

　해설　빅데이터는 주로 그림이나 그래픽 위주의 다양한 표현기법을 활용한다.

04 빅데이터를 나타내는 3 요소에 해당되는 것은?

① 규모　　　　　　　　　　② 속도

③ 다양성　　　　　　　　　④ 모두 해당

　정답　④

　해설　빅데이터를 나타내는 3요소(3Vs)는 규모 (Volume), 데이터의 다양성 (Variety), 빠른 속도 (Velocity)라고 할 수 있다.

05 유튜브에 올라온 비디오는 다음 중 어떤 형식의 데이터라 할 수 있는가?

① 정형화된 데이터　　　　② 반정형화된 데이터

③ 비정형화된 데이터　　　④ 모두 해당

　정답　③

　해설　동영상, 음성, 사진, 텍스트는 비정형화된 데이터이다. 테이블 형식으로 저장되는 데이터는 정형화된 데이터이며, XML, HTML 등 태그를 포함한 데이터는 반정형화된 데이터이다.

06 빅데이터의 출현 배경 중 센서를 이용한 데이터 수집과 가장 연관이 깊은 것은?

① 빅브라더　　　　　　　　② SNS

③ 멀티미디어데이터　　　　④ Internet of Things

　정답　④

　해설　사물인터넷은 다양한 기기들이 다양한 센서를 장착하고 실시간 정보들을 만들어 낸다.

07 빅데이터의 기반 인프라를 구성하는 요소와 관련이 먼 것은?

① 범용 하드웨어 　　　　　　　　② 분산 파일 시스템
③ 관계형 데이터베이스 　　　　　　④ 병렬처리

정답 ③

해설 관계형 데이터베이스는 기존의 비즈니스 데이터의 저장에 적합하다.

08 웹문서, 댓글 등에서 소비자의 의견이나 선호도를 수집, 분석하는 기법을 일컫는 용어는?

① 텍스트 마이닝 　　　　　　　　　② 평판 분석
③ 소셜네트워크 분석 　　　　　　　④ 군집 분석

정답 ②

해설 긍정, 중립, 부정의 선호도를 판별하여 상품 시장 규모 예측하고 소문을 분석한다.

09 몬산토 회사의 빅데이터를 농업에 활용하는 사례에서 본 바와 같이, 앞으로는 네트워크를 통해 데이터를 수집하는 경로가 컴퓨터만이 아니라 다양한 기기로 확대될 수 있다. 이러한 현상을 무엇이라 부르나?

① IoT 　　　　　　　　　　　　　② IoC
③ IoP 　　　　　　　　　　　　　④ IoN

정답 ①

해설 IoT(Internet of Things), 사물인터넷에서는 다양한 기기가 센서를 통해 데이터를 송신하게 된다.

10 구글의 독감/Swine flu 예측은 어떤 데이터를 토대로 이루어졌는가?

① 병원 환자 기록 　　　　　　　　② 병원 약품 기록
③ 검색 키워드 　　　　　　　　　　④ 바이러스 검출기록

정답 ③

해설 검색 키워드의 지역별 사용 빈도를 분석하였다.

11 빅데이터에 대한 다음 설명 중 올바르지 않은 것은?

① 빅데이터 분석을 위해서는 텍스트 마이닝, 이미지 프로세싱, 인공지능 등 새로운 기술이 이용된다.
② 빅데이터의 분석에서 가장 중요한 것은 개별 데이터 하나하나의 정합성과 유효성이다.
③ 빅데이터를 활용하여 맞춤형 추천시스템, 트렌드 분석, 문맥 분석 등이 가능해졌다.
④ 미국 정부 기관의 경우 빅데이터 분석을 통해 사기 방지 솔루션을 성공시킨 사례를 가지고 있다.

정답 ②

해설 빅데이터의 사용목적이 통합된(aggregated) 관점에서 데이터를 분석하여 새로운 사실을 예측하는 것이다 보니, 개별 데이터 하나하나의 정합성과 유효성은 상대적으로 그 중요성이 떨어진다.

12 다른 활동의 부산물로 생겨나는 데이터에 대한 데이터를 무엇이라 하는가?

정답 간접데이터

해설 간접데이터(Exhaust Data)의 예로는 댓글, 선호도, 웹 로그 등이 있다.

13 빈칸에 알맞은 단어를 넣으시오

병렬처리는 대규모 데이터를 효과적으로 처리하기 위한 프레임워크이다. 병렬처리는 아래 3가지로 구분된다.

- 첫째, 분산되어 있는 범용서버들에게 해당 작업을 적절히 할당하는 작업이 (①)이라는 프로그램을 통해 이루어진다.
- 둘째, 이렇게 작업이 할당이 되면 분산되어 있는 각 서버들은 맡은 작업을 효율적으로 마치고, 처리된 결과를 각 유형(키값)에 따라 정렬시키는(②)작업을 한다.
- 셋째, 유형별 정렬된 결과를 하나로 통합하여 최종 결과물로 다시 구성하는 작업이 필요한데 이게 (③)프로그램의 역할이다.

정답 ① 맵(map), ② 셔플(shuffle), ③ 리듀스(reduce)

14 아래 보기가 설명하는 용어는 무엇인가?

- 다수의 고객이 보여주는 취향이나 선호도 등을 빅데이터로 분석하여 소비자가 진정으로 살 만한 상품을 골라내고 추천하는 기법
- 아마존 온라인 매장의 맞춤형 추천시스템은 이 기법을 이용하는데, 총 매출의 10% 정도가 추천을 통해 이루어진다고 한다.

정답 협업필터링(Collaborative Filtering)

15 빈칸에 알맞은 단어를 넣으시오

빅데이터의 분석을 위해 IT, 비즈니스 도메인에 대한 지식과 경험, 통계학 및 수학적 지식을 갖춘 자를 (①)라 한다.

정답 ① 데이터 과학자(Data Scientist)

요약

- 빅데이터는 제타바이트에 다다르는 거대한 규모의 데이터 집합체로서 (Volume), 다양한 데이터 형식을 취하며 (Variety), 빠른 속도로 데이터를 생성, 분석, 활용(Velocity)할 수 있다.

- 빅데이터의 출현은 하드 디스크와 같은 데이터는 저장소와 이를 처리 하기 위한 컴퓨터 프로세스 등의 가격대비 성능이 급격히 증가하면서 가능해졌으며, 이와 더불어 소비자의 정보를 활용하려는 기업의 강한 욕구, SNS의 확산, 멀티미디어 데이터의 폭증, 새로운 센서를 이용한 데이터 수집 등이 그 중요 요인으로 손꼽힌다.

- 빅데이터는 개별 거래에 주안점을 두기보다는 대량의 데이터를 취합하여 분석함으로써 새로운 정보를 예측하는데 그 목적이 있다.

- 빅데이터를 구성하는 기반 인프라는 대용량의 데이터를 수평적으로 분산시켜 저장하는 분산 파일 시스템과, 이를 효과적으로 분산 처리하는 프레임워크인 맵리듀스가 있다.

- 빅데이터를 분석하기 위해서 텍스트 마이닝, 평판 분석, 소셜네트워크 분석, 군집 분석 등이 활용된다.

- 빅데이터를 가장 효과적으로 표현하는 방안은 바로 우리의 눈을 사용하는 시각화(visualization)이다. 이를 통해 데이터 습득시간의 절감, 즉각적 상황 판단, 흥미 유발, 정보의 빠른 확산, 정보의 유지기간 연장 등의 효과를 얻을 수 있다.

- 빅데이터는 다양한 분야에서 활용되어져 왔으며, 맞춤형 추천 시스템, 검색 키워드 분석을 통한 예측, 스마트폰의 위치정보 분석, 문맥 분석, 인공지능 시스템, 사물인터넷을 이용한 데이터 분석 등을 그 사례로 들 수 있다.

- 빅데이터를 제대로 분석할 줄 아는 전문가, 즉 데이터 과학자(Data Scientists)가 빅데이터의 활성화를 위해 절실히 필요하다.

- 빅데이터는 유용한 정보로서 가치를 가지지만, 개인정보침해에 대한 강화된 대책이 반드시 수립되어야 한다.

빅데이터 기반 해양안전 위험지수 도출로 안전한 바다를!

해양경찰청은 행정안전부와 함께 '해양안전 세이프존 확대를 위한 빅데이터 분석'을 실시했다. 목표는 공공 빅데이터를 활용한 데이터 기반 과학적 행정을 통해 연안 위험도를 예측하고, 해역별 맞춤형 안전관리 방안을 마련하는 것이다. 이를 통해 양 기관은 해양안전 가치를 실현하고자 했다.

해양안전을 위한 데이터 기반 근거 마련

2017년~2019년까지 3년간 연안사고 사망률은 약 17%로 매우 높다. 이는 교통사고 대비 10배에 달하는 수치이다. 해양경찰청은 지난 2020년 '국민이 주인인 정부 실현'을 위해 사회적 가치, 참여와 협력, 신뢰받는 정부라는 3대 전략을 담은 정부혁신 실행계획을 발표했다. 이 계획에 따라 연안사고 30% 감축, 해양안전 가치 실현, 해양안전을 위한 구조·안전 인프라 재정투자 확대 등의 과제들을 발굴·추진해 왔다. 해양

경찰청은 이들 주요 과제를 추진하기 위해 데이터를 기반으로 근거를 먼저 확보하기로 했다.

다양한 조건과 상황별 위험지수 도출

해양안전 세이프존 분석은 과제 요구사항 정의, 데이터 수집 및 정제, 공간 데이터 변환 순으로 데이터 전처리가 이루어졌다. 이후 중첩분석을 통한 주요관리지역 도출, 공간자기상관분석(spatial autocorrelation)을 통한 안전지수 도출, 분석 결과 검증 단계를 거쳤다. 분석을 위해서 해양안전 사건·사고, 구조세력 현황, 순찰활동 데이터, 연안이용객(유동인구), 기상데이터 등을 활용했다. 수집된 데이터를 지역별, 시기별로 분석해 해양 사고 현황과 사고 요인을 도출하고, 지역별 사고 건수 및 예측결과를

활용해 해양사고 위험도를 공간지수화 했다. 또한 해양사고 발생원인 및 사고 다발 지역별 해양안전 위험지수를 도출해 지역별·시기별 맞춤형 해양안전 강화 활동을 수행하도록 했다. 데이터는 해양경찰청이 보유한 해상조난사고 상세 데이터와 구조세력(파출소 및 관할구역, 순찰일지) 데이터가 활용됐고, 개방형 공공 데이터인 기상 데이터, 민간 데이터인 유동인구 데이터가 활용됐다.

효율적 분석을 위한 자문회의와 방향 제시

보다 효율적인 분석을 위해 두 차례의 자문회의가 진행되었다. 1차 자문회의에서 전문가들은 분석방법론은 공간자기상관분석(spatial autocorrelation)을 적용하고, 사고 발생 배경 및 원인 분석을 위해 순찰일지 데이터에 대한 텍스트 분석을 수행하자는 의견을 내놨다. 또한 향후 사고 다발 지역 및 위험지수 상위 지역의 어민과 낚시객을 대상으로 안전 교육자료로 활용하는 방안을 검토하고, 해양경찰청과 지자체 공무원의 내부 정책자료로도 활용하자고 제안했다.

2차 자문회의에서는 전국 해양에 대한 데이터 기반 분석은 기존 현장조사 기반의 연구사례와 차별화되어야 한다는 점과 함께, 분석결과를 현장에 적용하여, 모델 개선 및 피드백 반영이 필요하다는 점을 강조하였다.

지역별 · 유형별 특성 분석으로 위험지수 시각화

구조세력 순찰활동 데이터, 유동인구 데이터 등 내·외부 데이터를 분석한 결과 해양안전 취약 지역과 상세 공간의 단위별 위험지수를 도출할 수 있었다. 먼저 해양사고 발생 시 위험지수를 도출해 10단계로 구분하여 6단계 이상인 지역을 위험지역으로

상세 공간 단위별
해양사고 위험지수 도출

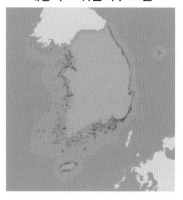

구분	위험지수	격자 수	비중
1	−6.5~0	46	0.1%
2	0	34,658	88.5%
3	0~13	3,568	9.1%
4	13~20	262	0.7%
5	20~35	311	0.8%
6	35~50	126	0.3%
7	50~75	99	0.3%
8	75~100	37	0.1%
9	100~200	34	0.1%
10	200~451.6	9	0.0%
	총합계	39,150	100.0%

의 사고가 많이 발생하는 지역을 구분하여 파악할 수 있었다.

예측 변수까지 도출해 신뢰성 있는 근거 자료 확보

이번 모델을 개발하는 과정에서 격자별 사고건수를 모두 사용하기 위하여 다중회귀분석(Multiple Regresion Analysis)이 활용됐다. 정확한 예측 결과를 도출하기 위해 약 200여 개의 변수 중 해양사고 변수에 유의미한 영향을 미치는 일평균 유동인구, 안전요원 유무 등 53개 변수를 찾아냈다. 이를 통해 해양사고 발생 시 상황조치의 신속성, 적정성 향상 등에 대한 설치기준을 최적화함으로써 해양안전 사각지대를 해소할 수 있다는 결론을 도출했다.

선정하였다. 6단계 이상 나온 지역은 해안가나 항포구 등에서 기타익수, 수상레저익수, 항포구차락익수 등이 발생했는데, 이들 사고 발생 상위지역은 전국적으로 발생한 해상 사고 건수의 17.37%를 차지했다.

사고유형별로는 추락익수(물에 잠겨 구조된 상태), 고립, 기타익수, 추락, 표류 등이 가장 많았고, 사고는 항구와 포구, 해안가, 방파제 등에서 주로 발생했다. 사고 사망 시 구조세력이 파악한 인원은 평균 0.14명이며, 레저익수 등의 사고원인은 수중레저 활동인 것으로 비교분석이 가능했다. 지방청(중부·동해·서해·남해·제주)별 특징을 비교했을 때 갯벌, 무인도 사고가 많이 발행하는 지역과 추락이나 익수 등

해양안전 강화 활동에 폭넓게 적용 가능

해양안전 위험지수 분석은 해양안전 빅데이터 분석 기반의 선제적 공공서비스를 제공함으로써 해양에서 발생하는 다양한 사고로 인한 사회적 비용을 절감하는 효과를 창출할 수 있다. 해양사고 발생 원

해양사고 발생 원인 및
사고 다발지역 분석

– 해양사고 주요 요인 및 특성 분석
– 해양사고 다발지역 도출

해양안전
위험지수 도출

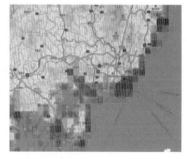

– GIS Modeling 후 39,150개
  격자별 위험지수 도출

맞춤형 해양안전
강화활동지원

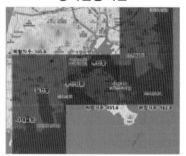

– 계절 및 지역별 위험지수 적용

인과 사고다발지역을 분석하고, 위험지수를 도출함으로써 각 지역별, 시기별 맞춤형 해양안전 활동을 펼쳐나갈 수 있다. 사고발생 건수, 사망사고 발생 비율 등을 종합적으로 판단해 안전강화 활동을 펼쳐나간다면 해양안전을 강화해 나가는 데도 일조할 수 있을 것으로 기대된다.

해양안전 강화하는 빅데이터 분석

해양경찰청은 이번 분석 결과를 빅데이터 플랫폼에 탑재해 지속적으로 활용해 나간다는 계획을 세웠다. GIS 기반의 해양안전맵을 모니터링해 대국민 해양안전 서비스를 향상시키고, 안전의식을 함양하기 위한 교육자료로 활용하는 한편, 국민의 여가활동 패턴을 반영한 해양안전 위험지수를 도출하는 등 다각적인 해양안전 강화 활동을 수행할 수 있다. 예를 들어, 지역별, 시기별 맞춤형 해양안전 활동을 강화하고, 안전시설물 확충, 연안 위험구역 지정 및 관리, 안전 순찰 강화 및 인력 배치 등 해양안전 서비스의 효율성과 효과성을 극대화할 수 있을 것으로 기대된다. 더불어 해양

경찰청은 어민, 낚시객, 관광객이 참여하는 해양안전지도(커뮤니티 맵핑) 구축 사업을 통해 국민과 함께 해양안전지대를 구축하겠다는 계획도 수립했다. 빅데이터를 통해 공공이 앞서 나가고 민간이 함께하는 해양 문화가 만들어지고 있다.

출처: 공공부문 데이터 분석활용 우수사례집, 행정안전부, 2021. 12. 23

토의문제

1. 공간자기상관분석(spatial autocorrelation)이란 무엇이며 어떻게 빅데이터 분석에 사용될 수 있는지 알아보자.

2. 빅데이터를 표현하는 시각화 기술로 활용된 기법은 무엇이고, 다른 시각화 대안이 있다면 무엇이 좋을지 생각해 보자.

3. 서울특별시 빅데이터 캠퍼스(https://bigdata.seoul.go.kr/main.do)를 둘러보고, 어떤 데이터를 사용하여 생활에 도움이 되는 결과를 얻을 수 있을지 아이디어를 도출해 보자.

제 4 장

클라우드 컴퓨팅,
IT 자원의 공유경제

'무제한'이라더니…구글 저장 용량 제한에 난감한 대학들

구글은 2021년 2월 "교육용 작업공간(workspace for Education)"을 통해 제공하던 무제한 저장 용량을 대학 등 기관별 한도 100TB로 제한한다고 밝혔다. 이에 따라 그동안 무료로 제공하던 G메일, 드라이브 등 클라우드 서비스 저장 용량은 학교당 100TB만 기본으로 무료 제공하고, 100TB 이상 사용하면 재학생 전체 인원수에 따라 라이선스를 구매하도록 유료화한다. 변경 정책은 2022년 7월부터 적용될 예정이었지만 한 차례 유예해 2023년 1월 1일부터 본격화하기로 했다.

숙명여대의 경우 2018년부터 해당 서비스를 이용해왔다. 서비스를 이용한 이유는 저장 용량을 무제한으로 사용할 수 있기 때문이다. 자체 서버를 구축해 학생들에게 제공했다면 엄청난 예산이 들어가는 큰 규모의 작업이었으나, 구글에서 저장 용량을 무제한으로 제공하기 때문에 이 서비스를 도입한 것이다. 숙명여대는 이 서비스를 통해 G메일, 구글 드라이브, 포토 등을 용량 제한 없이 구성원들에게 제공했다. 그래서 따로 대비 시스템도 마련하지 않은 상황이었다. 하지만 구글이 2021년 2월 갑작스럽게 정책을 변경하고 저장 용량을 제한하기로 하면서 용량 줄이기에 나설 수밖에 없는 상황에 놓였다.

이에 숙명여대는 교수·교직원 등에는 1인당 30GB(Gigabyte), 학생·연구원·조교·강사 등에는 1인당 10GB, 퇴직·졸업·제적·수료생 등에는 1인당 3GB의 저장 용량을 제공하는 것으로 조정했다.

숙명여대 관계자는 "구글이 정책 변경을 공지한 뒤 지난 6월부터 주기적으로 교내 공지를 통해 구성원들에게 정책 변경을 안내하고 있다"며 "저장 용량을 확보하기 위해 현재 사용 중인 서비스들의 저장 용량을 확인, 백업·삭제 협조를 구하고 공유 드라이브 이용을 중지했다. 용량 초과 대상자의 경우 계정을 초기화할 계획"이라고 말했다.

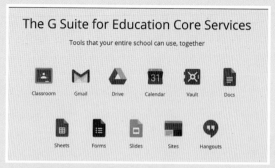

▲ 구글의 교육용 작업공간에서 제공하는 다양한 클라우드 서비스들

경희대는 재학생·졸업생 등에게 5GB를 제공하기로 했다. 경희대는 1TB 이상 사용하는 학생을 시작으로 용량 제한을 시작해 2023년까지 단계적으로 사용자 계정을 정리한다는 계획이다. 한국외대는 재학생·교직원 1인당 30GB로 용량을 제한하고, 졸업생 등에게는 5GB를 제공한다. 서강대는 재학생에게만 10GB를 제공한다는 방침이다.

아직 제한 용량을 산정하지 못한 대학들은 학내 구성원 의견을 듣고 결정할 방침이나 학내에 개인별 계정에 불필요한 자료 삭제를 요청한 상태다.

일반대는 사정이 나은 편이다. 국내에서 가장 많은 학생을 보유한 방송통신대는 이번 구글이 정책을 변경하며 직격타를 맞게 됐다. 대학 당 무료 용량을 100TB로 제한하다 보니 학생 1인당 400MB(Megabyte)밖에 제공할 수 없게 됐기 때문이다.

방송통신대 관계자는 "타 대학에 비해 훨씬 많은 학생이 재학 중이다 보니 1인당 제공할 수 있는 용량이 적을 수밖에 없는 상황"이라며 "저장 용량을 구매해 제공할 방침은 아직 없기 때문에 무상으로 제공되는 100TB 내에서 학생·교직원에게 이용 용량을 할당한 것"이라고 밝혔다.

방송통신대는 재학생은 물론 졸업생·휴학생에게 400MB 용량 제한에 따른 자료 삭제를 요청했다. 안

내받은 학생들은 필요 없는 파일을 지우고, 백업을 하는 등 자발적으로 저장용량을 줄이고 있다. 하지만 아직 100TB에 맞추기에는 턱없이 부족한 실정이다.

방송통신대 관계자는 "워낙 방대한 양의 자료가 업로드 돼 있는 상태라 아직도 많은 자료가 삭제돼야 한다. 그래서 9월 30일에는 100GB 이상 사용자, 10월 31일에는 20GB 이상 사용자의 계정을 정지할 예정"이라며 "11월 30일에는 할당 용량의 20%를 초과하는 사용자의 계정을 중지한다. 공유 드라이브는 10GB 이상 넘기면 넘치는 데이터를 삭제할 계획"이라고 전했다.

경기대 재학생 B씨는 "PC에 구글 드라이브를 연동해 사용하고 있던 터라 컴퓨터로 작업하는 모든 자료가 클라우드에 업로드 돼 있었다. 하지만 저장용량을 제한한다는 메일을 받고 백업하느라 하루가 꼬박 걸렸다"고 말했다.

B씨가 사용하고 있던 용량은 5GB를 훨씬 넘는다. 학업을 진행할 때 작성했던 자료, 참고 영상 등이 담겨 있었기 때문에 삭제할 수 없어 백업이 필수적이었다. 같은 프로젝트를 진행했던 학생들과 공유 드라이브도 만들어 사용했기 때문에 다수의 학생이 같은 상황. 이에 경기대는 사용자의 불편을 최소화하기 위해 대체 서비스인 Microsoft Office365(이하 MS)를 제공하기로 했다. 해당 서비스는 8월 중 제공하기 시작했고, 퇴직·졸업자는 향후 2년간 한시적으로 제공할 예정이다.

경기대 관계자는 "갑자기 저장 용량을 제한하면 사용자들이 불편해질 것을 고려해 대체 서비스 제공을 위해 대학혁신지원사업으로 MS 서비스를 도입, 사용환경을 개선했다"며 "MS Office 365는 저장용량이 1TB로, 설치형 MS Office 및 다양한 서비스 제공하기 때문에 학생들에게 더 나은 환경을 제공할 수 있을 것"이라고 전했다.

경기대뿐 아니라 타 대학들도 자체 서버를 마련하거나 다른 서비스를 사용할 수 있는지 검토한다는 계획이다.

숙명여대 관계자는 "내년부터 대학에 할당된 100TB를 초과 사용하면 데이터를 유료로 써야 하기 때문에 예산 문제도 있고 해서 우선은 계속 구글과 계약하려 한다"며 "다만 장기적으로는 다른 서비스도 복합적으로 사용할 수 있을지 검토할 예정"이라고 밝혔다.

출처: 한국대학신문, 2022. 11. 14

① 클라우드 컴퓨팅이란?

클라우드 컴퓨팅(Cloud Computing)의 개념

클라우드 컴퓨팅은 앞 장에서 설명한 빅데이터 분석기술과 더불어 4차 산업혁명을 견인하는 핵심기술 중 하나이다. 클라우드 컴퓨팅은 2006년 9월 당시 구글(Google)의 직원인 크리스토프 비시글리아(Christophe Bisciglia)가 CEO인 에릭슈미츠(Eric Schmidt)에게 기업이

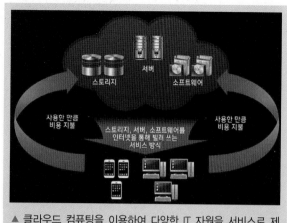

▲ 클라우드 컴퓨팅을 이용하여 다양한 IT 자원을 서비스로 제공하게 되었다.

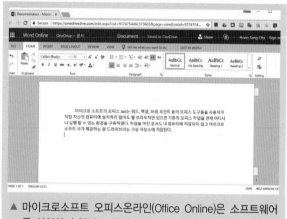

▲ 마이크로소프트 오피스온라인(Office Online)은 소프트웨어를 설치하지 않아도 언제 어디서나 웹브라우를 통해 오피스 관련 작업을 할 수 있게 해준다.

나 개인이 필요에 따라 정보기술을 인터넷을 통하여 서비스 형태로 제공해보자는 아이디어에서 출발되었다. 다시 말하면, 우리가 가정에서 전원 플러그를 꼽기만 하면 언제 어디서나 전기를 사용할 수 있는 것처럼, 간단한 명령만으로 IT 자원을 어디서나 바로 사용할 수 있는 서비스를 제공하는 것이 클라우드 컴퓨팅이다.

클라우드(Cloud)라는 명칭은 우리가 흔히 IT 아키텍처 구성도에서 인터넷을 구름으로 표현하던 것에서 유래한다. 따라서, 정확히는 모르지만 사용자는 인터넷에 연결된 클라우 서비스 제공자의 데이터 센터(Cloud Data Center: CDC)에 접속 후, 소프트웨어, 스토리지, 서버, 데이터 베이스, 네트워크 등 다양한 IT 자원을 사용하게 된다. 예를 들어, 앞서 "들어가기"에서 언급하였듯이 요즘 많은 사람들은 네이버 클라우드, 구글 드라이브, 아이클라우드 등을 이용해 파일을 자신의 컴퓨터가 아닌 다른 곳에 저장하며, 그 결과 서로 다른 기기를 옮겨 다니면서 같은 파일을 열고 작업하는게 수월해졌다. 또한, 마이크로 소프트의 온라인 서비스는 워드, 엑셀, 파워포인트 등의 오피스 도구들을 사용자가 직접 자신의 컴퓨터에 설치하지 않아도 웹브라우저만 있으면 기존의 작업을 언제 어디서나 실행할 수 있는 환경을 구축하였다. 작업을 마친 문서도 내 컴퓨터에 저장되지 않고 마이크로 소프트 사가 제공하는 원 드라이브라는 가상 저장소에 저장된다.

2022년 세계 클라우드 서비스 지출액은 2021년 같은 기간보다 34% 늘어난 530억 달러(약 7조1,600억 원)에 이르렀다. 코로나19 확산은 사람들의 생활과 일을 온라인에 집중하게 했고, 이에 클라우드 서비스 지출도 크게 늘어났다.

클라우드 시장 점유율 상위 3개 업체는 아마존 웹 서비스(33%), 마이크로소프트(22%), 구글(10%) 순이다. 많은 사람들이 아마존을 온라인 쇼핑몰 업체라고 생각하지만, 실제 아마존 영업이익의 대부분은 그들의 클라우드 서비스인 아마존 웹 서비스(AWS: Amazon Web Services)에서 거둔다.

최근, 사물인터넷이나 모바일 기기를 통해 수집되는 다양하고 방대한 양의 빅데이터를 저장하고, 이를 고성능 프로세스를 이용해 빠르게 분석하기 위해서 기업차원의 클라우드 서비스를 이용하는 경우도 빠르게 증가하고 있다. 이와 더불어, 비디오 스트리밍 서비스 등과 같이 방대한 양의 웹 컨텐츠를 전세계 사용자에게 전달하기위해서도 컨텐츠 배포에 최적화된 클라우드 서비스가 각광을 받고 있다.

 쉬어가기   KT클라우드·NHN클라우드 출범…토종 클라우드 판 커진다

KT와 NHN이 2022년 4월 1일 클라우드 사업을 분사한다. 공공 클라우드 시장을 정조준했다. KT클라우드와 NHN클라우드가 공공 클라우드 시장을 시작으로 민간 클라우드 시장으로 입지를 확대, AWS와 MS 등이 선점한 기존 구도를 흔드는 변수가 될지 주목된다.

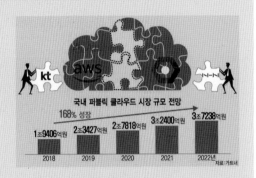

KT클라우드, 국내 1위 사업자 넘어 AWS에 도전장

KT클라우드는 클라우드·IDC 사업 특성에 맞게 신속한 의사결정이 가능한 체계를 구축했다. KT클라우드는 KT와 연계해 국내에서 유일하게 네트워크와 IDC, 클라우드를 통합 제공할 수 있는 강점을 기반으로 인공지능(AI) 인프라, 데스크톱서비스(DaaS), 클라우드와 연계한 빅데이터 분석 등 특화 사업을 강화할 예정이다.KT클라우드는 8,000억 원 규모 공공 클라우드 전환 사업에 집중해 맞춤형 서비스를 강화하는 한편, 공공 분야 전담 사업체계도 구축한다. 아울러, 국내 최대 클라우드 인프라를 기반으로 서비스형인프라(IaaS) 시장에도 본격 대응할 계획이다. 시장점유율은 약 20% 수준으로 알려졌다. 아마존웹서비스(AWS)가 약 60%를 장악한 클라우드 시장에서 의미 있는 점유율을 확보하기 위해 치열한 경쟁을 펼칠 것으로 예상된다. NHN클라우드, 공공 고객 모집 '주력' NHN도 클라우드 사업부를 물적분할, NHN클라우드를 출범한다. 공공 클라우드 공략, 글로벌시장 진출 등을 통해 매출을 확대해 기업공개(IPO)까지 추진한다는 방침이다. NHN 본사 인력 30% 이상인 300명 정도가 NHN클라우드로 이동한다. NHN클라우드는 행정안전부 주도 국내 공공클라우드 전환 사업 수주에 집중할 계획이다. 올해 행안부 클라우드 전환 사업 예산 2,400억 원 가운데 3분의 1을 확보한다는 방침이다. 공공 클라우드 시장 1위 사업자가 목표다. NHN클라우드는 지난해 공공 클라우드 부문에서 1,000억 원을 수주, 매년 30% 이상 매출 성장을 이어가고 있다. NHN클라우드는 출범 이후 선제적 투자 유치를 통해 클라우드 서비스 제공을 위한 데이터센터 구축 등 인프라도 확장한다. 판교에 이어 광주와 김해, 순천 등에 데이터센터를 추가 설립한다. 글로벌 시장 진출도 타진한다. 베트남과 인도네시아 등 동남아시아를 중심으로 글로벌 서비스를 확장한다. 클라우드 전문가는 "현재 국내 시장은 외국 클라우드 플랫폼 중심으로 생태계가 형성되고 있는 단계"라며 "향후 공공 부문 역할이 중요하다"고 말했다. 이어 "국내 기업이 출혈 경쟁이 아닌 협력을 통해 국내 클라우드 시장을 키워나가야 한다"고 덧붙였다.

출처: 전자신문, 2022. 4. 1

클라우드 컴퓨팅의 특징

기술적인 측면에서 클라우드 컴퓨팅이라는 개념은 완전히 새로운 기술이라기보다는 기존의 분산 컴퓨팅, 유틸리티 컴퓨팅, 웹 서비스, 서버 및 스토리지의 가상화 기술 등의 기반기술을 하나로 융합하여 만들어진 컴퓨팅 환경이라고 할 수 있다. 표준 기술 국제기구(National Institute of Standards and Technology: NIST)에 따르면 클라우드 컴퓨팅이 가지는 대표적인 특징은 아래와 같이 크게 다섯 가지 항목으로 요약된다.

자원의 공유 (Resource Pooling)

▲ 데이터센터 내부에는 수천만 개의 범용서버들이 네트워크로 연결되어 강력한 컴퓨팅 자원을 생성하고, 이를 여러사람이 공유할 수 있도록 재분배한다.

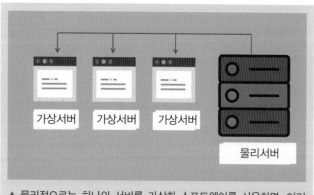

▲ 물리적으로는 하나의 서버를 가상화 소프트웨어를 사용하면, 여러 개의 가상 서버 인스턴스로 쪼개어 사용할 수 있다. 물리적 서버 자체는 분산 컴퓨팅 기술을 이용하여 여러 개의 범용 컴퓨터를 병렬로 연결하여 구성할 수 있다.

클라우드 컴퓨팅 제공자는 컴퓨팅 자원의 풀(pool)을 형성하고, 다수의 고객들이 이를 공유하고 필요한 만큼 나누어 쓰게 된다. 이를 위해서 클라우드 서비스 제공업자는 수천, 수만 개의 범용 서버를 한 자리에 모아 둔 물리적 장소인 데이터 센터를 운영한다. 이를 위해 두 가지 핵심기술이 필요한데, 하나는 흩어진 자원을 하나로 모아주는 분산 컴퓨팅 기술이고 다른 하나는 모아진 자원을 효과적으로 다시 배분시켜 줄 수 있는 가상화 기술이다. 먼저, 분산 컴퓨팅 기술은 높은 컴퓨팅 리소스를 필요로 하는 작업의 수행을 위해서 분산되어 있는 범용 서버자원들을 네트워크를 통해 하나로 묶어주고, 이를 마치 하나의 슈퍼컴퓨터와 같이 활용하는 방식을 의미한다.

이렇게 데이터센터에 모아진 자원을 여러 사람과 공유하기 위해서는 서버 및 스토리지의 가상화(virtualization) 기술이 이용된다. 가상화 기술은 하나의 서버에는 하나의 운영체계를 설치해야 한다는 통상적인 방식과 달리, 하나의 물리적 서버 (범용서버들을 묶어서 만든 하나의 대용량 서버도 포함) 위에 가상화 소프트웨어를 설치해 줌으로써, 여러 사용자가 다수의 운영체계를 독립적으로 운영할 수 있게 된다. 가상 서버는 동적으로 할당, 생성, 소멸시킬 수 있는 기능을 할 수 있게 되고, 필요한 사람이 돌아가며 리소스를 나누어 쓰게 됨으로써 컴퓨팅 자원의 효율성이 높아진다. 예를 들어, 한 회사에 10개의 부서가 있고 부서별로 운영되는 서버가 실제로는 10% 정도만 가용된다고 하자. 이 경우, 기존 10개의 개별 서버 대신 이제는 하나의 물리적 서버에 10개의 서로 다른 가상 서버를 설치하고 CPU와 메모리 등을 서로 공유하며 사용할 경우 이 서버는 100%의 효율성을 나타낼 수 있을 것이다.

광범위한 네트워크 접속(Broad Network Access)

클라우드의 핵심은 언제 어디에서든지 기기의 종류에 상관없이 인터넷을 통하여 데이터 센터로 접속이 가능해야 한다. 이렇게 네트워크를 통해서 클라우드에 접속하여 사용자들은 가상서버를 관리하기도 하며, 웹 기반의 소프트웨어 등 다양한 서비스를 제공 받기도 한다. 즉, 클라우드는 지역적 경계가 없고, 점점 세계화되어가고 있다. 하지만 이렇게 멀리 떨어진 클라우드 환경을 외부에서 접속하기 위해서는, 표준화된 접근 및 관리방식이 명확히 수립되어야 하는데, 이를 애플리케이션 프로그래밍 인터페이스(API: Application Programming Interface)라고 정의한다.

가령 가상화된 서버를 외부에서 접속할 경우, 클라우드 접속 명령, 새로운 가상서버를 생성하는 명령, 데이터를 저장장소에 넣고 빼는 명령, 가상 서버 상의 여러 가지 애플리케이션을 시작하고 중지시키는 명령, 더 이상 필요하지 않는 서버 인스턴스를 제거하는 명령 등 다양한 원격조정을 위한 표준이 필요하다. 이 뿐만 아니라 아래서 언급할 프로그램 개발 환경을 제공하는 플랫폼 서비스인 경우, API는 개발자가 표준에 맞춰 애플리케이션을 개발할 수 있는 개발표준을 제공한다. 일반 사용자의 입장에서도, 스마트폰, 테이블릿, 다양한 센서기반 사물인터넷 등은 API 표준을 따르기만 하면 네트워크를 통해 쉽게 클라우드에 접속할 수 있고 원하는 서비스를 제공받게 된다.

빠른 탄력성(Rapid Elasticity)

클라우드 컴퓨팅은 사용자의 요구에 따라 컴퓨팅 자원(가상 서버 인스턴스의 개수)이나 데이터 저장소의 크기를 빠른 시간 내에 확장, 축소할 수 있는 탄력성을 제공하게 된다. 이런 기능은 사용자의 요구 사항의 변화에 신속하게 대처하기 위해 수분에서 수초 내에 이루어지며, 대부분 서비스 공급자의 관여가 필요없이 자동으로 진행된다. 그뿐만 아니라, 사용자별 서비스 용량을 모니터링 하여 자동으로 컴퓨팅 자원을 확장, 축소, 배분, 그리고 최적화 (load balancing)할 수 도 있다.

예를 들어, 인터넷 쇼핑몰의 경우 크리스마스나 명절 등에는 갑자기 고객이 늘고 많은 컴퓨팅 자원을 요구하게 되지만, 평균 수요는 이에 훨씬 못 미친다. 과거의 경우, 쇼핑몰 회사는 고객이 가장 많이 몰리는 경우를 대비하여 대용량의 서버들을 구매하였고, 따라서 나머지 다른 기간에는 서버들의 가동률이 현저하게 낮을 수 밖에 없었다. 하지만, 가상 서버기술을 이용함에 따라 언제든지 원하는 만큼 서버 인스턴스 수를 늘렸다 줄이는 것이 가능해지고, 클라우드 서비스를 이용함으로써, 서버를 구매하는데 들어가는 비용을 낭비할 필요가 없게 되었다.

사용한 만큼 지불(Pay-per-Use)

사용자는 필요한 만큼만 컴퓨팅 자원을 사용하고, 사용량에 따라 요금을 지불하는 방식을 따르게 된다. 흔히 전기, 가스, 수도 등 유틸리티를 사용하는 방식과 유사하다고 하여, 유틸리티 컴퓨팅이라 부른다. 클라우드 제공업자는 이를 위하여, 사용자들이 이용한 저장용량, 프로세싱 용량, 네트워크 대역폭 사용량 등을 정확히 측정할 필요가 생긴다. 가령, 아마존의 웹서비스의 경우, 옵션에 따라 차이가 있지만 대략 저장공간을 제공하는 심플스토리지 서비스(S3)의 경우 1GB당 한달 사용료가 50원 정도이며, 기본적인 서버를 제공하는 Elastic Compute Cloud(EC2) 서비스를 사용할 경우 프로세싱(CPU) 용량에 따라서 사용료는 한 달에 5만원 정도이다. 약정 서버스의 경우에는 사용료를 할인해 주기도 한다.

주문형 셀프 서비스(On-Demand Self-Service)

클라우드 제공업자는 사용자에게 아무런 요구를 하지 않으며 단지 가능한 서비스 항목들을 카페테리아 식당의 메뉴처럼 제시할 뿐이다. 사용자는 자신들의 필요에 따라 서버의 용량, 스토리지 용량, 네트워크 용량, 서비스 종류 등을 선택하고 이에 따라서 차등화된 서비스가 제공되는 셀프서비스 형식을 따른다. 사용자가 원하는 사양의 클라우드 서비스를 정한 후에는 수분 내에 서비스가 구동되고 사용이 가능해져야 한다. 따라서, 클라우드 서비스 제공자는 사용자의 수요에 따른 탄력적인 대응이 필요하다.

클라우드 컴퓨팅의 유형은 제공하는 서비스의 내용과 이를 사용자에게 배포하는 형식에 따라 다음과 같이 구분할 수 있다.

클라우드 컴퓨팅 서비스 모델

클라우드 환경에서 제공되는 서비스는, 수백 또는 수천 대의 컴퓨터를 연결한 강력한 연산 처리 기능 서비스, 원격으로 소프트웨어를 이용하는 서비스, 데이터를 저장해 주는 스토리지 서비스, 소프트웨어 개발자가 애플리케이션을 만들 수 있는 장소를 제공하는 서비스 등 다양하다. 이런 서비스들은 크게 인프라스트럭처 서비스(IaaS: Infrastructure as a Service), 플랫폼 서비스(PaaS: Platform as a Service), 소프트웨어 서비스(SaaS: Software as a Service)의 세 가지 형태로 구분한다.

인프라스트럭처 서비스(IaaS)

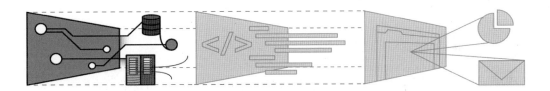

인프라스트럭처 서비스는 가장 기본적인 서비스 모델로서 사용자가 필요로 하는 서버 등 컴퓨팅 능력, 데이터 저장공간, 파일보관 서비스, 네트워킹 등의 기반구조를 제공한다. 사용자는 IT인프라를 구매하는 대신, 클라우드 서비스 제공업체로부터 빌려 쓰게 되며, 그 결과 상당한 비용절감 효과를 누릴 수 있게 된다. 가령, 온라인 쇼핑몰을 한시적으로 운영하고자 하는 사용자는 더 이상 높은 사양의 값 비싼 서버를 구매, 설치할 필요 없이 클라우드 제공업체를 통해 자신이 필요로 하는 CPU 용량, 하드 디스크 크기, 방화벽 설정 여부, 운영체제의 종류에 따라 가상서버 인스턴스를 수분 내에 생성할 수 있다. 인프라스트럭처 서비스의 가장 큰 장점은 일단 가상 서버를 설치한 후에는 자신이 서버 운영자이기때문에, 원하는 소프트웨어를 자유롭게 설치 및 조작할 수 있는 유연성 및 제어권을 가지게 된다. 하지만, 이와 같은 서버운영에 대한 사전 지식이나 경험이 없다면, 오히려 복잡한 서버 운영을 사용자가 직접해야 하는데 어려움이 따른다.

주로 사용자는 각각의 가상 서버 인스턴스들을 사용한 시간, 데이터의 이동을 위해 제공받은 네트워크 서비스, 사용한 저장공간의 크기 등에 따라 차별화된 요금을 지불하게 된다. 또한 향후 더 이상 서비스가 필요하지 않으면 언제든지 사용을 중지할 수 있고, 더 이상 요금이 부과 되지 않게 된다. 아마존 AWS의 EC2 하드웨어, S3 스토리지 서비스가 IaaS형태의 가장 대표적인 서비스이다.

 쉬어가기 **아마존, 인공위성 클라우드 서비스 실험 성공**

아마존이 궤도 위성에서 AWS(Amazon Web Services) 컴퓨팅 및 인공지능(AI) 서비스를 성공적으로 실행했다고 스페이스닷컴이 6일(현지시간) 보도했다. 아마존은 지난 10개월 동안 저궤도(LEO) 위성에서 수집한 지구 관측 이미지를 자체 분석하고 가장 좋은 이미지만 지구로 보낼 수 있는 AI 소프트웨어를 우주에서 테스트해 왔다. 지구 관측 위성이 수집하는 데이터 양은 너무 방대해서 모든 데이터를 지구로 보내는 것이 어렵다. 아마존은 이 문제를 해결하기 위해 이탈리아의 우주 스타트업 'D-오르빗(D-Orbit)' 및 스웨덴의 첨단 기술 회사 '유니뱁(Unibap)'과 파트너십을 맺었다. AWS의 AI 소프트웨어는 지구 궤도를 도는 위성에서 실행되어 전송할 사진을 스스로 결정할 수 있다.

맥스 피터스 AWS 부사장은 "AWS 소프트웨어를 사용해 궤도를 도는 위성에서 실시간 데이터 분석을 수행하고 해당 분석을 클라우드를 통해 사용자에게 직접 전달하는 것은 우주 데이터 관리에 대한 기존 접근 방식의 확실한 변화"라며 "위성 운영에 대해 가능하다고 믿는 범위를 확장하는 데 도움이 된다. 우주에서 강력하고 안전한 클라우드 기능을 제공하면 위성 운영자가 우주선과 보다 효율적으로 통신하고 익숙한 AWS 도구를 사용해 업데이트된 명령을 전달할 수 있다"고 설명했다. 실험은 2022년 1월에 발사된 D-오르빗의 ION 위성에서 실행했다. ION 위성에는 위성 이미지를 실시간으로 분석하는 AWS AI 모델과 AWS IoT 그린그래스(Greengrass) 클라우드 관리 소프트웨어를 통합한 유니뱁의 처리 페이로드 시스템이 탑재된다.

프레드릭 브룬 유비뱁 공동 설립자는 "우리는 고객이 원시 위성 데이터를 사용 가능한 정보로 빠르게 전환하고, 자율 정보 수집을 위한 온보드 학습을 활성화하고, 다운링크된 데이터의 가치를 높이는 데 도움을 주고 싶다"라며 "사용자에게 궤도에서 AWS 에지 서비스 및 기능에 대한 실시간 액세스를 제공하면 더 시기적절한 통찰력을 얻고 위성 및 지상 자원을

▲ D-오르빗의 ION 위성에 탑재된 유니뱁의 페이로드　　　　출처: 오르빗, 유니뱁

사용하는 방식을 최적화할 수 있다"고 말했다.

실험 중에 AI 소프트웨어는 대기 구름, 산불 연기, 지상의 건물 및 바다의 선박과 같은 물체를 성공적으로 식별했다. AWS는 소프트웨어가 지구로 전송되는 이미지 데이터의 크기를 최대 42%까지 줄여 전송 프로세스의 속도와 효율성을 개선했다고 밝혔다. 한편 아마존은 2023년 말까지 3,236개의 LEO 위성을 궤도에 올릴 계획이다.

출처: AI타임스(http://www.aitimes.com), 2022. 12. 7

플랫폼 서비스(PaaS)

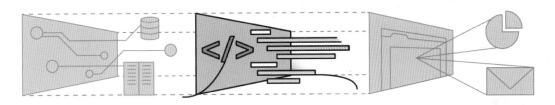

▲ 구글 앱엔진을 이용하면, 파이썬 프로그램을 클라우드 플랫폼상에서 쉽게 개발하고 배포할 수 있다.

플랫폼 서비스(Paas)는 인프라스트럭처 서비스(Iaas)와 소프트웨어 서비스(SaaS)의 중간 단계에 해당한다. 주 서비스 사용자는 애플리케이션 개발자들이 되는데, 이들은 애플리케이션을 개발하고 이를 관리할 수 있는 플랫폼을 클라우드를 통해 제공받게 된다. Iaas와 비교하며, 기본 인프라(일반적으로 하드웨어와 운영체계)를 관리할 필요가 없어, 애플리케이션 개발과 관리에 보다 집중할 수 있는 장점이 있다. 즉, 개발 환경을 위한 투자 비용이 매우 저렴해질 뿐만 아니라, 용량 계획, 소프트웨어 유지 관리, 패치 등의 작업에 대한 부담을 덜어 효율성을 높일 수 있게 된다.

그뿐만 아니라, 플랫폼 서비스에서 제공하는 재활용이 가능한 범용 모듈이나 라이브러리 (예: 로그인 모듈, 신용카드 지불 모듈 등)을 이용하여 보다 쉽게 소프트웨어를 개발할 수도 있다. 가령, 구글이 제공하는 앱 엔진(App Engine) 플랫폼 서비스를 그 예로 들 수 있다. 구글앱은 개발자들이 바로 사용할 수 있는 개발 환경을 이미 잘 알려진 파이썬(Python)과 자바(Java)

두 개의 프로그래밍 언어를 기반으로 제공한다. 이를 통해, 구글의 로그인 서비스, 이 메일 서비스, 지도 서비스 등 공유가 가능한 개발 모듈을 손쉽게 자신의 애플리케이션에 통합할 수 있다. 물론 이러한 모듈을 외부에서 사용하기 위해서는, 플랫폼 제공자가 정해놓은 애플리케이션 프로그래밍 인터페이스(API: Application Programming Interface)를 정확하게 따라야 한다.

이와 유사하게, 마이크로소프트사의 애저(Azure) 서비스는 클라우드 상에서 비주얼 스튜디오라고 불리는 소프트웨어 개발 도구와 .NET 프로그래밍 라이브러리, SQL 데이터 베이스와 IIS라 불리는 웹 서버 등을 하나의 개발 환경 패키지 형태로 제공하고 있다. 따라서 개발자들은 고가의 하드웨어 장비를 구매할 필요 없이, 웹 브라우저를 통해 클라우드에 접속하고, 아무런 어려움 없이 소프트웨어 개발을 할 수 있게 되었다. 플랫폼 서비스는 특히 뛰어난 개발자들은 있지만 고가의 개발 환경에 투자할만한 여력을 갖추지 못한 중소기업들과 벤처 기업들을 육성할 수 있는 좋은 방안이 될 것이다.

소프트웨어 서비스(SaaS)

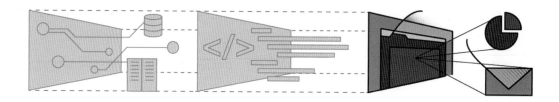

완전한 소프트웨어 자체를 다수의 사용자의 요청에 따라 제공하는 웹 기반의 어플리케이션 서비스를 지칭한다. 일반 사용자 측면에서는 위에서 언급한 오피스온라인(Office Online)을 예로 들 수 있다. 즉, 사용자는 웹상에서 워드, 엑셀, 파워포인트 등의 개인용 소프트웨어를 언제 어디서나 이용할 수 있다. 서비스 제공업자는 소프트웨어 서비스를 사용할 경우, 서비스가 어떻게 유지 관리되는지(PaaS) 또는 기본 인프라가 어떻게 관리되는지(IaaS) 생각할 필요가 없으므로 해당 특정 소프트웨어를 어떻게 사용할지에만 집중할 수 있다. 하지만 반대로 서비스 운영에 대한 유연성 및 제어권은 상대적으로 약해진다.

이용자 입장에서, 이런 웹 기반 소프트웨어 서비스는 직장, 집, 이동 중 휴대기기 등 어디에서나 생산성을 발휘할 수 있다. 또 한 가지 중요한 장점은, 웹에서 작업하고 저장된 문서, 스프레드시트, 프리젠테이션 등을 클라우드에 저장함으로써, 여러 사용자가 동시 협업을 통하여 수정할 수 있고 항상 최신버전을 유지할 수 있다는 점이다. 개인 사용자뿐만 아니라 기업들도 고객 관계 관리 시스템(Customer Relationship Management, CRM)이나 전사적 자원 관리 시스템(Enterprise Resource Planning, ERP)과 같은 대규모의 소프트웨어 애플리케이

▲ Salesforce.com의 클라우드 서비스

션들을 클라우드를 이용해 서비스로 제공하고 있다. 예를 들어, 대표적인 CRM 시스템인 Salesforce.com과 SAP 사의 ERP 시스템 모두 클라우드를 통해서 서비스를 제공한다. 특히, Salesforce.com는 SaaS 분야의 42%를 차지하고 있는 CRM 소프트웨어 글로벌 1위 기업으로, CRM 시장 내 점유율은 약 20%에 달한다. 기존 CRM에 소프트웨어에 인공지능 및 머신러닝 기능을 추가하면서 신제품 라인 업도 강화시키고 있어 제품 믹스 개선까지도 기대되는 기업이다.

소프트웨어를 클라우드 서비스로 제공받음으로써, 기업은 예전과 같이 프로그램 패키지를 대량으로 구매하여 개별 직원들의 컴퓨터에 설치를 하지 않아도 되니 초기 비용을 획기적으로 줄일 수 있었고, 또한 프로그램 오류나 장애, 업그레이드 등에 대해 신경 쓸 필요가 없으니 관리도 한결 수월해졌다. 또한, 모든 정보가 클라우드 서버에 저장되므로 언제 어디서나 인터넷을 통해 서비스를 사용할 수 있게 되었다.

클라우드 컴퓨팅 배포 모델

▲ 미국 노스케롤라이나에 위치한 애플의 대규모 데이터 센터. 공공클라우드를 통해서 IaaS, PaaS, SaaS 등 모든 형태의 서비스가 제공된다.

위에서 언급한 다양한 종류의 클라우드 서비스를 소비자에게 효율적으로 공급하기 위한 배포 모델은 크게 공공 클라우드, 사설 클라우드, 하이브리드 클라우드로 구분된다.

공공 클라우드(Public Cloud)

공공 클라우드는 아마존, 구글, 애플, 마이크로소프트, Salesforce.com과 같은 대규모 클라우드 제공업체가 데이터센터를 통해 공유 가능한 컴퓨팅 자원을 다양한 불특정 사용자에게 제공하는 형태를 말한다. 따라서, 모든 하드웨어, 소프트웨어 및 기타 지원 인프라를 클라우드 공급자가 소유하고 관리한다. 예를 들어, 흔히 사용하는 클라우드 스토리지나, 앞서 언급한 CRM, ERP 등 클라우드 기반 기업 시스템이 이 모델에 해당 된다. 국내에서는 KT, SK와 LG 등이 공공클라우드 서비스를 제공하고 있다.

사설 클라우드(Private Cloud)

기업들이 기존의 내부 IT 운영의 효율성과 관련 자원의 활용도를 높이기 위해 가상화와 자원의 공유 등 클라우드 컴퓨팅의 핵심적 기술을 단일 비즈니스 또는 조직에서 독점적으로 사용하는 것을 말한다. 이러한 서비스가 가능하기 위해서는 자신이 데이터 센터를 독자적으로 운영하여야 하기 때문에 대부분 IT 자회사를 가진 대기업들이 활용한다. 공공 클라우드에 비해 사설 클라우드를 선택하는 이유는 기업이 이미 대용량 서버와 네트워크 장비 등 IT 자원에 상당한 투자를 하였을 경우 이를 포기할 수 없기 때문이다. 또한, 표준화 되지 않은 특화된 환경 속에서만 운영되는 기업 고유의 오래된 래거시(legacy) 시스템이 많을 경우 공공클라우드로의 이전은 어려워진다. 공공클라우드는 많은 수의 이용자가 동시에 사용하기 때문에 표준화된 범용 서비스가 아닌 경우 도입이 힘들기 때문이다.

이외에도 신용관련 정보가 관련된 서비스는 공공 클라우드 이전 시 보안이나 법적인 제한이 가해지는 경우도 있다. 예를 들어, 은행이나 투자 회사 등이 다루는 고객이나 기업의 정보는 대부분 외부로 노출되면 큰 파장을 가져 올 수 있는 민감한 정보들이 많다. 따라서, 많은 경우 당장에 공공 클라우드를 이용하기보다는 사설 클라우드를 선호한다. 사설 클라우드는 이와 같이 보안 관리나 법적 규제와 상충되지 않는 유연성을 향상시킬 수 있는 장점이 있다. 하지만, 이를 위해서는 충분한 내부 사용자가 있어야만 자원의 공유가 효과적으로 이루어질 수 있으며, 규모의 경제 면에서는 공공 클라우드에 비해 비용 감소 효과는 떨어지게 된다.

하이브리드 클라우드(Hybrid Cloud)

공공 클라우드와 사설 클라우드의 조합을 의미하는데 기업 내 중요한 정보와 처리는 사설 클라우드에서 운영하고, 그 외 백오피스 업무 등 상대적으로 중요하지 않은 정보와 처리는 공공 클라우드에 위탁하는 방식을 말한다. 한편, 평상시에는 사설 클라우드를 이용하다 성수기 온라인 쇼핑몰과 같이 한시적으로 공공클라우드를 통해 서비스를 확장하는 모델도 사용되는데 특히 이런 경우를 클라우드 버스팅(Cloud Busting)이라고 부른다.

또한 사설클라우드 성격의 공공클라우드인 '가상사설 클라우드'(Virtual Private Cloud, VPC)가 대안으로 제시되기도 한다. 즉 데이터 센터는 기업 외부 공공 클라우드로 존재하지만, 기업과 클라우드 제공업체 간에 가상 사설 네크워크(Virtual Private Network, VPN)를 수립하여 마치 사설클라우드와 같은 효과를 누릴 수 있다. 비용도 그리 비싸지 않은데, 공공클라우드 비용에 VPN 접속에 대한 추가 요금만 지불하면 되어 많은 중소기업이 도입을 고려하고 있다.

③ 클라우드 컴퓨팅의 효과와 고려사항

클라우드 컴퓨팅의 효과

IT 자원의 탄력적 운영과 경제적 효과

기업들은 최근 수십 년에 걸쳐 대용량 서버를 비롯하여, 공급사슬 관리 시스템, 고객 관리 시스템, 전사적 자원 관리 시스템 등 복잡한 시스템을 회사 내부에 설치하고, 이에 대한 관리를 기업 자체에서 수행해 왔다. 이런 대규모 선행 투자에 대한 생산성 분석 결과, 초기 설비 투자 비용에 비해 상대적으로 얻을 수 있는 경제적 이익은 미미하다는 우려가 이어져 왔다. 그렇다면, 이런 기존의 IT 자원에 대한 투자와 활용 방식의 관점에서, 클라우드 컴퓨팅이 가져다 줄 수 있는 경제적 이점은 무엇일까?

클라우드 컴퓨팅이 정착되기 전, 기업들은 그림의 왼쪽 그래프에서 보여주듯이 IT 자원에 대한 수요를 미리 예측하고 증가할 수요에 대처하기 위한 대규모의 선행 투자를 주기적으로 해왔다. 이에 따라서 큰 자본 비용(Capital Expenses)이 필요하였고, 이러한 예측은 정확할 수 없었다. 그 결과 가운데 그림에서 보듯이 실제 수요가 예측 수요보다 낮을 경우 IT 자원의 낭비를, 실제 수요가 더 큰 경우에는 IT 자원이 고갈되어 고객의 불만족으로 이어지는 경우가 잦았다.

하지만, 클라우드 컴퓨팅의 도입은 오른쪽 그림에서 보여주는 바와 같이 이러한 선행 투자 대신 IT 자원을 필요한 만큼만 탄력적으로 빌려 쓰는 것을 가능하게 해 준다. 그 결과, 초기 투자에 필요했던 고정 자본 비용의 대부분을 운영비용(Operational Expenses)으로 전환시켜주는 효과를 가져온다. 이러한 자본비용의 운영비용으로의 전환은 기업의 재무에도 변화를 가져온다. 손익 계산서에서 IT 자원은 더 이상 감가상각이 포함된 자본비용이 아닌 유지 비용으로 취급되며, 대차대조표상에서도 하드웨어와 소프트웨어가 장기 자본 자산으

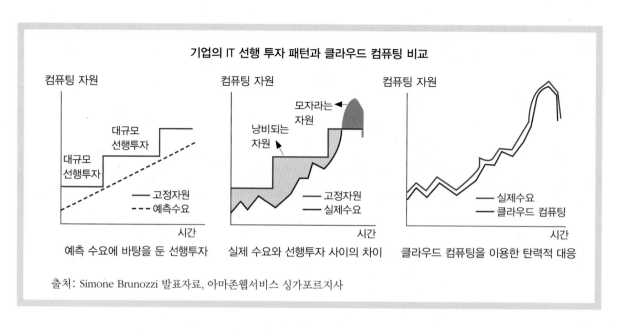

기업의 IT 선행 투자 패턴과 클라우드 컴퓨팅 비교

예측 수요에 바탕을 둔 선행투자 | 실제 수요와 선행투자 사이의 차이 | 클라우드 컴퓨팅을 이용한 탄력적 대응

출처: Simone Brunozzi 발표자료, 아마존웹서비스 싱가포르지사

로 차지하는 비용이 현저하게 줄게 될 것이다. 그뿐만 아니라, 기업은 매달 사용료를 지급하는 방식 하에 현금 흐름의 유동성이 좋아지고, 기존의 아웃소싱 등에 적용되던 장기 계약방식에 따르는 재무위험 또한 줄어들게 된다. 이렇듯 클라우드 컴퓨팅을 통해서 기업은 기존의 낭비되는 자원과 모자란 자원을 획기적으로 줄이고 확보된 자원은 자신의 핵심제품과 서비스 분야에 투자하게 됨으로써, 다른 기업들에 비해 경쟁 우위를 확보할 수 있게 된다.

기업별 클라우드 컴퓨팅의 효과

(1) 스타트업 기업: 속도와 민첩성(Agility)의 향상

스타트업 기업은 클라우드 컴퓨팅으로 시장 상황에 빠르게 대응할 수 있는 민첩성을 얻게 되며 이를 통해 비지니스를 혁신 할 수 있다. 즉, 언제든지 새로운 구상만 있으면 손쉽게 애플리케이션을 클라우드상에서 개발하고 테스트까지 할 수 있는 개발 환경을 값싸게 플렛폼 서비스로 (PaaS) 제공 받을 수 있으며, 필요시 저렴한 테스트 인프라스트럭처도(IaaS) 클라우드를 통해 원하는 기간 동안만 손쉽게 빌려 쓸 수 있다. 개발된 애플리케이션의 실제 운영 과정에서도 필요에 따라 수백, 수천대의 가상 서버의 개수를 수분 내에 늘리거나 줄일 수 있고, 만약 결과적으로 성공하지 못한 애플리케이션도 쉽게 포기가 가능하다.

그 결과, 이전까지는 수십억원의 IT 자원에 대한 선행 투자와 높은 실패 비용에 대한 우려로 혁신을 위한 시도가 자주 일어나지 않았다면, 이제 클라우드 컴퓨팅을 이용한 거의 무시할 정도의 실패 비용은 IT 혁신의 새로운 장을 마련해 주었다. 특히 이러한 속도와 민첩성에 기반을 둔 IT 혁신에 대한 가능성은 새로운 벤처 기업들이 적극적으로 시장에 참여할 수 있는 계기를 마련해 주었다.

(2) 중소기업의 클라우드 컴퓨팅: 기업시스템의 활용도 증가

중소기업들은 ERP, CRM, SCM 등 여러 분야에서 최고의 기업시스템이 시장에 나와 있어도, 이를 활용할 수 있는 기회가 별로 없었다. 왜냐하면, 이런 시스템들을 활용하기 위해서는 고가의 서버와 소프트웨어 패키지, 그리고 애플리케이션을 운용할 줄 아는 전문 인력이 있어야만 가능했고, 이를 위해서는 대규모의 IT 투자 비용이 필수였다. 하지만, 클라우드 컴퓨팅은 이제 중소기업들도 업계 최고의 값비싼 애플리케이션을 도입하여 사용하는 것을 가능하게 만들었다. 가령 앞서 예로 들었던 CRM 소프트웨어의 대표 기업인 Salesforce.com과 ERP 소프트웨어의 대표기업인 SAP는 매달 이용한 만큼만 사용료를 지불하면 웹상에서 손쉽게 애플리케이션을 이용할 수 있는 클라우드 서비스를 제공한다. 그뿐만 아니라, 주로 대기업을 고객으로 소프트웨어 라이선스를 판매하고 이를 유지·보수하는 대규모 프로젝트를 통해 수익을 올리던 IT 컨설팅 업체들도, 최근 자신들이 가지고 있는 다양한 소프트웨어를 웹 환경에서 중소기업들에게도 클라우드 서비스로 제공하기 시작했다.

(3) 대기업의 클라우드 컴퓨팅: 사설 클라우드의 공공 클라우드 이전

클라우드 컴퓨팅이 중소기업과 벤처 기업들에게만 혜택을 주는 것은 아니다. 물론 대기업들은 벤처 기업이나 중소기업들에 비해 자금의 여유가 있고, 내부적으로 IT부서를 운영하는 경우가 많아 상대적으로 공공 클라우드 컴퓨팅으로의 전환에 소극적인 태도를 취하기 쉽다. 단기적으로는 이미 많은 자본을 자신의 내부 데이터 센터에 투자를 한 경우, 이를 버리고 공공 클라우드를 이용한다는 것이 오히려 경제적으로 손실을 초래하는 경우가 생길 수도 있을 것이다. 하지만, 공공 클라우드의 규모의 경제에 따른 혜택을 고려하면, 기존의 대기업들은 먼저 내부적으로 클라우드 컴퓨팅 기술에 기반한 사설 클라우드를 거쳐 점차적으로 그 범위를 점차 공공 클라우드 컴퓨팅으로 확장해 나감으로써 더 높은 비용절감 효과를 가져올 수 있을 것이다. 넷플릭스 사설데이터센터의 공공클라우드인 아마존웹서비스로의 이전이 그 대표적인 사례라고 할 수 있다.

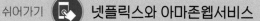

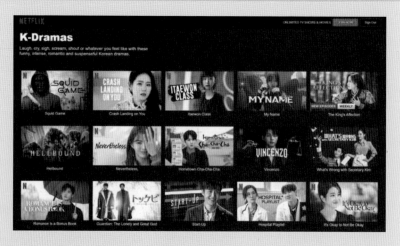

　　세계적 비디오 스트리밍 업체인 넷플릭스는 클라우드 마이그레이션을 2008년 8월에 시작했다. 심각한 데이터베이스 손상으로 3일간 DVD 배송이 지연되는 문제를 겪은 후, 수직 확장되는 단일 실패 지점(예: 넷플릭스 데이터 센터의 관계형 데이터베이스)에서 벗어나 신뢰성 높고 수평 확장이 가능한 클라우드 내 분산 시스템으로 이전해야 할 필요성을 체감했기 때문이다. 넷플릭스는 최고의 확장성을 보장하고 다양한 서비스와 기능을 제공하는 아마존 웹 서비스를 클라우드 제공업체로 선정했다. 모든 고객 관련 서비스를 포함한 넷플릭스 시스템 대부분은 사실 2015년 이전에 클라우드로의 마이그레이션을 이미 마친 바 있다. 그러나 고객 및 직원 데이터 관리의 모든 측면과 결제 인프라에 적용될 보안성과 견고성을 갖춘 클라우드 시스템을 마련하는 작업을 충분한 시간을 두고 진행하고자 했다. 넷플릭스는 7년간의 꾸준한 노력 끝에 2016년 1월 초에 드디어 클라우드 마이그레이션을 최종 완료했으며, 스트리밍 서비스에 사용하던 마지막 데이터 센터도 운영을 종료하게 되었다.

　　클라우드 마이그레이션을 통해 넷플릭스는 여러 가지 이점을 누리게 되었다. 2008년에 비해 스트리밍 서비스 이용 회원 수가 8배 증가했으며, 지난 8년간 전반적인 시청량이 1천 배가량 증가하는 등 회원들의 서비스 이용도 더욱 활발해졌다. 넷플릭스 제품 역시 빠른 속도로 진화함에 따라 많은 리소스를 차지하는 새로운 기능이 다수 도입되고 데이터 사용량도 지속적으로 증가해 왔다. 넷플릭스의 자체 데이터 센터에서 이러한 급성장을 지원하기란 매우 어려웠을 것이며, 아마 필요한 만큼의 서버를 제때 설치하는 일조차 버거웠을 것이다. 그러나 클라우드의 탄력성 덕분에 이제 수천 개의 가상 서버와 페타바이트급 저장 용량을 단 몇 분 내에 추가할 수 있게 되어 빠른 확장이 가능해졌다. 클라우드를 사용하면서 서비스 가용성 역시 크게 증가했다. 과거 데이터 센터를 이용하던 시절에는 서비스 중단이 발생하는 경우가 잦았다. 비록 클라우드 마이그레이션 초창기에는 불가피하게 몇 가지 난관도 겪었지만, 마이그레이션 이후 전반적인 가용성이 꾸준히 증가하여 이제는 서비스 가동시간 99.99%라는 목표에도 성큼 다가섰다. 비용 절감은 클라우드 마이그레이션을 결정하게 된 주요 원인이 아니었으나, 스트리밍 시작 1회에 드는 클라우드 비용이 데이터 센터 운영 시 비용의 극히 일부에 불과한 것으로 나타나면서 비용 절감이라는 부수적 효과도 따라왔다. 이는 모두 클라우드의 탄력성 덕분이며, 이에 따라 인스턴스 유형 조합을 지속적으로 최적화하고 대용량 버퍼를 유지할 필요 없이 거의 즉각적으로 공간을 확장 및 축소할 수 있게 되었다. 또한 대규모 클라우드 생태계에서만 가능한 규모의 경제 효과도 누릴 수 있다.

출처: 넷플릭스 홈페이지 (https://media.netflix.com/ko/company-blog/completing-the-netflix-cloud-migration)

클라우드 컴퓨팅 도입 시 고려하여야 할 사항들

클라우드 컴퓨팅이 가져오는 경제적 효과는 많은 기업들에게 매력적으로 다가올 것이다. 하지만, 기업의 업무 성격에 따라 클라우드 컴퓨팅이 가장 효과적이기도 하지만 오히려 그렇지 않은 경우도 있을 수 있다.

클라우드 컴퓨팅이 효과적인 경우

클라우드 컴퓨팅이 가장 효과적인 경우는 아래와 같은 경우이다.

(1) 단기간 필요한 서비스

▲ 클라우드 컴퓨팅은 짧은 시간동안 병렬로 연결된 대용량의 서버를 빌려서 사용하는 것을 가능하게 하였다.

신제품 개발을 위한 사전 설문 조사, 개발된 게임의 사용자 테스트 등 짧은 기간만 필요한 컴퓨팅 자원은 따로 하드웨어나 운영 소프트웨어를 구매하기보다는 클라우드를 통해 제공되는 서비스를 이용하는 게 효율적이다.

뿐만 아니라, 짧은 시간에 대용량의 서버를 이용한 분석이 필요할 때 병렬처리를 이용한 클라우드 서비스는 그 효과가 뛰어나다. 하버드 의과 대학의 생의학 정보센터에서는 높은 처리량 시퀀싱, 생의학 데이터 수집을 위해 AWS를 이용하였는데 기록적으로 짧은 시간 내에 혁신적인 전체 게놈(genome, 유전체) 분석 테스팅 모델을 개발할 수 있었다고 한다.

(2) 규모 및 부하의 변화가 큰 서비스

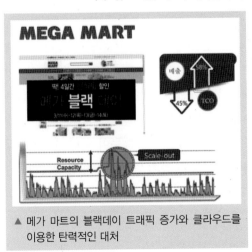

▲ 메가 마트의 블랙데이 트래픽 증가와 클라우드를 이용한 탄력적인 대처

온라인 쇼핑몰이나 주식거래 시장 등 시간에 따라 필요한 컴퓨팅 자원이 유동적으로 변화하는 경우는 클라우드가 효과적이다. 만약 필요한 컴퓨팅 자원을 구매한다면 유동성을 고려하기보다는 최대 부하가 걸리는 시간대에 맞춰 서버나 네트워크 자원에 투자가 필요할 것이다.

가령 농심이 운영하는 메가마트 대형 온라인 쇼핑몰은 매년 메가 블랙 데이라는 할인 기간이 있는데 이때 유난히 웹 트래픽이 증가한다. 기존의 웹사이트를 AWS 클라우드 서비스로 옮긴 후, 오토 스케일링을 통해 서버 자원을 늘려주자 메가 블랙 데이 응답시간은 전년 대비 절반 수준으로 줄고, 그 결과 매출은 58% 상승, 비용은 45% 절감하는 효과를 보여주었다고 한다. 이와 같이 계절에 민감하고 주기성을 많이 타는 소프트웨어나 서버환경을 클라우드 컴퓨팅을 사용함으로써 필요한 만큼만 탄력적으로 빌려 쓰게 될 경우 그 효과가 뛰어나다고 할 수 있다.

(3) 글로벌 비즈니스 및 해외 확장이 예상되는 서비스

글로벌 비즈니스를 위한 브랜드 웹사이트, 그룹 웨어, 해외 법인용 사내 커뮤니티 등 해외 확장이 요구되는 경우, 세계 전역에 데이터 센터를 가지고 있는 공공 클라우드 서비스를 사용하면 유리하다. 가령 아마존 AWS의 경우 전 세계에 흩어진 데이터 센터를 크게 16개의 지역으로 구분하고, 각 지역내에는 공간적으로 분리된 전원, 냉각 및 물리적 보안 시설을 가지고 운영되는 복수의 Availability Zone(AZ)가 클러스터로 연결되어 구성된다. 따라서, 개별 지역 사용자에게 더 빠르게 콘텐츠나 파일을 배포할 수 있는 인프라를 운영하고, 이를 통해 서비스 속도를 높여주게 된다. 비디오 스트리밍 서비스의 클라우드 서비스가 대표적인 예가 된다.

(4) 빅데이터 분석이 필요한 서비스

고객으로 부터 모바일 기기 등을 통해 끊임없이 데이터를 수집하고, 이렇게 수집된 빅데이터를 분석함으로써 마케팅 및 비즈니스 서비스를 제공하기 위해 클라우드 서비스는 효과적이다. 가령 AWS의 하나인 아마존 키네시스(Amazon Kinesis)는 대량의 로그 데이터를 끊임없이 수집하는 클라우드 서비스를 제공한다. 이렇게 수집된 빅 데이터는 S3서비스를 통해 저장되고, 저장된 데이터는 BI 애널리틱스(Analytics)를 통해 클라우드상에서 분석하게 된다. 클라우드를 이용한 인간 게놈 분석 프로젝트도 대표적인 예가 될 수 있다.

(5) 비전략적, 범용 애플리케이션

클라우드는 기업의 핵심분야보다는 비전략적이고 조직적 가치가 비교적 낮은 애플리케이션에 적합하다. 가령 백업 데이터 베이스 저장장소가 대표적인 예가 될 수 있다. 아마존의 S3와 같은 서비스는 이 분야에 특화되어 있고, 따라서 개개의 기업보다 훨씬 효율적이며 경제적인 방식으로 백업서비스를 제공한다. 이렇게 함으로써 기업은 자신의 핵심 전략 분야에 더 많은 자원을 배분할 수 있게 된다. 비슷한 이유로 기업의 전략적 기능이 아닌, 인적 자원 관리, 회계, 자료처리 등과 같은 백오피스(back office) 기능은 클라우드 컴퓨팅을 활용할 수 있는 좋은 후보자라 할 수 있다. 하지만, 최근 향상된 보안 기술과 빠르고 안정된 네트워크 인프라는 클라우드 서비스의 적용범위를 점차 기업의 핵심 프로세스들로 확장하고 있는 추세이다.

클라우드 컴퓨팅 도입을 조심해야 하는 경우

(1) 레거시(legacy) 시스템

기업 내부적으로 오래 사용한 레거시 시스템이 많은 경우 클라우드 컴퓨팅으로의 전환에 큰 걸림돌이 된다. 앞서 설명한 바와 같이 클라우드 서비스를 제공하는 데이터 센터에는 대규모의 범용서버들이 집약되어 대중적이고 표준화된 서비스를 제공하는데 최적화되어 있다. 기업에서 오랫동안 사용해 왔던 개개 기업만의 특이한 서버 환경과는 차이가 나기 마련이며 이를 클라우드로 이전하기는 쉽지 않다.

(2) 실시간 시스템

클라우드 서비스는 웹을 통해 전달된다. 오늘날 인터넷은 대부분의 경우 문제가 없지만 100퍼센트 완벽한 서비스를 한 치의 오차도 없이 실시간으로 제공하기에는 한계가 있다. 예를 들어 병원에서 수술 중 이미지를 실시간으로 지원하는 시스템 등에서 사용하기에는 아직 신중할 필요가 있다.

(3) 보안 및 프라이버시

환자 정보, 신용 정보, 기업의 기밀 등 민감한 데이터가 포함될 경우 클라우드 컴퓨팅을 적용하기가 어려울 수 있다. 가령 클라우드 컴퓨팅에서 명령어로 지운 데이터들은 실제로 디스크상에 남아 있을 수 있고 이에 따른 문제가 야기될 수도 있다. 이외에도 회원 정보들을 많이 보유한 한 기업이 이 정보를 분석하기 위해 막대한 내부 IT 투자를 하지 않고, 외부의 클라우드 컴퓨팅 인프라를 활용해도 되는 것인지 명확하지 않다. 마찬가지로, 국외에 있는 클라우드 인프라 활용에는 별문제가 없는 것인지, 특정 기업이 외부 클라우드 컴퓨팅 리소스를 활용해 사업을 했는데 이때 회계 부정 문제가 발생하면 외부 클라우드 컴퓨팅 업체는 얼마 기간 동안 관련 데이터를 백업해 놨다가, 어떤 절차를 통해 언제 정부의 요구에 따라야 하는지 등등 상당히 복잡한 법적 문제가 우선 해결되어야 할 것이다.

01 클라우드 컴퓨팅은 어디에서나 접속이 가능한 장점이 있지만 접속 기기의 형태에 종속된다는 단점이 있다.

> **정답** ×
>
> **해설** 접속기기에 상관없는 광범위한 접근성을 제공한다.

02 클라우드서비스는 사용한 만큼만 요금을 지불하면 된다.

> **정답** ○
>
> **해설** 사용자는 필요한 만큼만 컴퓨팅 자원을 사용하고, 사용량에 따라 요금을 지불하는 방식을 유틸리티 컴퓨팅이라 한다.

03 아마존의 EC2 하드웨어 서비스는 대표적인 플랫폼 서비스(PaaS)이다.

> **정답** ×
>
> **해설** 아마존의 EC2 하드웨어 서비스는 대표적인 인프라스트럭처 서비스(IaaS)이다.

04 클라우드 서비스는 규모 및 부하의 변화가 큰 서비스에는 적절하지 않다.

> **정답** ×
>
> **해설** 클라우드 컴퓨팅은 빠른 탄력성이 주요한 장점이다.

05 웹서비스를 구성하는 요소가 아닌 것은?

① UDDI   ② WSDL
③ SOAP   ④ RSS

> **정답** ④
>
> **해설** RSS는 Really Simple Syndication의 약자로 웹 콘텐츠 구독을 위해 사용되어진다.

06 클라우드 컴퓨팅 서비스를 인터넷을 통해 원격으로 접속하여 조정하고 명령을 내리기 위해 필요한 기술적 요소는?

① Open API   ② Load Balancing
③ Virtual Server   ④ On-demand self-service

> **정답** ①
>
> **해설** 광범위한 네트워크를 통한 접속을 지원하기 위해 Open API를 제공한다.

07 컴퓨팅 자원을 가스나 전기처럼 구매하거나 소유하지 않고 필요할 때마다 사용하고 사용량에 따라 과금하는 모형을 무엇이라 하는가?

① 그리드 컴퓨팅   ② 분산 컴퓨팅
③ 과금 컴퓨팅   ④ 유틸리티 컴퓨팅

정답 ④

해설 유틸리티 컴퓨팅이란 컴퓨팅 자원을 가스나 전기처럼 구매하거나 소유하지 않고 필요할 때마다 유틸리티로 사용하고 사용량에 따라 과금하는 모형이다.

08 아마존의 아마존의 EC2 서비스나 S3 스토리지 서비스 등이 해당하는 클라우드 서비스 모델은?

① IaaS   ② PaaS
③ SaaS   ④ EaaS

정답 ①

해설 인프라 스트럭쳐 서비스 (IaaS)는 클라우드 제공업체에 가입을 하고 원하는 사양의 가상 서버를 생성하는 서비스이다.

09 기존에 대용량 서버와 네트워크 장비 등 IT 자원에 상당한 투자를 하였을 경우 적합한 클라우드 배포 모델은?

① 공공 클라우드   ② 사설 클라우드
③ 커뮤니티 클라우드   ④ 하이브리드 클라우드

정답 ②

해설 사설 클라우드를 통해 기존의 내부 IT 운영의 효율성과 관련 자원의 활용도를 높이기 위해 가상화와 자원의 공유 등 클라우드 컴퓨팅의 기술적 기반을 '내부적'으로 활용한다.

10 데이터 센터는 기업 외부에 존재 하지만, 기업과 클라우드 제공업체 간 보안 네트워크를 통해 사설클라우드와 유사한 서비스를 제공하는 배포모델을 무엇이라 하는가?

① 공공 사설 클라우드   ② 가상 사설 클라우드
③ 사설 네트워크 클라우드   ④ 외부 사설 클라우드

정답 ②

해설 가상 사설 클라우드(Virtual Private Cloud)는 기업 애플리케이션을 공공 클라우드로 이전하고도 이에 대한 통제력을 사설 클라우드와 마찬가지로 그대로 유지한다.

11 클라우드 서비스가 벤처기업에게 주는 혜택으로 올바르지 않은 것은?

① 낮아진 진입장벽   ② 저렴한 테스트베드 환경
③ 개발 환경을 값싸게 제공   ④ 자본 비용 확대

정답 ④

해설 고정 자본 비용(CAPEX)의 대부분을 운영비용(Operational Expenses, OPEX)으로 전환한다.

12 다음 중 클라우드 컴퓨팅이 효과적인 경우는?

① 단기간 필요한 서비스

② 규모 및 부하의 변화가 작은 서비스

③ 전략적 어플리케이션

④ 레거시 시스템

정답 ①

해설 신제품 개발을 위한 사전 설문 조사 등 단기가 필요한 서비스에 적합하다.

13 아래 보기가 설명하는 클라우드 배포 모델을 무엇이라 하는가?

기업 내 중요한 정보와 처리는 사설 클라우드를 운영하고, 그 외 백 오피스 업무 등 상대적으로 중요하지 않는 정보와 처리는 공공 클라우드에 위탁하는 방식

정답 하이브리드 클라우드

해설 공공 클라우드와 사설 클라우드의 조합을 의미한다.

14 빈칸에 알맞은 단어를 넣으시오

클라우드 컴퓨팅의 도입은 기업으로 하여금 과도한 선행 투자 대신 IT 자원을 필요한 만큼만 탄력적으로 빌려 쓰는 것을 가능하게 해 준다. 그 결과 초기 투자에 필요했던 (①)의 대부분을 (②)으로 전환할 수 있게 되었다.

정답 ① 고정자본비용, ② 운영비용

해설 사용자는 자기가 필요한 만큼만 빌려 쓰고, 그에 대한 비용을 지불한다.

15 빈칸에 알맞은 단어를 넣으시오

클라우드 컴퓨팅은 인프라스트럭처와 플랫폼서비스를 넘어서, 클라우드 컴퓨팅의 핵심인 (①)의 서비스화가 점차 가속화될 전망이다.

정답 ① 소프트웨어

해설 클라우드 관련 기술들은 발달 단계를 넘어서 점차 실용화 단계에 접어들고 있는 상태이며, 인프라스트럭처(Iaas)와 플랫폼(PaaS)서비스를 넘어서, 클라우드 컴퓨팅의 핵심인 소프트웨어(Software)의 서비스화(Saas)가 점차 가속화될 전망이다.

- 클라우드 컴퓨팅은 기업이나 개인이 필요에 따라 소프트웨어, 스토리지, 서버, 데이터 베이스, 네트워크 등 다양한 IT 자원을 어디서나 바로 사용할 수 있는 서비스를 제공한다.

- 클라우드 컴퓨팅의 특징은 (1) 자원의 공유, (2) 광범위한 네트워크 접속, (3) 빠른 탄력성, (4) 서비스 용량의 측정, (5) 주문형 셀프 서비스로 요약할 수 있다.

- 클라우드 컴퓨팅의 유형은 제공하는 서비스의 내용에 따라 인프라스트럭처 서비스(IaaS: Infrastructure as a Service), 플랫폼 서비스(PaaS: Platform as a Service), 소프트웨어 서비스(SaaS: Software as a Service)의 세 가지 형태로 구분한다

- 인프라스트럭처 서비스는 가장 기본적인 서비스 모델로서 사용자가 필요로 하는 서버 등 컴퓨팅 능력, 데이터 저장공간, 파일보관 서비스, 네트워킹 등의 기반구조를 제공한다. 플랫폼 서비스는 애플리케이션을 개발하고 이를 관리할 수 있는 플랫폼을 제공한다. 소프트웨어 서비스는 완전한 소프트웨어 자체를 다수의 사용자의 요청에 따라 웹 기반의 애플리케이션으로 제공한다.

- 클라우드 컴퓨팅의 유형은 사용자에게 배포하는 형식에 따라 공공 클라우드, 사설 클라우드, 하이브리드 클라우드로 구분할 수 있다.

- 공공 클라우드는 대규모 클라우드 제공업체가 데이터센터를 통해 공유 가능한 컴퓨팅 자원을 다양한 불특정 사용자에게 제공하는 형태를 말한다. 사설 클라우드는기업들이 기존의 내부 IT 운영의 효율성과 관련 자원의 활용도를 높이기 위해 클라우드 서비스를 단일 비즈니스 또는 조직에서 독점적으로 사용하는 것을 말한다. 하이브리드 클라우드는 공공 클라우드와 사설 클라우드의 조합을 의미한다.

- 클라우드 컴퓨팅의 도입은 기업에게 과도한 선행 투자 대신 IT 자원을 필요한 만큼만 탄력적으로 빌려 쓰는 것을 가능하게 해 준다. 따라서, 고정 자본 비용의 대부분을 운영비용(Operational Expenses)으로 전환시켜 보다 효율적인 재무 관리가 가능해졌다.

- 클라우드 컴퓨팅의 도입은 스타트업 기업에게는 속도와 민첩성을 향상시켜 주며, 중소기업에게는 보다 우수한 기업시스템의 도입을 가능하게 해주며, 대기업의 경우에도 사설 클라우를 공공 클라우드로 이전함으로써 더 높은 비용절감 효과를 가져올 수 있다.

- 클라우드 컴퓨팅은 단기간 필요한 서비스, 규모 및 부하의 변화가 큰 서비스, 글로벌 비즈니스 및 해외 확장이 예상되는 서비스, 빅데이터 분석이 필요한 서비스, 비전략적 범용 애플리케이션 서비스에 가장 효과적이다.

- 클라우드 컴퓨팅을 레거시 시스템이 많이 남아 있는 서비스, 촌각을 다투는 실시간 서비스, 보안 및 프라이버시가 중요한 서비스 등에 도입하기 위해서는 보다 신중한 검토를 할 필요가 있다.

이제 클라우드 컴퓨팅 서비스(이하 클라우드)가 기업 활동의 새로운 표준이라는 것을 의심하는 사람은 없다. IT, 게임 등 전통적인 테크 기업부터 제조, 건설, 유통, 금융 등 일반 분야의 기업까지 많은 분야의 기업이 클라우드를 활용해 새로운 앱과 서비스를 개발하고 있다.

그렇다면 기업들은 구체적으로 어떻게 클라우드를 활용하고 있을까? 서울 삼성동 코엑스에서 열린 아마존웹서비스(AWS) 서밋 서울 2017에서 나이키, BMW, 필립스, LG전자 등 국내외 기업들의 자세한 클라우드 활용기를 들을 수 있었다.

나이키, 클라우드를 활용한 온오프라인 연동 서비스

먼저 글로벌 기업들의 사례부터 들어보자. 세계 최대의 스포츠웨어 브랜드 나이키의 얘기다. 나이키는 2010년부터 스포츠웨어 브랜드라는 기존의 정체성에서 벗어나 종합 헬스케어 서비스 회사로 변신을 꾀하기 시작했다. 이를 위해 온오프라인을 연동한 복합 IT 서비스를 대거 출시했다. 대표적인 것이 바로 나이키 트레이닝 클럽이다. 스마트폰앱에서 나이키의 헬스케어 기기를 관리하고 고객의 운동량을 확

▲ 나이키의 클라우드 활용사례를 설명 중인 앤드류 클라벨 나이키 기술담당부사장

인해 고객의 현재 건강상태와 향후 어떤 운동을 얼마나 더 해야하는지 알려주는 서비스다. 전 세계 나이키 트레이닝 클럽에서 수집되는 고객의 데이터를 저장, 분석, 재배포하기 위해 나이키는 자체 데이터센터에서 AWS 클라우드로 서비스 인프라를 옮겼다.

또, 자사의 핵심 인터넷 쇼핑몰인 나이키닷컴도 AWS를 통해 서비스하기 시작했다. 이를 통해 전 세계 어디서나 동일한 환경으로 홈페이지를 이용할 수 있게 되었다. 나이키 오프라인 소매샵에도 AWS를 활용해 나이키 서비스 체험존을 구축했다. 애드류 플라벨 나이키 기술담당부사장은 "시즌별로 다양한 이벤트와 서비스를 제공하기 위해서 3년 전부터 AWS를 활용해 마이크로서비스 및 홈페이지를 구축했다"며, "클라우드를 활용해 고객의 요구에 신속하게 대응하고 서비스의 오토스케일링(자동증감)이 가능해졌다"고 클라우드 도입의 의의를 설명했다.

BMW, 보다 안전한 주행을 위한 데이터 분석

독일의 자동차 브랜드 BMW는 클라우드를 활용해 '전 세계의 모든 자동차에서 차량 운행 데이터를 수집하고 분석해서 보다 안전하고 보다 편리한 주행 서비스를 제공한다'는 비전을 제시했다. BMW는 자사의 플래그십 모델인 7시리즈 최신 모델에 다양한 센서를 부착해 차량 주행 중 마주칠 수 있는 모든 위험 상황에 대한 데이터를 수집했다. 이렇게 수집한 데이터를 AWS 클라우드 상에서 저장, 분석한 후 이를 다시 자동차에 제공해 사용자가 보다 안전하게 주행할 수 있게 했다. 이것이 바로 BMW의 차세대 주행 서비스인 'CARASSO'다.

BMW가 CARASSO를 개발하는데 걸린 시간은 고작 6개월에 불과하다. 과거에는 새로운 차나 서비스를 디자인하기 위해 4~5년의 시간이 걸렸으나, 이제 불과 6개월만에 신규 서비스를 출시할 수 있게 된

것이다. BMW는 클라우드를 활용해 4주에 한 번씩 서비스에 신규 기능을 추가하고 있다. BMW는 AWS의 서비스 가운데 아마존 S3, 아마존 SQS, 아마존 다이나모DB, 아마존 RDS, AWS 엘라스틱 빈스토크를 활용해 CARASSO를 구축했다.

필립스, 종합 헬스케어 기업으로 재도약

네덜란드의 가전 기업 필립스는 클라우드를 활용해 의료기기에서 생성된 의료 데이터를 분석할 수 있는 플랫폼 HSDP(헬스 스위트 디지털플랫폼)를 개발하고, 헬스케어 기업으로 변신을 꾀하고 있다. HSDP는 병원이 보유한 의료기기에서 생성된 데이터를 취합하고 분석한 후 이를 다시 의사들에게 제공해서, 의사들이 보다 정확한 환자맞춤형 처방을 제공할 수 있게 해주는 서비스다. 필립스가 처음 HSDP를 활용해 수집한 의료 데이터는 15PB(페타바이트) 규모였고, 여기에 매달 1PB씩 데이터가 축적됐다. 클라우드의 페타바이트급 빅데이터 저장, 처리 능력이 아니었다면 데이터를 분석할 엄두도 못 내고 데이터가 폐기되었을 것이다. 필립스는 AWS IoT, 아마존 레드시프트, 아마존 S3, 아마존 글레이서, AWS 클라우드프론트 등을 활용해 HSDP를 구축하고 서비스를 제공하고 있다.

170년이 넘은 기업도 클라우드로 혁신을 꾀해

미국의 농기계 및 중장비 제조사 존디어는 클라우드를 활용해 자사의 전통적인 사업 영역을 송두리째 바꿨다. 존디어는 자사의 농기계에 센서를 부탁한 후 네트워크를 통해 농업 데이터를 수집했다. 이후 이 데이터를 클라우드 상의 인공지능에게 맡겨 향후 데이터를 수집한 지역의 농업 상황이 어떻게 변할지 예측했다. 이를 통해 존디어는 어떤 지역에 어떤 품종을 심어야 생산량이 증가할지 등에 대한 컨설팅을 농부들에게 제공할 수 있게 되었다. 존디어는 사실 1830년대에 설립된 대단히 오래된 회사다. 170년이 넘는 역사를 지닌 기업도 클라우드를 통해 새로운 사업영역을 개척하고 변화를 꾀할 수 있다는 것을 증명했다. 존디어는 아마존 머신러닝, 아마존 키네시스, 아마존 레드시프트, AWS IoT. 아마존 API 게이트웨이 등을 활용해 농작물의 성장을 예측 및 관리하고 효율적인 수확 관리 시스템을 구축했다.

LG전자, 모든 백색가전에 클라우드와 인공지능 심는다

글로벌 기업뿐만 아니라 국내 기업도 AWS 클라우드를 활용해 사업을 새롭게 디자인하고 있다. 바로 국내 최대의 백색가전 기업 LG전자의 사례다. LG전자는 매년 억 단위의 일반 소비자용 가전 기기를 만들고 있으며, 전 세계 157개국에서 사업을 진행하고 있다. 사실 LG전자는 지난 CES2017에서 아마존과 협력해 인공지능을 적용한 냉장고를 선보인 바 있다. 아마존 인공지능 비서 서비스 알렉사가 탑재된 이 냉장고는 알렉사 서비스를 이용할 수 있을 뿐만 아니라 아마존 프래시를 통해 냉장고 속에 없는 식료품을 파악하고 이를 바로 주문할 수 있을 정도로 편리하다.

이처럼 편리한 서비스를 사용자들에게 제공하기 위해 LG전자는 AWS 클라우드를 활용해 일반 소비자용 가전과 사물인터넷 기기에서 수집된 데이터를 수집, 분석하고 있다. LG전자는 이미 전사적으로 사물인터넷과 클라우드에 주목하고 있다. LG전자의 모든 기기는 향후 100% 와이파이를 탑재하고 출시된다. 모든 기기를 클라우드를 통해 관리해 사용자에게 보다 쉽고 편리한 서비스를 제공하려는 것이다. 이러한 전략을 현실화하기 위해 LG전자는 클라우드센터를 설립했다. LG전자는 클라우드센터를 통해 전사에 클라우드 역량을 제공할 계획이다. 클라우드센터는 이미 작년에 클라우드를 통해 5,000만대 이상의 스마트TV를 관리하는 플랫폼을 구축한 바 있다. 올해는 사물인터넷, 인공지능, 빅데이터라는 IT 핵심 역량을 일반 소비자용 가전에 이식하기 위해 연구 중이다.

이미 그 가시적인 성과가 하나씩 드러나고 있다. LG전자는 지난 2012년 개발한 스마트 가전 서비스 '스마트thinQ'를 아마존 대시 리플래시먼트와 통합했다. 이를 통해 세탁기, 냉장고, 오븐, 로봇청소기 등 다양한 백색가전을 사용자들이 보다 쉽고 편리하게 무엇보다 자동으로 관리할 수 있게 할 계획이다. 황재선 LG전자 클라우드센터 부장은 "관리해야 하는 기기가 100만대 단위라면 큰 문제가 없겠으나, LG전자처럼 관리해야 하는 기기가 1,000만대를 넘기 시작하면 서비스 규모 비대화에 따른 문제가 발생한다. 인프라, 서비스 등 모든 것을 직접 개발 관리하는 것은 비용적인 측면에서나 시간적인 측면에서나 비효율적이다. LG전자는 AWS처럼 이미 구축되어 있는 플랫폼을 활용해 문제를 돌파했다. 클라우드를 활용하면 기업은 핵심 비즈니스 역량에만 집중하고, 인프라에 낭비되는 시간을 절약할 수 있다. LG전자 역시 클라우드를 활용해 대기업임에도 불구하고 스타트업과 대등한 속도로 서비스를 기획, 개발, 출시, 혁신하고 있다"고 설명했다. LG전자는 현재 AWS IoT, AWS 람다, 아마존 SQS, 아마존 다이나모DB, 아마존 오로라, 아마존 S3, 아마존 키네시스, 그리고 아마존 알렉사를 활용해 글로벌 서비스를 제공하고, 일반 소비자용 가전을 혁신하고 있다.

아마존 클라우드 먹통에, 美동부 '대혼란'… 넷플릭스·디즈니+도 접속 장애

위에서 제시한 사례에서 보듯이 아마존의 클라우드 서비스는 여러 산업 분야에서 다양한 서비스를 제공하고 있다. 하지만, 클라우드 서비스 제공업체의 접속장애는 동시에 여러 산업전반에 커다란 문젯거리가 되기도 한다.

지난 2021년 12월, 아마존의 클라우드 서비스에서 일시적인 접속 장애가 발생하면서 아마존은 물론 해당 서비스를 이용하는 업체들이 먹통이 되는 불편을 겪었다고 월스트리트저널(WSJ)과 CNBC 등 주요 외신이 보도한바 있다.

아마존은 미국 최대의 클라우드 서비스 제공업체다. 대기업뿐 아니라 개인 고객이 아마존의 클라우드 서비스인 아마존 웹서비스(AWS)로 자신들의 자료를 저장하고 공유하며, 다양한 콘텐츠 및 서비스를 제공한다. 특히, 코로나19 세계적 대유행(팬데믹)으로 재택근무가 증가하면서 기업과 소비자는 클라우드 서비스에 점점 더 의존하게 됐다고 월스트리저널(WSJ)은 전했다.

외신 보도를 종합하면, 이날 오전 10시 45분께 AWS 접속 문제에 대한 신고가 접수되기 시작했고, 약 30분 후에는 아마존 관련 신고 건수가 1만1,300건으로 치솟았다. 이로 인해 아마존이 운영하는 음악 스트리밍 서비스 '프라임 뮤직'을 시작으로, 화상회의 프로그램인 '차임'과 가정 보안 시스템인 '링' 등 아마존의 서비스 대다수가 중단됐다. 물류 배송에도 차질이 생겼다.

아마존 측은 특정 API(컴퓨터 운영 언어)와 AWS 관리 콘솔에서 문제가 발생했다고 밝혔다. 특히 버지니아 북부 센터에서 관리하는 지역에서 문제가 커지면서 뉴욕, 워싱턴, 시카고, 보스턴 등 미국 동북부 지역에 피해가 집중됐다.

CNBC는 아마존 물류 노동자들이 작업 관련 앱에 접속되지 않아 상품의 바코드를 읽을 수 없었다면서 이에 따라 아마존은 근로자들을 휴게실에서 대기하도록 하고 트럭 기사들은 귀가 조치한 것으로 알려졌다. 아마존에 입점한 판매자들은 고객 주문을 관리하는 '셀러 센트럴' 웹에 접속할 수 없어 불편을 겪어야 했다.

아마존 외에 AWS를 이용하는 다른 기업들도 피해를 입었다. 디즈니의 스트리밍 구독 서비스인 디즈니+와 넷플릭스의 접속 장애를 겪었고, 주식 거래

앱인 로빈후드와 미국 최대 암호 화폐 거래소인 코인베이스 또한 접속에 어려움을 겪었다.

이번 사태는 빅테크 기업이 우리 일상에 얼마나 큰 영향을 미치는지 단적으로 보여주는 사례다. 리서치 회사 가트너의 시드 내그 부사장은 "미국 클라우드 서비스 시장은 "일부 대기업은 클라우드 서비스를 여러 곳으로 분산해 위험을 줄이고 있지만, 클라우드 업체 수 제한적인 것을 감안한다면 이 같은 접속 장애가 재발하는 것을 막긴 어렵다"라고 지적했다.

출처: 동아일보, 2017. 4. 19; 조선 비즈, 2021. 12. 8

토의문제

1. 온라인 쇼핑몰로 익숙하던 아마존이 어떻게 가장 큰 클라우드 서비스 회사로 자리매김을 할 수 있었을지 생각해보자.

2. 클라우드 컴퓨팅, 빅데이터, 그리고 사물인터넷이 서로 어떤 관계를 가지고 있는지, 위에서 제시한 사례를 이용하여 설명해 보자.

3. 아마존이 제공하는 다양한 클라우드 제품들을 살펴보고(https://aws.amazon.com/ko/products/), 각각의 제품들을 인프라스트럭처 서비스(IaaS), 플랫폼 서비스(PaaS), 소프트웨어 서비스(SaaS) 중 하나로 구분하여 정리해보자.

4. LG 전자가 클라우드를 이용하여 "핵심 비즈니스 역량에만 집중" 할 수 있다는 것이 무엇을 의미하는지 설명해보자.

5. 아마존의 일시적 접속장애에 따른 문제점을 해결하기 위한 방안으로 어떤 것을 제시할 수 있을지 생각해 보자.

소셜미디어가 만드는 세상

소셜미디어를 무시한 죄… 90년 역사 美 유명 화장품 '레브론'의 몰락

90년 역사를 자랑하는 미국 유명 화장품 기업 '레브론'이 지난달 미국 법원에 파산 보호를 신청했다. 직접적 원인은 경쟁 업체를 인수하는 과정에서 늘어난 부채와 코로나로 인한 시장 침체, 원자재 수급 차질이다. 그러나 업계에선 근본 원인을 다른 데서 짚는다. 온라인 시장과 소셜미디어로 대표되는 화장품 업계 최신 트렌드를 레브론이 따라잡지 못했다는 것이다.

1932년 레브슨 형제가 설립한 레브론은 립스틱과 매니큐어로 유명한 회사다. 1980년대 인기 모델 클라우디아 시퍼 등이 빨간색 립스틱을 바르고 등장한 광고 '잊을 수 없는 여성' 시리즈로 유명해졌고, 백화점과 쇼핑몰에서 주로 매출을 냈다.

하지만 최근 몇 년 새 화장품 소비가 오프라인 매장에서 온라인으로 빠르게 옮아가며 레브론의 전통적 영업 방식은 빛을 잃었다. 대신 온라인을 기반으로 Z세대 트렌드를 제대로 읽어낸 신생 브랜드가 그 자리를 차지했다. 특히 가수 리애나, 인플루언서 카일리 제너, 메이크업 아티스트 도넬라 데이비 등이 만든 독립 브랜드들이 전통적인 광고 대신 소셜미디어를 활용한 마케팅으로 레브론의 경쟁자로 급성장했다. 미 경제 매체 패스트컴퍼니는 "틱톡과 인스타그램 같은 플랫폼을 통해 누구나 소비자에게 다가갈 수 있게 되면서 화장품 시장 경쟁이 치열해졌다"고 했다.

기존 화장품 업체들도 지켜만 본 것은 아니다. 독

▲ 인기 모델 신디 크로포드(왼쪽)와 클라우디아 시퍼가 등장한 1992년 레브론 60주년 기념 광고

립 브랜드를 인수해 상품군을 넓히고, 디지털 마케팅을 강화하는 방식으로 변화한 트렌드를 따라잡았다. 가령 유명 화장품 기업 '코티'는 최근 영국의 유명 틱톡 인플루언서에게 자사 브랜드 림멜의 신상품 마스카라 홍보를 맡겼다. 반면 레브론은 이 과정에서 실패했을 뿐만 아니라, 중국 시장과 프리미엄 화장품 시장 공략에도 어려움을 겪었다. 코로나 이후 매장 제품 테스트가 어려워진 것도 레브론처럼 오프라인 영업에 주력하는 화장품 업체들의 몰락을 부추겼다.

국내에서도 전통적 화장품 기업들이 고전하고 있다. 패션 회사부터 중소 기업, 인플루언서들까지 화장품 시장에 뛰어들며 브랜드 수가 급증하고 이들의 시장 영향력도 커지고 있기 때문이다. 국내 대형 화장품 업체 아모레퍼시픽은 시장점유율이 2016년 31.9%에서 지난해 17.5%까지 떨어졌다. 아모레퍼시픽은 이런 상황을 반전시키기 위해 이커머스 조직을 강화하고 맞춤형 화장품 기술 개발에 나서는 등 최근 사업 방식 전환에 공을 들이고 있다.

영국 파이낸셜타임스는 "잘 알려진 대중 브랜드라는 이유만으로 화장품 산업에서 경쟁력을 갖추기는 더 이상 쉽지 않다"며 "빠르게 트렌드를 따라가는 독립 브랜드들의 등장으로 기존 화장품 회사는 토끼 수백 마리와 경주해야 하는 거북이 신세가 됐다"고 했다.

출처: 조선일보, 2022. 7. 7.

소셜미디어란?

▲ 소셜미디어는 가상 커뮤니티를 통해 아이디어나 관심사에 관한 정보를 공유하게 해준다.

소셜미디어는 가상 커뮤니티를 통해 아이디어, 관심사 및 기타 정보를 생성하고 공유하도록 해주는 컴퓨터 기반의 기술이다. 다채로운 소셜미디어 서비스가 등장하면서 이에 대한 정의를 내리기도 애매해지고 있다. 그럼에도 불구하고 몇 가지 공통점을 발견할 수 있다.

1. 소셜미디어는 상호대화적이며 인터넷 기반의 애플리케이션
2. 사용자가 생성한 콘텐츠 (예를 들면, 글이나 코멘트, 디지털 사진이나 동영상, 그리고 온라인 상호과정에서 생성된 기타 모든 데이터)
3. 사용자가 관련 웹사이트나 앱에 프로필 생성
4. 한 사용자의 프로필을 다른 사용자들의 프로필과 서로 연동해 온라인 소셜 네트워크의 개발 촉진

사용자는 데스크탑 컴퓨터나 노트북 컴퓨터를 이용해 소셜미디어 서비스를 이용하기도 하고, 또 스마트폰과 태블릿 PC와 같은 모바일 기기에 소셜미디어 기능을 부여해주는 앱을 다운로드해 이용하기도 한다. 개인은 물론 기업이나 비영리 단체도 소셜미디어 서비스를 이용해 이용자 생성 콘텐츠나 사전 제작된 콘텐츠를 공유, 공동 제작, 토의, 그리고 수정하는 것이 가능하다.

소셜미디어는 개인과 조직이 소통하는 방식을 변화시킨다. 소셜미디어는 잡지 및 신문과 같은 종이기반 매체는 물론 TV 방송과 같은 전통적 전자 매체와 비교할 때 품질, 도달율, 빈도, 상호작용성 등 측면에서 근본적으로 다르다. 소셜미디어는 다중 발송자와 다중 수신자 간의 상호대화적 전송시스템이기 때문이다. 단일 발송자가 다중 수신자를 향해 전송하는 단방향 전송매체와는 대별된다. 잘 알려진 소셜미디어 사이트로는 페이스북, 인스타그램, 트위터, 유튜브, 스냅샷 등이 있는데, 이들 사이트는 각각 1억명 이상의 가입자가 이용하고 있다.

▲ 인스타그램과 같은 소셜미디어 서비스는 이용자들이 콘텐츠를 생성, 공유, 토의할 수 있는 장을 제공한다.

한 조사연구에 의하면, 미국에서는 84%에 이르는 10대 청소년들이 페이스북 계정이 있다고 한다. 인터넷 이용자는 다른 사이트보다는 소셜미디어 사이트에 더 많은 시간을 보낸다. SNS는 이제 단순히 사회적 관계를 맺어주는 수준을 넘어 자신을 홍보하고 구직기회를 찾으며 소득을 얻는 수단으로 발전하였다. 그뿐만 아니라 소셜미디어는 온라인 커뮤니티와의 연결성을 강화시키는데 도움이 되며, 기업은 물론 정부기관 등 비영리조직에게도 유용한 커뮤니케이션 수단이 되고 있다.

소셜미디어의 특징

바이럴 콘텐츠

일부 소셜미디어 사이트에서는 등록된 콘텐츠가 소셜네트워크상에서 급속도로 전파되는 것을 볼 수 있다. **바이럴**(viral)은 생물학에서 바이러스균이 한 사람에게서 다름 사람에게 빠른 속도로 전염되는 것을 비유한데서 만들어진 어휘다. 소셜미디어 맥락에서 바이럴 콘텐츠나 사이트는 사용자들이 남이 올린 콘텐츠를 자신의 소셜네트워크로 재공유함으로써 공유를 확산시키는 결과를 가져오게 된다. 다수의 소셜미디어 사이트들이 사용자의 콘텐츠 재공유를 가능하게 하는 기능을 제공하는데, 예를 들면 트위터의 리트위트 버튼, 핀터레스트의 핀 기능, 페이스북의 공유 기능, 그리고 텀블러의 리블로그 기능이 대표적인 예에 속한다.

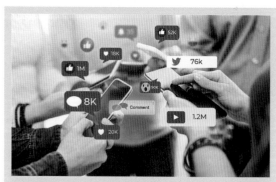

▲ 바이럴 콘텐츠는 웹사이트 링크나 소셜공유 기능을 통해 온라인상에서 급속하게 전파되는 기사, 이미지 혹은 동영상이다.

기업들은 바이럴 마케팅 기법에 특히 관심을 갖는다. 그러한 마케팅 캠페인이 기존의 마케팅 캠페인(가령, TV 광고, 신문광고 등)보다 훨씬 더 낮은 비용으로 폭넓은 광고효과를 낼 수 있기 때문이다. 자선모금, 폭력예방 등을 목적으로 하는 비영리 기관들 역시 바이럴 효과를 기대하며 온라인 콘텐츠를 등록

한다. 짧은 기간내에 많은 사람들에게 그들의 핵심 메시지를 효과적으로 홍보할 수 있기 때문이다.

배경

닛산은 호주에서 출시되는 신차 닛산 쥬크의 인지도를 높이기 위해 호주 사용자들을 대상으로 해시태그 챌린지를 기획했다.

틱톡 커뮤니티의 창의성과 참여를 활용하는 틱톡 중심의 상호 작용 캠페인을 기획했고, 바이럴 마케팅을 위한 틱톡의 광고 솔루션을 전략적으로 조합했다.

방법

닛산은 틱톡 크리에이터들과 새로운 쥬크의 출시를 알리는 브랜드 해시태그 챌린지를 시작했다.

크리에이터들은 #improvisewithJUKE 해시태그와 음악을 사용한 영상을 통해 다른 사용자들의 참여를 독려하고, 창작에 영감을 주는 아이디어를 제공했다.

캠페인은 최고의 영상을 만든 우승자의 영상은 실제 TV 광고에 사용될 수 있는 기회를 제공하는 것을 강조하며 경쟁 구도로 진행됐다.

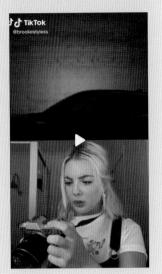

▲ 닛산이 호주 소비자들을 대상으로 실시한 틱톡 기반의 바이럴 마케팅 화면

틱톡 커뮤니티가 각자의 창의적 해석을 바탕으로 콘텐츠를 지속적으로 게시하며 닛산의 공식 브랜드 해시태그 챌린지 페이지는 공식 캠페인 해시태그와 음악을 사용한 다양한 UGC(사용자 생성 콘텐츠)로 장식됐고, 해시태그 챌린지 콘텐츠가 증가하면서 앱 내 트렌드가 됐다.

닛산의 #improvisewithJUKE 캠페인은 또한 사용자들이 앱 첫 화면에서 추천 피드의 전면에 배치되는 탑뷰 광고를 활용했으며, 옥션형 인피드 광고를 활용해 캠페인 기간 효율적인 비용으로 도달 범위를 확대하며 브랜드 인지도를 더욱 높였다.

결과

프리미엄 광고 게재와 틱톡 공식 크리에이터와의 파트너십을 조합해 캠페인을 창의적으로 활용한 닛산의 #improvisewithJUKE 캠페인은 호주에서 가장 큰 성과를 거둔 틱톡 캠페인 중 하나가 됐다.

캠페인 관련 영상 콘텐츠는 3만 4,000편 이상이 제작됐고, 전 세계적으로 1억 2,940만 회에 달하는 엄청난 조회수를 기록했다.

닛산 쥬크에 대한 브랜드 인지도는 92.9% 향상됐으며, 탑뷰 프리미엄 광고에 대한 클릭률(CTR)은 벤치마크를 훨씬 능가한 17.35%를 기록했고, 17.96%의 높은 참여율을 기록했다.

출처: 한국경제신문, 2022. 6. 24

모바일 기기의 이용

젊은 이들은 대다수가 스마트폰을 이용한다. 이 때문에 이들이 소셜미디어 웹사이트의 주요 사용자들이다. 모바일 소셜미디어란 스마트폰과 태블릿 PC와 같은 모바일 기기에서 소셜미디어를 이용하는 것을 의미한다. 이들 모바일 마케팅 앱을 이용해 사용자 생성 콘텐츠를 만들고, 교환하며, 유통시킬 수가 있다.

▲ 모바일 기기를 통해 소셜미디어를 이용하는 사용자가 늘고 있다.

모바일 소셜미디어를 이용해 최신 메시지를 실시간으로 확인함은 물론, 사용자의 현위치와 관련된 메시지만을 확인할 수가 있어 최근 그 이용이 빠르게 확산되고 있다.

비즈니스 응용

사용자가 이동중에도 스마트폰이나 태블릿 PC를 통해 이용할 수 있는 모바일 소셜미디어는 사용자의 위치 및 시간에 관련된 장점을 제공한다. 모바일 소셜미디어 툴은 마케팅 조사, 고객 소통, 판매촉진 그리고 고객관계 개발 등의 목적을 위해 이용될 수 있다.

- **마케팅 조사**: 모바일 소셜미디어 앱을 통해 오프라인 소비자 행동에 관한 데이터를 수집할 수 있다. 기업은 고객이 아울렛 상점에 정확히 언제 들어갔는지 그리고 상점 방문 시 어떤 소셜미디어 코멘트를 남겼는지 알 수 있다.
- **고객 소통**: 모바일 소셜미디어를 통한 소통은 두 가지 형태가 있는데 기업-소비자간 소통(즉 기업이 소비자의 위치에 기초하여 접속한 후 인근 상점에 관한 온라인 리뷰를 제공) 및 사용자생성 콘텐츠가 그것이다. 예를 들어, 맥도날드 레스토랑은 매장에 방문한 고객들 중 무작위 선정된 100명 사용자에게 상품권을 제공하였다. 이러한 프로모션으로 매장 방문이 2,146명에서 2,865명으로 33% 증가하였고, 50건이 넘는 블로그 작성글이 등록되었으며, 또한 수십만 건에 이르는 뉴스피드 및 트위터 메시지를 기록했다.

▲ 맥도날드는 페이스북을 통해 고객과의 소통을 유지한다.

- **판매 촉진 및 할인판매**: 과거에 고객들은 인쇄된 쿠폰용지를 이용해야 했지만, 모바일 소셜미디어 앱은 특정시간대에 특정 사용자들을 대상으로 맞춤 판매촉진 행사를 진행

할 수 있다.

- **고객관계 개발**: 고객과의 장기적 관계를 강화하기 위해, 기업들은 고객이 소셜미디어를 통해 특정 매장에서의 할인기회의 탐색을 유도하는 충성도 프로그램을 개발할 수 있다.
- **전자상거래**: 소셜미디어 사이트는 사용자, 기업, SNS 운영사 모두에게 이로운 전자상거래 플랫폼을 구축함으로써 점차 마케팅 전략을 구현하는 수단으로 발전하고 있다. 특정 기업의 제품이나 서비스에 관한 코멘트를 남기는 고객은 자신의 온라인 친구 및 지인들과 품평을 공유할 수 있어 혜택을 얻는다. 기업은 제품이나 서비스에 관한 소비자 반응을 알 수 있게 되어 이득을 얻는다. 아마존 다섬 및 핀터레스트와 같은 모바일 소셜미디어 앱은 소비자들이 전자상거래를 보다 쉽게 다가갈 수 있도록 하는데 기여하고 있다.

쉬어가기 **이제는 선택이 아닌 필수, SNS 마케팅**

가장 강력한 디지털 마케팅-SNS 마케팅

우리는 인터넷 없이는 가능한 것보다 불가능한 것이 더 많은 시대를 살아가고 있다. 점차 대면보다 비대면이 익숙해지는 세상의 흐름 속에서 기업들은 다양한 디지털 마케팅을 통해 자사의 제품과 서비스를 홍보한다.

대표적인 디지털 마케팅으로는 'SNS 마케팅'이 있다. SNS 마케팅은 별도의 예산이 필요 없으면서, 가장 강력한 마케팅과 홍보를 가능하게 하는 디지털 마케팅 방법이다. 따라서 이제는 기업들이 선택이 아닌 필수로 여러 채널에서 자사의 SNS 계정을 보유하고 관리하고 있다.

SNS 마케팅이 효과적인 이유

SNS 마케팅으로 가장 많이 사용되는 매체는 단연 인스타그램이다. 인스타그램은 사진이나 짧은 영상에 글을 작성할 수 있는 SNS이다. 현재 MZ세대는 단순히 글로만 서술된 것보다 사진이나 영상으로 정보를 접하는 것에 익숙하다. 따라서 최근 인기를 끄는 릴스(인스타그램의 숏폼 컨텐츠)를 이용한 기업의 콘텐츠는 유저가 SNS 사용 중에 자연스레 기업의 존재를 인식하는 광고가 되기도 한다.

또한 인스타그램은 유저마다 개인의 계정을 소유하고 있기에, 각자의 계정에 좋아요와 댓글을 남길 수 있다. 즉, 유저와 기업의 마케터가 동등한 위치에서 쌍방 소통이 가능하다는 것도 거부감 없는 홍보 및 마케팅에 큰 도움을 준다. 기업의 공식 계정에서 팔로워를 대상으로 댓글 이벤트, 지인 태그 이벤트, 해시태그 이벤트 등을 진행하게 되면 마케팅 및 홍보 효과는 배가 된다.

이외에도 기본적으로 인스타그램은 유저별로 체류시간이 높은 카테고리의 게시물을 알고리즘을 통해 노출해주어 관심도에 기반한 마케팅을 가능하게 한다. 또한 해시태그를 통해 유저가 관심있는 키워드를 검색하여 직접 기업의 마케팅 콘텐츠에 접근하게 할 수도 있다. 최근에는 인스타 내의 마켓 페이지에서 별도의 사이트 이동 없이 물건 판매를 시도하는 기업들도 늘어나고 있다.

그럼에도 SNS 마케팅이 중심이 되는 이유

과거부터 현재까지 페이스북, 트위터, 카카오스토리, 인스타그램, 유튜브 등 다양한 SNS가 생겨나고 사라지며 사람들과 함께 인터넷 세상을 공유해왔다. 이러한 변화에도 SNS의 채널을 옮길 뿐 여전히 SNS를 사용하는 사람은 많아지고 있으며, 이제는 개인의 일상 공유뿐만 아니라 비즈니스 계정을 통한 사업의 장으로서 SNS가 이용되고 있다.

아무리 양질의 제품과 최고의 서비스를 제공하는 기업이라고 할지라도, 소비자들에게 노출되지 않고 알려지지 않는다면 그 기업의 사업은 지속될 수 없을 것이다. 따라서 세상에 SNS가 사라지지 않는 한 계속해서 기업의 가장 핵심적인 디지털 마케팅은 SNS 마케팅이 될 것으로 전망한다.

출처: 소비자 평가, 2022. 5. 26

소셜미디어와 전통 미디어

▲ TV와 같은 전통 미디어는 소셜미디어와 근본적으로 차이가 있다.

전자상거래 기업들은 소셜미디어를 소비자생성 매체로 간주할 수 있다. 한 가지 확실한 것은 기술과 사회적 상호작용을 융합하여 기업을 위한 가치 창조를 할 수 있다는 점이다. 사람들은 전자 및 인쇄매체에서 긴요한 정보를 얻는다. 그러나 소셜미디어는 신문, 잡지 등 전통 미디어와 비교할 때 명확한 차이점이 있다. 즉, 비교적으로 저렴하며 접근이 쉽다. 누구나 정보를 등록하거나 접근해 이용할 수 있다. 애초에 소셜미디어는 개인들만이 이용하였지만, 오늘날 기업, 자선 기관, 정부 기관 등 조직들에 의해 널리 이용되고 있다.

소셜미디어와 전통 미디어가 지니는 한 가지 공통점은 소규모 집단은 물론 대규모 집단을 쉽게 다가갈 수 있다는 점이다. 예를 들어, 블로그 작성글이나 TV쇼는 보는 사람이 전혀 없을 수도 있고 또 수백만명이 볼 수 있다. 반면, 소셜미디어는 전통 미디어와 다음과 같은 점에서 다르다.

- **품질**: 전통적 미디어는 독자와 출판업자(신문사, 잡지사 등) 사이를 매개하며, 이 때문에 품질이 사용자생성 콘텐츠(UCC) 같은 비매개 시장에 비해 더 균일하다. 반면에, 소셜미디어 사이트의 콘텐츠가 제기하는 주요 이슈는 품질이 폭넓게 분포되어 있어 양질의 작성글이 있는 반면 엉성한 작성글 또한 적지 않다.

- **도달률**: 전통 미디어 및 소셜미디어 기술은 모두 글로벌 독자를 타겟으로 할 수 있다. 그러나 전통 미디어는 콘텐츠의 구성, 생산 및 전파를 중앙집중식으로 처리한다. 반면, 소셜미디어는 주로 분산적으로 그리고 자율적으로 작동하며, 다수의 생산지점에 의해 움직인다는 점이 다르다.

- **빈도**: 사용자들이 매체를 하루에 몇번 접근하는지 그 빈도도 다르다. 젊은 소셜미디어 사용자들의 경우 하루 여러 차례 소셜미디어 계정에 접속한다.

- **접근성**: 전통 미디어의 콘텐츠 생산주체는 보통 정부나 민간기업이지만, 소셜미디어는 일반 대중이 별 비용부담 없이 콘텐츠 생산을 담당한다. 한편, TV나 라디오 소유자는 무료 콘텐츠를 이용할 수 있는 반면, 소셜미디어를 이용하기 위해 컴퓨터나 모바일 기기뿐 아니라 유료 인터넷 서비스가 있어야 한다.

- **사용성**: 전통 미디어의 콘텐츠 제작은 흔히 전문기술 및 훈련을 필요로 한다. 예를 들어, 1970년대에는 팝송을 녹음하기 위해 비싼 녹음스튜디오를 일정시간 임차함은 물론 음향 기술자를 채용할 필요가 있었다. 대조적으로 자신의 노래부르는 동영상을 올리는 것과 같은 대부분 소셜미디어 활동은 쉽게 방법을 익혀 수행할 수 있다. 기본적으로 인터넷 접속이 가능한 이용자는 누구나 소셜미디어

▲ 요즘은 70대 사용자도 콘텐츠를 제작하며 유튜브 채널을 운영한다. 사진은 한 패션 유튜버의 방송 모습

제작도구를 활용해 디지털 사진, 동영상 혹은 텍스트를 제작해 온라인 등록할 수 있다.

- **즉시성**: 전통 미디어에서 제작되는 콘텐츠는 편집자가 검토할 때까지 적지 않은 시간 지연이 발생할 수 있다. 반면, 소셜미디어는 거의 즉각적인 반응을 받을 수 있다는 점이 다르다. 소셜미디어의 즉시성은 일반인들이 자신의 의견 및 정보를 즉시 소통할 수 있도록 해준다는 점에서 큰 강점이 될 수 있다. 동시에 소셜미디어 즉시성은 사실여부 점검 및 편집자 검토 기능이 부족함으로 인해 가짜 뉴스의 유통을 촉진시킨다는 점에

서 단점으로 인식되기도 한다.

- **효과성**: 전통 미디어는 한번 제작하면 변경이 불가능하다. 예를 들어, 잡지기사나 종이 책은 일단 출판되어 유통되면, 동일 기사를 수정하는 것이 어렵다. 반면, 소셜미디어 작성 글은 작성자가 수정하고자 하거나 다른 이용자의 코멘트로 수정하여야 할 필요가 있을 때 즉흥적으로 수정할 수 있다.

소셜미디어의 예

소셜미디어는 다음과 같은 SNS들을 포함한다:

- 페이스북(Facebook) – 사용자들이 개인 프로필을 만들고 사진 및 동영상을 공유하며 서로 소통할 수 있는 온라인 소셜 네트워킹 사이트
- 트위터(Twitter) – 사용자들이 '트위트' 메시지를 보낼 수 있는 인터넷 서비스

▲ 링크드인은 전문가 인맥 사이트로서 구직자와 구인기업을 상호 연결해 소통하는 기회를 제공하는 비즈니스 SNS이다.

- 링크드인(Linkedin) – 사용자가 프로필을 만들고, 이력서를 올리며, 다른 구직자들 및 기업과 소통할 수 있도록 해주는 비즈니스 목적의 웹 사이트
- 핀터레스트(Pinterest) – 사용자가 웹에서 발견한 사진을 게시하고 남들과 아이디어를 공유할 수 있는 온라인 커뮤니티
- 스냅챗(Snapchat) – 사용자가 자신의 일상생활 사진을 전송 및 공유하게 해주는 모바일 기기용 앱

소셜미디어 기술은 다양한 형태가 있을 수 있는데 이를 테면 블로그, 비즈니스 네트워크, 기업 소셜네트워크, 포럼, 마이크로 블로그, 사진공유 사이트, 제품/서비스 리뷰사이트 등이 모두 소셜미디어의 예에 속한다.

② 소셜미디어의 진화

가상 커뮤니티

가상 커뮤니티란?

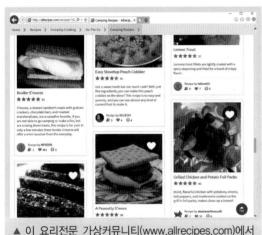

▲ 이 요리전문 가상커뮤니티(www.allrecipes.com)에서는 이용자들이 자신의 요리 레시피를 올리고 그에 대한 다른 이용자들의 평가 및 반응이 표시된다.

가상 커뮤니티란 특정 소셜미디어를 통해 서로 대화를 나누는 개인들의 모임을 의미하며, 상호 이익이나 목표를 추구하기 위해 지리적 혹은 정치적 경계선을 넘기도 한다. 가장 흔히 볼 수 있는 가상 커뮤니티는 페이스북, 카카오톡 등의 SNS 혹은 포털사이트 카페를 통해 형성되는 온라인 커뮤니티다.

가상 커뮤니티란 용어는 하워드 레인골드가 1993년 저술한 책 'The Virtual Community'의 타이틀에서 탄생하였다. 이 책에서는 컴퓨터기반 커뮤니케이션, 소셜 그룹, 정보과학 등의 개념에 대해 소개하고 있다. 이 곳에 언급된 기술은 유스넷, 다중사용자 방, 채팅 방, 이메일 주소목록 등이다. 레인골드는 이 책에서 가상 커뮤니티에 소속될 때 기대할 수 있는 장점(사회전반의 혜택은 물론 개인차원의 심리적 안정감과 같은 혜택)을 지적한다.

가상 커뮤니티는 대부분 구성원간 상호작용을 권장하며, 특정 관심사(가령, 요리, 등산 등)에 초점을 두거나 사교를 위해 단순히 대화를 나누는 장을 제공한다. 커뮤니티 구성원들은 메시지 보드, 채팅방, SNS, 가상세계 등의 수단을 이용해 서로 소통한다.

SNS 사이트의 등장

인터넷출범 초창기에는 가상 커뮤니티가 소수의 인터넷 이용자들에게 중요한 서비스를 제공했다. 인터넷 및 웹이 성장함에 따라, 일부 커뮤니티들은 같은 방향으로 성장을 계속한 반면, 다른 커뮤니티들은 이러한 초기의 목적이 퇴색하기 시작했음을 인지했다. 이에 따라 90년대 후반에는 온라인 소통의 새로운 현상이 나타났다. 이제 인터넷 이용자들은 인터넷을 이용한다는 사실로만 공통유대를 발견하기가 어려웠으며, 여러 유형의 공통관심사가 이용

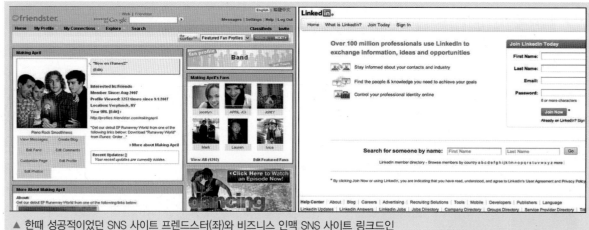

▲ 한때 성공적이었던 SNS 사이트 프렌드스터(좌)와 비즈니스 인맥 SNS 사이트 링크드인

자들을 묶기 시작했다. 커뮤니티 구성원들 간의 사교적 소통에 초점을 두게 되면서 소셜 네트워킹 사이트(social networking sites: SNS)라는 새로운 웹사이트가 나타났다.

SNS는 개인들이 프로필을 만들어 공개하고, 자신과 관련이 있는 다른 이용자들의 목록을 만들고 관리하며, 다른 이용자들이 만든 유사한 목록을 살펴볼 수 있는 공간이다. 아래에서는 몇 가지 유형의 SNS를 알아보기로 한다.

90년대 후반기는 다수의 SNS가 출범한 시기였다. 이들 중 하나는 1997년 서비스를 시작한 식스디그리즈(Six Degrees)였다. Six Degrees(즉 6도)란 이름은 이 세상의 그 누구라도 6단계면 다른 사람과 연결이 된다는 개념에 기초한다. 이 사이트는 수익을 발생시키지 못해 2000년도에 폐쇄됐다.

이후 더 성공적인 사이트들이 뒤를 이었다. 프렌드스터(Friendster)는 2002년 설립됐으며,

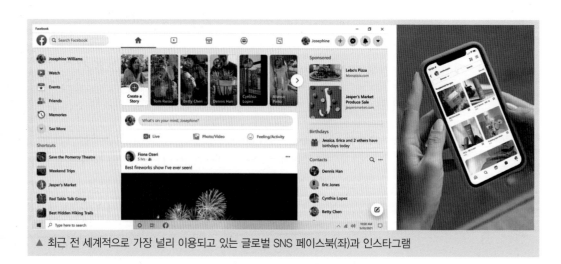

▲ 최근 전 세계적으로 가장 널리 이용되고 있는 글로벌 SNS 페이스북(좌)과 인스타그램

오늘날 모든 SNS에 존재하는 대부분 기능들이 탑재됐다. 그러나 페이스북 등 경쟁사에 밀려 2015년 서비스를 종료했다. 마이 스페이스(Myspace)도 이용자들 간의 관계를 구축하기 위한 장을 마련할 목적으로 2003년 출범했다. 2005년과 2008년 사이에는 세계 최대 SNS로 성장했으나, 2008년 페이스북에 1위 자리를 내준 후 줄곧 이용자 수가 줄고 있다. 한편, 2004년 사이트를 개발했던 구글 직원의 이름을 따 만든 **오쿠트**(Orkut)는 인도와 남미에서는 성공적인 사이트인 반면, 그 외 지역에서는 큰 성공을 거두지 못하였다. 또 비즈니스 인맥정보를 공유하기 위해 2003년 출범된 **링크드인**(LinkedIn)은 주로 기업들의 채용공고는 물론 구직자들의 이력서를 공유하는 사이트로 오늘날 세계 여러 국가에서 널리 이용되고 있다. 구글이 소유해 운영하고 있는 **유튜브**(YouTube)는 이용자생성 콘텐츠(user-created content: UCC) 등 동영상을 공유하기 위해 개발된 SNS사이트로서 오늘날 세계 수많은 이용자들에 의해 애용되고 있다. 서비스출범 초기에 에릭 쉬미트 구글회장은 이용자에게 거부감을 줄 우려가 있다는 이유로 광고를 하지않겠다고 공언하였으나, 손실규모가 점차 증가함에 따라 최근에는 동영상에 광고를 삽입해 수익을 창출하고 있다.

　최근에 와서는 **페이스북**(Facebook)이 전 세계적으로 큰 관심을 모으고 있다. 페이스북(Facebook)은 하버드 대학교의 학생이었던 마크 저커버그가 2학년 때인 2003년 페이스매시(Facemash)라는 이름으로 첫 서비스를 시작하였다 다른 SNS와 마찬가지로 페이스북은 온라인 이용자들이 프로필, 블로그, 사진, 음악, 동영상 등을 공유할 수 있게 할 목적으로 탄생했다. 그러나 이후 프렌드스터나 마이스페이스를 제치고 2017년 4월 기준으로 전 세계 19억 4천만명 이상의 월 활동 이용자를 모은 세계 최대 SNS 사이트로 발전했다.

　한편, **트위터**는 SNS이자 마이크로블로그 서비스로 2006년 처음 출범하였다. 여기서 '트윗(tweet)'이란 말은 작은 새가 지저귀는 소리를 나타내는 영어 낱말로서 140자를 넘지 못한

▲ 국내 최초의 SNS 싸이월드(좌)와 단문전송용 글로벌 SNS 트위터

다. 짧은 글을 실시간 대화와 비슷한 방식으로 전달할 수 있어 선거, 재난대응, 시위 등에 유용하게 이용되기도 한다.

그리고 오늘날 페이스북, 트위터와 더불어 널리 이용되고 있는 SNS는 **인스타그램**이다. 인스타그램(Instagram)은 온라인 사진 공유 및 소셜 네트워킹 서비스로서 2010년 런칭했다. 사용자들은 인스타그램을 통해 사진 촬영과 동시에 다양한 디지털 필터(효과)를 적용하며 페이스북이나 트위터등 다양한 소셜 네트워킹 서비스에 사진을 공유할 수 있다. 2017년 4월 기준으로 월 활동 이용자 수가 거의 7억명을 기록하고 있다.

우리나라에서 최초로 등장한 SNS는 **싸이월드**(CyWORLD)다. 미국의 페이스북, 마이스페이스와 영국의 베보와 같은 개인 가상 커뮤니티로, 싸이월드 서비스에 포함된 '미니홈피'는 이미 고유명사가 되어 사용될 정도로 영향력을 가지게 되었다. 2007년 10월 19일, 전 세계에 타전되는 미국의 뉴스전문방송 CNN은 싸이월드를 한국의 앞서가는 IT문화 중 하나로 소개하기도 하였다. 그러나 요즘은 경쟁에 밀려 그 이용자기반이 크게 약화되었다. 최근 들어 국내 이용자들은 페이스북, 트위터, 카카오톡 등의 모바일기반 SNS앱을 널리 이용하고 있다.

이들 SNS 사이트들의 공통점은 기존 커뮤니티 구성원들이 커뮤니티에 공헌가능성이 있는 새로운 이용자들을 가입하도록 초대한다는 점이다. SNS 사이트에서는 구성원들의 위치, 관심사 및 기타 정보를 보여주는 반면, 구성원들의 연락처 등 사적인 정보는 공개하지 않는다. 커뮤니티의 구성원 누구나 다른 구성원과의 소통을 제안할 수 있지만, 상대방이 소통을 수락하지 않는 한 접촉이 이루어지지 않는다. 점차 인맥을 구축함으로써 구성원들은 향후 도움이 될 수 있는 커뮤니티내 다른 구성원들과 연락처를 개발할 수 있다.

▲ 네이버에 수록된 블로그들의 예시

웹로그(블로그)

웹로그(혹은 블로그)는 개인들이 시사성있는 이벤트나 특정이슈에 대해 작성한 글을 모아놓은 웹사이트다. 흔히 블로그에서는 방문자의 의견작성을 유도하며, 작성된 의견에 대해서는 블로그 운영자가 답글을 올릴 수 있다. 이에 따라 특정 주제에 대해 지속적 토론이 가능하며, 관심 있는 이용자들은 이 토론에 참여할 수가 있다. 블로그 사이트는 특정 주제에 관심있는 사람들 간의 상호소통을 권장하므로, 일종의 소셜 네트워킹 사이트에 해당한다.

대부분의 초기 블로그들은 기술관련 주제나 신념관련 주제(예를 들어, 정치나 종교와 관련한 이슈)에 집중했다. 따라서 대선이나 총선 때에는 블로그를 정치적 네트워킹 도구로 활용하기도 한다. 블로그가 등장하기 이전에는 후보자들이 개인 사이트를 운영하거나 지지자들에게 이메일을 보내는 것이 고작이었지만, 정치적 캠페인 운영의 변화가 나타난 것이다.

블로그 등 가상커뮤니티가 정치적 네트워킹 도구로서 성공적인 효과를 거두면서, 일부 기업에서는 블로그를 잠재적 고객과의 소통 및 마케팅 도구로 활용하기 시작했다.

비즈니스 활동에 미치는 영향

소셜미디어가 기업에 어떤 도움이 될까?

소셜미디어는 비즈니스 활동과 비즈니스 실적에 중요한 영향을 미친다. 소셜미디어 자원은 기업에 다음과 같은 네 가지 효익을 제공한다.

- **사회와의 관계 개선**: 기업 시각에서 보면 소셜미디어는 사회와의 관계를 변화시킬 수 있다. 오늘날 기업들은 사회 구성원들이 자신들을 어떻게 인지하는지 를 중요하게 생각하므로, 기업의 사회적 책임을 관리하기 위해 노력한다. 가령, 네슬레, 스타벅스 등의 기업들은 소셜미디어를 창의적으로 이용해 회사의 환경문제 대응노력을 대중에게 알리는데 집중하고 있다. 따라서

▲ 네슬레는 2050년까지 탄소배출을 제로 수준으로 줄이기 위해 노력함으로써 기후 변화에 대응하고 있다는 메시지를 소셜미디어를 통해 전파하고 있다.

기업의 소셜미디어 활용은 사회적 공헌능력을 제고 시키는데 기여할 수 있다.

- **고객취향의 수집**: 소셜미디어는 고객의 선호(가령, "좋아요" 및 팔로워들)를 노출시키므로 유용한 고객선호 데이터를 제공해 준다. 이를 통해 기업의 재무능력(가령, 주가, 매출, 이익 등)이 개선될 수 있으며, 비영리기관의 경우 기부금, 참여율 등을 제고시킬 수 있다.
- **마케팅기능 향상**: 최근 들어 인스타그램, 링크드인, 트위터, 유튜브 등 소셜미디어의

이용이 널리 확산됨에 따라, 기업들은 자신들의 브랜드를 이들 매체에 노출시켜 브랜드를 강화하려 노력한다. 또한 소셜미디어를 이용하면 관심 및 구매행동에 따라 표적 소비자들을 찾아내 마케팅 활동을 이들에 집중할 수 있으므로 궁극적으로 매출 증대가 가능하다.

- **사회의 인적 네트워크 구축**: 기업은 소셜미디어를 통해 동일 산업이나 분야의 종사자들, 고객, 그리고 기타 관련자와 비공식적인 관계를 맺을 수가 있다. 사회 네트워크 구축은 비즈니스 운영실적을 여러 가지로 제고시켜 준다. 이 네트워크를 통해 영업부에서는 신규고객을 발굴할 수도 있고, 마케팅 팀에서는 고객의 니즈 및 수요를 알게 되며, 경영진은 자신들의 전략에 대해 대중의 반응이 어떠한지 알 수 있게 된다.

소셜미디어가 어떻게 고객니즈의 충족을 도울 수 있을까?

기업이 소셜미디어를 이용해 고객이 필요로 하는 제품이나 서비스를 제공할 수가 있다. 기업은 다음과 같은 방법들을 이용해 비즈니스 역량과 실적을 개선할 수 있다.

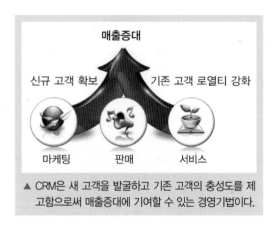
▲ CRM은 새 고객을 발굴하고 기존 고객의 충성도를 제고함으로써 매출증대에 기여할 수 있는 경영기법이다.

- **고객관계관리**: 기업이 기존 및 잠재적 고객과의 상호작용을 관리하는 방법이다. 고객의 과거기록을 관리하며, 고객과의 비즈니스 관계를 개선함으로써 고객유지를 꾀하고 궁극적으로는 매출성장을 지향하는데 초점을 둔다. 회사 웹사이트, 전화, 이메일, 온라인 채팅, 마케팅 자료, 소셜미디어 등 다양한 의사소통 경로로부터 데이터를 수집하는 것이 특징이다. CRM 기법을 이용해 기업들은 표적 고객층이 누구인지 그리고 이 고객들의 니즈를 어떻게 충족시킬 수 있는지 이해할 수가 있다. 그러나 CRM 기법을 도입하면 간혹 일부 고객이 소외감을 느껴 불만으로 이어질 수 있다.

- **혁신**: 혁신은 "새로운 요구사항이나 시장 니즈를 충족시키는 더 나은 방법의 적용"으로 정의할 수 있다. 산업 경제에서, 혁신은 증가하는 소비자 수요에 대응하기 위해 요구된다. 소셜미디어는 이러한 혁신을 촉진시킬 수가 있다. 소셜미디어를 이용해 기존 고객은 물론 잠재 고객에게도 다가가 이들 고객의 창의성을 활용할 수가 있다. 신규 제품 및 서비스를 개발하는데 있어 다음과 같은 두 가지 방법을 활용할 수 있다.
  - **크라우드 소싱**: 가상 커뮤니티에게 회사가 직면한 특정 문제에 대한 답을 공유해 달라고 요청하는 것을 뜻한다. 커뮤니티가 제출된 답들을 수집, 개발, 평가해 가장 강력한 답을 찾아낼 수가 있다.

– **개방 혁신**: 회사가 도입할만한 아이디어를 사람들이 자유로이 제출할 수 있도록 허용하는 방식이다.

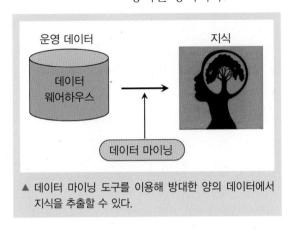

운영 데이터

데이터 웨어하우스

지식

데이터 마이닝

▲ 데이터 마이닝 도구를 이용해 방대한 양의 데이터에서 지식을 추출할 수 있다.

• **지식 관리**: 규모가 비교적 작은 커피 혹은 아이스크림 전문점에서는, 단순히 업소주인이 작성한 주요 고객명단, 고객별 취향, 그리고 고객별 서비스 기대사항을 이용해 지식 관리를 할 수 있다. 그러나 전국 규모 혹은 글로벌 규모의 전자상거래 업체들에서는 매일 같이 방대한 양의 거래데이터가 생성된다. 따라서 오늘날 전자상거래 업체들은 다양한 디지털 도구를 이용해 일상적으로 발생되는 거대한 양의 데이터를 추적, 감시 및 모니터한다. 이를 가리켜 '데이터 마이닝'이라고 한다.

소셜미디어를 이용한 감시, 추적, 분석

기업들은 점차 소셜미디어 기반의 감시 도구를 이용해 브랜드나 제품과 관련되거나 특정 주제와 관련된 웹상의 온라인 대화를 감시, 추적 및 분석하는 추세이다. 이러한 시도는 대외관계 관리 및 광고효과 분석에 유용할 수 있다. 소셜미디어 광고지출에 대한 투자 대비 수익의 측정이 가능하기 때문이다. 활용 도구들은 기본적인 무상 애플리케이션에서부터 심도있는 유상 애플리케이션에 이르기까지 다양하다.

소셜미디어 추적을 통해 기업들은 자신들의 제품이나 서비스에 대한 부정적인 온라인 코멘트에 대해 신속하게 대응할 수가 있다. 비판적인 온라인 코멘트에 대해 신속히 대응하고 또 사용자가 지닌 우려사항을 해소하도록 조치함으로써, 기업은 온라인 불만사항의 부정적 영향을 최소화하는 것이 가능하다. 가령, 한 고객이 주요 호텔체인의 청결상태나 서비스 수준을 소셜미디어 웹사이트를 통해 비판한다고 할 때, 고객서비스 담당자가 즉시 해당 글에 대해 통지받게 되며, 해당사항에 대해 우려를 표시하고 불만을 제기한 사용자에게 다음 구매시 쿠폰이나 가격할인 기회를 제공하고 또 사용자의 우려사항을 호텔 관리자에게 전달함으로써 동일 문제가 재발하지 않도록 약속할 수가 있다. 이러한 신속한 대응은 기업이 고객들에 대해 관심을 갖는다는 사실을 나타내는데 도움이 된다.

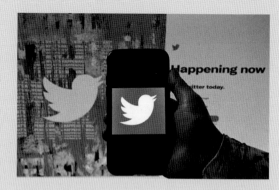

최근 대규모 광고주 이탈을 겪은 소셜미디어(SNS) 트위터가 광고비를 절반 가격으로 할인해주는 것과 같은 혜택을 제공하는 등 공격적인 광고주 유치에 나섰다.

월스트리트저널(WSJ)은 1일(현지시간) 트위터가 최소 50만 달러(약 6억5,000만 원)의 추가 광고비를 집행하는 광고주들에게 해당 금액의 2배로 광고를 노출해주기로 했다고 보도했다.

WSJ이 입수한 이메일에 따르면 추가 혜택은 최대 100만 달러(약 13억 원) 한도이며, 광고비 집행 금액이 50만 달러보다 적으면 추가 광고 노출 혜택은 줄어든다. 광고 금액이 35만 달러(약 4억5,000만 원)일 경우에는 광고비의 50%만큼 추가 노출해주며, 20만 달러(약 2억6,000만 원)인 경우 25%의 추가 노출 혜택을 받을 수 있는 식이다.

소식통들은 새로운 광고에 대한 이번 인센티브 지급이 연말까지 진행되는 건에만 적용된다고 전했다. 트위터는 이번 광고 추가 노출 혜택이 "트위터 사상 최대의 광고주 혜택"이라며 홍보하고 있다.

WSJ은 "지난 10월 말 머스크가 트위터를 인수한 이후 많은 광고주들이 트위터를 떠나거나 광고비를 줄였다"며 "광고주들은 머스크의 콘텐츠 정책과 정지 계정 복원 등에 대해 우려를 표명하고 있다"고 지적했다.

광고 수익은 트위터 매출의 90%가량을 차지하고 있다. 머스크는 트위터 인수 후 수익 모델을 강화 차원에서 월 8달러에 계정인증을 해주는 등 새로운 시도를 하고 있으나 큰 호응을 얻지 못하고 있다.

광고에 대한 의존도가 절대적인 상황에서 제너럴모터스(GM), 제너럴밀스, 몬델리즈 인터내셔널, 아우디, 화이자 등 대형 광고주들은 최근 몇 주 동안 트위터 유료 광고를 중단했다.

머스크가 혐오 발언 등 콘텐츠에 대한 규제를 완화하겠다고 밝히면서 트위터에 광고를 하는 것이 오히려 브랜드 가치를 떨어뜨릴 수 있다는 우려가 제기되고 있다고 외신들은 전했다. 또 머스크가 전 직원의 절반을 해고하는 구조조정을 단행하는 과정에서 광고·마케팅 분야 전문가인 사라 페르소네트 최고고객책임자(CCO)와 레스리 베를랜드 최고마케팅책임자(CMO)도 회사를 떠났다.

출처: 이데일리, 2022. 12. 2

기업들은 왜 소셜미디어 광고를 할까?

　최근 그 이용이 빠르게 증가하고 있는 페이스북, 인스타그램, 트위터와 같은 프로그램들은 원래 사람과 사람을 이어주는 소셜 네트워킹 기능을 통해 가상 커뮤니티를 구축하고 이를 통해 이용자들이 남들과 정보를 공유하며 관계를 유지할 수 있는 소셜미디어다.

　오늘날 기업들은 친근한 관계의 사람들을 서로 연동하는 소셜 네트워크를 기반으로 마케팅을 전개하고 있다. SNS가 지인들에게 광고 콘텐츠를 전달함으로써 광고의 거부감을 줄이며 브랜드 인지도를 강화하고 잠재고객과의 관계를 구축하는 것이 전통적인 광고매체보다 더 매력적인 대안이라고 인식하기 때문이다. 페이스북에서 광고가 노출되면, 흔히 좋아요 수나 공유 수를 보게 되고 숫자가 많을 때에는 거부감 없이 '자발적으로' 광고를 클릭하게 된다.

　이와 같은 이유로, 페이스북 기반의 소셜미디어 마케팅은 기업들 간에 빠른 속도로 확산되고 있다. 오늘날 기업들의 광고전략은 오프라인 기반 (방송 및 인쇄 매체)에서 온라인 기반 (즉 페이스북, 트위터, 블로그 등)으로 이동하고 있는 추세이다.

페이스북 광고 · 마케팅의 효과

　페이스북 광고가 과연 효과가 있을까? 최근 한 조사보고서에 따르면, 페이스북 광고에 노출된 '팬'은 물론 팬의 '친구들'까지 페이스북 광고를 보고난 후 더 많이 지출한다는 점이 밝혀졌다. 이것을 **바이럴 효과**라고 하는데, 이는 동질집단의 구성원들 간에는 광고를 포함한 정보의 파급효과가 크다는 사실을 의미한다. 그러나 직접적인 매출증대 효과는 정확한

▲ SNS 광고는 친근한 지인들에게 광고를 노출시킴으로써 광고의 거부감을 줄일 수 있어 기업들의 관심을 모으고 있다.

측정이 어려우므로, 흔히들 클릭스루율(click-through rate), 구매 전환율(혹은 구매의도), 브랜드인지도 등의 간접적 지표 측정을 통해 효과를 가늠하고 있다.

소셜미디어 광고는 다음과 같은 장점이 있다.

- **타게팅의 용이성**: 페이스북의 월 이용자 수가 19억에 달하며, 페이스북 이용자마다 계정생성시 상세한 프로필을 기재하므로 이를 통해 강력한 타게팅이 가능해진다.
- **빠른 온라인 구전**: 마치 바이러스가 순식간에 인체 장기들을 감염시키듯이, 페이스북의 효과적 광고는 이용자들간에 빠르게 퍼져나갈 수 있음
- **이용자 반응의 측정 가능**: 페이스북 서버상에 이용자들의 이용행태에 관한 데이터가 남기 때문에, 이를 토대로 이용자들이 광고에 대해 보이는 반응을 지속적으로 측정가능하다.

반면, 다음과 같은 단점도 있다.

- **신생기업에 부적합**: 소셜미디어 광고는 브랜드나 기업의 인지도를 높이기 위한 장기적 프로세스이다. 의도한 효과를 얻기 위해서는 많은 시간과 비용이 소요된다. 따라서 아직 잘 알려지지 않은 업체들의 경우 신속한 광고효과를 얻기가 어려우므로 더 저렴한 광고매체에 의존하게 된다.
- **부정적 피드백 허용**: 불만을 가진 한 명의 고객이 부정적인 코멘트를 올릴 수 있으며, 이 메시지가 온라인상에서 신속하게 입소문을 탈 수 있다.
- **만능 광고수단으로서의 한계**: 페이스북, 인스타그램, 트위터와 같은 특정 소셜미디어의 이용자들만 해당 광고를 볼 수 있으므로, 광고 대상자의 폭이 넓지 않다. 또한 연령이 높은 고객들은 소셜미디어 이용이 활발하지 않을 수 있으므로 의도했던 소셜미디어 광고 효과가 떨어질 수 있다.

소셜미디어 마케팅은 전통적인 광고기법과 비교할 때 다음과 같은 이점이 있다.

첫째, 실시간 커뮤니케이션이 가능하다. 좋아요, 공유, 댓글 등의 이용자 행동이 실시간으로 다른 이용자들에게 전파되어 실시간 커뮤니케이션을 가능케 하며, 이로 인해 흥미를 유발할 수 있다. 즉 이메일과 같은 비실시간 커뮤니케이션 방식의 광고와는 다르다.

둘째, 기존의 일방향적인 푸시(push) 방식에서 벗어나 이용자와의 신뢰관계를 기반으로 한 자발적인 참여에 의한 메시지 생산과 공유가 가능하다. 이전에는 스팸메일과 같이 이용자의 의사에 반하는 일방적 메시지를 전달하는데 초점이 있었다면, 소셜미디어 광고에서는 광고를 페이스북 이용자들이 보내는 뉴스피드와 같은 시각으로 바라보는 경향이 있으므로, 광고거부감을 줄이며 메시지를 스스로 클릭해 볼 수 있다.

셋째, 지속적인 메시지 전파가 가능해 연결된 네트워크를 통해 연속적으로 전파되는 형

태의 커뮤니케이션이 가능하다. 이는 곧 바이럴 방식의 메시지전달 효과를 뜻하는데, 한 이용자가 자신의 친구들에게, 그리고 이를 받은 친구가 다시 자신의 친구들에게 Like, Share, 댓글의 형태로 정보를 전달할 수가 있음을 뜻한다.

넷째, 페이스북의 바이럴 정보전파 기능을 통해 광범한 온라인 구전효과를 발생시킬 수 있다. 정보가 좋아요, 공유, 댓글달기 등의 기능을 통해 빠른 시간에 수많은 이용자들에게 전파되므로, 회사/제품 브랜드의 홍보를 하는데 유용하다. 따라서 기업들은 페이스북으로부터 다양한 마케팅 기회를 발견하고 있다.

다섯째, 이용자들 간의 사회적 영향으로 인해 다른 친구가 관심을 나타낸 광고 정보를 큰 거리낌 없이 받아들인다. 즉, 일종의 '밴드웨곤 뛰어들기' 효과가 존재한다.

여섯째, 인터넷은 SNS 기반의 마케팅활동에 또 한 가지 특별한 장점을 제공하는데 광고 캠페인의 경제성이 바로 그것이다.

효과적인 기업 커뮤니케이션 · 마케팅 전략

여러 기업환경에 적합한 만능 광고플랫폼은 없다. 기업의 비즈니스 목표에 부합하는 플랫폼을 선택해 광고 캠페인을 전개하는 것이 효과적인 기업 마케팅 전략이다.

우선, 비록 많은 기업들이 전통 매체 광고를 줄이고 소셜미디어 광고를 늘리고 있는 추세이기는 하나, 페이스북 광고의 경우 광고의 노출이 정교한 '타게팅'을 통해 특정 이용자들에게 한정되므로, 보다 광범한 고객계층을 겨냥하려면 방송이나 인쇄와 같은 전통 매체가 더 적합할 수 있다.

둘째, 인터넷 광고플랫폼으로 흔히 paid search와 paid social의 두 가지 모델을 비교하게 된다. Paid search(검색결과 노출의 구매모델)은 구글, 네이버, 다음의 검색광고에서 볼 수 있듯이, 광고노출이 매출증대에 기여하는 모델이다. 반면, paid social(소셜네트워크 노출의 구매모델)은 페이스북 혹은 트위터 광고와 같이 광고노출이 온라인 구전을 통한 브랜드강화에 기여하므로 주로 신제품 홍보에 자주 사용된다. 따라서 비즈니스 니즈에 맞는 광고모델의 선택이 중요하다.

셋째, 페이스북 광고의 노출대상 이용자들은 주로 청장년층으로서 페이스북을 정기적으로/자주 방문하는 이용자이다. 따라서 노년층 이용자를 포함시켜 다양한 연령층을 대상으로 광고를 노출시켜야 하는 경우에는 (가령, 콜라, 햄버거, 생수, 휴대폰 등의 광고), 소셜미디어 광고에만 의존하기보다는 방송, 인쇄 등 전통매체 혹은 배너/검색 광고를 검토하는 것이 더 적합하다.

요약하자면, 회사 자원이 한정된 중소기업이나 중견기업은 소셜미디어 광고가 더 없이 매력적이지만, 대기업의 경우는 몇몇 적합한 플랫폼을 혼합하는 것도 바람직할 수 있다. 인터넷 채널에만 의존하기 보다는, 제품아이템의 성격에 따라 페이스북 등 소셜미디어와 전통 미디어를 결합하는 하이브리드 마케팅 전략이 바람직할 것이다.

소셜미디어 광고 · 마케팅의 성공사례

20세기 Fox

할리우드의 영화사 20세기 Fox는 'Wall Street – Money Never Sleeps' 영화를 출시하기 전, 페이스북 사이트에 홍보용 페이지를 게시하였다. 그 결과로 다음과 같은 효과가 나타났다.

- 영화를 관람한 사람 중 26%가 페이스북 광고를 봤던 기억이 있음.
- 26만명 이상이 페이스북 페이지를 좋아함 (Fox사는 50만명을 목표로 함)
- 110만명이 페이스북 광고 시청 후 영화를 볼 의도가 생김

AT&T

AT&T사는 미국의 기업 및 개인을 대상으로 서비스를 제공하는 대형 통신사다. 고객들과 1:1 대화를 통해 고객 관계를 개선하기 위하여, 페이스북 페이지를 선보였다. 그에 따른 마케팅 성과는 다음과 같다.

- AT&T 브랜드의 인식이 페이스북 커뮤니티 내에서 향상됨
- 페이스북 광고를 통해 매출이 증가하고 양(+)의 ROI가 확인됨
- 페이스북 페이지에 210만명의 팬이 생김

버드와이저 맥주

버드와이저는 130개국에서 잘 알려진 맥주 브랜드다. 이 회사는 2010년 월드컵 대회기간 중 전세계의 스포츠 팬들과 연동하고자 하였다. 우선 월드컵 경기에 관한 회사 페이지를 새로이 생성하고, 이를 통해 팬들이 축구팀을 지지하는 활동에 참여토록 했다. 버드와이저사는 '스포츠'와 '맥주'라는 키워드에 대해 관심을 가진 사람들을 집중적으로 겨냥하였다. 이 광고 캠페인은 캐나다, 미국, 푸에르토리코, 아르헨티나 및 바레인 등 국가들을 대상으로 진행됐다.

- 월드컵 대회기간 중 첫 며칠간은 1분마다 6명의 팬이 확보됨
- 광고 캠페인 완료시점까지 90만명 이상의 사람들이 링크를 클릭해 해당 페이스북 페이지를 방문함

도미노 피자

도미노사는 온라인으로 주문된 일체의 피자상품에 대해 50% 할인을 해줌으로써 신규 팬을 확보하기 위한 페이스북 광고를 실시했음. 페이스북 페이지 및 광고를 이용해 좋아요(likes) 수를 늘릴 뿐 아니라 이용자들이 친구들을 초대하는 방법도 제시했다. 할인 쿠폰은 도미노 피자의 팬들에게만 유효했다. 페이스북 광고의 성과는 다음과 같다.

- 542,000명이 도미노 온라인 주문사이트를 방문함
- 미국, 캐나다 및 영국을 포함한 다수 국가에서 온라인 매출 및 좋아요(likes) 수가 크게 증가함

허기스

허기스(Huggies)사는 홍콩에서 페이스북 페이지를 선보이고, 이를 통해 소비자들의 브랜드 인식을 제고하며 소비자와의 장기적 관계를 구축하고자 하였다. 이 회사는 팬들로 하여금 자기들의 아기들 사진을 업로드 하도록 요청하는 대회를 개최했다. 선정된 톱 60매 사진들은 10대의 홍콩 버스들에 수록되도록 했다. 허기스는 이 대회를 위해 특정 고객군을 겨냥한 페이스북 광고를 포함한 다양한 광

고 매체들을 활용했다. 광고 성과는 다음과 같다.

- 118,000명이 광고 캠페인 기간 중 첫 3주 동안 허기스의 팬이 됨
- 광고 캠페인 기간 동안 모두 6천매의 아기 사진들이 허기스 페이스북 페이지에 업로드됨
- 다수의 팬들이 추가적인 판촉 이벤트에 필요한 연락처 정보를 입력함
- 다수의 팬들이 허기스 베이비 클럽에 가입하고 허기스 아이폰 앱을 다운로드함

현대자동차 뉴질랜드 법인

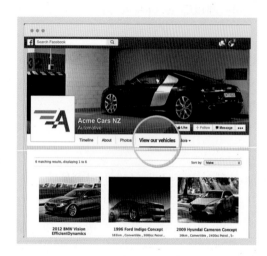

현대차 뉴질랜드는 2010년 뉴질랜드 현지의 기존 및 잠재적 현대차 고객들과 관계를 구축하기 위해 소셜미디어를 도입하기로 결정했다. 페이스북의 Reach Block 광고 및 Premium Poll 광고를 게시했다. 그리고 이들 광고의 응답자들의 고객특성을 이용해 다음 단계 광고의 목표 고객군을 찾아냈다.

- 82만명의 뉴질랜드인들이 이들 광고에 노출됨
- 광고 게시물에 대해 2만명의 참여자(즉, 공감, 댓글, 공유 등을 남긴 이용자)가 나타남
- 현대차 뉴질랜드는 5주만에 팬 수가 150명에서 6천명으로 40배 증가함

기아자동차 미국법인

기아차는 2009년 Y세대 소비자를 대상으로 '기아 소울' 차를 생산했다. 목표소비자들이 매우 소셜한 특성을 지니므로, 소셜미디어를 이용해 커뮤니티를 구축하고 이 커뮤니티를 통해 마케팅을 전개하기로 결정했다. 소울 차의 기능에 대해 목표소비자들에게 정보를 제공하기 위해 Premium Poll 광고를 시작함. 그 다음 기아 소울 브랜드의 인지도를 높이기 위해 혼합 고객군을 겨냥한 다수의 온라인 광고를 페이스북에 게시했다. 그리고는 팬들과 그들의 친구들을 겨냥하기 시작했다.

- 기아 소울 브랜드인지도는 두 번째 단계의 광고로 인해 13 퍼센트 포인트 증가함
- 닐슨 조사에서 14%의 응답자들이 광고 캠페인 이후 기아 브랜드의 인지도가 좋아졌다고 응답함
- 팬들의 친구들을 겨냥한 Premium Video, Like 광고가 가장 높은 참여율을 기록함
- 기아 소울의 팬 수가 89,000명으로 증가함

라코스테

라코스테(Lacoste)는 유명한 프랑스 패션 브랜드로서 이미 수년간 페이스북에 광고를 해 왔다. 2011년 광고 캠페인에서는 이 회사 웹사이트로 더 많은 트래픽을 유도하고 매출을 증대시키는데 중점을 뒀다. 2개월간 지속된 광고 캠페인은 라코스테 웹사이트로 직접 연결된 100여개의 광고물을 게시했다. 라코스테 사는 위치, 성별, 나이, 관심을 토대로 목표 고객군을 설정했다. 남성과 여성, 18~25세와 25~44세, 독일과 영국과 프랑스 등으로 광고를 세분화하였다.

- 라코스테의 온라인 매출이 증가됨
- 영국과 독일과 프랑스에서 각각 4,300만, 6,600만, 7,000만 개의 노출 수를 기록함
- 이 광고 캠페인의 전환율(즉, 광고를 본 일반이용자들 중 구매자의 비율)은 이전의 페이스북 광고보다 5배 증가함

마즈다 자동차 영국법인

마즈다 영국은 페이스북에서 특정 딜러에 등록을 할 경우 마즈다 MX-5 마야코 차의 가격을 20% 할인해주는 행사를 시작하기 위해 페이스북 광고를 시작했다. 페이스북 마켓플레이스 광고를 통해 이 행사를 진행했다. 이 판촉행사에서 성공적인 반응을 얻은 마즈다 영국법인은 MX-5 신차를 5개월간 운전해볼 수 있는 2차 행사를 시작했다.

- 마즈다 차 영국법인의 2월 매출은 34% 증가함
- 마즈다사는 판촉행사기간 중 첫 2주간 MX-5 미야코 모델 100대를 판매했음
- 742명의 이용자들이 영국의 마즈다 딜러에 가입함

LG의 G5 런칭 – 국내 사례

LG는 G5출시를 맞이해 잠재적 고객들의 관심을 높일 목적으로 페이스북 캔버스를 선택해 G5 제품의 특장점을 전달하였다.

- 클릭률이 기존 링크광고에 비해 26% 증가함
- 광고의 회상도가 기존 링크광고에 비해 12% 증가함
- 제품 브랜드 인지도가 기존 링크광고에 비해 8% 증가함

• 제품 브랜드 선호도는 기존 링크광고에 비해 6% 증가함

롯데백화점의 온라인몰 매출 제고 – 국내 사례

롯데백화점은 페이스북의 웹사이트 맞춤 타게팅 솔루션을 활용해 온라인몰 구매 가능성이 높은 잠재 고객을 확보하고, 이 고객들을 대상으로 구매를 유도하는 리마케팅 캠페인을 진행했다. 그 결과, 온라인몰의 구매 전환을 성공적으로 증가시키며 캠페인 목표를 초과 달성했다.

• 웹사이트 클릭광고 구매전환율이 캠페인 초기에 비해 2배 증가
• 광고 ROI(비용투자 대비 수익률) 3배 증가
• 구매전환당 비용이 캠페인 초기에 비해 37% 절감됨

하이트진로의 동영상 브랜딩 캠페인 – 국내 사례

하이트진로는 페이스북의 정확한 연령 타게팅을 활용, 만 19세 이상의 젊은 소비자 및 남성 소비자들을 대상으로 새로운 광고모델을 통한 자사 제품 리브랜딩 동영상 캠페인을 진행했다. 그 결과, 동영상을 조회한 그룹에서 브랜드 호감도 및 구매 의향이 높아졌다.

• 동영상 노출이 약 1,800만 회 발생함
• 동영상 조회가 약 220만 건 발생함
• 광고 회상률(recall rate)이 15 퍼센트 포인트 상승함

소셜미디어 마케팅의 성공적인 도입방안

글로벌 기업 시각에서 보면 글로벌 스케일의 SNS를 통해 광고를 하는 것이 중요하다. 미국의 경우, 예전에는 마이스페이스가 또 최근에는 페이스북이 이를 지원할 적절한 광고플랫폼이 될 수 있다. 우리나라의 경우, 소셜 네트워킹 서비스로 한때 싸이월드가 등장해 관심을 모았지만 차츰 사라졌고, 이후 페이스북이 국내의 SNS 광고시장을 지배하며 최근 기업광고를 유치하기 위해 노력하고 있다.

글로벌 시장을 타겟으로 하는 삼성, 현대와 같은 대기업들은 오프라인 광고에 비해 SNS

광고의 비중을 늘리는 소셜미디어 마케팅 전략을 구현하고 있다. 기업들이 특정 SNS를 소셜미디어 마케팅의 주요 플랫폼으로 받아들이는 결정을 하는데 가장 핵심적인 이슈는 광고 컨텐츠가 얼마나 광범한 이용자 계층에 노출될 수 있는가이다.

광고주는 신중히 광고기획사를 선정해 창의적이고, 흥미로우며, 질높은 광고 콘텐츠를 만듦으로써 저질의 광고들과 다르다는 차별적 이미지를 심어주는 것이 중요하다. 페이스북 광고가 성공하려면 아래 세 가지를 중시해 이용자들의 긍정적 반응을 이끌어낼 수 있어야 할 것이다.

- 감성적 호소력
- 정보 유익성
- 광고 창의성

01 소셜미디어 서비스는 이용자들이 온라인상에서 콘텐츠를 생성, 공유, 토의할 수 있는 장을 제공한다.

> **정답**　○
>
> **해설**　블로그나 SNS와 같은 소셜미디어는 지인들에게 콘텐츠를 손쉽게 출판할 수 있는 온라인 공간이다.

02 오늘날 소셜미디어는 주로 개인들 간의 정보공유 수단으로 자리잡게 되면서, 영리활동을 하는 기업들에게는 특별한 활용가치가 없는 것으로 인식된다.

> **정답**　×
>
> **해설**　개인들의 정보공유는 물론 기업들의 마케팅을 위해서도 중요한 역할을 담당한다.

03 소셜미디어는 다중 발송자와 다중 수신자 간의 상호대화적 전송시스템이다.

> **정답**　○
>
> **해설**　소셜미디어는 불특정 다수의 이용자들이 콘텐츠 생산에 참여할 수 있고, 이를 또 다른 다수 이용자들이 이용할 수 있다.

04 소셜미디어가 전통적 미디어에 비해 지니는 특징으로 적절치 못한 것은?

① 품질이 균일하지 못하다.

② 콘텐츠가 다수의 생산지점에 의해 자율적으로 생산된다.

③ 콘텐츠 생산에 시간이 더 오래 소요된다.

④ 일단 출판된 콘텐츠도 추후 업데이트가 쉽다.

> **정답**　③
>
> **해설**　전문성을 요구하는 전통 미디어와 달리, 소셜미디어는 누구나 즉흥적으로 콘텐츠를 제작 및 유통시킬 수 있다.

05 SNS와 그 설명이 잘못 짝지어진 것은?

① 트위터 – 사용자가 짧은 단문메시지를 전송할 수 있는 서비스

② 링크드인 – 사용자가 자신의 일상생활 사진을 전송 및 공유할 수 있는 서비스

③ 핀터레스트 – 사용자가 웹에서 발견한 사진을 남들과 공유할 수 있는 서비스

④ 페이스북 – 사용자가 개인 프로필을 만들고 사진 및 동영상을 공유할 수 있는 서비스

> **정답**　②
>
> **해설**　링크드인(linkedin.com)은 사용자가 프로필을 만들고 이력서를 올리며 다른 구직자들 및 기업과 소통할 수 있게 해주는 비즈니스 목적의 SNS이다.

06 다음 중 소셜미디어의 유형으로 적합하지 못한 것은?

① 마이크로 블로그   ② 제품 리뷰사이트
③ 고객지원 사이트   ④ 사진공유사이트

정답 ③

해설 고객지원 사이트는 소셜미디어와 관계 없다.

07 가상 커뮤니티의 특징에 해당하지 않는 것은?

① 공통적인 관심/취미
② 콘텐츠에 대한 이용자들의 평가 및 반응 표시
③ 상호 이익이나 목표 추구
④ 기업의 재정적 지원으로 운영

정답 ④

해설 가상 커뮤니티는 외부지원 없이 자체적인 수익모델을 통해 운영됨

08 개인들이 시사성있는 이벤트(가령, 대통령선거 등)나 특정주제(가령, 요리, 등산, 낚시 등)에 대해 작성한 글을 모아놓고 방문자들이 관련 의견을 작성할 수 있는 웹사이트를 가리켜 무엇이라고 하는가?

① SNS   ② 블로그
③ 포럼   ④ 메시지보드

정답 ②

해설 블로그는 특정 주제에 관련해 이용자들 간의 지속적 토론이 가능하다.

09 소셜미디어가 기업에 제공할 수 있는 효익으로서 옳지 못한 것은?

① 고객취향의 수집   ② 기업과 사회 간의 관계 개선
③ 제조기술의 개발   ④ 마케팅 기능의 향상

정답 ③

해설 소셜미디어는 제조기술의 개발에 직접적 영향이 없다.

10 소셜미디어의 특징과 거리가 먼 것은?

① 바이럴 콘텐츠   ② 모바일 기기의 사용
③ 비즈니스 응용   ④ 글로벌 독자보다는 현지 독자 겨냥

정답 ④

해설 종이신문이나 라디오방송과 달리, 소셜미디어는 손쉽게 글로벌 독자를 접근할 수 있다는 장점이 있다.

11 초기에 등장했던 SNS의 예로 볼 수 없는 것은?

① 네이버 블로그   ② 프렌드스터

③ 싸이월드   ④ 마이 스페이스

정답 ①

해설 네이버 블로그는 SNS라기 보다는 웹로그(혹은 블로그)에 속한다.

12 기업이 가상커뮤니티에 요청해 회사가 직면한 특정 문제에 대한 답을 획득하는 방법은?

① 고객관계관리(CRM)   ② 리엔지니어링

③ 크라우드 소싱   ④ 벤치마킹

정답 ③

해설 크라우드 소싱(crowdsourcing)은 특정 목표의 달성을 위해 집단 지성을 이용하는 방법으로서 회사가 풀지못한 문제에 대한 답을 가상커뮤니티를 통해 구하고자 할 때 유용하다.

13 소셜미디어 기반의 광고가 지니는 장점으로서 옳지 못한 것은?

① 저렴한 광고비용   ② 타게팅의 용이성

③ 빠른 온라인 구전   ④ 광고에 대한 부정적 댓글이 적음

정답 ④

해설 소셜미디어 광고는 부정적 댓글이 매우 쉽게 올라올 수 있으며, 이로 인해 회사 네거티브 사항이 입소문을 탈 수 있다.

14 소셜미디어를 기반으로 전개하는 마케팅 기법을 가리켜 (　　　) 마케팅이라고 부른다. 빈 칸에 적합한 단어는?

정답 소셜미디어

15 소셜미디어 사이트에서 제품관련 콘텐츠가 온라인 구전기능을 통해 소셜네트워크상에서 급속도로 전파되어 브랜드인지도를 강화시키는 마케팅 기법을 가리켜 (　　　) 마케팅이라고 부른다.

정답 바이럴

- 소셜미디어는 가상 커뮤니티를 통해 아이디어, 관심사 및 기타 정보를 생성하고 공유하도록 해주는 컴퓨터 기반의 기술이다.

- 소셜미디어의 예로서 SNS 이외에도 블로그, 비즈니스 네트워크, 기업 소셜 네트워크, 포럼, 사진공유 사이트, 제품 리뷰 사이트 등이 있다.

- 소셜미디어의 주요 특징으로는 바이럴 콘텐츠에 의한 온라인 구전, 모바일 기기를 통한 손쉬운 접근, 그리고 비즈니스 문제에의 응용 확산의 세 가지가 있다.

- TV, 신문, 잡지 등 전통 미디어에 비해 소셜미디어는 콘텐츠 품질의 편차가 더 크고, 불특정 다수의 이용자에 의해 분산적으로 콘텐츠가 관리되며, 또 콘텐츠의 신속한 유통이 가능하다.

- 가상 커뮤니티란 특정 소셜미디어를 통해 서로 대화를 나누는 개인들의 모임을 의미하며, 상호 이익이나 목표를 추구한다.

- 가상 커뮤니티는 초기에 메시지 게시판, 채팅 방, 이메일 주소목록 등의 형태로 등장하였으나, 이후 페이스북, 인스타그램, 트위터, 유튜브, 스냅샷 등과 같은 SNS로 발전하였다.

- 소셜미디어는 기업이 사회와의 관계를 개선하고, 고객취향 정보를 수집하며, 마케팅기능을 개선하고, 사회의 인적네트워크 구축을 지원하는 등 비즈니스 활동에 중요한 영향을 미친다.

- 오늘날 소셜미디어는 기업이 고객니즈를 보다 원활하게 충족시킬 수 있도록 고객관계관리(CRM)을 증진하고, 혁신을 촉진하며, 또 지식관리를 지원하는 역할을 담당한다.

- 기업들은 소셜미디어 추적을 통해 자신들의 제품이나 서비스에 대한 부정적인 온라인 코멘트를 즉시 발견하고 이에 대해 신속하게 대응할 수가 있다.

- SNS가 지인들에게 광고 콘텐츠를 노출시킴으로써 광고의 거부감을 줄이며 브랜드 인지도를 강화하고 잠재고객과의 관계를 구축할 수 있어, 기업들은 소셜미디어 마케팅을 적극적으로 도입하는 추세이다.

- 소셜미디어 광고는 저렴한 광고비용, 용이한 타게팅, 바이럴 정보전파 등의 장점이 있는 반면, 큰 관심을 받기가 어렵고, 광고에 대해 부정적 댓글이 생길 수 있는 등 단점도 존재한다.

- 소셜미디어 광고는 만능 플랫폼이 아니므로, 기업의 비즈니스 목표를 고려해 적합한 광고플랫폼을 결정하는 것이 바람직하며, 또 때에 따라서는 소셜미디어를 전통 미디어와 결합한 이른바 하이브리드 마케팅 전략을 도입할 필요가 있다.

소셜미디어 마케팅으로 해외시장 개척하는데 성공한 코니바이에린

지난 9월 육아용품 업체 '코니바이에린(Konny by Erin, 이하 코니)'의 아기띠 누적 판매량이 100만 개를 돌파했다. 창업 5년 만이다. 급성장의 원동력은 해외 시장에 있었다. 지난해 전체 매출의 무려 82%가 해외에서 나왔다. 2017년 서울의 한 가정집에서 시작한 코니는 이제 글로벌 브랜드로서 전 세계 70여 개국에 제품을 판매한다. 주요 시장은 일본, 미국, 호주, 홍콩, 싱가포르 등이다.

▲ 코니바이에린의 아기띠 제품홍보 이미지(www.konny. co.kr)

디스커버리 커머스의 '해외구매(Cross-Border Shopping)' 트렌드는 전 세계 고객을 상대로 소셜미디어 채널을 활용해 마케팅 캠페인을 진행하는 경우를 가르킨다. 코니는 오프라인 점포 하나 없이 소셜미디어 마케팅만으로 전 세계에 흩어져 있는 잠재고객을 찾아냈다.

물론 제품력이 뛰어나야 마케팅도 가능하다. 지난 10월 12일 서울 성동구에서 만난 김동현 코니 이사는 "코니의 비전은 육아의 불편함을 제품으로 해결한다는 것"이라며 "기존 제품에 존재하는 불편함과 마땅한 제품이 없어서 느끼는 불편함 모두를 해결하고자 한다"고 강조했다. 첫 번째 제품인 '아기띠'는 가볍고 안전하면서도 스타일리시하다는 평을

받고 있다.

"기존 아기띠는 안정성과 이동성에만 집중한 탓에 거추장스럽고 '군장' 같은 느낌을 줍니다. 또 아기를 천으로 감싸는 베이비 랩은 착용하는 데 시간이 오래 걸려 불편했고요. 두 가지 단점을 보완하고 코니만의 장점을 얹은 제품을 기획했는데 시장에서 반응이 굉장히 빠르게 나타났어요. 일본의 경우 창업 1년 만에 시장 안착에 성공했죠."

"저희 국가에서도 판매해 주세요."

일본 진출은 한국에 여행을 온 일본 부모들 덕분이었다. "일본인 여행객들이 저희 아기띠를 본 뒤 포털에서 제품을 찾아봤다고 합니다. 당연히 검색 결과에 안 나왔죠. 그런데 인스타그램에서는 검색이 됐던 거예요. 저희 아기띠를 착용한 사진을 올리는 고객들이 점점 늘어났어요."

일본 고객들은 코니 인스타그램에 DM(다이렉트 메시지)을 보내기 시작했다. 유통 채널이 없어 코니 제품을 구매하기 어렵다는 내용이었다. 김 이사는 "갑자기 자사몰(브랜드가 직접 운영하는 구매 사이트)을 만들어달라는 일본어 문의가 들어와서 놀랐다"며 "이후 미국에서도 같은 내용의 DM이 오자, 외국인용 자사몰 구축을 본격화하고 미국·일본 아마존 입점도 결정했다"고 회상했다.

코니 매출에서 일본과 미국의 비중은 압도적이다. 일본에서만 약 60%에 달한다. 일본과 미국에서 코니의 인기 비결은 '다양성'에 있다. 15가지 색상과 10개 사이즈의 조합은 부모들이 아기띠를 매도 '나다움'을 잃지 않도록 했다. 김 이사는 "내 스타일을 망치지 않는 아기띠가 필요했던 것 같다"며 "미국의 경우는 체격 편차가 크지만 기존 제품의 사이즈는

수요를 따라가지 못했다"고 설명했다.

선택지가 늘어나면 결정 장애를 불러오지 않을까. 김 이사는 "빅데이터와 머신러닝으로 고객의 선택을 돕는다"고 답했다. 기존 고객의 체형 데이터와 아기띠 사이즈, 착용 후기, 반품 및 환불 비율 등을 종합한 빅데이터를 기반으로 체형에 맞는 아기띠 사이즈를 추천해주는 방식이다.

국가에 따라, 소셜미디어 종류에 따라… 다양한 마케팅 전략

해외 고객이 먼저 연락해 제품 판매를 요구했다는 점에서 코니는 '운 좋은 브랜드'로 보이지만 코니 역시 적극적으로 고객을 확보해 나갔다. 다양한 소셜미디어와 메신저, 쇼핑몰을 이용해 잠재고객과의 접점을 확대하는 중이다. 김 이사는 국가마다 인기 있는 소셜미디어가 다르기 때문에 세밀한 전략이 필요하다고 설명했다.

"일본에서는 인스타그램과 라인 메신저, 미국에선 페이스북이 활발하게 사용됩니다. 한국에서도 인스타그램과 페이스북이 대세죠. 네이버 쇼핑 라이브와 카카오채널도 떠오르는 창구입니다. 중요한 점은 소셜미디어의 종류에 따라 브랜드·제품 마케팅 콘텐트도 달라야 한다는 겁니다."

인스타그램은 하루 사용 빈도가 높기 때문에 시각적 효과가 우선해야 하고 텍스트는 보조라는 설명이다. 반면 페이스북은 게시물 구성이 정반대다. 텍스트가 상단에 위치하고 그 밑에 이미지나 영상이 붙기 때문에 눈길을 끄는 텍스트가 필요하다. 김 이사는 "텍스트에도 여러 종류가 있다"며 "잠재고객의 공감을 일으키거나 높은 할인율을 강조할 수도 있고

▲ 일본 인스타그램의 코니 제품 페이지

호기심을 끄는 한 문장이 될 수도 있다"고 말했다. 이어 "코니는 힘든 육아에 공감하면서도 제품에 대한 호기심을 불러일으키는 텍스트를 구상한다"고 덧붙였다.

코니의 다음 과제는 새로운 소통 채널을 확보하고 다양한 형식의 마케팅 콘텐트를 제작하는 것이다. 김 이사는 "기존 채널에서 만나지 못했던 새로운 잠재고객들을 만날 수 있는 채널로 라이브 쇼핑에 주목하고 있다"고 말했다. 인플루언서 활용 방안도 모색 중이다.

최근 60만 팔로워를 거느린 한 인플루언서가 코니 내복을 입은 아이 사진을 인스타그램 스토리에 올리자 당일 매출이 2배로 껑충 올랐다. 김 이사는 "코니의 브랜드 슬로건은 '부모로서의 삶을 더 쉽고 멋지게'다"라며 "슬로건에 어울리는 국내외 인플루언서를 활용하는 방안도 고민 중"이라고 말했다.

출처: 포브스 코리아, 2022. 10. 23

토의문제

1. 사례에 소개된 육아용품업체 코니바이에린이 소셜미디어 기반의 마케팅을 전개하게 된 배경 및 목적은 무엇인가?

2. 소셜미디어 마케팅 이외에도 신문이나 방송을 통한 전통적 마케팅 등 다양한 마케팅 기법들이 있는데 굳이 소셜미디어 마케팅을 도입하기로 결정한 이유가 무엇인지 알아봅시다.

3. 코니바이에린이 소셜미디어 마케팅으로 어떠한 효과를 얻게 되었는지 설명하시오.

4. 소셜미디어 마케팅의 도입이 적합한 제품군 세 가지를 제시하고 각각 해당 제품군에 대해 소셜미디어 마케팅이 적합한 근거를 설명하시오.

제 2 부

정보기술이 기업에 미치는 영향

전사적 데이터 관리

대형 외식프랜차이즈 스카이라크, 10만 스태프공유시스템 만든다

가스토, 조나단 등 27개의 외식브랜드를 보유하고 있는 일본의 대형 외식프랜차이즈 스카이라크그룹이 일손부족 문제 해결을 위해 정면 돌파에 나섰다. 25일 니혼게이자이신문이 보도한 바에 따르면 스카이라크는 그룹 산하의 3,100개 점포에서 근무하는 약 10만 명의 파트타임이나 아르바이트 스태프들이 소속과는 다른 점포에서도 일할 수 있도록 정보공유시스템을 구축할 계획이다. 스카이라크는 이를 위해 약 100억 엔을 투자한다.

일본의 외식업계는 만성적인 일손부족에 시달리면서 시급 등 임금인상을 통해 인력확보에 매달려 온지 오래다. 하지만 한정된 일손을 두고 서로 뺏고 빼앗는 상황만 지속될 뿐, 임금인상만으로 인력난 문제를 해소할 수 없는 난관에 봉착한 상태다. 스카이라크가 업계 최대규모인 100억 엔을 투입해 정보공유시스템을 도입하는 배경에는 제한된 인적자원을 보다 효율적으로 활용해 일손부족 문제를 그룹 자체적으로 해결하고자 하는 의도가 깔려있다.

스카이라크의 정보공유시스템은 오는 7월부터 순차적으로 그룹내 27개 브랜드 3,100개 점포에 도입될 예정이다. 신시스템이 도입되면 개업 등으로 일시적인 일손부족 처한 점포에 다소 여유가 있는 근처 점포 소속의 스태프를 대체 투입할 수 있게 돼 유연한 대처가 가능해질 것으로 보인다. 과거 업계에서는 개별 점포별로 점장들의 판단 아래 스태프를 파견하는 사례는 있었지만, 스카이라크처럼 대규모 시스템 투자를 통해 전사적인 차원에서 타 점포 소속 스태프를 투입하는 시도는 업계 최초다. 스카이라크는 이를 위해 브랜드별로 제각각이었던 접객매뉴얼을 통일화하는 한편, 접객 순서를 동영상으로 제작해 자택이나 점포내에서도 시청할 수 있도록 하여 현장에 즉시 투입가능토록 스태프들의 역량을 높

▲ 일본 외식기업 스카이라크 그룹의 홈페이지

여 나갈 계획이다.

정보공유시스템의 사용법은 비교적 간단하다. 일시적으로 일손부족에 처한 점포가 일손이 필요한 날짜와 시간 등을 게시판에 올리면, 해당 일시에 근무가 가능한 스태프가 스마트폰 등을 통해 이에 응모하는 방식이다. 매칭되면 점포와 스태프 모두에게 통지되고 응모자는 해당점포에서 약속된 시간만큼 일을 하면 된다. 시스템 활성화를 위해 소속 이외의 점포에서 일한 경우에는 시급을 올려 지급하는 방식도 고려하고 있다.

스카이라크의 정보공유시스템은 점포입장에서도 메리트가 있을 뿐만 아니라, 스태프 입장에서도 근무시간이나 장소가 확대되는 등 효용가치가 높다. 예를 들어 자택과 가까운 점포에 소속된 아르바이트생이 학교 근처에 위치한 점포에서도 일을 할 수 있는가 하면 아르바이트 시간을 늘리고 싶은 경우에도 이 시스템 아래에서는 굳이 다른 외식업체나 점포를 찾기 위해 노력을 기울이지 않아도 되기 때문이다.

출처: 프레스맨, www.pressm.kr, 2018. 3. 26; 식품외식경영, 2020. 3. 2

① 데이터의 통합적 관리

오늘날 기업들은 다양한 경영압박에 직면해 있으며 이러한 압박을 적절히 대응하기 위해서는 비즈니스 프로세스를 효율화하고 제품개발주기를 단축하며 고객의 니즈를 신속하게 충족시켜 나가는 노력이 요구되고 있다.

기업이 이러한 대응능력을 얻기 위해서는 여러 기능분야들 및 조직 부서들의 정보를 통합하며 기업의 활동을 공급사 및 기타 비즈니스 파트너들의 활동과 균형 있게 관리해 나갈 수 있는 강력한 시스템이 필요하다.

기업들은 전통적으로 조직기능을 지원하기 위해 마케팅, 생산 등 기능분야별로 서로 독립적인 정보시스템들을 이용해 왔다. 그림 6-1에서와 같이 일상적인 주문처리 업무는 기능분야들 간에 의존관계가 존재하기 때문에 원만한 데이터공유 및 커뮤니케이션이 필요하다. 그러나 대부분 기업들은 부서들마다 자신들의 니즈에 부합되는 맞춤시스템을 개별적으로 구축하였고, 결과적으로 서로 간에 정보를 원만하게 교환하기도 쉽지 않았다. 여러 기업들이 이와 같이 조직내부 간의 업무조정만 어려웠던 것이 아니라 일상적으로 손발을 맞춰야 하는 고객이나 공급사나 협력사와도 호흡을 맞출 수가 없었다. 이러한 상황에서는 불

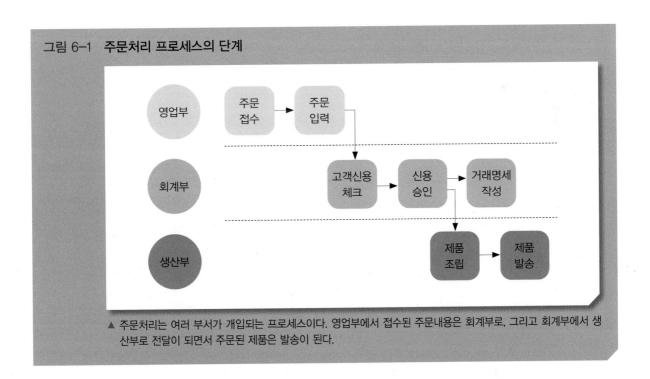

그림 6-1 주문처리 프로세스의 단계

▲ 주문처리는 여러 부서가 개입되는 프로세스이다. 영업부에서 접수된 주문내용은 회계부로, 그리고 회계부에서 생산부로 전달이 되면서 주문된 제품은 발송이 된다.

▲ 전통적으로 기업들은 부서별로 독자적인 정보관리시스템을 구축해 운영함으로 말미암아 부서간에 원만한 정보공유가 이루어지기 어려웠다.

필요한 인력낭비가 발생하고 고객요구에 대응하는 시간이 지연될 수밖에 없으므로 고객의 불만은 커지게 되고 또 회사 경쟁력은 뒤처질 수밖에 없다. 이러한 문제에 대한 해법은 두 가지 방향으로 찾을 수 있다. 첫째는 개별 시스템들 간에 연결고리 역할을 하는 미들웨어 프로그램을 설치함으로써 기존 시스템들을 하나로 묶어주는 방법이다. EAI(enterprise application integration)라고 불리는 이 방법은 구현이 매우 시간소모적이고 개발비용이 많이 드는 것이 흠이지만, 기존 시스템 및 정보를 살리면서 통합시스템을 구현할 수 있는 장점이 있다. 두 번째 해법은 새로운 전사적 소프트웨어 패키지로서 기존의 기능분야별 애플리케이션들을 하나로 통합하는 것이다. ERP(enterprise resource planning)라고도 알려진 이 소프트웨어는 비즈니스 기능분야들 간의 경계선을 초월하여 전사적인 관점에서 업무프로세스를 관리하기 때문에 기업의 대응속도를 높여주는 장점을 기대할 수 있다. 아래에서는 이와 같은 기업 정보시스템 통합의 추세 두 가지를 살펴보기로 한다.

기존 애플리케이션의 통합

기업의 조직단위마다 독립적으로 존재하는 시스템들을 활용하면서 조직단위간에 정보를 공유할 수 있는 전사적 시스템을 구축하는 방법은 EAI라고 하는 소프트웨어를 통해서 가능하다. EAI의 개념을 이해하기 위해서는 우선 미들웨어(middleware)의 의미를 살펴보는 것이 도움이 된다. 그림 6-2에서 볼 수 있듯이, 미들웨어란 기업의 서로 다른 애플리케이션들을 상호 연결해 주는 소프트웨어로서, 마치 언어소통이 되지 않는 두 사람 사이에서 통역을 해주는 제3자에도 비유할 수 있다. 예전에는 기업 레거시(legacy) 애플리케이션들을 상호 연결하기 위해 내부적으로 미들웨어 프로그램을 개발하는 기업이 많았으나 요즈음은 소프트웨어 패키지를 구매해서 이용하는 추세이다.

EAI 소프트웨어도 이러한 미들웨어의 유형이라고 할 수 있는데, 이는 데이터 변환 및 조정관리, 애플리케이션 커뮤니케이션 및 메시징 서비스, 그리고 관련된 애플리케이션 인터페이스에의 접근 등의 기능을 수행한다. 따라서 EAI는 이용자가 개발한 비즈니스 프로세스 모

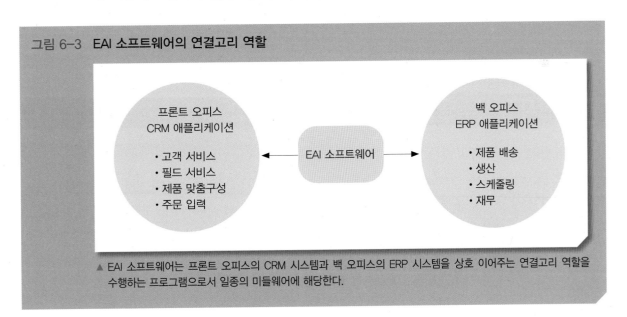

그림 6-2 미들웨어의 개념도

애플리케이션 A

데이터, 명령

미들웨어

데이터, 명령

애플리케이션 B

▲ 미들웨어는 별도의 소프트웨어로서 두 개의 애플리케이션 사이에서 데이터 및 명령의 변환을 담당함으로써 두 애플리케이션이 서로 커뮤니케이션을 할 수 있게 해 준다.

델로부터 파생된 규칙에 따라 애플리케이션들이 데이터를 교환할 수 있도록 함으로써 기업의 다양한 애플리케이션들을 통합시키는 역할을 담당한다.

그림 6-3에서 볼 수 있듯이, 고객 서비스를 하는데 이용하는 CRM 애플리케이션과 또 주문을 처리하는데 이용하는 ERP 애플리케이션은 서로 건널 수 없는 두 개의 고립된 섬이나 다름없다. 그러나 서로 호환이 되지 않는 ERP 소프트웨어와 CRM 소프트웨어 사이에 제3의 EAI 소프트웨어를 설치함으로써 두 애플리케이션이 함께 데이터를 교환하며 비즈니스 프로세스들을 처리할 수 있다.

오늘날 시장에 공급되고 있는 EAI 소프트웨어 제품들은 대부분 비즈니스 프로세스 모델링 기능이 포함되어 있다. 시스템 구축자들은 EAI 소프트웨어를 이용해 그래픽 형태로 비즈

그림 6-3 EAI 소프트웨어의 연결고리 역할

프론트 오피스
CRM 애플리케이션

• 고객 서비스
• 필드 서비스
• 제품 맞춤구성
• 주문 입력

EAI 소프트웨어

백 오피스
ERP 애플리케이션

• 제품 배송
• 생산
• 스케줄링
• 재무

▲ EAI 소프트웨어는 프론트 오피스의 CRM 시스템과 백 오피스의 ERP 시스템을 상호 이어주는 연결고리 역할을 수행하는 프로그램으로서 일종의 미들웨어에 해당한다.

▲ EAI 소프트웨어를 기반으로 기존 애플리케이션들을 통합하게 되면, 고객 콜센터의 대응능력 및 효과를 크게 개선할 수 있다.

니스 프로세스를 모형화해서 프로세스의 올바른 실행을 위해 따라야 하는 규칙들을 정의해 줄 수가 있다. 그 다음에 소프트웨어가 기존 애플리케이션들을 서로 연결해 주기 위한 프로그램 명령을 생성시키게 된다. 그래야만 이들 애플리케이션이 비즈니스 프로세스의 규칙에 의해 통제되는 메시지들을 통해 데이터를 교환할 수가 있다. 가령, 이러한 규칙은 다음과 같은 내용이 될 수 있다: "주문이 접수되면, 주문 애플리케이션이 회계시스템에 대해 대금청구서를 발송하게 하고, 또 물품발송시스템에 대해서는 주문제품을 고객에게 발송토록 하여야 한다." 연결대상이 되는 개별 애플리케이션들은 EAI 소프트웨어와 상호 독립적이므로, 기업은 애플리케이션들의 수정을 요구하지 않고도 비즈니스 프로세스를 변화시키며 성장해 나갈 수 있다.

기업 애플리케이션들의 통합은 고객 콜센터의 대응능력 및 효과를 크게 개선할 수 있다는 점에서 비즈니스 가치가 매우 높은 것으로 나타나고 있다. 이는 EAI가 고객을 신속하게 서비스하기 위해 고객대응 요원이 필요로 하는 고객 및 제품 데이터를 통합적으로 제공하기 때문이다. EAI는 또한 주문처리 프로세스를 효율화하기 때문에 제품과 서비스가 보다 신속하게 제공될 수 있게 된다. 따라서 EAI을 이용해 대응능력을 강화시킴으로써 고객 및 공급사의 만족도를 제고시킬 수가 있다.

② 전사적 시스템을 통한 조직기능의 통합

최근 기업들은 커스터마이즈된 시스템을 새로이 개발하기 보다는 ERP 소프트웨어 패키지를 도입해서 기업용도에 맞는 '전사적 시스템'(enterprise system)을 구축함으로써 기능분야들의 통합을 실현하고 있는 추세이다. 이러한 ERP 기반의 시스템을 초기능적 시스템(cross-functional system)이라고도 하는데 이는 ERP 시스템이 기업의 기능분야간 경계선을 초월해 데이터 및 비즈니스프로세스의 공유를 가능하게 하기 때문이다.

전사적 시스템이란?

▲ 경영관리자가 신속한 의사결정을 위해 기업의 운영현황과 관련한 다양한 정보를 참고하여야 하는 경우, 전사적 시스템이 전체적인 상황을 한눈에 보여줄 수 있다.

경영관리자는 신속한 의사결정을 하기 위해 수 많은 데이터베이스 및 시스템의 정보를 참고하여야 하는 상황이 발생할 수 있다. 또 회사가 제조하는 제품 종류가 다양한데 이들 모두 서로 다른 공장에서 생산되며 각 공장에서 생산 및 물류를 관리하기 위해 운영하는 시스템도 서로 호환이 안될 수가 있다.

이 경우, 의사결정을 하기 위해 간혹 때 지나기도 한 리포트 출력물에 의존할 수밖에 없다. 이로 인해 업무가 전반적으로 어떻게 돌아가는지 이해하는 것이 어려울 것이다. 영업부 직원들은 주문시 재고가 있는지 알 수 없고, 생산부는 판매 데이터를 이용해 새로운 생산계획을 수립하기도 쉽지 않다. 이러한 배경에서 탄생한 것이 정보를 통합하는 **전사적 시스템**이다.

전사적 소프트웨어의 개념

전사적 시스템을 구성하는 기본적인 요소는 전사적 소프트웨어이다. **전사적 소프트웨어** (enterprise software)는 개인 사용자보다는 기업의 니즈를 충족시키기 위해 이용되는 소프트웨어이다. 기업들은 유사한 부서와 시스템을 공통적으로 지니고 있으므로, 전사적 소프트웨어는 개별 업무환경에 맞도록 커스터마이징할 수 있는 프로그램들로 구성된다.

전사적 소프트웨어는 정교하게 정의된 수천 개의 비즈니스 프로세스를 중심으로 구축된다. 이 소프트웨어를 도입하려는 기업들은 우선 자신들이 사용하기 원하는 시스템 기능들을 선택한 다음 자신들의 기존 비즈니스 프로세스들을 소프트웨어 내의 사전 정의된 비즈니스 프로세스들과 연동시킨다.

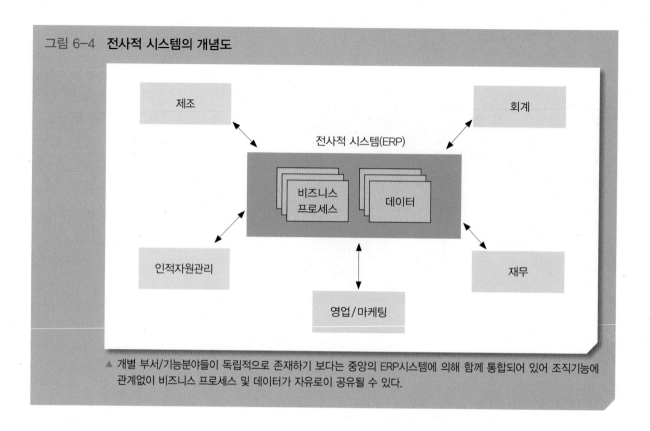

그림 6-4 **전사적 시스템의 개념도**

전사적 시스템(ERP)

제조 · 회계 · 인적자원관리 · 재무 · 영업/마케팅

비즈니스 프로세스 · 데이터

▲ 개별 부서/기능분야들이 독립적으로 존재하기 보다는 중앙의 ERP시스템에 의해 함께 통합되어 있어 조직기능에 관계없이 비즈니스 프로세스 및 데이터가 자유로이 공유될 수 있다.

ERP란?

ERP(enterprise resource planning)란 기업내의 모든 부서들 및 기능들을 개별 부서 고유의 니즈를 모두 충족시킬 수 있는 단일 시스템으로 통합하는 소프트웨어로 정의될 수 있다. 예전의 시스템들이 각각 해당부서에서 오래 전부터 수행해오던 고유 업무방식에 맞게 만들어진 시스템이라면, ERP는 이들 시스템들을 하나로 묶어 통합된 단일 데이터베이스에서 구동되게 함으로써 다양한 부서들이 보다 용이하게 정보를 공유하고 또 서로 커뮤니케이션을 할 수가 있다. 이러한 전사적 차원의 시스템 통합은 기업에게 상당한 이점을 제공할 수 있다.

고객의 주문을 예로 들어보자. 고객이 주문을 하게 되면, 흔히 주문내용이 종이문서 형태로 한 부서에서 다른 부서로 이동하게 되며, 또 주문관련 데이터는 이동도중 서로 다른 부서의 컴퓨터에 입력되기도 한다. 주문 데이터가 부서들을 따라 이동하다 보면 중간에 지연이 되기도 하고 또 주문이 도중에 증발해 버리는 현상이 발생하기도 한다. 한편 회사의 그 어느 누구도 주문이행 여부를 알 수가 없는 상황이다. 이를테면 재무부에서 주문품목이 발송됐는

그림 6-5 ERP의 개념도

ERP
ENTERPRISE RESOURCE
PLANNING

고객 웹 포털

구매

영업 및 CRM

제조

물류

재무

대시보드

시간/프로젝트
관리

▲ 영업, 구매, 제조, 물류 등 다양한 비즈니스 활동들이 ERP 소프트웨어를 통해 통합적으로 관리될 수 있다.

지 알아보기 위해 물류부의 컴퓨터시스템에 접속해볼 수도 없기 때문이다. 따라서 물류부에 전화해보라는 말만 들어야 하는 고객으로서는 불만이 생길 수밖에 없다.

그림 6-5에서 볼 수 있듯이, ERP는 재무, 인적자원관리, 제조, 물류 등 개별 부서에 존재하는 독립적 컴퓨터시스템들을 정리해서 예전 시스템들에 기능적으로 상응하는 소프트웨어 모듈들로 구성된 단일 소프트웨어 프로그램으로 교체한다. 재무, 제조 및 물류 등의 부서에서도 여전히 자신들 고유의 소프트웨어를 갖게 되지만, 예전과 달리 소프트웨어가 서로 연계되어 있어 재무부의 직원이 주문발송 여부를 알아보기 위해 물류부 소프트웨어를 실행할 수 있다. 대부분 ERP 소프트웨어들은 유연하게 설계되어 있어 일부 모듈만 우선 설치하고 추후 필요에 따라 추가적인 모듈을 설치할 수 있다.

ERP 도입으로 회사의 비즈니스 성과가 어떻게 나아지는가?

ERP시스템의 가장 큰 역할은 고객주문에서 제품발송에 이르기까지 전반적인 일련의 비즈니스 프로세스들을 효율적으로 처리해준다는 점이다. ERP는 종종 백오피스(back office) 소프트웨어라고 불리는데, 그 이유는 앞단의 제품판매 프로세스는 담당하지 않고 뒷단의 주문처리 업무를 지원하기 때문이다.

고객서비스 요원이 고객주문 데이터를 ERP시스템에 입력하면, 주문처리를 완료하는데 필요한 모든 정보가 제공된다. 이를테면, 재무 모듈에서 고객의 신용등급 및 과거 주문기록에 관한 정보를, 창고 모듈에서 회사의 재고량에 관한 정보를, 그리고 물류모듈에서는 트럭의 출발일정에 관한 정보를 각각 알 수가 있다.

이들 서로 다른 부서의 직원들 모두가 동일한 정보를 보게 되며 정보를 업데이트할 수도

▲ ERP의 도입으로 고객요구 대응속도가 빨라지고 오류 및 비용이 줄어들기 때문에 궁극적으로는 회사 경영지표의 개선에 기여할 수 있다.

있다. 한 부서에서 주문에 대해 업무가 완료되면 ERP시스템을 통해 자동으로 다음 부서로 넘어가게 된다. 주문이 현시점에서 어느 곳에 있는지 알려면 ERP시스템에 접속해 조회하면 쉽게 알아낼 수 있다. 때에 따라서는 주문프로세스가 눈깜짝할 사이에 실행될 수 있으며, 고객이 주문한 제품을 보다 빠르게 받아볼 수가 있고 또 주문과 관련한 오류도 예전보다 훨씬 줄어들게 된다. ERP는 이와 같은 원리를 종업원 복지나 재무보고와 같은 기타 비즈니스 프로세스에도 적용해서 유사한 효과를 거둘 수가 있다.

그러나 이는 ERP의 이상이며, 실제로 ERP를 구현하는데 있어 여러 가지 현실적인 문제점들이 따르고 있다. 아무리 모든 부서의 담당자가 ERP의 기본원리에 따라 즉시 프로세스를 신속하고 정확하게 처리한다 하더라도, 가령 물류부의 직원이 예전의 업무습성에 젖어 머리 기억이나 혹은 종이쪽지에 의존해서 재고수준을 파악하는 일이 자주 발생한다면, 시스템은 결국 빛을 발할 수가 없다.

사람은 변화를 싫어하게 마련이지만, ERP는 사람들의 업무처리 방식을 변화할 것을 요구하고 있다. 바로 이러한 이유 때문에 ERP를 구현하는 것이 쉽지 않은 것이다. 소프트웨어는 기업이 비즈니스를 수행하는 방식의 변화만큼 중요하지 않다. ERP를 이용해서 주문을 받고 제품을 생산하며 또 이를 발송하고 대금을 청구하려고 한다면 시스템의 가치를 발견할 수 있다. 그러나 직원들의 근본적인 업무수행 방식을 변화하지 않고 단순히 ERP 소프트웨어만을 설치한다면 ERP의 가치는 전혀 존재하지 않는다. 오히려 과거에 익숙했던 방식을 새 소프트웨어로 교체함으로 인해 직원들의 업무처리 속도는 더 느려질 수도 있다.

쉬어가기 **삼성전자, 차세대 'N-ERP' 글로벌 도입**

삼성전자가 미래 경영환경에 대응하기 위한 디지털 혁신 비즈니스 플랫폼인 차세대 'N-ERP' 시스템 구축 프로젝트를 최종적으로 완료하였다.

삼성전자는 2018년 10월 'N-ERP' 프로젝트에 착수해 지난해 4월 동남아·서남아·중국 등을 시작으로 올해 1월 1일 국내 사업장까지 순차적으로 적용했으며, 올 1분기 결산까지 안정적으로 완료하여 'N-ERP' 구축 프로젝트를 성공적으로 마무리했다.

삼성전자는 신규 비즈니스의 등장과 융복합화 등 경영환경이 변화하는 가운데 생산, 판매, 경영관리 전반에서 사업 혁신을 효율적으로 지원할 수 있도록 글로벌 ERP 기업인 SAP, 삼성SDS와 함께 3년간 차세대 비즈니스 플랫폼을 개발해왔다.

삼성전자 'N-ERP'는 △새로운 비즈니스 대응을 위한 시스템 통합과 전문 솔루션 도입 △데이터 기반 의사결정을 위한 시스템 성능 향상 △인공지능을 통한 의사결정 지원과 업무 자동화 등 신기술 적용을 특징으로 한다.

인공지능 등 혁신 기능 접목해 신규 비즈니스도 신속하게 적용

'N-ERP'는 새로운 비즈니스 대응을 위해 판매 관리 등 분야별 시스템을 통합하고 프로세스를 효율화했다. D2C(Direct to Consumer), 온·오프라인 쇼핑 경험을 통합하는 옴니 채널(Omni Channel) 등 융복합 사업도 신속하고 유연하게 시스템을 이용할 수 있다.

그리고 SAP의 전문 솔루션을 도입해 혁신 기능을 신속히 접목할 수 있도록 했다. aATP(advanced Available To Promise, 납기약속 관리), EWM(Extended Warehouse Management, 창고관리), TM(Transportation Management, 배송관리) 등의 솔루션을 통해 물류 다변화 등 다양한 공급망 환경에서도 협력사들과의 효율적인 협업을 지원한다.

'N-ERP'는 데이터 기반 의사결정을 위해 데이터 처리 시스템 성능도 향상했다. 온라인 주문 현황, 공급망 현황 등 대용량 데이터를 실시간 분석해 경영 시뮬레이션과 리스크 센싱이 가능하도록 함으로써 임직원들이 더욱 합리적인 의사결정을 할 수 있도록 지원한다.

데이터 보관과 연산을 통합 처리하는 '인-메모리 데이터베이스(In-Memory Database)'를 적용해 데이터 처리 속도를 높였고, 데이터베이스를 병렬로 연결한 고성능·고용량 체계를 구축해 급속한 데이터 증가에도 안정적으로 대응할 수 있다.

또한, 인공지능을 활용한 의사결정 지원과 업무 자동화 기술도 적용해 편의성을 높였다. 의사결정을 지원하는 머신러닝, 데이터 작업이나 반복적 업무를 자동화하는 OCR(Optical Character Recognition, 광학적 문자 판독), RPA(Robotic Process Automation, 로봇 업무 자동화) 기술을 활용해 임직원들이 핵심 업무에 집중할 수 있도록 했다.

운영 결과 업무 처리 속도와 생산성 크게 높아져

N-ERP를 전 세계 법인에 적용한 후 3개월간 운영하고 분기 결산까지 완료한 결과 실제 업무 처리 속도가 빨라지고 업무 생산성도 높아진 것으로 나타났다.

예를 들면, 시장환경 변화에 따라 새로운 공급 계획을 시뮬레이션할 때 필요한 자재가 수급될 수 있는지를 알아보려면 기존에는 1시간 이상이 걸렸으나 N-ERP로는 10분 이내에 가능해졌다. 그 결과 다양하고 정밀한 시뮬레이션을 할 수 있어 공급 계획을 더 정확하게 수립할 수 있게 됐다.

또한, D2C 확대로 급격히 증가하고 있는 소비자 직

▲ 삼성전자 직원들이 N-ERP 시스템을 이용하는 모습

접 주문의 현황 파악도 기존에는 20분 이상이 걸렸으나 3~4분 이내로 단축됐다. 소비자가 직접 주문한 수량을 더 빠르게 파악하고정확하게 대응할 수 있게 된 것이다.

삼성전자 경영혁신센터 문성우 부사장은 "N-ERP는 비즈니스 민첩성과 생산성을 강화할 수 있는 차세대 플랫폼"이라며 "삼성전자의 디지털 혁신을 지원하는 중추적 역할을 수행할 것"이라고 말했다.

출처: 삼성 뉴스룸, 2022. 4. 10

ERP가 제공하는 비즈니스 가치

최근 ERP가 대세가 되어감에 따라, 여러 기업들이 자신들도 도입을 해야 하는 필요성을 실감하지만, 구체적으로 어떠한 목표를 위해 ERP시스템을 도입해야 하는지에 대해서는 신

그림 6-6 대표적 ERP 소프트웨어인 SAP R/3의 샘플 화면

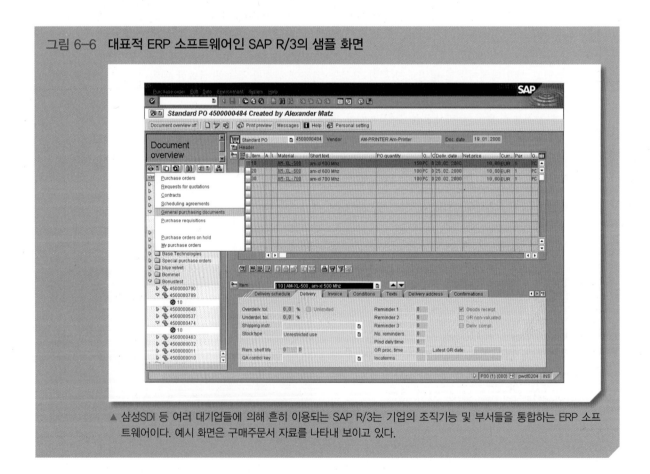

▲ 삼성SDI 등 여러 대기업들에 의해 흔히 이용되는 SAP R/3는 기업의 조직기능 및 부서들을 통합하는 ERP 소프트웨어이다. 예시 화면은 구매주문서 자료를 나타내 보이고 있다.

중하게 고려하는 경우가 흔치 않다. 기업이 ERP 도입을 해야 하는 이유는 다음의 다섯 가지로 정리할 수 있다.

재무정보의 통합

CEO가 기업의 전반적인 성과를 이해하고자 할 때, 실제 결과와 다른 몇몇 버전의 정보를 접할 수가 있다. 재무부에서 매출정보가 있을 것이고, 영업부에서도 다른 버전이 있을 것이며, 또 사업단위들에서도 각기 매출에 얼마나 기여했는지에 대해 서로 다른 버전을 가지고 있을 것이다. 모든 이들이 동일한 시스템을 사용하므로, ERP는 실제 성과를 한 가지 버전으로 확인할 수 있는 기회를 제공한다.

고객주문 정보의 통합

ERP시스템은 고객서비스 요원이 고객의 주문을 받는 시점부터 주문된 제품이 발송되고 재무부에서 대금청구서를 보낼 때까지 고객주문이 살아있는 공간이다. 이러한 주문정보를 서로 통하지 않는 흩어진 시스템들에 두지 않고 통일된 소프트웨어 시스템에 관리함으로써 고객의 주문정보를 보다 용이하게 추적할 수가 있고 또 서로 다른 여러 장소 간에도 생산, 재고 및 제품발송 업무를 동시적으로 관리할 수가 있다.

제조 프로세스의 표준화 및 가속화

규모가 제법 큰 제조기업에서는 개별 비즈니스 단위들이 동일한 제품 하나도 서로 다른 방법 및 컴퓨터시스템을 이용해서 제조하는 경향이 있다. ERP시스템은 제조프로세스의 일부 단계들을 자동화하기 위한 표준 방법을 제공한다. 이들 프로세스를 표준화하고 통합된 단일 컴퓨터시스템을 이용함으로써 기업은 비용을 절감하고 생산성을 높이며 인력 수도 줄일 수도 있다.

재고량의 감축

ERP는 제조프로세스가 보다 원활하게 흐를 수 있도록 하는데 도움이 되며, 기업내의 주문처리 프로세스의 투명성을 향상시켜 준다. 이로 인해, 제품을 만드는데 이용되는 원재료의 재고를 줄일 수가 있으며, 또 고객에게의 제품인도 일정계획을 보다 정확하게 수립할 수 있게 되어 창고에 저장된 완성품 재고량을 줄일 수 있게 된다. 공급망을 최적화하려 한다면 SCM(공급망관리)

▲ ERP가 기업에 제공하는 주요 비즈니스 가치 중 하나는 재고량을 최소수준으로 유지함으로써 창고비를 절감할 수 있다는 점이다.

소프트웨어가 있어야 하지만, ERP도 낮은 재고량을 유지하는데 도움이 된다.

인적자원 정보의 표준화

사업단위가 여럿 있는 기업에서는 종업원들의 근무시간을 추적하고 또 그들과 복지 및 서비스에 관한 의사소통을 하기 위한 통일된 방법이 존재하지 않을 수도 있다. 이러한 문제를 ERP시스템이 해결할 수 있다. 그러나 이러한 문제를 해결하는 과정에서 기업들은 ERP가 전형적인 기업의 비즈니스 수행방식을 일반화시켜 놓은 모델에 불과하다는 점을 종종 잊고 만다. ERP 패키지들이 대부분 매우 포괄적인 반면, 개별 산업의 업무관행은 독특한 경향이 있다. 따라서 필요에 따라서는 ERP 패키지를 기업고유의 필요에 맞게 수정하는 것이 중요하다.

ERP의 장점

ERP의 가장 큰 장점은 수많은 비즈니스 프로세스들을 통합해 시간과 비용을 절감할 수 있다는 점이다. 경영진은 보다 신속하게 또 오류를 줄임으로써 보다 정확하게 의사결정을 할 수가 있다. 또 데이터는 기업 전체적으로 투명해진다. 프로세스의 통합을 통해 기대되는 과업들의 예는 다음과 같다.

- 매출 예측 (이로서 재고최적화도 가능해짐)
- 모든 운영부문에서 관련데이터를 결합시키므로써 모든 거래의 조회 가능
- 주문배송 추적 (접수에서 발송에 이르는 전 과정)
- 매출 추적 (대금납입 고지서에서 현금 영수에 이르기까지)
- 구매주문서(주문품목 내역), 재고 수령서(제품수령 내역), 및 비용명세서(판매자의 대금청구 내역) 간의 상호 연계조회 가능

ERP 시스템은 비즈니스 데이터를 중앙집중화하며, 이 데이터는 다음과 같은 역할을 담당한다.

- 다중 시스템들 간의 데이터 업데이트를 동기화시킬 필요를 없애준다. (재무, 마케팅, 영업, 인적자원 및 생산 부문의 애플리케이션들을 통합시키므로 가능해짐)
- 모든 통계데이터가 전사적으로 투명해짐
- 표준화된 제품별 명칭 및 코드의 지정이 촉진됨

- 개별적인 정보보다는 전사적인 시각의 정보를 제공한다. (언제 어디서든 적절한 의사결정을 할수 있도록 실시간 정보를 경영진에게 제공하므로써 가능해짐)
- 민감한 데이터를 보호한다. (다중 보안시스템들을 단일 시스템으로 통합시킴으로써 가능해짐)

쉬어가기 ## 클라우드 ERP로 갈아 탄 식품회사 이야기

글로벌 식품 가공 및 패키징 장비 제조사 TNA 솔루션은 조직 전체에 걸쳐 광범위한 디지털 변혁 전략을 추진하면서 기존의 ERP 시스템을 클라우드로 이전했다. TNA 솔루션은 클라우드 ERP 소프트웨어로 마이크로소프트 다이나믹스 365을 채택했다. 다이나믹스 365로의 전환은 전 세계 30곳에 있는 600명의 직원 정보에 언제든지 안전하게 접근할 수 있는 단일 클라우드 기반 플랫폼을 활용하고자 함을 목표로 한다.

TNA 솔루션 CIO 프라빈 싱은 "비즈니스 속도가 오늘날만큼 빠른 적이 없다. 우리에게는 새로운 패러다임을 수용하기 위해 고객과 더 민첩하고 더 많이 소통할 방법이 필요하다"고 말했다. 이어서 싱은 "야심 찬 성장 계획은 마이크로소프트 다이나믹스 365를 미래의

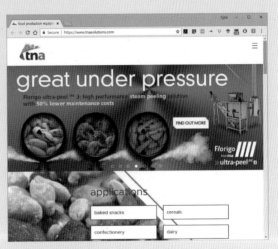

▲ TNA 솔루션사의 홈페이지 (www.tnasolutions.com)

플랫폼으로 선택하는 데 중요하게 작용했다. 이는 비즈니스가 성장을 가속하는 데 필요한 엔드투엔드, 보안, 클라우드 기반 플랫폼이기 때문이다"라고 강조했다.

싱에 따르면 시드니에 있는 본사는 세이블37과 파트너 계약을 맺었는데 공급업체의 전문적인 지식과 다이나믹스 365 포트폴리오, 식품 업계 내에서의 다양한 경험을 높이 평가했기 때문이다. 싱은 "우리 ERP 시스템을 철저히 조사하는 것이 비즈니스에 중요한 프로젝트다"라며 "올바른 플랫폼과 올바른 파트너를 보유하는 것도 마찬가지로 중요했다"고 이야기했다. TNA 솔루션은 시스템을 도입하고 교체할 업체를 찾는 게 아니라 비즈니스를 성장시키는 여정에서 파트너가 될 회사를 찾고 있었다.

싱은 세이블37에 관해 "플랫폼에 대한 폭넓은 경험을 보여 주었으며 업계의 기업에 가치를 제공함으로써 우리에게 적합한 파트너였다"고 평가했다. 싱은 설치 관점에서, 조직이 단일 시스템을 통해 엔드

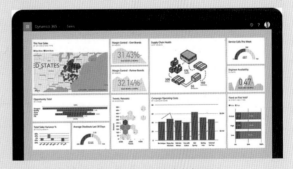

▲ 클라우드 ERP 소프트웨어 MS 다이나믹스365

투엔드 제조 프로세스를 관리하도록 함으로써 임원이 실시간으로 정확한 정보를 수신할 수 있게 해줄 것이라고 말했다.

싱은 "단일 시스템에서 현금 흐름, 비즈니스 프로세스, 목표 등에 관한 중요한 정보를 비즈니스에 제공하게 된 것을 기쁘게 생각한다"고 전했다. 이어 "마이크로소프트 다이나믹스 365는 이러한 모든 기능을 즉시 사용할 수 있으며 비즈니스에 중요한 변화가 될 것이다"고 덧붙였다. 이밖에 싱은 파워 BI의 보고 기능을 언급하면서 이 솔루션이 전세계 1만 4,000개 이상의 시스템에 설치돼 운영 중이며 높은 수준의 가시성을 제공한다고 설명했다.

출처: CIO Korea, 2018. 2. 20; tnasolutions.com, 2022. 12. 24. 참조

ERP의 효익

- ERP를 도입한 기업은 통합적인 비즈니스 운영을 통해 다음과 같은 효익들을 기대할 수 있다.
- ERP는 비즈니스 프로세스의 질과 효율성을 개선한다. 기업의 내부 비즈니스 프로세스가 순탄하게 운영되도록 해줌으로 인해, ERP는 기업에 도움이 되는 더 나은 성과(즉, 고객서비스, 제품 품질 등)를 제공한다.
- ERP는 의사결정에 필요한 적시 정보를 실시간으로 제공함으써 경영관리자의 대응능력을 제고시켜 준다.
- ERP는 변화에 잘 적응하는 민첩한 회사를 만들어준다. 또 기업이 더 유연해지게 함으로써 조직 구성요소들이 응집력있게 작용하도록 해주며 비즈니스를 향상시켜준다.
- ERP는 폐쇄적 환경에서 탁월한 데이터 보안기능을 제공한다. ERP 시스템이 제공하는 전사적 통제시스템이 주요 기업 데이터의 보안을 전담하기 때문이다. 그러나 개방적 환경에서는 ERP 보안기능 및 내부 보안정책에 대한 폭넓은 검토가 필요하므로 상황이 다를 수 있다.
- ERP는 협업의 기회를 제공한다. 오늘날 기업에서 데이터는 문서, 파일, 양식, 시청각 자료, 이메일 등 그 형태가 다양하다. 일반적으로 데이터 매체마다 저장형식이 다르다. 그러나 ERP는 협업 플랫폼을 제공하므로, 직원들은 이 플랫폼을 이용해 콘텐츠를 기반으로 협업을 할 수가 있다. 이러한 플랫폼이 없이는 분산시스템들 사이에서 다양한 데이터 형식으로 소통하여야 하므로 시간 및 노력의 소모가 불가피할 것이다.

ERP의 단점

▲ ERP는 여러 효익에도 불구하고, 고객요구에 맞도록 커스터마이징을 하기가 어렵고 또 도입에 따른 큰 비용 및 노력을 요구할 수 있으므로, 기업의 여건에 대한 신중한 검토를 통해 도입 여부를 결정하여야 한다.

- 기업이 ERP를 도입할 경우 다음과 같은 단점들도 따를 수 있어 신중하게 도입 결정을 내릴 필요가 있다.
- 고객기업의 니즈에 따른 시스템 맞춤화가 어렵다. 기업의 최소 공통분모 니즈를 충족시키는 데 초점이 있으므로 기업은 고유한 니즈의 충족을 위해 다른 방법을 동원할 수밖에 없다.
- 기존 비즈니스 프로세스를 ERP 시스템에 적합화시키기 위해 업무 재설계를 할 경우 비즈니스 경쟁력을 훼손시키거나 기타 핵심 활동에서 초점이 흐려질 수 있다.
- ERP는 통합이 덜 된 시스템에 비해 비용이 더 크게 발생할 수 있다.
- ERP로 전환하는데 따른 큰 비용으로 인해 ERP 공급자의 협상력만 커질 수 있으며, 이 때문에 지원, 유지보수, 업그레이드에 따른 비용이 커질 수 있다.
- 부서간 민감한 정보의 공유에 대한 저항을 극복하는 과정에서 경영진의 관심이 감소할 우려가 있다.
- 독립 사업부들을 통합하다 보면, 불필요한 상호의존성만 늘어날 수 있다.
- 광범한 교육훈련이 요구될 수 있어 일상적 운영에서 자원소모가 커질 위험이 존재한다.
- ERP 시스템을 조화롭게 운영될 수 있게 하는 작업은 특히 대기업의 경우 엄청난 대규모 과업이며, 많은 시간과 사전 계획수립과 자금의 투입을 요구할 수 있다.

ERP 프로젝트가 종종 실패하는 이유

단순하게 설명하면, ERP는 재무, 생산, 마케팅 등 기업의 주된 비즈니스 기능들을 합리적으로 수행하기 위한 베스트프랙티스들의 결정체이다. 소프트웨어에서 최대한의 가치를 얻으려면, 업무를 담당하는 사람들로 하여금 소프트웨어에 명시된 업무수행 방식을 받아들이게 하여야 한다. ERP를 이용하게 될 서로 다른 부서의 구성원들이 소프트웨어의 업무수행

▲ ERP 도입이 실패로 끝나는 주된 이유 중 하나는 새로운 업무 방식의 변화를 거부하는 직원들에 대해 변화를 수용하도록 설득시키지 못한다는 점이다.

방식이 기존의 방식보다 더 낫다고 하는 점을 인정하지 않는다면, 이들은 소프트웨어 사용을 저항하든가 혹은 IT부서에게 소프트웨어를 기존의 업무방식에 맞게 변경해달라고 요청할 것이다. 바로 여기서 ERP 프로젝트가 깨질 수 있다. 소프트웨어를 설치할 것인지 또 한다면 어떻게 할 것인지를 놓고 부서간 충돌이 생기기도 한다. 흔히 IT부서가 개입해 입김이 센 개인들의 요구를 들어주기 위해 대폭 커스터마이즈를 하게 된다. 그러나 커스터마이즈를 많이 하면 할수록 시스템이 더 불안해지고 추후 소프트웨어의 유지보수가 더 어려워진다. 만일 소프트웨어가 작동을 멈추거나 문제가 자주 생기면 회사 업무도 마비되기 마련이다.

기업들이 종종 범하는 실수는 소프트웨어를 커스터마이즈 하는 것보다 사람들의 일 습관을 바꾸는 것이 더 쉬울 것이라는 단순한 가정을 한다는 점이다. 절대 그렇지 않다. 조직구성원들에게 기존의 업무방식을 개선하기 위해 소프트웨어를 이용하도록 유도하는 것이 더 큰 난제로 남아있다. 회사가 변화를 저항하면, ERP 프로젝트는 필히 실패로 끝나고 만다.

③ 전사적 시스템의 기회와 도전

여러 기업들이 전사적 시스템을 구축하는 이유는 비즈니스 운영을 혁신하고 의사결정을 개선할 수 있기 때문이다. 그러나 전사적 시스템이 기업의 운영방식을 변화시키기 때문에, 구현하는데 있어 어려움도 따르게 된다.

전사적 시스템의 도전

재고비용 및 주문 주기시간(즉 주문에서 배달까지의 소요시간)의 획기적 절감, 신속해진 고객대응, 제고된 채산성 등은 전사적 시스템 도입에 동기를 부여하는 요인들이다. 그러나 이러한 가치를 얻기 위해서는 기업이 이들 시스템을 효과적으로 활용하기 위해 어떻게 변화하여야 하는지 명확한 이해가 필요하다.

전사적 애플리케이션은 복잡한 소프트웨어 모듈들로 구성되며 뿐만 아니라 구매해 구현하는데 매우 많은 자금이 소요된다. 포춘 500대 기업이 전사적 시스템을 대규모로 구현하는 작업을 마치는데 수 년이 걸릴 수 있다. SAP나 오라클이 공급하는 대형 시스템의 평균 구현비용은 소프트웨어, 데이터베이스 툴, 컨설팅비, 구현인력 인건비, 교육훈련비, 하드웨어 비용을 모두 합해 1,200만 달러(한화로 약 132억원)에 달한다.

전사적 애플리케이션은 기술의 변화뿐 아니라 업무수행의 근본적인 방식까지도 변화시킬 것으로 요구한다. 기업들은 소프트웨어의 도입을 위해 기존 비즈니스 프로세스를 급속하게 혁신해야 할 때도 있다.

직원들은 새로운 직무 및 책임을 받아들여야 한다. 새로운 업무를 수행하는 법을 배우며 시스템에 입력하는 정보가 기업의 다른 부분들에 어떤 영향을 미치는지도 이해하여야 한다. 이 부분에 새로운 조직학습이 요구된다.

전사적 애플리케이션들은 '전환비용'을 배제하지 않는다. SAP, 오라클 등 일단 특정 공급자로부터 전사적 애플리케이션을 도입하면, 다른 공급자 제품으로 갈아타기는데 매우 큰 비용이 뒤따른다. 뿐만 아니라, 그 소프트웨어를 업그레이드하고 유지보수하는 일도 모두 그 공급자에게 의존할 수밖에 없다.

전사적 소프트웨어 공급자들은 이 문제에 대응하기 위해 기존 소프트웨어의 최소 버전을 제공하며, 또 중소기업에게는 축소프로그램을 그리고 대기업에게는 베스트프랙티스(최우수 응용) 지침을 제공한다.

차세대 전사적 애플리케이션

▲ SAP에서 출시한 비즈니스 스위트는 모바일 플랫폼을 지원한다.

오늘날 전사적 애플리케이션 공급자들은 소프트웨어 제품의 유연성을 높이고 웹기반으로 전환시키며, 또 다른 시스템과의 통합을 용이하게 만듦으로써 제품 가치를 높이고 있다.

독립적 전사적 시스템은 이미 과거 애

기가 되어가고 있다. 유수의 전사적 소프트웨어 공급자들은 소위 기업 솔루션, 기업 스위트 (suites), 이비즈니스 스위트 등과 같은 제품을 개발하여 시스템 도입 및 통합이 용이하도록 노력하고 있다.

차세대 전사적 애플리케이션은 모바일 플랫폼을 지원함은 물론 오픈소스 및 주문형 솔루션을 포함할 것으로 예상되고 있다. 이러한 특징 및 기능들은 기업의 경영압박 대응능력을 제고시켜 전사적 시스템의 도입효과를 배가시키는데 역할을 담당할 것으로 기대된다.

01 오늘날 기업의 데이터를 통합적으로 관리하여야 하는 주요 이유 중 하나는 기업 기능분야
들 간에 의존관계가 존재하기 때문이다.

> 정답 ○
>
> 해설 생산, 물류, 마케팅 등의 기능분야들 간에 의존관계가 존재하므로 원만한 데이터공유 및
> 커뮤니케이션이 가능하도록 데이터 통합관리가 필요하다.

02 ERP는 기업에 협업의 기회를 제공한다.

> 정답 ○
>
> 해설 ERP는 협업 플랫폼을 제공하므로, 직원들은 이 플랫폼을 이용해 콘텐츠 기반의 협업을
> 할 수가 있다

03 ERP와 같은 전사적 소프트웨어는 초기 도입비용이 매우 크게 발생하므로 단계적으로 도
입하기 원하는 중소 및 중견기업에게는 적합하지 않다.

> 정답 ×
>
> 해설 최근 ERP 소프트웨어들은 모듈단위로 공급이 될 수 있어 기업의 업무니즈에 맞게 필요한
> 모듈들을 단계적으로 도입하는 것이 가능하다.

04 본문에서 예시하는 주문처리 프로세스의 경우, 프로세스의 처리에 관여하는 부서가 아닌
것은?

① 영업부 　　　　　　　　　② 물류부
③ 회계부 　　　　　　　　　④ 생산부

> 정답 ②
>
> 해설 주문처리를 위해서는 영업부, 회계부, 그리고 생산부가 업무처리에 관여한다.

05 미들웨어 소프트웨어와 거리가 먼 것은?

① EAI (enterprise application integration)
② 기존 애플리케이션들의 통합
③ 매우 시간소모적이고 개발비용이 크게 발생
④ 새로운 통합적 소프트웨어의 구축

> 정답 ④
>
> 해설 미들웨어는 새로운 통합 소프트웨어를 구축하는 대신 미들웨어를 통해 기존 시스템들을
> 통합한다.

06 ERP에 대한 설명으로서 관계가 없는 것은?

① 초기능적 시스템

② 중앙 데이터 및 비즈니스 프로세스의 공유

③ 비호환되는 애플리케이션들의 통합

④ 기업 비즈니스 흐름의 신속한 이해 촉진

정답 ③

해설 비호환되는 애플리케이션들을 통합해 줄 수 있는 것은 미들웨어이다.

07 ERP의 성공적 도입을 어렵게 하는 주요 걸림돌이 아닌 것은?

① 진보된 소프트웨어 기술의 부재

② 변화에 대한 조직구성원의 저항

③ 기업 니즈에 따른 시스템 맞춤화 난이

④ 시스템적합화로 비즈니스경쟁력 훼손 가능

정답 ①

해설 최근 ERP 공급자들의 소프트웨어 기술은 매우 진보된 수준이다.

08 ERP가 기업에게 제공하는 비즈니스 가치가 아닌 것은?

① 제조 프로세스의 표준화 및 혁신   ② 기존 애플리케이션의 유지

③ 원재료 재고량의 감축   ④ 재무정보의 통합

정답 ②

해설 ERP는 새로이 구축되는 소프트웨어 패키지로서 기존 애플리케이션을 대치한다.

09 ERP의 장점에 해당되지 않는 것은?

① 업무통합에 의한 시간 절감   ② 업무통합에 의한 비용 절감

③ 오류감소에 따른 정확한 의사결정 ④ 경쟁사 정보의 신속한 접근

정답 ④

해설 ERP는 경쟁사 정보가 아닌 기업내부 정보를 통합적으로 제공해 준다.

10 ERP의 도입으로부터 기대되는 효익이 아닌 것은?

① 변화에 적응하는 민첩한 회사로 발전 ② 기업 데이터 보안의 탁월한 관리

③ 업무개선을 통해 비즈니스 성과 향상 ④ 시스템 운영 및 유지보수 비용 절감

정답 ④

해설 시스템 운영/유지보수 비용은 큰 변화가 없으며, 주로 비즈니스 성과를 개선하는데 초점이 있다.

11 ERP의 실패요인으로서 옳지 못한 것은?

① ERP 구현시 부서간 충돌 가능

② ERP 프로젝트 팀의 협업 부재

③ 지나친 커스터마이징 추진

④ 직원의 업무습관 변화에 대한 단순한 가정

정답 ②

해설 프로젝트 팀의 협업부재보다는 현실에 대한 잘못된 이해 및 관련 부서들 간의 갈등으로 인해 실패하는 경우가 많다.

12 개별 기능분야들(가령, 영업, 생산, 물류, A/S 등)의 데이터가 통합되지 않을 경우, 예상되는 주된 이슈는?

① 데이터공유 및 커뮤니케이션 불능　② 데이터 품질의 불량화

③ 데이터 구매비용 증가　④ 데이터 관리인력의 급증

정답 ①

해설 전사적 차원에서 데이터 통합이 이루어지지 않을 경우, 부서들 간의 데이터 공유 및 커뮤니케이션이 어려워져 외부환경 변화에 대한 대응이 느려질 수밖에 없다.

13 다음 중 서로 호환이 되지 않는 소프트웨어들을 연결해 주는 소프트웨어는?

① 시스템 소프트웨어　② EAI 소프트웨어

③ 애플리케이션 소프트웨어　④ 임베디드(embedded) 소프트웨어

정답 ②

해설 EAI 소프트웨어는 서로 다른 애플리케이션들을 연동 및 통합시켜주는 역할을 한다.

14 두 개의 애플리케이션 사이에서 데이터 및 명령의 변환을 담당함으로써 두 애플리케이션이 서로 커뮤니케이션을 할 수 있게 해 주는 소프트웨어는 (　　　) 이다. 빈 칸에 적합한 단어는?

정답 미들웨어

해설 미들웨어는 별도의 소프트웨어로서 두 개의 애플리케이션 사이에서 데이터 및 명령의 '통역자' 역할을 담당함으로써 두 애플리케이션이 서로 커뮤니케이션을 할 수 있게 해 준다.

15 (　　　)는 영업, 물류, 제조, 구매, 재무 등 분야의 비즈니스 활동들을 일괄적으로 관리함으로써 부서간 장벽없이 데이터와 업무가 신속하게 처리될 수 있도록 해준다.

정답 ERP

해설 ERP는 영업, 물류, 구매 등 기업의 부서들 및 기능들을 묶어 전사적 차원의 단일 시스템으로 통합하는 소프트웨어로서 기업의 업무처리 속도를 높여주고 비용을 절감시키는데 기여한다.

- 전통적으로 기업들은 기능분야들 간에 의존관계가 존재하므로 정보공유 및 커뮤니케이션이 필요한데도 불구하고, 부서마다 독립적인 시스템을 구축해 운영했으므로 정보공유 및 소통이 어려워져, 고객들의 요구에 대한 대응이 느릴 수밖에 없었다.

- 이러한 정보공유 및 소통 부재의 문제를 해결할 수 있는 방법으로 두 가지가 있는데, 첫째는 개별 시스템들을 서로 연동시킬 수 있는 미들웨어 프로그램을 설치하는 것이며, 둘째는 전사적 소프트웨어인 ERP를 도입하는 것이다.

- EAI 애플리케이션은 미들웨어 프로그램에 속하는 방법으로서 두 개의 기존 애플리케이션 사이에서 데이터 및 명령의 변환을 담당함으로써 두 애플리케이션이 서로 커뮤니케이션을 할 수 있게 해 준다.

- EAI 소프트웨어는 프론트오피스 애플리케이션(가령, CRM)과 백오피스 애플리케이션(가령, ERP) 간의 연결 고리 역할을 담당한다.

- 전사적 시스템에 의한 조직기능의 통합은 ERP 소프트웨어의 도입을 통해 실현 가능하다.

- ERP 시스템은 초기능적 시스템이라고도 불리는데, 이는 ERP 시스템이 기업의 기능분야간 경계선을 초월해 데이터 및 비즈니스 프로세스의 공유를 가능하게 하기 때문이다.

- 전사적 시스템에서는 개별부서/기능분야들이 독립적으로 존재하기보다는 중앙의 ERP시스템에 의해 함께 통합되어 있어 조직기능에 관계 없이 비즈니스 프로세스 및 데이터가 부서들 간에 자유로이 공유될 수 있다.

- ERP소프트웨어는 기업 내의 모든 부서들 및 기능들을 개별 부서 고유의 니즈를 모두 충족시킬 수 있는 단일 시스템으로 통합하는 전사적 소프트웨어로 정의된다.

- ERP는 고객주문에서 제품발송에 이르기까지 전반적인 비즈니스 프로세스들을 효율적으로 처리해주므로, 주문처리가 가속화되고 고객은 주문제품을 더 빠르게 받아볼 수 있으며 주문 오류도 줄어들어 고객만족도가 제고되는 비즈니스 성과를 기대할 수 있다.

- ERP가 기업에 제공하는 비즈니스 가치로는 재무정보의 통합, 고객주문 정보의 통합, 제조 프로세스의 표준화 및 가속화, 재고량의 감축, 인적자원 정보의 표준화 등이 있다.

- ERP의 가장 큰 장점은 비즈니스 프로세스의 통합을 통한 비용 및 시간의 절감이며, 오류 감소로 인한 정확한 의사결정이 가능해지고, 또 데이터가 전사적으로 투명해진다는 장점이 있다.

- ERP의 단점은 어느 정도의 커스터마이징은 가능하더라도 고객사의 니즈에 맞춤화를 하기가 어려우며, 도입과 관련해 큰 비용이 발생할 수 있으며 전사적 차원에서 업무환경이 변화돼 조직구성원들의 교육훈련이 요구될 수 있다는 점이다.

- 전사적 시스템은 재고비용 및 주문 주기시간의 획기적 절감, 신속해진 고객대응, 생산성의 향상 등 여러 기회들을 제공하는 반면, 시스템 도입과 관련한 큰 비용, 조직구성원들의 새로운 학습 요구사항 등 여러 도전도 제공한다.

ERP 도입으로 원스톱관리 가능해진 '동아연필'

대전에 본사를 둔 '동아연필'은 지난 1946년에 설립된 국내 최초 연필 제조 회사다. 횟수로 설립 77년차에 접어든 만큼 단단한 내공은 물론, 현 김학재 대표이사까지 4대째 가업을 이은 대표 장수 기업으로 국내 문구 산업의 선구자로 평가받는다.

연필 뿐 아니라 크레파스, 물감 등 제품의 다각화를 이뤄내면서 90년대부터 세계 시장 진출이라는 역사를 써내기도 했다. 남녀노소를 불문하고 모두 동아연필의 제품 하나쯤은 갖고 있을 정도로 보편화된 이유이기도 하다.

하지만 시대가 변할수록 모든 분야에 걸쳐 디지털화가 진행되고 있고 국내 인구감소로 자연히 학령인구도 줄어들면서 결코 밝지 않은 미래임은 분명하다.

이 같은 상황을 돌파하기 위해 동아연필은 해외시장으로 눈을 돌렸고 보다 더 정확한 데이터와 시스템을 인정받기 위해 각고의 노력을 기울였다.

해외 시장에 발을 들여 놓고 바이어들의 눈높이를 맞추려니 정확한 '납기 관리'와 안정적인 '생산성

향상'이 성장 과제로 대두됐다.

자연스레 모든 시스템을 지표로 제시할 수 있는 '전산화'에 초점을 맞췄고 '스마트공장'을 도입하게 됐다. 생산하는 설비들의 장단점, 수율 분석, 납기 관리 등을 보다 정확한 지표로 만들어 그 내용을 바탕으로 해외 유수 기업들의 문을 두드려야 했기 때문이다.

1999년부터 '전산화 강화'를 목표에 둔 동아연필은 본격적인 스마트공장 구축으로 ERP(전산적 자원 관리 시스템)와 MES(생산 실행 관리 시스템) 등 제조부터 최종 납품까지의 전 과정이 세분화돼 추적이 가능해졌다.

이 같은 성장은 해외 바이어를 상대할 때 제대로된 자원관리와 적은 불량률을 어필할 수 있어 신뢰성 향상에 절대적인 역할을 했다. 자연스레 불필요한 손실도 줄어들어 효율적이고 안정적인 경영을 뒷받침할 수 있었다.

현재 동아연필은 스마트공장 시스템의 도움을 받아 미국 최대 화구 업체와도 계약을 체결해 수출하고 있다. 까다롭기로 소문난 독일과 일본 기업도 이미 오래전 이들의 품질을 인정하고 OEM 방식으로 수출한다.

김학재 동아연필 대표는 "결국 모든 시스템이 자동화 되더라도 운영주체는 사람이다. 주먹구구식으

▲ 동아연필에서 생산된 오피스 연필 제품

로 하던 방식에서 우리는 완전히 벗어나 모든 실수를 최소화하는데 성공했지만, 그 시스템을 다루고 조절하고 방향을 제시하는 것은 직원들이다"고 강조했다.

김 대표는 "국내에서 유일하게 연필을 자체 생산하는 곳은 동아연필 뿐"이라며 "(스마트공장 도입으로) 동아연필은 사람과 기계의 조화로운 공정 방식을 택한 것"이라고 했다.

출처: DT NEWS24, www.dtnews24.com, 2022. 11. 22

토의문제

1. 스마트 공장이란 기획·설계·생산·유통·판매에 이르는 제조과정에 정보통신 기술을 적용해 기업의 생산성과 제품의 품질을 높이는 지능형 공장을 뜻한다. 동아연필에서는 스마트 공장 구축을 위해 어떠한 정보통신 기술을 도입했는지 알아보자.

2. 동아연필은 왜 스마트 공장의 도입을 결정했는지 설명하시오.

3. 동아연필에서는 스마트 공장의 전사적 소프트웨어를 도입함으로써 어떠한 변화가 나타났는가?

공급망관리와 고객관계관리

월마트, 블록체인으로 공급망 문제 해결하다

월마트는 오랫동안 공급망 관리(SCM) 분야의 선두주자였다. 그럼에도 수십 년간 해결하지 못한 고질적인 문제가 있었는데, 바로 화물 운송 업체에 보내는 송장과 대금 결제 과정 사이의 여러 데이터가 맞지 않는 정보 불일치 문제였다. 이를 바로잡기 위해 많은 비용이 들어가는 것은 물론 결제가 지연되기도 했다.

월마트 캐나다는 해결책을 찾기 시작했다. 문제는 방대한 데이터 규모였는데, 월마트 캐나다는 자체 트럭과 외부 운송 업체를 통해 캐나다 전역에 위치한 유통센터와 소매 점포에 연간 50만 건 이상의 화물을 배송하고 있었다. 화물에는 부패하기 쉬운 식료품도 포함돼 있었고, 그런 만큼 여러 데이터를 효율적으로 운용하는 게 쉽지 않았다. 가령 각 화물을 배송할 곳, 트럭 연료, 온도 업데이트 등의 데이터를 각각 추적해야 했으며, 또 이렇게 흩어진 데이터를 개별적으로 파악한 뒤에는 송장별로 통합해야 했다. 송장에 포함돼야 하는 데이터만 해도 200개 이상이었고, 송장과 결제 프로세스 사이에 데이터가 잘 맞지 않는 일이 빈번히 생기는 이유였다.

분석해보니 원인은 시스템 호환성 문제였는데, 월마트 캐나다와 운송 업체들이 사용하는 정보 시스템이 호환되지 않아 전체의 70%가 넘는 송장을 일이 수정해야 했다. 따라서 거래 비용이 늘었고 운송 업체는 대금을 제때 지급받지 못해 불만을 토로하곤 했으며, 오류가 많기 마련이었다.

블록체인으로 시스템 호환성 문제 해결

월마트 캐나다의 IT 전문가는 블록체인 네트워크를 만들어 프로세스를 자동화할 것을 제안했다. 단일 정보 시스템을 구축해 호환성 문제를 해결하고 모든 당사자가 정보를 공유하자는 제안이다. 그러나 당시에는 블록체인 기술이 비즈니스 핵심 기능에 사용되지 않았던 터라 회의적인 시각이 많았다. 게다가 어떤 블록체인을 사용할지 쉽게 결정하지 못했는데, 암호화폐에 사용되는 개방형 블록체인 네트워크와 전용 블록체인 네트워크 사이에서 무엇을 사용할지 고민 중이었다.

월마트 캐나다는 DLT랩스의 도움을 받기로 결정했다. DLT랩스는 분산 원장 기술을 통한 기업 솔루션을 개발하고 배포하는 선두 업체였으며, 월마트 캐나다의 운송 업체 중 하나인 바이슨 트랜스포트(Bison Transport)가 네트워크 개발팀에 합류했다.

2019년 바이슨 트랜스포트와 함께 진행한 초기 파일럿 버전을 거쳐 월마트 캐나다는 다른 운송업체로 대상을 확대해 'DL 프레이트(Freight) 네트워크'를 구축했다. 분산 원장 기술인 블록체인을 통해 70여 곳에 달하는 외부 운송 업체의 송장과 결제를 자동으로 관리하는 시스템을 만든 것인데, 이 시스템은 운송 업체의 입찰부터 배송 증명 및 결제 승인까지 모든 단계에서 정보를 수집하고, 수집한 정보는 실시간으로 자동 저장 및 동기화되고 또 해당 거래에 관련된 당사자만 정보를 확인할 수

▲ 월마트 물류센터

출처: Symbiotic

있게 한다.

70%에서 1%로 오류 줄어들어

월마트 캐나다의 시도는 성공적이었다. 이전에는 송장 70% 이상에 이의가 제기됐다면 시스템 도입

이후에는 정보 불일치가 발생하는 경우가 1% 미만으로 줄어들었다. 또 길게는 수개월이 걸린 대금 결제가 이제는 즉각적으로 제때 이뤄지고 있다.

출처: 하버드 비즈니스 리뷰, 2022. 1. 28

① 공급망관리의 개념

최근 제조업체 및 유통업체를 중심으로 큰 관심을 끌고 있는 정보기술은 공급망관리 (supply chain management: SCM)이다. 공급망관리는 원자재의 조달부터 제품의 생산과정을 거쳐, 유통망을 통해 고객이 원하는 제품이 고객의 손에 전달되기까지의 모든 과정을 관리한다. 기업 환경이 글로벌화 됨에 따라 해외에서의 원자재 수입, 아웃소싱을 이용한 생산 등이 보편화 되고, 기업의 공급망은 나날이 복잡해 지고 있다. 또한, 최근 발생된 글로벌 경제위기, 유가와 환율의 변동 등 외적 비용 상승 요인들은 기업으로 하여금 외부로 관리 역량을 확장하는 공급망관리의 중요성을 한층 부각시키고 있다.

공급망이란?

공급망의 구성요소

고객에게 도달되는 모든 상품과 서비스는 기본적으로 여러조직들의 축적된 노력의 결과물이다. 따라서, 이들 조직들의 집합체인 공급망은 공급업체, 제조업체, 유통업체, 소매업체, 고객이 서로 복잡하게 연결되어 구성된다. 때로는 공급업체(1단계 공급업체)는 다시 자신의 공급업체(2단계 공급업체) 혹은 더 하위단계 공급업체(3단계 공급업체)들과 연결되며 보다 복잡한 공급망을 구성한다.

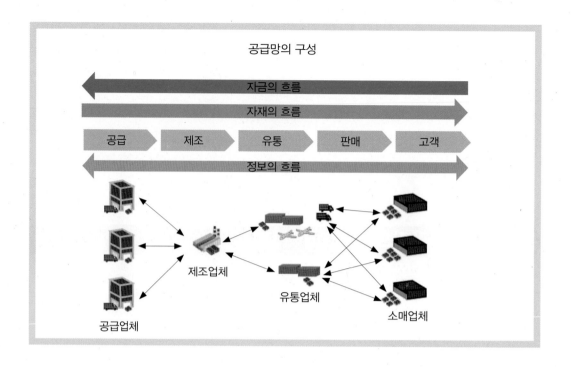

복잡하게 얽힌 공급망 구성요소들은 흔히 상류, 내부, 하류 공급망으로 구분한다. 상류 공급망(upstream supply chain)은 공급망의 첫째 상단에 있는 공급업체들과 그들의 공급업체들을 포함한다. 내부 공급망(internal supply chain)은 자재가 제조업체내로 들어올때부터 제품이 조직 밖의 유통업자에게 나갈 때까지, 제조업체가 수행하는 모든 과정을 포함한다. 마지막으로, 하류 공급망(downstream supply chain)은 제품을 최종 고객에게 전달하는데 관련된 전 과정을 의미한다.

공급망을 통한 자재, 자금 정보의 흐름

공급망을 구성하는 요소들 사이를 이동하는 것은 크게 자재, 자금, 정보로 구분된다. 자재는 원자재를 거쳐 최종 제품과 서비스로의 변환을 거치며 공급업체(상류 공급망)로부터 내부공급망을 거쳐 고객(하류 공급망)에게 흘러 들어가며, 이에 따라 자금은 반대로 고객(하류 공급망)으로부터 내부공급망을 거쳐 공급업체(상류 공급망) 쪽으로 흘러 들어간다. 물론 고객의 반품 상황을 고려 한다면 자금과 자재의 흐름은 반대가 될 수도 있을 것이다.

그 밖에 공급망 주체들간에는 쌍방향으로 정보의 흐름이 존재하게 된다. 정보는 공급망 전반에 걸친 재고, 운송, 고객에 대한 데이터와 분석정보로 구성되며, 공급망 내의 다양한 기업, 부서 또는 프로세스 사이의 연결고리 역할을 하며, 경영자가 의사결정을 할때 사용하는 근거와 기초테이터를 제공하게 된다. 가령 하류 방향으로는 생산능력, 판촉계획, 운송계획 등의 정보가 전달되며, 반대로 상류쪽 방향으로는 판매, 주문, 재고 등에 대한 정보가 전달되게 된다.

쉬어가기 **AWS, 머신러닝 기반 공급망 관리 서비스 출시**

AWS가 리인벤트 2022(re:Invent 2022)에서 공급망 가시성을 위한 머신러닝 기반의 새로운 애플리케이션 AWS 서플라이 체인(AWS Supply Chain)을 출시했다.

아마존 웹 서비스(AWS)가 여러 ERP 시스템을 쓰는 대기업이 공급업체, 재고, 물류 및 기타 공급망 관련 구성 요소를 통합적으로 볼 수 있도록 설계된 머신러닝 기반 클라우드 애플리케이션을 출시하면서 공급망 관리 분야에 진출했다.

코로나19 팬데믹은 물론, 현재 진행 중인 러시아의 우크라이나 침공까지 전 세계가 공급망 문제를 겪

▲ AWS 공급망 관리 화면　　　　(출처: AWS)

으면서 공급망 관리(SCM)는 엔터프라이즈 애플리케이션 소프트웨어 부문에서 가장 빠르게 성장하는 시장으로 자리 잡았다. 가트너는 2022년 202억 4,000만 달러 규모가 될 것으로 전망했다.

지난 화요일 AWS 리인벤트에서 발표된 AWS 서플라이 체인은 빌트인 커넥터를 통해 기존 ERP 제품군 및 공급망 관리 시스템에 연결해 모든 데이터를 공급망 데이터 레이크로 통합할 수 있고, 이를 통해 실행 가능한 인사이트를 생성하는 것이 가장 큰 특징이다. 내장 커넥터는 아마존닷컴의 자체 공급망 데이터를 바탕으로 사전 학습한 머신러닝 모델을 활용해 ERP 및 공급망 관리 시스템에서 데이터를 추출하고 집계한다.

AWS 서플라이 체인 담당 부사장 디에고 판토자-나바하스는 "오늘날 대부분 기업이 공급망 관리를 위해 서로 다른 시스템을 사용하고 있어 잠재적인 공급망 중단을 식별하는 데 지연이 발생할 수 있다"라고 지적했다.

AWS 관리 콘솔(AWS Management Console)을 통해 액세스할 수 있는 AWS 서플라이 체인은 맥락 정보가 포함된 실시간 지도에 통합 데이터를 시각적으로 표시한다. 판토자-나바하스는 "재고 관리자, 수요 계획자, 공급망 책임자가 잠재적인 중단을 완화하기 위해 재고 부족 또는 지연 등의 맥락 정보와 함께 지도 기반 인터페이스를 사용할 수 있다. 실제 중단이 발생하면 경고를 생성하도록 서비스를 설정할 수도 있다"라고 언급했다.

아울러 ASW 서플라이 체인은 이를테면 시설 간 거리, 지속가능성에 미치는 영향 등을 고려한 후 위치 간 재고 이동 등의 공급망 문제를 해결하기 위한 권장 조치를 자동으로 제공한다. 또 팀이 내장된 채팅 및 메시징 기능을 사용해 애플리케이션 내에서 협업할 수 있다.

비용은 10GB의 스토리지 및 서비스에 시간당 0.28달러이다. 스토리지 데이터가 10GB를 초과하면 매월 GB당 0.25달러가 추가로 부과된다. 현재 프리뷰 상태인 AWS 서플라이 체인은 미국 동부와 서부, 유럽 리전에서 이용할 수 있으며, 조만간 다른 리전으로 확대될 예정이다.

공급망관리의 필요성

공급망을 관리한다는 것은 위에서 보여준 공급망 주체들간의 정보의 단절을 최소화하여 보다 효과적으로 자재와 자금의 흐름을 관리하는 것을 의미한다.

부분최적화의 문제점

이와 같은 공급망관리에 대한 최근의 요구는 과거 개별 기업들이 추구해온 기업내부 혁신활동이 보여준 한계점에서 찾아 볼 수 있다. 지금까지 대부분의 기업들은 어떻게 하면 기업 내부의 최적화를 통해 제조단계의 비용을 절감하고, 이에 따른 수입의 증대를 가져올수 있을지에 대해 고민해왔다. 그러다 보니, 대부분의 혁신 활동은 대량생산을 통한 제조원가의 절감, 재고 감축 등에 집중 되었고, 제조단계 전후의 외부업체들과 연계된 공급망 전체의 최적화에는 크게 관심을 기울이지 않았다. 그 결과, "생산성은 증대되었지만 수익성 향상은 없다." 라든가, "제조 부분의 재고는 크게 감축되었으나 유통부문의 재고는 오히려 늘어나 전체적인 효율성에는 크게 변화가 없다"는 등 기업내부 활동에 집중된 부분 최적화의 문제점이 도출되었다. 1980년대 이후로 점차 기업 활동의 경계가 확대되면서 이러한 부분 최적화의 문제점은 더욱 심해지게 되었다. 즉, 글로벌 생산체계의 구축, 아웃소싱의 활성화, 이에 따른 물류비용의 증가로, 제조업의 경우 상품부가가치의 60~70%가 외부 공급망에서 발생하게 되고, 물류비용은 평균적으로 매출원가의 7~15%를 차지하게 되었다. 따라서, 물류를 포함한 공급망 전체에 대한 최적화 없이 부가가치를 창출하는것이 불가능해졌다.

주문정보의 왜곡: 채찍 효과(Bullwhip effect)

이와 더불어, 공급망 전반에 걸친 수요 왜곡 현상도 중요한 문제점으로 대두 되었다. 이러한 현상을 잘 나타내는 용어로 "채찍효과"가 있는데, 제품에 대한 최종 소비자의 수요에 조그만 변동이 생기면, 그 변동폭이 소매상, 도매상, 완제품 제조업자, 부품 공급업체 등 공

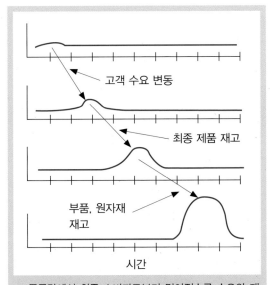

고객 수요 변동

최종 제품 재고

부품, 원자재
재고

시간

▲ 공급망에서 최종 소비자로부터 멀어질수록 수요와 재고의 불안정성이 확대되는 현상을 채찍효과(Bullwhip Effect)라 한다. 이 같은 이름이 붙여진 이유는 수요변동의 단계적 증폭 현상이 마치 긴 채찍을 휘두를 때 손잡이 부문에 작은 힘만 가해도 끝 부분에서는 큰 파동이 생기는 것과 유사한 패턴을 보이기 때문이다.

급망을 따라 위로 올라갈수록 더 크게 확대되는 현상을 말한다. 예를 들어, 소매상이 도매상에게 10을 주문하면 도매상은 만약을 위해 12를 제조업체에게 주문하고 제조업체는 또 다시 부품 공급업체에게 만약을 대비해 15개를 생산할 수 있는 자재를 주문하는 현상이다.

공급망에서 채찍효과가 발생하는 원인은 수요예측상의 문제점들 때문이다. 기업은 제품 수요예측, 생산 규모 계획, 재고 조정 등 다양한 경영기획 활동에 있어 고객들의 제품 주문량을 정보로 활용한다. 그러나 제품 주문량은 현재의 정확한 수요를 정확하게 반영하기 보다는 미래의 수요 및 안전재고를 고려하여 예측하게 된다. 따라서 각 단계별 수요예측의 편차는 공급망 상류로 갈수록 커질 수밖에 없다. 나아가 공급망에서의 정보와 자재의 전달지체도 채찍효과를 강화시키는 경향이 있다. 이는 수요변화의 인식과 대응, 그리고 공급선상의 재고수준 조정에 상당한 시간이 걸리기 때문이다.

채찍효과는 결과적으로 과다 재고, 높은 생산 및 수송비용, 그리고 고객불만족을 야기시킨다. 따라서, 공급망의 효율적인 관리를 통해, 공급망 구성원들이 정확한 정보를 실시간으로 공유할 수 있어야 하며, 통합 프로세스 관리를 통하여 부품 및 자재 공급업체도 제조업체의 재고 조정에 직접 관여하여, 수요정보의 왜곡을 최소화시킬 수 있어야만 한다.

쉬어가기 Bullwhip Effect에 어떻게 대응할 것인가?

채찍효과에 대처하고 그 영향력을 줄이기 위해 각 기업들은 일련의 노력을 기울여 왔다. 다음으로 채찍효과에 대처할 수 있는 몇 가지 방안에 대해 논의하도록 한다.

첫째, 공급망 전반의 중복 수요 예측을 가급적 피한다.

소매업체나 유통업체의 수요 데이터를 제조업체에서 실시간에 공유함으로써 공급망 전반의 각 파트너들의 개별 수요예측을 최대한 줄이도록 한다. 이미 많은 기업들이 90년대 초, 중반을 거치면서 EDI 시스템 등을 통해 공급망 상의 일관되고 집중화된 수요예측을 하려고 노력하고 있다. 심지어는 좀더 공격적으로 공급자 관리 재고(Vendor Managed Inventory, VMI)와 같은 방법으로 오히려 제조업체들이 유통 업체들의 수요 관리에 적극적으로 참여하려는 경우도 많아지고 있다. Dell이나 Apple 같은 몇몇 기업들은 중간 유통을 줄이고 제조업체가 직접 고객들과의 접점에 나섬으로써 채찍효과를 줄이려는 노력을 하고 있다.

둘째, 대량의 배치 주문을 줄인다.

한번의 많은 주문을 줄이고 소량, 다빈도 주문 형태로 전환한다. 그리고 소매상들이 주기적으로 일정한 주문을 하도록 유도한다. 이는 EDI나 정보 시스템을 통해서 충분히 협업이 가능하다. 주로 소매상들이 대량 주문을 하는 이유 중에 하나는 운송비용이다. 한번에 대량 주문을 함으로써 운송비용을 줄일 수 있기 때문이다. 이를 해결하기 위해서는 제조업체에서는 같은 제품을 대량으로 운반하기보다 다른 제품을 트럭에 혼적하는 복합운송 형태를 통해서도 적은 비용에 같은 효과를 노릴 수 있다. 이밖에 3자 물류 업체를 활용하는 것도 한 대안이 될 것이다.

셋째, 가격 변동폭을 줄인다.

제조업체와 유통업체가 협력하여 일관된 가격정책을 가져간다. 일례로 P&G, Kraft 등의 기업에서는 상시 저가 정책(EDLP: Every Day Low Price)을 통해 소비자의 수요 변동폭을 감소시키고 있다. 주기적인 가격판촉을 동반한 변동적인 정책보단 오히려 안정되게 일정한 패턴으로 제품을 공급함으로써 더 안정된 수요형태를 유도할 수 있다.

넷째, 공급 부족 등의 상황 등을 최소화한다.

공급 부족 현상시 고객의 주문에 의한 배분보다는 과거 수요정보를 바탕으로 배분한다. GM에서는 이미 이 방법을 통해서 효과를 보고 있고, Texas Instruments나 HP 등도 이러한 방법들을 채택하고 있다. 제조업체들은 파트너들에게 명확하게 생산의 제약사항을 알려주고 고객들이 제조 부분의 상황을 이해하도록 만들어야 한다. 그리고 어느 정도 강력하고 일관된 정책 유지도 필요하다고 볼 수 있다.

이 외에도 리드타임 단축, 공급망 간의 강력한 파트너쉽을 통해서도 채찍효과를 줄일 수 있다.

출처: The Bullwhip Effect in Supply Chains, Sloan Management Review

맞춤형 제품과 제품수명주기의 단축

최근 소비자의 구매추세를 보면, 제품에 대한 기대수준이 높아지고, 맞춤형 제품과 서비스에 대한 요구가 높아진 반면, 개별 제품의 수명주기는 보다 단축되고 있다. 특히, 인터넷을 통한 정보의 습득이 빨라지면서, 새로운 제품에 대한 정보의 공유와 평가가 활발해졌고, 그 결과 제품에 대한 경쟁사의 진입도 빨라지게 되었으며, 이는 또다른 새로운 제품의 출시를 앞당기게 되었다. 거의 매년 업데이트 되는 스마트폰 시장은 이런 현상을 단적으로 보여준다.

이러한 상황에서 기업은 고객이 원하는 제품을 얼마만큼 빠르고 정확하게 제공하느냐에 따라 승패가 좌우된다. 즉, 제품 납기 시간(lead time)을 줄이고, 고객의 요구에 발빠르게 대응할 수 있는 공급망 전체의 유연성(agility)이 중요한 요소로 부각된 것이다. 예를 들어, 애플이 다른 제조업체와 가장 크게 다른 점은 세계 각국의 각기 다른 제조업체에서 부품과 소재

모바일D램	삼성전자, SK하이닉스, 마이크론
낸드플래시	삼성전자, 도시바, SK하이닉스, 샌디스크
통신칩	퀄컴, 인텔
기타 반도체	브로드컴, NXP, 아바고, 페어차일드, 온세미컨덕터
디스플레이	LG디스플레이, 삼성디스플레이, 재팬디스플레이, AUO
유리	코닝, 아사히글라스
카메라모듈	LG이노텍, 소니, 샤프
배터리	파나소닉, LG화학, 삼성SDI, BYD, ATL 등
회로기판	LG이노텍, 인터플렉스, 유니마이크론
MLCC	삼성전기, 무라타제작소, 롬, 다이요유덴, 교세라, TDK
조립업체	팍스콘, 페가트론, 플렉트로닉스 등

애플의 주요 부품협력사

자료 관련업계

▲ 애플의 아이폰을 제조할때 세계 각국의 각기 다른 제조업체에서 부품과 소재를 조달한다. 이처럼 애플은 자체 제조시설을 갖추지 않고도, 매년 업데이터된 제품으로 세계 시장을 이끌고 있는데, 이를 위해서는 철저한 공급망관리를 통한 유연성의 확대가 반드시 필요하다.

를 조달한다는 것이다. 예를 들어, 디스플레이는 재팬 디스플레이와 샤프, 일부 LG가 생산한 제품을 사용하고 있다. 반면 터치 ID 센서는 대만에서 생산한 제품들이다. 실제 애플 공급업체 리스트에는 전 세계 각국의 200여 공급업체가 포함되어 있다. 이처럼 애플은 자체 제조시설을 갖추지 않고도, 매년 업데이트된 제품으로 세계 시장을 이끌고 있는데, 이는 철저한 공급망관리를 통해 유연하게 시장에 대처함으로서만 가능하다.

쉬어가기 **"아이폰 생산 탈중국 더 빨라진다" 애플이 공급망 전략을 바꾼 이유**

아이폰과 맥북 제품 생산에 대한 중국의 의존성을 줄이는 애플의 글로벌 공급망 관리 변화 속도 더 빨라지고 있다. TF 인터내셔널 시큐리티(TF International Securities)의 애플 전문 애널리스트 밍 치 쿠오에 따르면, 이런 움직임은 기업의 부서를 전 세계로 분산하는 것을 줄이는, 이른바 탈세계화(deglobalization)의 일환이다.

쿠오는 최근 트위터를 통해 "향후 3~5년에 걸쳐 전 세계 아이폰 생산량의 25~30%가 중국 이외 지역에서 조립될 것으로 보인다. 미국-중국 간 관세 등 정치적인 리스크의 영향을 줄이기 위해서다. 중국 내에서 판매되는 애플 제품만 놓고 보면 가장 많이 생산하는 국가는 여전히 중국이지만, 전 세계로 놓고 보면 그렇지 않게 될 가능성이 크다"라고 말했다.

이에 따라 현재 중국 내에서 이뤄지는 맥북 조립 라인은 대만으로 이전될 것으로 보인다. 아이폰 조립은 인도가 부상하고 있다. 쿠오는 "인도 기업인 타타 그룹(Tata Group)이 페가트론(Pegatron)이나 위스트론(Wistron)

과 손잡고 아이폰 조립 사업을 하게 될 가능성이 있다"라고 말했다. 페가트론과 위스트론은 이미 인도 지역 내 애플 제품 조립 계약을 체결한 업체들이다. 현재 폭스콘(Foxconn)을 통해 인도 내에서 생산되는 아이폰의 80% 이상이 인도 국내에서 소비된다.

월 스트리트 저널 보도에 따르면, 애플은 자사 부품 공급사에 아시아 내 다른 지역에서의 애플 제품 조립을 확대할 계획이라고 알렸다. 특히 테크놀로지 그룹(Technology Group) 등 대만 제조업체에 대한 의존을 줄이기 위해 인도와 베트남에 주목하고 있다.

▲ 코로나 19확산으로 운영이 중단된 폭스콘 공장

시장조사업체 제이 골드 어소시에이트(J. Gold Associates)의 대표 애널리스트 존 골드는 "이번 조치는 전혀 놀랍지 않다. 애플 공급망에서 다양한 움직임이 감지되고 있다. 이런 변화의 가장 큰 이유는 지정학적 위험이다. 어떤 이유로든 대만이 침공 받았을 때 제품 생산이 중단될 수 있다". 그는 "대만 침공이 현실화할 것으로 보지 않지만, 이런 가능성에 대비하는 것은 의미가 있다"라고 말했다.

둘째는 글로벌 팬데믹으로 인한 코로나19 봉쇄가 하드웨어 생산에 미치는 영향에 대해 애플이 재고하기 시작했다. 지난 11월 중국 정부의 엄격한 코로나19 봉쇄 정책으로, 애플의 최대 제품 생산 기지인 중국 정저우 공장이 잠정 폐쇄됐다. 이 지역 시민들이 시위에 나서 일부 봉쇄 정책이 완화됐지만, 이번 사건은 애플이 중국 이외 지역으로 생산망을 옮기는 움직임을 가속하는 촉매가 됐다. 카운터포인트 리서치에 따르면, 폭스콘이 운영하는 정저우 내 공장에서는 30만 명이 애플 아이폰 프로 제품의 85%를 생산하고 있다. 지난 3월에는 중국 내 제조 허브 불리는 폭스콘 선전 공장이 코로나19 확산으로 인한 도시 봉쇄로 운영이 중단됐다.

골드는 "중국 정부에 의한 폭스콘 봉쇄는 애플 제품 생산에 심각한 타격을 줬다. 생산 지역을 다양화하면 한 지역의 봉쇄로 제조 역량의 대부분 혹은 전부가 마비되는 위험을 줄일 수 있다. 또한, 인도, 베트남 같은 국가는 상대적으로 제조비용이 저렴하면서도 이들 국가 자체가 빠르게 성장하는 시장이다. 이런 국가 내에서 생산 설비를 운영하면 정책적으로도 장점이 있다"라고 말했다.

한편 애플이 중국의 제조 라인을 밖으로 빼낸다고 해도 미국 제조업체에는 큰 도움이 안 될 것으로 보인다. 이유는 간단하다. 미국 제조업체의 비용이 너무 비싸 애플의 수익도 크게 줄어들 수 있기 때문이다. 골드는 "더구나 칩과 보드 등 애플의 부품 공급업체 대부분은 동아시아 지역을 기반으로 한다. 이들 업체가 부품을 멀리 보내는 것보다는 부품 생산지에서 가까운 곳에서 최종 제품을 조립하는 것이 더 유리하다"라고 말했다.

출처: Computer World, 2022. 12. 7

공급망관리를 위해서는 이를 위해 필요한 기능을 구현한 시스템의 구축이 필요하다. SCM 시스템을 제공하는 대표적인 회사들로는 SAP, 오라클, JDA Software등이 있으며, 최근에는 대부분의 공급망관리 시스템들이 클라우드상에서 서비스를 제공함으로써(SaaS: Software as a Service), 공급망 업체들간의 실시간 정보 공유와 데이터의 분석기능이 더욱 용이해졌다.

공급망관리 시스템의 기능

공급망관리 시스템이 가지는 공통된 기능들은 크게 공급망을 계획하는 기능과 공급망을 실행하는 기능으로 나누어진다.

공급망 계획 기능(Supply Chain Planning)

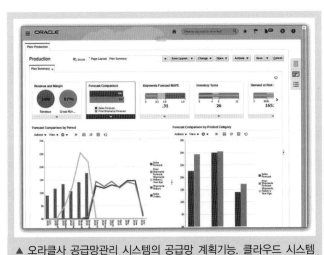

▲ 오라클사 공급망관리 시스템의 공급망 계획기능. 클라우드 시스템을 이용하여 언제 어디서나 접근이 용이하다.

고객의 수요를 예측하고, 이를 바탕으로 생산 및 조달 계획을 수립하고, 원재료에 대한 재고 수준을 파악하여 적절한 주문 계획까지 수립하게 된다. 주로 주별 계획 이상의 계획을 수립하는 기능이다. 만약 고객의 수요나 생산 일정에 차질이 발생하여 기존 계획의 변동이 생길 경우, 변동사항은 공급업체들에게 즉시 통보가 이루어져야 하고, 이를 고려한 새로운 계획 수립이 용이해야 한다. 특히 공급사와 제조업체의 협력적인 관계가 강조되면서, 협력적 예측 보충 시스템(Collaborative Planning, Forecasting & Replenishment, CPFR) 및 공급사 재고 관리(Vendor Managed Inventory: VMI) 등이 중요한데, 이를 위해서는 업체간 동일한 공급망 시스템을 이용한 통합과 표준화가 요구된다.

공급망 실행 기능(Supply Chain Execution)

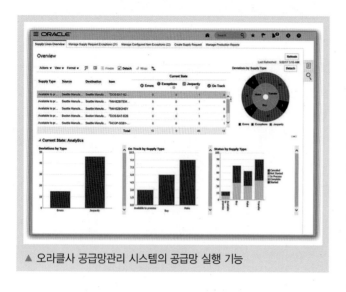

▲ 오라클사 공급망관리 시스템의 공급망 실행 기능

공급망 내부의 실제 원료나 제품의 이동, 자금의 흐름을 제어하게 된다. 주로 일별 이하의 스케줄을 따라 실시간으로 생산 및 배송 상태, 재고 수준과 관련된 데이터를 제공하고 유통 관리의 일환으로 고객도 주문한 제품의 상태를 쉽게 파악할 수 있게 해 준다. 바코드와 RFID 등을 사용해서 물류 실행 업무를 효율화 하며, 또한 제품의 반환과 관련된 역 배송에 대한 관리도 담당한다. 또한 위탁 제조를 할 경우 생산 진행 상황에 대한 위탁제조 업체의 업데이트를 실시간으로 파악할 수도 있다. 이와 더불어 자금 흐름과 관련된 문서 및 메시지의 관리기능을 포함한다.

공급망관리 시스템의 도입 효과

공급망관리 시스템의 도입은 공급망 전체에 걸쳐 이윤을 향상시키고, 기업의 경쟁우위를 확보할 수 있는 다양한 기회를 제공한다.

정보의 실시간 공유와 효율적 생산관리

공급망을 구성하는 업체들이 동일한 시스템으로 연결됨으로써, 이들 업체들간에는 고객의 수요, 재고, 운송 현황 등의 정보를 서로 실시간 공유할 수 있게 된다. 공급망관리 시스템을 가장 성공적으로 도입한 기업 중 손꼽히는 델 컴퓨터는 공급망관리 시스템 도입 후 고객, 델, 부품 공급사간의 정보 연계가 실시간으로 이루어지게 됨으로써, 재고량이 공급망관리 적용 전의 8주분에서 적용 후 12~15일 분으로 줄어들게 되었다고 한다. 또한 미국의 페덱스사는 실시간 화물 위치 추적 서비스와 운송장 및 상업 송장 등의 국제 무역에 필요한 문서를 처리하는 인터넷 기반의 배송관리 프로그램을 구축하였다. 페덱스의 기업 고객들은 이 시스템의 혜택을 받아 자사의 공장, 창고 혹은 페덱스에서 제공하는 창고에 있는 재고들을 적절하게 분배하여 물류비용을 최고 20~30% 절감할 수 있었고, 빠른 배송으로 고객 만족도가 높아져 더욱 경쟁력을 갖추게 되었다.

정보의 실시간 공유는, 수요정보에 바탕을 둔 합리적인 생산계획의 수립을 가능하게 하며, 주문, 조달의 불확실성을 제거할 수 있다. 공급망관리를 성공적으로 구축한 시스코사는 전체 매출의 90%(약 144억 달러상당)가 웹을 통해 발생하고 있는 대표적인 e-비즈니스 기업이다. 이 회사는 전체 제품생산량의 75%를 자빌, 솔렉트론 등의 협력업체에 외주 의뢰하고, 이들과의 관계유지는100% 온라인으로 하고 있다. 제조 협력사들은 고객의 주문을 받아 제품을 생산하고, 주문제품의 76%는 시스코의 개입없이 곧바로 고객에게 발송된다. 이러한 주문과 조달의 일원화로, 주문제품의 97%가 고객에게 약속된 날짜에 배달되고 있다고 한다.

중복업무 제거와 비용절감

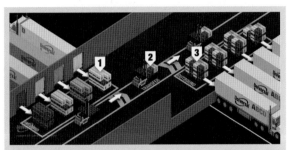
▲ 물류센터에서 크로스도킹 시스템을 사용하여 입고된 물품을 바로 분류하여 배송할 수 있다.

공급망관리 시스템의 도입은 업체간 중복 업무를 제거하고, 이를 통해 수송배송 역량증가, 재고의 감소, 작업 지연 시간 단축 등을 기대할 수 있다. 이러한 효과를 단적으로 보여주는 예가 크로스도킹 시스템이다. 크로스 도킹은 물류센터로 입고되는 상품을 창고에 보관하는 것이 아니라, 곧바로 적절한 분류과정을 거쳐 소매점포 등의 배송지점으로 배송하는 물류시스템을 의미한다.

따라서 보관이나 피킹 작업을 최소화할 수 있고 이를 통해 재고 및 물류비용의 상당한 감소를 기대할 수 있다. 대신 이를 위해서는 입고 및 출고를 위한 모든 작업의 긴밀한 동기화가 필요한데, 가령 같은 목적지로 가는 제품들을 통합하기 위해, 제품의 종류와 목적지를 미리 알고 차량에 적절하게 할당하는 기능이 공급망관리 시스템을 통해 구축되어야 한다. 크로스도킹을 도입한 업체는 운송비의 절감뿐 아니라 소비자로 가는 제품의 속도를 향상시켜 만족도가 높은것으로 나타나고 있다.

공급망 가시성 향상(Supply Chain Visibility)

공급망관리 시스템은 공급망을 모니터링 함으로써 공급망 전반에 걸친 비용, 성과 및 서비스 측면에서 현재 운영상태의 이상 유무를 파악하고 개선사항을 도출하며, 문제가 있을 시 사전에 예방하는 기능을 제공한다. 예를 들어, 주문이행 성공률, 제품납기 소요기간, 생산 주기 등을 분석하여 지속적인 성과측정을 하게 된다. 지속적 성과분석을 통한 장기적 관점의 공급망계획 수립은 기업의 경쟁력 강화는 물론 고객만족도 향상으로 이어진다.

앞서 공급망관리 시스템을 이용하여 기업은 내/외부비용 구조의 최적화를 이루어 경쟁력확보를 이루어 낼 수 있음을 알 수 있었다. 하지만, 오늘날 e-커머스 등이 확대됨에 따라, 제품 및 서비스정보에 대한 고객의 지식이 확대되고, 이에 따른 고객의 기대 수준이 증가함으로써, 시장은 점차 고객 중심적인 경쟁 환경으로 지각 변동이 일어나고 있다. 이런 기업 환경 속에 기존의 비용절감 경영에 한계를 인식한 기업들은 고객 중심적 기업 구조, 다양한 고객 접점 채널 확보, 수익성 높은 기존 고객의 유지/확대 등에 주력하는 새로운 경영 전략 수립을 위하여 고심하고 있다.

고객관계관리란?

고객관계관리(Customer Relationship Management, CRM)는 바로 이러한 고객지향 비즈니스를 추구하는 기업 경영상의 전략방식이다. CRM은 가트너 그룹의 정의를 따르면, "수익성 높은 고객과의 관계를 창출하고 지원함으로써 매출을 최적화하고 고객기반을 확충하는 전략"이다. 좀 더 구체적으로 정의하자면, "기업 전반에 걸쳐 고객 데이터와 기업 내외부의 고객 관련 데이터를 하나의 데이터 베이스에 통합하여, 이를 분석 후 그 결과를 다양한 고객 접점에 배분함으로써, 기업이 고객과 상호 작용하는데 활용하도록 하는 경영 프로세스"를 일컫는다.

기업의 가치는 고객과의 상호작용으로 발생되는 가치의 합이다. 한 고객이 한 기업의 고객으로 존재하는 전체기간 동안 기업에게 제공할 것으로 추정되는 재무적인 공헌도의 합계를 고객에 대한 생애 가치(Life Time Value, LTV)라고 부르는데, 이는 신규 고객을 유치하고, 수익성 있는 고객을 유지, 개발 함으로써 극대화 된다. 새로운 고객의 확보를 위하여, 기업은 고객의 요구사항을 파악하고 다양한 채널을 통하여 기업과 소통할 수 있는 장을 열어주어야 한다. 특히, 고객 획득 단계에서는 가능한 고객 접점(온-오프라인 포함)을 통합하고 확장하며, 잠재고객에 관한 데이터를 관리함으로써 고객의 데이터웨어하우스를 구축하여야 한다. 또한, 불특정 다수가 아닌, 고객 선호도 분석을 통한 차별화된 마케팅 전략이 기반이 되어야 할 것이다.

한편, 신규 고객 유치와 더불어 기존 고객의 유지에도 더욱 힘을 기울여야 한다. 상위 20%의 고객이 기업 전체 매출의 80%를 차지한다는 파레토 법칙은 이미 널리 알려지고 인식되어 왔다. 그뿐 아니라, 신규 고객 1명을 확보하는데 들어가는 비용은 기존 고객 1명을 유지하는데 들어가는 비용의 6배에서 10배에 이른다고 한다. 대부분의 기업들은 그럼에도 불구하고 매년 10% 정도의 고객 이탈이 발생하여 고객 만족 분야의 기반을 읽어가고 있다. CRM은 한번에 끝나는 것이 아니고, '한번 고객은 평생고객'이라는 모토가 실현될 수 있도록 개인화된 고객 서비스를 평생에 걸쳐 제공해야 한다.

쉬어가기 파레토 법칙과 롱테일 법칙

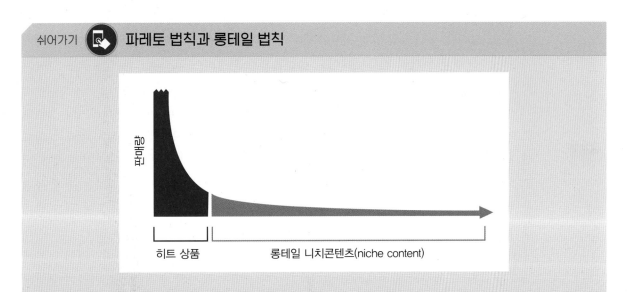

20:80 법칙이라고 알려져 있는 파레토 법칙은 실제로 다양한 영역에 적용되고 있다. 가령 상위 20% 고객이 전체 수익의 80%를 올려준다든가, 회사 핵심 제품 20%가 전체 매출의 80%를 담당한다는 등이 이에 해당된다. 이러한 파레토 법칙은 선택과 집중이라는 개념과 결합되어서 기업전략의 중요한 축을 형성해 왔다.

한편, 그동안 상식처럼 여겨왔던 파레토 법칙에 반하는 "롱테일 법칙"이 최근 큰 반향을 불러일으켰다. 와이어드(Wired) 잡지의 편집장인 크리스 앤더슨은 "시장에서 히트하는 20%도 의미가 있으나, 다양한 수요를 창출하는 80%를 간과하고 있다. 인터넷 비즈니스에 성공한 기업 상당수가 80%의 꼬리(Tail)에 기반해 성공했다"고 주장하며, 이른바 롱테일 법칙을 주창하였다. 이런 의미에서 롱테일 법칙은 "역파레토 법칙"이라고도 불린다. 앤더슨은 대표적인 예로서, 아마존(Amazon.com)의 주수익원은 오프라인 서점에서 구하기 힘들었던 80%의 책에서 매출의 57%가 나온다는 것을 보여주었다. 소프트웨어나, 음원 다운로드, 비디오 스트리밍 등의 정보제품들은 이와 같이 그동안 간과해온 니치(niche) 마켓인 롱테일의 공략을 시도해 볼 수 있는 여지가 충분히 크다고 할 것이다.

고객관계관리의 필요성

현대 사회의 고객들은 광고와 정보의 홍수 속에 살고 있으며, 이들 고객들은 어느 누구보다도 많은 정보를 갖고 있다. 반대로 이런 고객에 대한 기업의 분석력은 아직도 많은 발전의 여지를 보여준다. 흔히들 CRM이라고 하면 나이, 소득, 학력 등 단순한 인구통계학 데이터를 수집하고 구매정보와 연계해 수익성에 따라 고객을 세분화하는 통상적 고객관리를 떠올리기 쉽다. 물론 100% 틀린 말은 아니지만, 시장 환경이 급속하게 변화하고 비즈니스가 성장해감에 따라 CRM도 진화했다. CRM을 단순히 고객 데이터를 관리하는 툴이라고만 인식하지 않고, 고객을 중심으로 영업·서비스하는 마케팅 혁신의 방법이자 구체적인 매출성과에 기여하는 강력한 무기인 커뮤니케이션 플랫폼으로 확장하여 효과적으로 활용해야 한다는 것을 뜻한다.

최근, 하버드 비즈니스 리뷰에서는 이를 "관계 지성"(relationship intelligence)이라 정의하고 이의 개발이 시급하다고 하였다. 가령, 친구로 대접받기 원하는 사람을 그저 거래 상대로만, 반대로 거래만 원하는 고객에게 괜히 우정을 형성하려는 시도를 하다가 반감을 사게 되고 오히려 결속력을 약화시키는 실수를 하게 되는 것이다. 기업은 고객이 원하는 관계 유형을 알려주는 데이터를 더욱 효과적으로 포착하여 회사의 전략적 목표에 도움이 되는 관계로 고객을 이끌어야 한다.

예를 들어 슈퍼마켓에 가기를 무척 귀찮아 하는 한 고객이 신생 식료품 배달업체 덕분에 고생을 덜게 돼 굉장히 흡족해하고 있다. 그는 이 고마운 회사가 건재하기를 바라며 운영상의 사소한 문제점들을 해결할 방안들을 제안한다. 그러나 회사로부터 회신은 전혀 못 받고 대신 주문을 더 자주 하라고 부추기는 홍보 메일만을 계속 받는다. 낙심한 고객은 이 회사가 자신이 원하는 방향으로 관계를 발전시킬 의향을 갖고 있지 않다고 생각하고 점점 서비스를 이용하지 않게 된다. 이 경우 회사는 기존의 고객관리시스템으로 정해진 시간이나 고객의 구매 습관에 맞춰 홍보 메일만 보냈지 고객이 보내는 더 깊은 관계를 원하는 신호를 포착하는 데는 실패한 것이다.

다른 예로, 베이비붐 세대 여성을 위한 플러스 사이즈 의류로 인기를 끌던 브랜드가 있다. 그런데 이 브랜드가 더 젊고 날씬한 고객을 위한 브랜드로 재포지셔닝하는 전략을 꾀하자, 이 과정에서 소외당한 기존 고객들은 마치 더 매력적인 사람 때문에 연인에게 차인 것처럼 배신감과 모욕감을 느낀다. 이 회사는 매장을 새로 단장하고 새로운 스타일을 추구하였지만, 브랜드와 결속력이 가장 강했던 고객들과의 친밀한 관계를 망가뜨렸다.

이처럼 다양한 정보로 무장한 고객들을 상대하기 위해 기업은 관계에 대한 이해도를 높이고, 관계지성을 향상시켜야 한다. 많은 기업들이 이메일, 고객과 직원의 채팅, 전화 통화로 관계에 대한 신호들이 담긴 방대한 데이터를 받아들이면서도 정작 그런 정보를 수지하고 분석하는 능력에 있어서는 부족한 모습을 보여주었다. 이러한 신호들이 고객들이 회사와 어떤 관계를 맺고 싶어하는지, 그리고 어떻게 그런 관계가 발전할 수 있는지를 잘 드러내준다. 관건은 이제부터라도 이러한 신호들을 탐색하고 잘 포착하여, 진정한 관계지성의 향상을 통한 고객관리의 선순환 구조를 만들어 낼 수 있어야 할 것이다. 다행이도 이러한 요구를 뒷받침할 수 있는 핵심기술인 빅데이터, 인공지능, 클라우드 컴퓨팅 등의 발전이 보다 발전된 고객관계 관리의 장을 열어 줄 것이라고 기대된다.

④ 고객관계관리 시스템

고객관계의 효과적인 관리를 위해서 CRM 시스템은영업 자동화, 고객 서비스와 지원, 마케팅 캠페인 관리 및 분석의 3가지 업무 영역별로 다양한 기능을 보유하게 된다. 이들 업무는 기존의 전화, 팩스, 개인적인 대면 접촉뿐만 아니라 이메일, 웹 사이트, 소셜네트워크 등을 통한 다양한 고객 접점 관리와 서비스 제공(multi-channel service delivery)을 통해 이루어진다. CRM 시스템의 대표적인 제품은 세일즈포스(Salesforce)이며, 클라우드를 이용해 상용화된 서비스를 제공하고 있다.

쉬어가기 세일즈포스닷컴

19년 전 소프트웨어(SW)를 빌려 쓴다는 생각을 할 수 있었던 사람이 얼마나 있었을까. 세일즈포스닷컴(세일즈포스)은 누구도 생각하지 못했던 방법을 제시했다. SW를 구매해 직접 설치하는 대신 일정 비용을 내고 빌려 쓰는 서비스형소프트웨어(Software As a Service, SaaS) 시장 포문을 열었다. 기존 SW 기업이 생각하지 못한 방법을 소비자에게 제시, 비용을 절감하고 편의성을 높였다. 세일즈포스닷컴이 해마다 혁신기업 상위권에 랭크되는 이유는 회사 자체뿐만 아니라 고객에게 혁신을 전파하기 때문이다.

회사는 1998년 '세일즈포스(Salesforce)' 이름처럼 영업하는 사람들을 위한 SW를 개발했다. 고객 정보를 분석·통합해 지원하는 고객관계관리(CRM)제품을 제공한다. 당시 오라클, SAP 등 대형 SW기업이 CRM 시장을 장악했다. 후발주자이자 신생기업인 세일즈포스 등장에 놀랄 이는 아무도 없었다. 세일즈포스는 설립 13년 만인 2012년, 최강자 SAP를 제치고 세계 CRM 시장 점유율 1위로 올라섰다. 전통 방식의 패키지 SW가 아닌 클

라우드 방식인 SaaS 기업이 SW업계 1위를 기록하면서
충격파를 던졌다.

세일즈포스 경쟁력은 신속성과 단순함, 편리함에 있
다. 클라우드 방식(SaaS) CRM은 고객에게 새로운 혁신을
안겨줬다. 기존 설치형 CRM은 설치기간이 평균 12개월
소요됐다. 세일즈포스 CRM은 평균 3개월이면 가능하다.
절약한 시간만큼 기업은 혁신을 앞당긴다. 클라우드상에
서 모든 기능이 제공되고 기술을 지원한다. 때문에 기업
은 정보기술(IT) 전문가가 없어도 서비스를 쉽고 빠르게
도입한다. 전통적 SW 제품을 도입 사용할 때 겪었던 고
가의 유지보수 비용, 불편한 업그레이드 등에서 벗어난

▲ Saliesforce.com 클라우드 애플리케이션

다. 비싼 가격 때문에 CRM 도입을 꺼렸던 중소기업에 저렴한 가격으로 제품을 제공, 경쟁력을 부여했다.

회사는 끊임없이 성장했다. 해마다 20% 이상 성장세를 기록, 지난해 84억달러(약 8조9,000억원) 매출을 올렸
다. 인수합병(M&A)도 회사 성장에 한몫했다. 세일즈포스는 2006년부터 38개 기업을 M&A했다. 연 평균 3.8개
기업을 인수한 셈이다. 지난해 전자상거래 플랫폼업체 디맨드웨어를 28억달러(약 2조9,900억원)에 인수하며 또
한 번 몸집을 키웠다. 링크드인, 트위터 등 대형 인수전에 참여하며 회사 존재감을 드러냈다. 구글, 페이스북,
제너럴일렉트릭(GE) 등 세계적 기업이 세일즈포스 고객이다.

일반인이 접하기 어려운 제품을 판매하는 회사가 어떻게 수년간 포브스 혁신 기업 선두자리를 지켰을까.
세일즈포스 혁신 중심에는 창업자이자 최고경영자(CEO)인 마크 베니오프가 있다.

베니오프는 스스로 신화를 만들었다. 15세 나이에 게임 SW를 만들어 차량을 구입하고 대학 입학금
을 충당할 정도의 수익을 남겼다. 대학 졸업 후 세계 굴지 SW기업 오라클에 입사, 1년 만에 '올해의 오라
클 최고 신입사원'에 뽑혔다. 성과를 인정받아 입사 3년만인 26세에 마케팅 부문 부사장으로 초고속 승진
했다. 오라클 역대 최연소 부사장이었다. 아직도 이 기록은 깨지지 않고 있다. 베니오프는 1999년 오라클
을 퇴사하며 "기업용 패키지 SW 시대는 끝났다"고 공언했다. 당시 대부분 베니오프가 무모한 도전을 시
작했다고 생각했다. 베니오프는 창업 10년 만에 오라클 CRM 매출을 앞서면서 클라우드 진가를 입증했다.
베니오프가 새로운 시장을 개척하고 기업 내 혁신 바람을 불러일으켰던 배경에는 그의 멘토 스티브 잡스가 있
다. 베니오프는 대학시절 애플에서 인턴으로 일하며 잡스와 인연을 맺었다. 베니오프는 세일즈포스 창업을 준
비하던 시기 잡스를 찾아가 조언을 구했다. 잡스는 그에게 '2년 안에 10배 성장'과 '애플리케이션 경제 창조'를
강조했다. 베니오프가 세일즈포스를 단순 클라우드 기업이 아니라 플랫폼 기업으로 만들겠다고 결심한 단초
가 됐다. 그는 한 달 이용료 65달러에 SW를 빌려주는 파격 가격정책을 만들어 사업을 시작했다. '소프트웨어
는 끝났다'는 캠페인을 벌이며 고객을 사로잡아 잡스 조언처럼 사업 초반에 초고속 성장을 만들었다.

베니오프 혁신은 기업에만 머물지 않는다. 그는 자본의 1%와 제품의 1%를 사회에 환원하고 전 직원이 업
무 시간 1%를 자원봉사 활동에 사용한다는 '1/1/1 모델'을 만들었다. 구글을 비롯해 세계 IT기업이 이 대열에
합류하면서 기부 열풍을 만들었다. 그는 "직원 노력에 의미를 부여하는 공동철학을 만들면 이들을 단합하고
집중하게 만든다"고 말했다. 세일즈포스는 매년 '가장 일하기 좋은 기업' 상위권을 기록 중이다.

세일즈포스 혁신은 현재진행형이다. 가령, 2022년 12월에는, 정보 요약 툴 'AI서머리스트'를 소개했다. 이 툴은 메시지, 뉴스, 기업 알림 등을 직원이 중요하다고 생각하는 내용 위주로 정보를 간추려 제공한다. AI서머리스트가 내용 요약하는 원리는 간단하다. 먼저 사용자가 그동안 자주 찾아보고 반응한 핵심 데이터를 수집한다. 이를 통해 AI는 사용자가 평소에 관심 있는 분야나 키워드를 추출해 우선순위를 매긴다.

이후 사용자가 받은 메시지나 정보 화면에서 '요약' 버튼을 누르면 AI서머리스트는 우선순위 데이터에 기반해 이를 요약한다.

출처: 전자신문, "주목할 해외사례-세일즈포스닷컴" 2018. 1. 1; ZDNet Korea, 2022. 12. 13

영업 자동화 (Sales force automation: SFA)

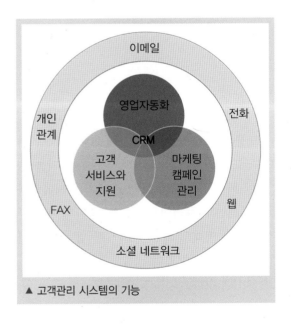

▲ 고객관리 시스템의 기능

영업자동화는 개인의 감각과 경험에 의존하던 영업 프로세스를 고객의 최초 접촉부터 거래의 성사에 이르기까지 일련의 프로세스로 정비하고, 영업사원의 역량을 강화시켜 줄 수 있도록 원활한 정보공유를 이루어, 궁극적으로 영업생산성 증대와 고객 만족을 달성하게 한다. 핵심 기능으로서 통합 고객 거래 정보 조회, 영업 기획 관리, 영업 활동 관리, 목표 및 실적 관리, 영업 보고서 관리 등이 있다.

최근 사물인터넷(IoT, Internet of Things)의 발전은 영업자동화에도 큰 변화를 가져올 것이다. 오늘날 우리는 온라인에 접속된 수십 억의 기기들 속에 살고 있고, 이 기기들은 매일 250경 바이트의 데이터를 생성하고 있다. 이는 자신들의 고객을 보다 잘 이해하고자 하는 모든 비즈니스의 근원적인 니즈를 완벽히 충족시켜 줄 완벽한 재료다. 이를 이용해 기업들은 보다 철저하게 개인화된 고객 소통을 진행해나갈 수 있게 될 것이다. 온갖 스마트 기기들을 CRM 시스템과 연계함으로써 비즈니스 공지, 세일즈 지원 보조, 청구 프로세스 등 다양한 고객 서비스 활동을 자동화할 수 있게 될 것이고, 그를 통해 고객 서비스의 '즉각성'이라는 개념을 새로이 정의할 수 있게 될 것이다.

고객 서비스와 지원

사후 고객 관리를 위한 일련의 업무를 지원하며, 특히 서비스 센터의 역할이 중요시 되고 있다. 핵심 기능으로서 고객이 이메일, 채팅, 웹사이트, 전화 등을 통해 연락을 취해 왔을 때 한 눈에 관련 정보를 확인 할 수 있는 원스톱 고객 정보 지원, 효율적인 대처관리 시스템 등이 포함된다.

특히, 향후 고객서비스관리는 빅데이터 애널리틱스를 활용해 고객이 향후 구매할 상품 및 서비스를 선행적으로 예측하고, 그에 기반해 실시간의 지원을 제공하는 시스템이 될 것이다. 예측적 애널리틱스 기술이 결합된 고객관계관리 시스템은 고객과의 보다 개인화된 커뮤니케이션을 가능케 하며, 이를 통해 판매 증진 및 고객 관계 개선, 고객 이탈 방지 등의 효익을 전달할 것이다. 이와 관련된 빅데이터의 활용과 분석기법에 대해서는 3장에서 보다 자세히 다루었다.

마케팅 캠페인 관리

마케팅 캠페인은 기업의 측정 가능한 특정 목표를 달성하기 위해서 정해진 기간 동안 단일 또는 복수의 오퍼(Offer) 제공을 통해 하나의 목표 고객군에게 하나의 단일한 가치를 제안하기 위한 구체적인 마케팅 활동이다. 이를 위한 핵심 기능으로 고객 정보 데이터웨어하우스, 고객군 선택을 위한 데이터 마이닝, 다양한 캠페인 시뮬레이션 기능이 포함된다. 기존의 CRM이 기본적으로 세일즈 도구의 성격이 강했다면, 미래의 CRM은 마케팅 및 세일즈 플랫폼의 진정한 통합 도구로서의 역할을 할 것이라고 전망할 수 있다.

01 생산 관리는 원자재의 조달부터 제품의 생산과정을 거쳐, 유통망을 통해 고객이 원하는 제품이 고객의 손에 전달되기까지의 모든 과정을 관리한다.

> **정답** ×
>
> **해설** 공급망관리

02 공급망에서 공급업체들과 그들의 공급업체들을 포함하여 하류 공급망이라고 한다.

> **정답** ×
>
> **해설** 상류 공급망(upstream supply chain)

03 신규 고객 1명을 확보하는데 들어가는 비용은 기존 고객 1명을 유지하는데 들어가는 비용보다 더 많이 든다.

> **정답** ○
>
> **해설** 신규 고객 1명을 확보하는데 들어가는 비용은 기존 고객 1명을 유지하는데 들어가는 비용의 6배 내지 10배에 이른다고 한다

04 공급망에 대한 다음 설명 중 올바르지 않은 것은?

① 자재는 원자재를 거쳐 최종 제품과 서비스로의 변환을 거치며 공급업체로부터 내부 공급망을 거쳐 고객에게 흘러 들어간다.

② 자금은 고객으로부터 내부공급망을 거쳐 공급업체쪽으로 흘러 들어간다.

③ 정보는 상류 공급망에서 하류공급망으로만 흘러들어간다.

④ 재고의 감축이 항상 공급망의 최적화를 의미하지는 않는다.

> **정답** ③
>
> **해설** 공급망 주체들간에는 쌍방향으로 정보의 흐름이 존재하게 된다.

05 공급망관리가 필요한 가장 중요한 이유는?

① 제조단계의 비용 절감과 이에 따른 수입의 증대

② 재고 감축을 통한 생산성의 증대

③ 물류를 포함한 공급망 전체의 최적화

④ 도매상의 안전 재고 확보

> **정답** ③
>
> **해설** 기업의 범위가 확장되면서, 물류비용은 평균적으로 매출원가의 7-15%를 차지하게 되었다. 따라서 물류를 포함한 공급망 전체에 대한 최적화 없이 부가가치를 창출하는 것이 불가능해졌다.

06 공급망관리 시스템의 기능 중 공급망 계획 기능에 해당 하지 않는 사항은?

① 수요 변동의 실시간 통보 시스템

② 협력적 예측 보충 시스템

③ 공급사 재고 관리 (Vendor Managed Inventory: VMI) 시스템

④ 바코드와 RFID 등을 사용한 트래킹 시스템

정답 ④

해설 공급망 실행 기능

07 다음 빈칸에 공통으로 들어갈 용어는?

- (   )은 물류센터로 입고되는 상품을 창고에 보관하는 것이 아니라, 곧바로 적절한 분류 과정을 거쳐 소매점포 등의 배송지점으로 배송하는 물류시스템을 의미한다.

- (   )을 사용하면, 업체간 중복 업무를 제거하고, 이를 통해 수송 배송 역량증가, 재고의 감소, 작업 지연 시간 단축 등을 기대할 수 있다.

① 공급사 관리 창고   ② 크로스 도킹

③ Just In Time   ④ 전사적 자원 관리

정답 ②

08 고객관리에 대한 다음 설명 중 적절하지 않은 것은?

① 고객관계관리는 고객지향 비즈니스를 추구하는 기업 경영상의 전략방식이다.

② 영어로는 Customer Relationship Management 이며, 흔히 CRM으로 줄여서 말한다.

③ 기업의 가치는 고객과의 상호작용으로 발생되는 가치의 합이다.

④ 불특정 다수가 모두 관심을 가질 수 있는 마케팅 전략이 기반이 되어야한다.

정답 ④

해설 불특정 다수가 아닌, 고객 선호도 분석을 통한 차별화된 마케팅 전략이 기반이 되어야 할 것이다.

09 고객관리의 필요성에 대한 다음 설명 중 적절하지 않은 것은?

① 고객 획득 단계에서는 가능한 고객 접점(온-오프라인 포함)을 통합하고 확장한다.

② 한번 고객은 평생 고객이 될 수 있도록 기존 고객의 이탈을 줄이는데 노력한다.

③ 고객관리를 표준화하여 고객 유지에 들어가는 비용을 절감하는데 주력하여야 한다.

④ 나이, 소득, 학력 등 단순한 인구통계학 데이터를 수집을 넘어서 관계 지성의 개발이 시급하다.

정답 ③

10 고객관리 시스템의 3가지 주요 기능에 해당되지 않는 것은 무엇인가?

① 영업 자동화   ② 고객 서비스와 지원

③ 마케팅 캠페인 관리   ④ 배송 관리

정답 ④

11 고객관계관리 시스템을 제공하는 세일즈포스닷컴의 서비스 제공 모델은?

① IaaS   ② PaaS

③ SaaS   ④ CaaS

정답 SaaS

해설 세일즈포스닷컴은 클라우드 컴퓨팅을 이용하여 서비스를 제공하며 완성된 소프트웨어를 브라우저를 통해 제공하므로 소프트웨어 서비스(Software As a Service: SaaS)에 해당된다.

12 빈칸에 알맞은 단어를 넣으시오

기업의 승패는 고객이 원하는 제품을 얼마만큼 빠르고 정확하게 제공하느냐에 따라 좌우된다. 이를 위해서는 제품 납기 시간(lead time)을 줄이고, 고객의 요구에 발빠르게 대응할 수 있는 공급망 전체의 ( )이 중요한 요소로 작용한다.

정답 유연성(Agility)

13 다음은 무엇을 설명하는 것인가?

- 공급망 전반에 걸친 수요 왜곡 현상을 설명하는 용어이다.
- 제품에 대한 최종 소비자의 수요에 조그만 변동이 생기면, 그 변동폭이 소매상, 도매상, 완제품 제조업자, 부품 공급업체 등 공급망을 따라 위로 올라갈수록 더 크게 확대되는 현상을 말한다.

정답 채찍 효과

14 빈칸에 알맞은 단어를 넣으시오.

한 고객이 한 기업의 고객으로 존재하는 전체 기간 동안 기업에게 제공할 것으로 추정되는 재무적인 공헌도의 합계를 고객에 대한 ( )라고 한다.

정답 생애 가치(Life Time Value, LTV)

15 빈칸에 알맞은 단어를 넣으시오.

(　　　　　)은 기업의 측정 가능한 특정 목표를 달성하기 위해서 정해진 기간 동안 단일 또는 복수의 오퍼(Offer) 제공을 통해 하나의 목표 고객군에게 하나의 단일한 가치를 제안하기 위한 구체적인 마케팅 활동이다. 이를 위한 핵심 기능으로 고객 정보 데이터웨어하우스, 고객군 선택을 위한 데이터 마이닝, 다양한 캠페인 시뮬레이션 기능이 포함 된다.

정답 마케팅 캠페인

- 공급망이란 고객에게 상품이나 서비스를 조달하기 위해 공급업체, 제조업체, 유통업체, 소매업체, 고객이 서로 복잡하게 연결된 집합체를 의미한다.

- 공급망을 통해 자재는 원자재를 거쳐 최종 제품과 서비스로의 변환을 거치며 공급업체에서 고객으로 흘러 들어가며, 자금은 고객으로부터 공급업체 쪽으로 흘러 들어간다. 이 과정에서 공급망 주체들간에 다양한 정보의 흐름이 존재한다.

- 기업 활동의 경계가 확대되면서, 제조업체 내부의 부분 최적화는 공급망 전체의 이윤을 추구하는데 한계점을 드러내게 되었고, 공급망 전체의 전반적인 관리가 필요하게 되었다.

- 채찍효과는 공급망 전체에서 나타나는 수요의 왜곡 현상을 가시적으로 보여준다.

- 맞춤형 제품의 증가와 짧아진 제품수명 주기는 공급망관리를 통한 조직의 유연성을 요구한다.

- 효과적인 공급망관리를 위해서는 공급망관리 시스템의 구축이 필요하며, 이러한 시스템을 갖춘 기능은 크게 공급망을 계획하는 기능과 공급망을 실행하는 기능으로 나누어진다.

- 공급망관리 시스템의 도입으로, 정보의 실시간 공유와 효율적 생산관리가 가능해지고, 업체간 중복업무를 제거하고 비용절감의 효과를 누릴 수 있으며, 나아가 공급망 전체의 가시성을 높여 성과분석에 기반한 장기적 경영전략을 수립할 수 있을 것으로 기대된다.

- 고객관계관리는 고객지향 비즈니스를 추구하는 기업 경영상의 전략방식으로서, 고객 중심적 기업 구조, 다양한 고객 접점 채널 확보, 수익성 높은 기존 고객의 유지/확대 등에 주력한다.

- 고객관계관리는 단순히 고객 데이터를 관리하는 툴이 아니며, 고객을 중심으로 영업·서비스하는 마케팅 혁신의 방법이자 구체적인 매출성과에 기여하는 커뮤니케이션 플랫폼으로 작용한다.

- 고객관계관리 시스템은 영업 자동화, 고객 서비스와 지원, 마케팅 캠페인 관리 및 분석의 3가지 업무 영역별로 다양한 기능을 수행한다.

- 고객관계관리 시스템은 빅데이터, 사물인터넷, 인공지능 기술 등의 발달로, 보다 발전되고 개인화된 고객 소통과 고객 니즈의 예측에 활용되고 있다.

성공적인 공급망관리를 위한 6가지 조언

IT의 발전에 따라 공급망의 작동 방식과 공급망 관리 모범 사례 역시 발전해 왔다. 사물인터넷(IoT)과 클라우드 컴퓨팅이 등장하고 해커들이 기업 운영에 핵심인 고객 데이터를 노리는 이 시대에 공급망관리 성공의 6대 핵심 요소를 소개한다.

1. 투명한 공급망을 만들어라

미국 국립중견기업연구소(NCMM)의 임원 더그 패런은 '투명한 공급망'이야말로 공급망관리의 성배라고 말했다. 패런은 "제품에 들어가는 원료에서부터 최종 고객 사용자에 이르기까지 공급망 전체에 가시성을 확보하는 것"이라고 설명했다. 이는 자동차, 의료 서비스, 최신 기기 등 제품의 종류와 상관없이 적용된다. 패런에 따르면 이는 새로운 개념이 아니다. 그러나 이를 달성하는 것은 예전 못지 않게 중요하고 어렵다. 이는 공급망관리에 관련된 온갖 부서와 협력업체들 때문이다. 패런은 "그래도 IT 발전 덕분에 이런 종류의 정보를 구해서 공유하는 것이 훨씬 쉬워졌다"고 말했다. 15년 전이나 지금이나 여전히 중요하면서도 공급망을 투명하게 유지해주는 또다른 오랜 개념은 소통이다. 전미제조자협회(NAM) 이사이자 BDO의 제조 및 유통 업무 책임자 릭 슈라이버는 "만사는 소통으로 귀결된다"며, "공급망은 복잡하며 누구나 공급망에 속해 있다. 소통하지 않는 사람이 있으면 공급망은 무너진다"고 강조했다.

2. 강력한 공급자 협의회를 마련하라

이런 소통 채널을 열어두는 한 가지 방법은 강력하고 말이 잘 통하는 공급자 협의회를 마련하는 것이다. 아무리 투명한 공급망이 있더라도 아무도 거들떠 보지 않거나 사용하지도 않고 이로부터 배우는 것도 없다면 별로 소용이 없기 때문이다. 패런은 "이는 효율성 절차, 변경 사항, 향후 계획에 대한 양방향 대화의 많은 부분을 가능하게 하는 사실상의 포럼"이라고 전제한 뒤, "반대로, 무언가 고민 거리가 있거나 프로세스 내부에 소통이 끊기는 부분이 있다고 느꼈다면 이 포럼은 이런 의견 교환의 많은 부분을 가능하게 하는 모임"이라고 말했다.

3. 인사이드아웃이 아닌 아웃사이드인 공급망을 만들어라

오라클(Oracle)의 SC 혁신 사고 리더십 및 SC 클라우드 마케팅 담당 부사장 로디 마틴에 따르면, 아웃사이드인(outside-in) 공급망을 만든다는 것은 데이터를 통해 소비자가 원하고 필요로 하는 것을 살펴본 후, 그 수요를 예측하는 것을 의미한다. 먼저 제품을 만든 다음 팔리기를 바라는 인사이드아웃(inside-out) 방식과는 다르다. 마틴은 "디지털 매체가 등장하면서 사람들은 SNS에서 우리의 제품과 서비스에 대해 이야기하고 있다"며, "우리에게는 고객이 선호하는 것을 예측 분석할 수 있는 매우 정교한 분석 기술이 있다"고 소개했다. 이런 분석 기술과 고객 데이터를 활용해 기업들은 먼저 제품을 만드는 방식 대신 고객을 위해 무엇을 만들어야 할지, 이런 제품이 이미 어디에 있는지를 파악할 수 있다. 마틴은 "아마존(Amazon)과 애플(Apple)이 하는 방식을 생각해 보라"며 아마존 이용 경험을 들려주었다. 아마존은 새로 나올 공급망 업무 서적에 관한 정보와 출판 시기를 미리 알려주며 책이 나오면 이를 원하는 고객이 다음날 찾아갈 수 있는 곳으로 출고 준비를 완료해 준다. 마틴은 "고객 행동에 대한 통찰에 의해 사업의 나머지 부분도 움직인다"고 말했다. 그러나 데이터란 데이터는 다 끌어 모은다고 해서 영업의 지혜가 툭 튀어나오는 것은 아니다. 적합한 데이터를 정확히 활용해야 하며 적절한 결론을 도출해야 한다. 슈라이버는 "그렇지 않으면 쓰레기를 넣으니 쓰레기가 나오는 상황이 되어 버린다"고 지적했다. "이제 사물인터넷, 센서, 와이파이(wifi), 클라우드 등으로 인해 엄청난 양의 데이터가 수집되고 있다. 이제 공급업체가 제조업체, 유통업체, 소매업체와 공유할 수 있는 이 모든 빅데이터로 무엇을 할 것인지가 문제다."

4. 보안에 신경써라

최근 BOD에서 실시한 조사에 따르면, 제조업체와 그 공급망에서의 공격이 증가하는데도 불구하고 공급망 협력업체와 타 업체에 대한 보안 정책을 갖추지 않은 회사가 27%에 달하는 것으로 나타났다. 슈라이버는 "우리들은 협력적인 자세로 연합에 참가해 자신의 네트워크를 서로 공유하려고 노력한다"며, "이로 인해 일부 나쁜 자들이 파고들 수 있는 부분이 굉장히 많이 노출되었다"고 밝혔다. 모든 협력업체와 소통해야 하며 공급망 내 모든 업체를 본인의 회사 수준으로 안전하게 보호할 수 있는 정책을 마련해야 한다. 공급망 내 약한 고리가 생기면 고객을 비롯한 전체가 노출될 수 있기 때문이다. 약한 고리가 어디인지는 중요하지 않다. 고객이 노출되면 타격을 입는 것은 자사이기 때문이다. 미국 유통업체 타겟(Target)이 공조설비 업체를 통해 해킹되었다는 사실을 명심해야 한다.

5. CIO를 회의에 동참시켜라

과거에는 IT 팀이 업무 솔루션을 구현한 뒤에는 자리를 뜨곤 했다. 오늘날에는 CIO가 고위급 경영진 팀과 혁신 프로젝트에 소속되어 있지 않으면 성공할 수 없다. 또한, 공급망은 더 이상 원가 절감이 전부일 수는 없다. 마틴은 "현대 공급망이 제대로 돌아간다면 오늘날 기업가들은 공급망을 성장 기능으로 인식한다"고 말했다. 마틴은 "공급망에 관련되는 사람 역시 바뀌고 있다. 이는 문화적 변화다. 공급망은 15년 동안 한자리에 머물러 있는 믿을 수 있는 노인네가 아니다. 공급망에 여성이 늘어나고 있으며 마케팅과 경영 분야의 사람들도 많다. 이들은 이제 고위급 경영진 회의에 참석해 성장에 대한 고민을 함께 하고 있다"고 말했다.

6. AI를 적극 활용하라

DHL은 보고서를 통해 AI를 활용한 물류 창고 운영 자동화 방안을 제시했다. 드론, 카메라, AI 기술을 접목해 실시간으로 물류 창고 내 재고를 모니터링하고 사람을 대신해 물류창고 내 화물을 로봇이 이동시키는 등의 시나리오를 담고 있다. 이에 더해 물류창고로 입고되는 상품을 AI 사물인식으로 분류해 분류 속도·효율을 높이고 자연어기반 대화형 AI를 활용해 물류창고 작업자가 물류 정보를 실시간으로 빠르게 파악할 수 있도록 지원한다. 운송 수요예측과 운송·배송 경로 최적화에도 AI 기술이 활용된다. 글로벌 모빌리티 기업 우버(Uber)의 화물운송 중개 디지털플랫폼인 '우버 프라이트(Uber Feight)' 서비스는 AI 기술로 화주에게 특정 시점 이후의 서비스 구간별 요금을 예측해 주는 '레인 익스플로러(Lane Explorer)'를 제공한다.

출처: CIO Korea, Jen A. Miller, 2017. 8. 9; 아주경제, 2022. 1. 18

1. 패런은 위에서 IT 발전 덕분에 투명한 공급망을 만드는 것이 더 쉬워졌다고 하였다. 구체적으로 어떤 IT 기술이 이러한 영향을 미쳤을지 생각해보자.

2. JIT(Just-In-Time) 생산방식은 무엇인지 조사해 보고, 이를 바탕으로 아웃사이드인(outside-in) 공급망과 인사이드아웃(inside-out) 공급망의 차이점을 설명해보자.

3. 위에서 말한 "보안에 신경써라"는 조언을 최근 이슈가 되고 있는 "블럭체인" 기술을 이용하여 어떻게 대처할 수 있을지 생각해보자.

4. 물류관리에 AI를 활용할 수 있는 방안에 대해 본문에서 제시된 사례 외에 어떤 것이 있는지 생각해보자.

제 8 장

지식자원의 관리

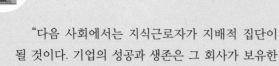

"기업의 성패는 지식근로자에 달려"

"다음 사회에서는 지식근로자가 지배적 집단이 될 것이다. 기업의 성공과 생존은 그 회사가 보유한 지식근로자의 성과에 점점 더 의존하게 될 것이다."

'현대 경영학의 아버지'로 평가받는 피터 드러커(1909~2005)에게 '지식근로자(knowledge worker)'는 일생의 화두였다. 그는 1959년 《내일의 이정표》에서 이 용어를 처음 사용한 뒤 평생에 걸쳐 저술과 강연을 통해 '지식사회'의 도래와 '지식근로자'의 등장을 설파했다.

2002년 출간된 《넥스트 소사이어티(Managing in the Next Society)》 역시 지식사회 이론의 연장선에 있다. 그는 이 책에서 '지식근로자의 시대'를 조명하는 데 그치지 않고, 다음 사회를 이끌 변화의 동력을 다각적으로 탐색했다.

드러커가 예측한 다음 사회의 특성은 지식근로자의 급부상과 제조업의 쇠퇴, 인구 구조 변화로 요약된다. 그는 다가올 사회의 진정한 자본은 돈이 아니라 지식이며, 지식근로자가 사회의 주도 세력이 될 것으로 봤다. 또 지식근로자를 자본가로 규정했다. 핵심 자원이자 생산수단인 지식과 기술을 소유한 지식근로자들이 연금기금과 투자신탁기금 투자를 통해 기업의 주주가 되고 있다는 점에 주목했다.

"진정한 자본은 돈이 아니라 지식"

드러커는 "지식사회는 상승 이동이 실질적으로, 무제한적으로 열려 있는 최초의 인간사회"라고 단언했다. 국경이 없고, 누구나 쉽게 지식을 획득할 수 있지만, 경쟁도 그만큼 치열해질 것이란 설명이다. 지식사회를 가속화할 원동력은 정보기술이다. 드러커는 전통적인 지식근로자 외에 컴퓨터 기술자, 소프트웨어 개발자 등 '지식기술자(knowledge technologist)'가 뚜렷하게 증가할 것으로 내다봤다.

드러커에 따르면 산업혁명을 일으킨 진정한 힘

▲ 피터 드러커 『매니징 인 더 넥스트 소사이어티』

은 증기기관의 발명이 아니라 철도였다. 그는 "철도는 새로운 경제의 장을 열었을 뿐만 아니라 '심리적 지리(mental geography)'를 급속히 변화시켰다"며 "인류 역사상 처음으로 진정한 이동 능력을 갖게 됐고, 시야가 세계로 확대됐다"고 강조했다. 정보혁명도 컴퓨터보다는 인터넷을 통한 전자상거래의 발달이 더 큰 영향을 미쳤다고 설명한다. 그는 "컴퓨터의 등장은 수많은 프로세스를 정형화해 시간과 비용을 줄였지만 프로세스 자체는 달라진 게 없다"며 "반면 전자상거래는 경제, 시장, 산업구조, 유통, 소비계층, 직업과 노동시장 등에 심각한 변화를 가져왔다"고 분석했다. "철도가 창조한 새로운 심리적 지리가 지리적 차이를 극복했다면, 전자상거래가 창조한 심리적 지리는 거리라는 개념을 아예 없애버렸다"는 것이다. 그는 "전자상거래로 인해 단 하나의 경제, 단 하나의 시장만 존재하게 됐다"며 "기업은 전 지구적 차원에서 경쟁력을 갖춰야 한다"고 강조했다.

드러커는 제조업의 쇠퇴와 보호주의 강화도 예견했다. 산업혁명 이후 끊임없이 부와 일자리를 늘려왔던 제조업의 지위는 농업처럼 빠르게 추락할 것으로 봤다. 제조업 생산성은 높아지지만 국내총생산과 고용에서 차지하는 비중은 줄어든다는 것이다. 제조업 쇠퇴는 보호무역주의와 경제 블록화를 가속화하고, 개발도상국의 '경제 기적'은 점점 더 어려워질 것으로 내다봤다. 이미 세계 경제는 이런 길을 걷고 있다.

"CEO는 오케스트라 지휘자 역할"

인구 구조 변화는 이미 일어나고 있는 미래다. 고령 인구의 증가와 젊은 인구의 감소는 선진국이 공통으로 안고 있는 문제다. 드러커는 "인구 변화가 초래할 가장 큰 영향은 동질적 사회와 시장을 분열시킨다는 것"이라고 지적했다. 코카콜라 등을 성장시켰던 젊은 층 주도의 동질적 대량시장이 쇠퇴하고 다변화될 것이라는 얘기다. 노인 인구가 노동시장에서 중요한 역할을 수행하고, 사회의 주류 문화를 이끄는 계층도 청년층에서 노년층으로 옮겨갈 것으로 예측했다.

드러커는 지식사회에서는 '지식근로자의 생산성'이 회사의 중심적인 경영 과제로 자리 잡을 것으로 봤다. 지식근로자의 지식은 노동이 아니라 자본이기 때문이다. 드러커는 "옛 소련 경제를 몰락시킨 것은 자본의 생산성이 터무니없이 낮았기 때문"이라며 "아무도 자본의 생산성에 관심을 보이지 않았고, 자신의 일이라고 생각한 사람도 없었다"고 설명했다.

지식에 기초한 기업들 역시 자본 생산성, 즉 지식근로자의 생산성에 초점을 맞출 필요가 있다는 게 드러커의 주장이다.

다음 사회에서는 최고경영자(CEO)의 역할도 변화가 불가피하다. 한 명의 경영자가 모든 업무를 통합 관리하는 시스템은 불가능해졌다. 드러커는 서로 독립적이고 대등한 오케스트라 단원들을 총괄하는 지휘자와 같은 역할을 해야 한다고 봤다. 특히 지식을 부의 창출요소로 활용하는 지식근로자를 이전의 근로자 다루듯이 대해서는 안 된다고 충고한다. 지식근로자들은 자신을 '종업원'이 아니라 '전문가'로 인식하고 있기 때문이다.

드러커는 미래를 향한 기업의 CEO는 모든 변화에 주목하고 변화의 현상을 관찰하고 있어야 한다고 조언했다. 진정한 변화이고 새로운 것인가, 단순한 유행은 아닌가 항상 질문을 던지고 고민해야 한다는 것이다. "불안하고도 급격한 변화의 시대에 조직의 경영은 기본적이고도 예측 가능한 추세에 기초하지 않으면 안 된다. 그런 기본적 추세들이 모여 다음 사회를 만들기 때문이다."

출처: 한국경제, 2020. 12. 7

---

① 지식기반 경제

지식기반 사회의 도래

지식기반 사회란 오늘날 변화하는 경제적 및 정치적 환경 속에서 경쟁하며 성공하는데 필요한 사회의 형태를 뜻한다. 지식기반 사회에서는 시민들이 교육을 잘 받음으로써 이들의 지식을 통해 기업의 혁신과 경제의 부흥이 가능해진다.

▲ 지식기반 사회에서는 시민들이 축적한 지식을 통해 기업의 혁신과 경제의 부흥이 가능해진다.

지식기반 사회는 인류의 삶을 향상시키는데 이용될 수 있는 지식을 생성 및 공유하고 또 사회의 구성원들에게 제공한다. 지식기반 사회가 정보 사회와 다른 점은 전자가 정보를 유용한 자원으로 변환시키는 역할을 수행하는 반면, 후자는 단지 원시 데이터를 생성해 전파하는데 그친다는 점이다.

정보를 수집하고 분석하는 활동은 인류의 역사를 통해 존재해 왔다. 그러나 현대 정보기반 사회의 개념은 정보기술의 혁신을 통해 가능해지는 데이터 생성 및 정보 전파능력을 크게 확대하는데 근거한다.

지식이 기업 비즈니스 활동의 근간이 되는 사회는 아래와 같은 특징들을 나타낸다.

1. 사회의 구성원들이 다른 사회에 비해 더 높은 교육을 받으며, 노동력 중 점차 많은 사람들이 지식근로자로 고용된다.
2. 통합된 인공지능을 활용해 제품을 생산한다.
3. 민간기업이든 정부기관이든 비영리기관이든 조직이 지능형 조직으로 변환된다.
4. 체계화된 지식이 증가한다 (이를 테면, 디지털화된 전문지식, 전문가시스템, 조직계획 등)
5. 전문지식 센터가 다수 존재하며, 지식이 여러 곳에서 분산방식으로 생산된다.
6. 대부분 상품의 가격이 원재료 및 생산 노동력보다는 개발 및 판매에 필요한 지식에 의해 결정된다.

지식기반 경제의 출현

구글은 비교적 대단치 않은 규모의 건물 및 제품재고를 가지고 운영하는 회사이지만 회계장부상의 가치는 8,061억 달러로 평가되고 있다. 반면에, 산업화시대의 대표적 기업으로 인식되고 있는 제너럴 모터스는 시설 및 제품재고 면에서는 거의 세계 최대의 규모이지만 회사가치는 593억 달러 정도에 그치고 있다. 어째서 이러한 일이 가능할까?

기업이 유형자산보다는 **무형자산**에 그리고 제품재고보다는 지식에 점차 더 가치를 두게 됨에 따라 성공의 정의가 완전히 바뀌었다. 요즈음 성공은 기업의 혁신 능력, 즉 시장을 창조하고 해체할 수 있는 능력에 의해 좌우된다. 목표 달성을 위해 기업은 끊임없이 제품 및

그림 8-1 구글 vs. GM

▲ 유형자산 규모가 작은 구글은 시가 총액이 8천억 달러가 넘는 반면, 큰 유형자산 규모를 자랑하는 GM의 시가 총액은 600억 달러에 겨우 못미치는 수준이다.

서비스를 경쟁사보다 한 수 앞서 제공하여야 한다. 성공하기 위해 조직은 그 고유의 지식을 축적하여야 한다. 이러한 지식 중심적인 발상은 기업이 지식경영을 추진케 하는 원동력이 되고 있다.

물질적 자산보다 지적 자산에 더 큰 비중을 두는 추세는 금세기의 저명한 경영학자인 피터 드러커에 의해서도 예견되고 있다. 드러커 박사는 21세기는 곧 **시식기반 경제**(knowledge-based economy)에의 진입을 의미한다고 전제하고 지식이 가장 근본적인 기업의 자원이 될 것이라고 주장한다. 지식기반의 경제에서는 기업에서 생산근로자보다는 지식근로자가 더 중요한 역할을 담당하게 되며, 기업은 스스로 변화해 가는 능력을 갖추어야만 생존할 수 있다고 말한다. 따라서 무의미해진 지식은 과감하게 버리고 새 것을 배울 수 있도록 준비하는 노력이 필요하다. 즉, 기업의 각 업무활동을 지속적으로 개선하고 성공적 경험들을 토대로 새로운 아이디어나 방법들을 개발할 수 있도록 최선을 다하여야 한다. 또한 조직차원에서 체계화된 노력을 통해 지속적인 프로세스 혁신을 추구해 나가는 것이 기업의 성공을 위해 필요하다.

▲ 피터 드러커는 자신의 저서 '단절의 시대'에서 지식경제 진입으로 지식이 중요한 기업 자원이 된다고 주장하였다.

이러한 맥락에서 지식기반 경제를 "제품 및 서비스의 생산이 지식집약적인 활동에 기초하는 경

그림 8-2　지식기반 경제의 중요성

기업이 더 효율적이고, 동적이며, 혁신적인 조직으로 변화하게 해줌

제품혁신 및 커스터마이징을 가능하게 함

인적 자본의 역할이 더 중요해짐에 따라, 기업은 새로운 경제에 적합한 근로자를 유인 및 보유할 필요가 있음

고숙련 인력의 수요 증가

지식유통을 향상시키고 새로운 업무방식을 활용할 수 있도록, 협업네트워크가 중요해짐

제"로 정의할 수 있다. 지식집약적인 활동이란 정보의 수집, 분석 및 합성을 의미하며, 혁신을 이뤄내는데 있어 지렛대 역할을 한다. 따라서 희소성 원칙, 규모경제 원칙 등 기존 경제학 이론으로 새로운 경제현상들을 설명하는데는 한계가 있다. 그림 8-2는 지식기반 경제의 중요성을 요약하고 있다.

추진 동력

지식기반 경제로 이행하는 과정에서 기업 및 국가의 경쟁력의 기본 법칙을 변화시키는 주된 동력은 글로벌화와 정보기술의 두 가지이다.

글로벌화

오늘날 다양한 제품과 서비스가 국내시장에서 글로벌 시장으로 경쟁무대를 이전하고 있는 추세이다. 글로벌화란 자본, 노동력, 제품 및 서비스가 국가 경계선을 넘어 자유로이 이전함으로써 세계의 경제가 점차 통합되는 현상을 의미한다. 글로벌화가 가속화되면서 다른 국가의 법규, 문화 및 비즈니스 환경에 대응할 능력을 갖추는 것이 중요해졌고 이를 위해 지식에 기반한 혁신적 경영이 그 어느때보다 더 크게 요구되고 있다.

정보기술

날로 발전하는 정보 및 통신 기술(information and communications technology: ICT)은 지식 기반 경제 진입을 촉진시키는 주된 요인이다. ICT를 통해 세계가 하나가 되고 정보 및 지식 이 효과적으로 공유됨으로써 이전에 상상하기 어렵던 현상들이 나타나고 있다.

- **정보/지식 중심:** 효율적인 생산은 정보 및 노하우에 의해 좌우된다. 여러 공장 근로자 들이 손보다는 머리를 이용한다.
- **지식전달 매체:** 새로운 매체는 지식의 생산 및 유통을 증대시키며, 그로 인해 집단 지 성을 가져다 준다. 네트워크화된 데이터베이스를 통해 기존 지식은 더욱 접근하기가 쉬워지고, 또 지식의 사용자와 생산자 간의 온라인 상호작용도 촉진된다.
- **컴퓨터 네트워킹 및 접속성:** 인터넷 기술의 발전으로 "글로벌 마을"이 더 가까워지고 있다. 인터넷은 물리적 세계에 존재하던 시간 및 공간의 장벽을 허물기 때문에 디지털 세계를 만들어주고 있다.

결과적으로, 제품과 서비스가 전자 네트워크를 통해 개발, 구매, 판매, 그리고 인도까지도 될 수가 있는 시대가 열리고 있어 새로운 경제 패러다임이 등장하고 있다.

지식기반 경제와 전통적 경제

지식기반 경제는 전통적 경제와 비교할 때 다음과 같은 몇 가지 측면에서 차이를 나타 낸다.

지식 및 정보가 생산성의 원천

생산성은 제품생산 효율성의 지표이다. 산업화사회에서는 생산시설, 제조기법 등이 기업 생산성을 좌우하는 주된 요인이었다. 그러나 지식정보화 사회로 진입하면서, 생산성은 지식 에 의해 큰 영향을 받기 시작했다. 지식은 혁신을 가능하게 하고, 혁신이 제조 프로세스를 변화시켜 생산성의 증가를 가져오는 것이다.

하이텍 산업의 성장

지식기반 경제는 컴퓨터 및 통신기술의 혁신이 정보의 수집 및 전파와 관련된 한계 및 비용을 변화시킨다는 점에서 정보통신기술의 기술적 혁신에 의존한다. 따라서 지식경제에서 컴퓨터, 통신, 반도체, 항공과 같은 하이텍 산업의 발전이 두드러진다. 또 이러한 하이텍 부문을 성장시키는 추진동력은 역시 지식이다.

지식집약적 서비스 부문의 성장

지식기반 경제에서 두드러진 성장이 예상되는 또 다른 부문은 지식집약적 서비스다. 지식집약적 서비스는 지식의 수집, 개발 및 응용을 요구하는 산업부문으로서 교육, 컨설팅, 정보 등이 그 예라고 할 수 있다. 최근 지식집약적 서비스는 개인은 물론 기업의 혁신능력을 증대시킬 수 있기 때문에 그 수요 및 공급이 점차 늘고있는 추세이다.

희귀성 대신 풍족성이 지배하는 경제

사용함에 따라 고갈되는 대부분 자원들과 달리, 데이터, 보고서, 이미지, 음성, 동영상 등과 같은 지식중심 제품은 추가 생산비용 없이도 얼마든지 공급을 늘릴 수 있다. 컴퓨터 네트워크를 통해 정보와 지식은 효율적으로 공유될 수 있으며, 문제에의 응용을 통해 실제로 증대될 수 있다.

② 지식경영

데이터와 정보와 지식

지식이란?

지식경영은 지식에 대한 올바른 개념적 이해에서 출발하여야 한다. 우리가 지식에 대하여 이야기할 때, 지식은 때로는 노하우를 의미하기도 하고 때로는 정보를 뜻하기도 한다. 지식을 정의하는 것이 이 같이 어려운 이유는 지식이 데이터 및 정보와 밀접한 관계를 갖기 때문이다. 지식의 개념은 데이터 및 정보와 비교할 때 쉽게 이해할 수 있다. **데이터**는 원시형태의 팩트 및 수치들의 모음으로 가장 낮은 수준에 위치하고, **정보**는 그 다음 수준으로 가공된 데이터이며, 끝으로 상위개념인 지식은 '정보에 관한 정보'라고 할 수 있다. 아래에서는 이들 요소들에 대해 좀더 상세히 알아보기로 한다.

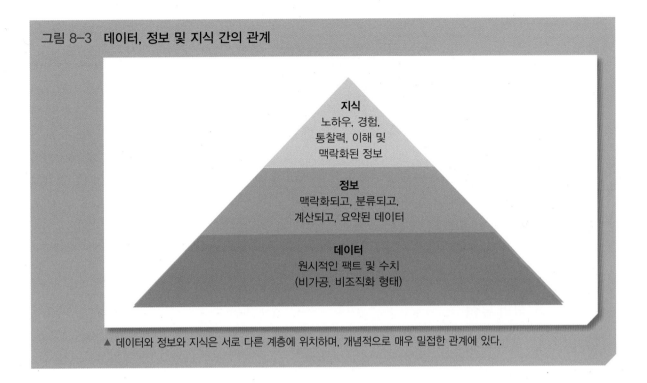

그림 8-3 데이터, 정보 및 지식 간의 관계

지식
노하우, 경험,
통찰력, 이해 및
맥락화된 정보

정보
맥락화되고, 분류되고,
계산되고, 요약된 데이터

데이터
원시적인 팩트 및 수치
(비가공, 비조직화 형태)

▲ 데이터와 정보와 지식은 서로 다른 계층에 위치하며, 개념적으로 매우 밀접한 관계에 있다.

데이터

데이터는 기본적인 팩트나 값들로 구성된다. 데이터의 예로는 제품 판매 개수, 제품 단가, 직원 입사일, 직원 근로시간, 직원 시간당 임금 등을 들 수 있다. 데이터는 가공되지 않은 원시적인 팩트나 수치들을 포함하며, 그 패턴이나 배경에 관한 정보는 포함하지 않는다. 따라서 데이터는 그 자체로서는 경영관리자의 의사결정이나 문제해결에 별 영향을 미치지 못한다.

정보

정보는 가공되거나 조직화된 팩트들의 모음이며, 경영 의사결정이나 문제해결에 유용한 가치를 지닌다. 데이터가 정보로 변환되기 위해서는 맥락화되고, 분류되며, 계산되고, 요약되어야 한다. 따라서 정보는 더 큰 그림을 보여주며, 관련성 및 목적이 부여되도록 데이터를 가공해 정보로 변환된다. 경영환경의 트렌드를 보여줄수도 있고, 혹은 특정 기간동안의 매출패턴을 나타낼 수도 있다. 본질적으로 정보는 누가, 무엇을, 어디서, 언제, 그리고 얼마만큼과 같은 단어로 시작하는 질의에 대한 답변에서 발견할 수가 있다.

지식

지식은 정보 및 그 정보의 활용방법을 인지하고 또 이해하는 것과 관련이 있다. 흔히 지식은 어떤 행위(이를테면, 부채 축소, 제품개발, 품질향상, 고객불만 해소 등)와 밀접하게 관련이 되며, 노하우와 이해를 의미하기도 한다. 각 개인이 보유한 지식은 그의 교육 및 경험의 산물이며, 그의 주변에서 나타나는 새로운 현상이나 시각을 평가하는 기준 역할을 할 수도 있다. 또한 지식은 우리가 두뇌 안에 구축하는 세계의 지도이기도 하다. 일반 지도와 마찬가지로, 사물들이 어디에 있는지 알게해 주는 반면, 우리의 신념과 기대까지도 포함한다. 궁극적으로 지식이 저장된 두뇌가 이러한 모든 것들을 상호 연동해 아이디어, 기억, 예측, 믿음 등을 포함하는 거대한 네트워크로 만들어준다.

지식의 유형

▲ 문서나 책에 담기는 명시적 지식보다는 경험을 통해 인간의 뇌에 축적되는 암묵적 지식이 조직의 혁신에 더 중요하게 기여한다.

지식의 서로 다른 형태를 이해하고 지식 유형들을 분간하는 것은 지식 경영의 기본적인 단계이다. 수백 년에 걸쳐 지식을 분류하고 또 여러 학문분야에서 서로 다른 지식 차원을 규명하기 위한 노력이 경주되어 왔다.

비즈니스 및 지식경영 분야에서, 지식은 크게 두 가지로 분류되는데 명시적 지식과 암묵적 지식이 그것이다. 명시적 지식은 쉽게 명문화해서 온라인으로 저장할 수 있는 지식으로서 주로 문서에 담겨있다. 반면, 암묵적 지식은 명시화가 어렵고 주로 종업원들의 두뇌 및 경험 속에 묻혀 있는 지식을 뜻한다.

지식경영과 조직학습이론은 이들 두 가지 지식 간의 상호작용 및 관계에 뿌리를 두고 있다. 이 개념은 1990년대 노나카에 의해 개발 및 소개되었으며, 오늘날 지식경영의 이론적 토대로 알려져 있다. 아래에서 이들 두 가지 지식유형에 대해 더 상세히 알아보기로 한다.

명시적 지식

명시적 지식(explicit knowledge)은 형식화 및 명문화된 지식의 유형이며, 노왓(know-what)

이라고 불리기도 한다. 그러므로 규명, 저장 및 이용하기가 용이하다. 명시적 지식은 문서를 저장, 이용, 변경하는데 매우 효과적이므로, 지식관리시스템이 가장 잘 다룰 수 있는 지식유형이다. 명시적 지식은 주로 데이터베이스, 메모, 노트, 문서 등에 존재한다.

명시적 지식은 이미 명문화되어 있어 사람들이 공유하기에 적합하다는 장점이 있으나, 비즈니스 문제를 해결하는데 직접적으로 큰 도움을 주기 어려울 때가 많다. 본질적으로 단순하고 기업이 지속적인 경쟁우위를 창출하는데 도움이 되는 풍부한 경험기반의 노하우를 포함하기 어렵기 때문이다.

정보기술을 중심으로 지식경영을 추진하는 여러 기업들은 거의 명시적 지식에만 집중하는 과오를 범하는 경우가 많았다. 실제로 지식관리시스템이라고 불리는 시스템들 다수가 명시적 지식관리 소프트웨어 및 정보에 불과하다는 평가를 받고 있다.

암묵적 지식

또 다른 지식 유형은 암묵적 지식(tacit knowledge)으로서 종종 노하우(know-how)라고 불린다. 암묵적 지식은 경험에 기반하는 지식으로서 직관적이며 규정짓기 어렵다. 이러한 이유 때문에 암묵적 지식은 상황에 의존하며 본질적으로 개인적 성격을 지닌다. 이러한 지식은 남과 소통하기도 어렵다.

암묵적 지식은 가장 가치가 높은 지식으로 인식되며, 조직에서 획기적인 혁신을 이루는데 결정적인 역할을 담당하기도 한다. 다시 말해, 기업에서 암묵적 지식을 소홀히 다룰 경우 혁신능력 및 경쟁력이 저하될 수 있음을 의미한다. 바로 그런 이유 때문에 임직원을 채용할 때도 경험을 중시하는 것이다.

지식관리시스템은 이러한 유형의 지식을 다루는데 큰 한계가 있다. IT 시스템은 명문화된 자료에 의존하며, 암묵적 지식을 관리하는데 있어서는 어려움이 크다. 그럼에도 불구하고 IT 시스템이 기업 혁신에 기여할 수 있기 위해서는, 사람과 프로세스에 초점을 두고 IT를 보조도구로 활용하면서 암묵적 지식을 다루는 능력을 배가시키는데 집중하여야 할 것이다.

암묵적 지식은 이해관계자의 마음속에 존재한다. 문화적 믿음, 가치, 태도, 인식 모델 뿐 아니라 기량, 능력, 전문지식 등도 내포되는 방대한 개념이다.

조직 학습과 지식 경영

인간과 마찬가지로, 조직은 다양한 조직학습 장치들을 이용해 지식을 창출하고 수집한다. 데이터 수집, 계획된 활동의 신중한 관찰, 시행착오, 그리고 고객 및 환경으로부터의 피드백을 통해 조직은 경험을 얻는다.

학습하는 조직은 신규 비즈니스 프로세스를 개발하거나 경영 의사결정의 패턴을 변화시킴으로써 학습내용을 반영해 조직행동을 조정한다. 이와 같이 조직내에서 지식을 창출, 보유 및 이전하며 또 새 지식을 토대로 조직행동을 변화시켜 나가는 프로세스를 조직 학습이라고 부른다. 그리고 이러한 조직을 가리켜 학습조직이라고 한다.

기업경영에서 **학습조직**이란 그 구성원들의 학습을 촉진하며 조직을 끊임없이 변형시켜 나가는 기업을 의미한다. 학습조직은 현대 기업이 직면한 경영압박 요인들에 대응하기 위해 등장하며, 기업이 비즈니스 환경에서 경쟁력을 유지할 수 있도록 해준다. 따라서, 비즈니스 환경을 신속하게 감지하고 반응할 수 있는 기업은 학습능력이 부족한 기업에 비해 더 오래 생존할 가능성이 높다.

학습조직의 주요 효익을 정리하면 다음과 같다.

- 혁신능력 배양 및 경쟁력 유지
- 효율성 향상
- 자원을 고객니즈에 잘 연동하기 위한 지식 확보
- 인간중심적으로 변함에 따라 기업 이미지 개선
- 조직내 변화속도 제고

쉬어가기 **학습하는 조직**

일반적으로 기업에서 '학습조직'이라고 하면 독서 모임, 지식 동아리 등을 운영하는 것으로 생각하는 경향이 많다. 회사 차원에서 확대하더라도 앞서 언급한 독서 모임이나 지식 동아리를 확산한 독서 경영, 지식 경영의 형태로 '학습하는 조직'을 지향하고 있는 것이 일반적이다. 하루하루 엄청난 양의 정보가 쏟아져 나오고 있으며, 변화의 속도와 유형은 개인은 물론이고 기업에서도 따라가기 버거운 것이 현실이다. 따라서 개인이나 기업은 끊임없이 학습을 통해 현실과 변화의 갭을 줄여 나가야 한다.

여기서 한 가지 중요하게 생각해야할 부분이 있다. 학습하는 개인과 학습하는 조직과는 분명 지향하는 바와 그 속성에 차이가 있다는 점이다. 개인의 학습은 새로운 정보와 지식을 취득하고 이를 통해 대외적으로 변화되는 환경에 적응하고 요구되는 개인적 역량을 습득하는 것이 초점이 맞춰져 있다면, 여러 사람들로 구성된 조직의 학습은 변화에 맞춘 개방적 사고를 채택하고 조직이 원하는 결과를 만들어내기 위한 방법을 지속적으로 추구하는 의미로 바라보아야 한다. 즉, 개인의 학습은 역량 강화가 중심이라면 조직의 학습은 목표를 달성하기 위한 방법을 추구하는 것이 중심이라는 것이다.

　우리는 어려서부터 어떤 문제든지 문제를 분해하고 나누어서 생각하라고 배워왔다. 그러나 현재의 많은 문제들은 모든 것이 연결되어 있다. 문제를 분해하여 나누어서 생각하기에는 모든 단위 문제들은 너무나 다양하고 복잡하게 연결 되어있다, 전체 큰 그림을 보지 못한다면 근본적인 문제를 해결하지 못한다. 학습도구는 파편을 보지 않고 전체를 볼 수 있는 능력을 키우는 것에 목적이 있다. 전체를 볼 수 있고 원하는 결과를 만들어 낼 수 있다는 공감대가 형성되어야 진정한 학습조직의 구축이 가능하다. 세계가 긴밀하게 연결되고 비즈니스가 역동적으로 복잡해질수록 업무는 학습과 병행되어야 한다. 조직 내 리더 또는 전략가 등 일부만의 학습에 의해 조직이 돌아가는 시대는 더 이상 존재하지 않는다. 위대한 전략가의 지시와 명령에 의존하는 시대는 지났다. 미래의 진정한 우위는 조직의 학습능력에 결정될 것이다. 학습하고자 하는 태도는 인간의 타고난 본성이며, 인간은 누구나 배우고 성장하는 것을 좋아한다. 조직은 이러한 인간의 본성을 자극하는 역할을 해야 한다. 학습조직은 학습공동체로 성장해야 하며, 학습공동체는 팀워크와 협력을 수반하게 됨으로 탁월한 성과를 달성하게 하는 강력한 힘을 지니고 있다.

출처: 물류신문, 2022. 12. 25

지식경영의 단계

　오늘날 많은 기업들은 급변하는 경영환경 가운데서 살아 남고 성공하기 위해서는 지식창출 기업 혹은 학습조직이 되어야 하는 필요성을 인식하고 있다. 즉, 지속적으로 비즈니스 지식을 창조하고 이를 조직 내에 전파하며 또 신속하게 새로운 제품이나 서비스에 적용할 수 있는 능력을 갖추어야 한다는 의미이다. 지식창출 기업은 지식관리 기법 및 정보기술을 이용하여 조직원들이 알고 있는 바를 함께 공유하고 축적된 업무지식을 보다 효과적으로 활용할 수 있는 방법을 찾아야 한다.

　지식경영은 조직이 지식을 효과적으로 공유할 수 있는 새로운 방법을 모색할 수 있게 해준다. 지식을 기반으로 한 조직은 외부 요구에 신속하게 대응하고, 내부 자원을 지능적으로 최대한 활용하며, 외부 시장동향을 예측할 수가 있다. 이러한 능력을 갖추는 데에는 기업의 운영방향과 리더십에 있어 근본적인 변화가 요구되지만 그에 따른 보상은 실로 크다.

　흔히 조직의 지식은 **지식 수명주기**(knowledge lifecycle)에 따라 관리된다. **그림 8-4**는 지식관리를 동적인 프로세스로 보고 지식의 획득, 저장, 전파, 활용으로 이어지는 반복적 사이클을 통해 지식이 조직에 제공하는 가치를 증대시켜 나가는 과정을 나타내고 있다.

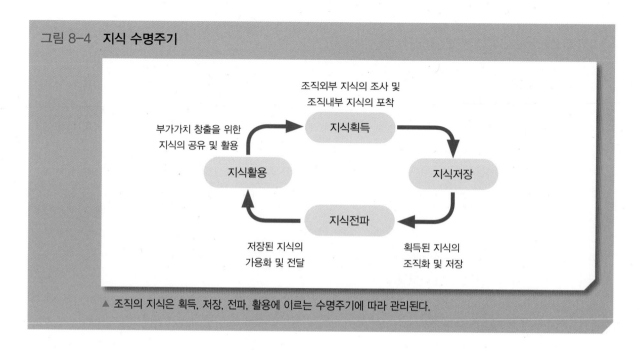

그림 8-4　지식 수명주기

조직외부 지식의 조사 및
조직내부 지식의 포착

지식획득

부가가치 창출을 위한
지식의 공유 및 활용

지식활용

지식저장

지식전파

저장된 지식의
가용화 및 전달

획득된 지식의
조직화 및 저장

▲ 조직의 지식은 획득, 저장, 전파, 활용에 이르는 수명주기에 따라 관리된다.

지식 획득

지식획득 단계에서는 경쟁사와 같은 조직외부의 지식을 벤치마킹 및 기타 정보탐색 과정을 통해 발견해 내고 또 조직구성원들의 지식을 명문화(codify)함으로써 조직내부 지식을 포착하는데 초점을 둔다.

기업은 필요로 하는 지식의 유형에 따라 다양한 방법으로 지식을 획득할 수가 있다. 초기의 지식관리시스템은 문서, 보고서, 발표자료 등을 기반으로 지식 저장소를 구축하고자 하였다. 추후에는 비구조적 문서(가령, 이메일)를 포함할 수 있도록 확장됐다. 그 밖에도 기업들은 직원들이 회사내에서 주제별로 식견있는 전문가를 발견할 수 있도록 온라인 전문가 네트워크를 개발함으로써 지식을 획득하기도 한다.

지식 저장

일단 문서, 패턴, 전문가 규칙 등 지식자원이 발견되면, 추후 직원들이 이들을 사용할 수 있도록 저장하여야 한다. 흔히 지식 저장은 데이터베이스의 생성을 필요로 한다. 문서들을 디지털화 및 색인하는 문서관리시스템은 대형의 문서 데이터베이스로 구성된다. 전문가시스템도 획득 지식을 업무프로세스 및 조직문화에 적용함으로써 해당 지식을 보존하는데 역할을 담당할 수 있다.

지식을 저장하기 위해서는 지식의 조직화가 필요하다. 지식 조직화는 정보 세분화 및분류의 두 단계를 통해 수행된다. 우선, 정보를 최대한 작은 단위로 세분화한다. 예를 들면, 특정 기술과 관련한 정보를 기술개요, 최근동향, 성공사례 등으로 세분화하고 다시 각 단위를 세분화할 수 있다. 그 다음에는 세분화된 단위들을 콘텐츠 유형에 따라 분류하는 것이 필요하다. 가령, 연구개발, 영업, 고객서비스 등 기능분야별 분류가 가능할 것이다.

지식 전파

지식전파 단계에서는 조직내에 축적된 지식자원을 보급하는데 초점이 있다. 지식 전파란 조직내에 지식을 필요로 하는 자가 이를 적시에 사용가능하도록 가용화 및 전달하는 것을 뜻한다.

최근 포털, 이메일, 인스턴트 메시징, 위키, 소셜미디어, 검색엔진 등의 기술은 캘린터, 문서, 데이터 및 그래픽을 공유하기 위한 유용한 협업 도구로 부상했다. 오늘날 경영관리자들과 직원들의 고민은 날로 범람하는 정보와 지식의 바다에서 자신들의 의사결정과 과업에 중요한 것만을 발견할 수 있는가이다. 기업내에서 훈련프로그램, 비공식적 네트워크, 협력적 조직문화 등은 경영관리자들이 중요한 지식과 정보에 집중하는데 도움이 될 수 있다.

지식 활용

끝으로 지식활용 단계는 제품개발과 같은 부가가치 창출 활동을 위해 지식을 창의적으로 활용하는 단계이다. 무엇보다도 지식의 활용은 중요한데, 그 이유는 기업이 구성원들 간에 그리고 고객 및 비즈니스 파트너와 함께 지식을 공유함으로써 고객 서비스를 개선하고 제품인도 시간을 단축하며 또 회사내 및 파트너와의 협업을 보다 효율적으로 수행할 수가 있기 때문이다.

도입된 지식관리시스템 유형에 관계없이, 공유되지 않거나 기업 및 관리자들이 직면한 현실적 문제에 응용되지 못하는 지식은 아무 비즈니스 가치가 없다. 투자수익을 제공할 수 있기 위해서는, 조직의 지식이 경영 의사결정의 중요한 일부가 되어야 한다. 궁극적으로 신규 지식은 기업의 비즈니스 프로세스 및 주요 애플리케이션 시스템에 자리를 잡아야 한다.

쉬어가기 **지식경영으로 기업 혁신역량 키운다**

경쟁이 날로 심화되고 비즈니스 운영이 복잡해지는 환경에서 기업이 살아남는 길은 오직 혁신 역량을 키우는 것이다. 구글, 3M, 교세라 등 오랜 기간 성공을 이어가고 있는 기업들을 보면 5가지 혁신 방식을 발견할 수 있다. 가장 눈에 띄는 특징은 비전과 가치를 임직원이 공유한다는 점이다. 이들 기업은 원대한 꿈을 갖고 있고, 최소한 핵심 인재는 자신이 이 목표를 달성하기 위해 일한다고 믿는다. 구글은 세상을 위한 신기술 개발과 세계 정보를 보편적으로 쓰이게 한다는 비전이 있다. 창업자인 래리 페이지와 세르게이 브린이 제시한 기업 이념인데 이는 구글의 혁신 기술이 지향하는 바를 알리는 나침반 같은 역할을 한다. 3M은 사람들에게 꼭 필요한 물건을 만든다는 목표가 있다. 3M에서 나오는 수많은 제품이 인기를 끄는 것에는 이 정신이 작용한다. 교세라는 사람을 위한 경영을 최고 가치로 내세운다. 창업자 이나모리 가즈오는 직원 한 사람한 사람을 중요하게 여기고 회사가 어려워도 가급적 감원하지 않는다는 철학을 갖고 있다. 도요타는 완벽한 제품을 만들기 위한 현장주의와 품질에 대한 자부심을 임직원들이 공유한다.

▲ 3M 등 세계 초일류기업의 핵심역량 원천은 지식경영이다.

인간을 전략자산으로 활용한다는 점도 비슷하다. 노동력을 비용과 효율의 대상으로 생각하는 범위를 뛰어넘는다. 모든 직원은 회사 전략과 가치를 높일 수 있는 능력과 기술, 지식을 보유하고 있다고 여긴다. 구글은 채용 때부터 전략자산이 될 만한 인재를 선별하고, 3M은 관리직과 기술직을 나눠 인재를 육성하는 시스템을 갖고 있다. 삼성이 국내외에서 핵심 인재를 영입하는 것이나 교세라가 직원들에게 사장과 다름없는 권한과 책임을 부여하는 것도 같은 맥락이다.

개인과 조직의 실패를 성공의 자양분으로 삼는 것도 혁신기업의 공통분모다. 실패를 실패로 흘려보내지 않는다는 얘기다. 실패는 많은 비용을 지불하고 획득한 귀중한 자산이며 더 큰 성공을 위한 디딤돌로 활용된다. 구글은 성공한 사람을 영웅으로 칭찬하면서도 실패를 통해 얻은 자산에 대해서도 보상한다. 실패를 소중한 자산으로 여기고 축적하는 것은 말은 쉽지만 실천하는 기업은 많지 않다.

혁신기업은 자발적 참여와 동기부여를 위해 팀 단위 성과를 중시한다. 이를 극단적으로 몰고 간 기업이 교세라다. 이나모리 가즈오의 '아메바 경영'은 하나의 팀을 작은 기업으로 만든다. 팀 단위로 매출과 수익을 책정한다. 팀원들은 자신이 얼마나 벌었고 비용을 썼는지 구체적인 숫자를 직접 눈으로 확인한다. 업무 몰입이 높아질 수밖에 없다.

경영 환경이 척박할수록 기업들은 혁신을 통해 난관을 돌파해야 한다. 정부가 반기업 정책과 규제로 목을 조이고 극심한 경기 침체로 수요가 급감한다고 해도 살아갈 방법은 있다. 혁신기업들을 벤치마킹하는 것이다. 외부 탓만 하기에는 시간이 별로 없다.

출처: 매일경제, 2018. 6. 25; korea.kyocera.com, 2022. 12. 20 참조.

지식관리시스템의 개념

기업이 지식자원의 가치를 극대화하기 위하여 조직학습 및 비즈니스 노하우를 체계적으로 관리할 수 있게 해 주는 정보시스템을 가리켜 **지식관리시스템**(knowledge management system: KMS)이라고 부른다. KMS는 지식근로자들(knowledge workers)이 필요할 때는 언제라도 중요한 비즈니스 지식을 창조하고, 정리하며, 공유할 수 있도록 해 주는 역할을 한다. 이를 위해 조직원들이 필요로 할만한 조직 내외부의 지식은 지식베이스에 저장이 되어야하며, 조직원들이 내장된 지식을 기업의 가치창조 활동에 최대한 활용할 수 있도록 유도하는 노력이 필요하다.

KMS는 정보의 창출, 수집, 저장 및 전파를 지원하기 위해 조직의 지식을 관리하는 시스템이다. KMS의 역할은 조직구성원들이 조직의 팩트, 정보원 및 해결방법을 쉽게 접근할 수 있도록 하는 것이다. 가령, KMS를 구축하는 주된 목적은 다음과 같은 예시를 통해 표현될 수 있다: 어느 엔지니어가 기어 시스템에서 나는 소음을 줄여주는 합금 혼합기술을 아는데, 이 정보를 조직차원에서 공유하면 보다 효과적인 엔진설계가 가능하며 또 향상된 기기의 개발을 위한 유용한 아이디어가 생성될 수 있다.

KMS는 다음과 같은 특징을 지닌다.

- **목적:** KMS마다 협업의 지원 혹은 우수 업무수행기법의 공유와 같은 구체적 지식경영 목표가 있다.
- **맥락:** 지식이란 의미있게 조직화되고, 축적되며 또 끊임없이 창출 및 응용되는 정보라는 시각에서 KMS의 도입이 필요하다.
- **프로세스:** KMS는 지식의 수명주기(즉, 지식의 수집, 창출, 전파, 공유, 활용 등)에 관여된 핵심 프로세스를 지원하며 개선할 목적으로 개발된다.
- **참여자:** KMS를 이용하는 지식 커뮤니티에서 사용자들은 적극적인 참여자로서 역할을 수행할 수 있다.

지식관리시스템의 기술요소

지식관리시스템을 구축하는 데 고려할 수 있는 정보기술 요소는 지식창출/획득 (knowledge creation/capture) 측면과 지식공유/교환(knowledge sharing) 측면의 두 가지로 나누어 설명할 수 있다.

지식창출/획득 툴

그림 8-5 **전자회의실의 모습**

▲ 구두방식보다는 전자방식으로 주제에 대한 토의를 진행해 회의생산성을 제고하는데 초점을 둔다.

기업이 필요 지식을 창출하거나 수집하는 데 이용할 수 있는 도구로는 그룹웨어, 전자회의 시스템, 워크플로우 시스템 등이 대표적이라고 할 수 있다. 우선, 그룹웨어는 조직내 협력 및 조직 정보의 공유를 촉진시키는 소프트웨어이다. 초창기 그룹웨어의 대표적 예로서 로터스 노츠(Lotus Notes)를 들 수 있다. 로터스 노츠는 전자토의, 문서공유, 회사 이메일 등의 기능을 제공한다. 둘째, 전자회의(electronic meeting) 시스템은 제품의 설계나 광고카피의 고안처럼 창의적인 발상을 통해 새로운 아이디어를 도출해 내는 데 중점을 두므로 조직의 암묵적 지식 창출을 위해 유용한 도구로 사용이 가능하다. 회의의 사회적 영향은 배제하고 과업 중심적인 아이디어 도출에 집중하게 함으로써 회의의 생산성을 높이는데 기여한다. 셋째, 워크플로우(workflow) 시스템은 기업 업무의 흐름을 관리하는 기능에 초점을 두므로 조직의 비즈니스 프로세스와 관련한 지식을 포착하는 데 사용할 수 있다.

지식공유/교환 툴

조직원들 간에 지식을 공유하거나 교환하는데 있어서도 정보기술의 역할이 중요하다. 이러한 기술에는 콘텐츠관리 시스템, 문서관리 시스템, 기업 포털 등이 있다. 첫째, 콘텐츠관리 시스템은 웹 콘텐츠를 제작하는 프로세스를 자동화하기 위한 소프트웨어 시스템이다. 지식을 웹 콘텐츠나 문서 형태로 작성해 웹브라우저, 이메일 등을 통해 지식을 유통 및 전파시킬 수가 있다. 둘째, 문서관리 시스템은 개인이 필요로 하는 지식의 키워드만 입력하면 곧

그림 8-6   마이크로소프트 셰어포인트의 예시화면

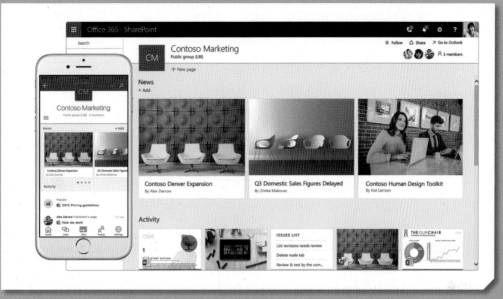

▲ 기업 포털에 속하는 셰어포인트는 콘텐츠 공유를 통해 협업을 촉진시키는 기능에 초점이 있다.

그와 관련된 문서들이 화면에 열거되며 희망하는 문서를 선택하고 내용을 확인할 수 있다. 조직의 명시적 지식 중 상당 부분이 문서의 형태로 존재한다는 사실을 생각할 때 문서관리시스템은 지식의 효과적 공유를 위해 중요하다. 셋째, **기업 포털**(enterprise portal)은 기업 전체나 일부 팀들에 대한 정보를 찾아 보여주는 소프트웨어이다. 기업 포털은 조직 구성원들에게 지식의 생성, 교환, 이용에 필요한 도구를 제공함으로써 협업을 촉진시키며 비즈니스 목표를 달성시키는데 기여하는 역할을 한다. 마이크로소프트 셰어포인트(SharePoint)가 좋은 예에 속한다. 셰어포인트는 MS Office와 호환이 되는 웹기반 협업 플랫폼이다. 흔히 문서 관리 및 보관 시스템으로 판매되나 기업의 업무환경 니즈에 따라 서로 다르게 활용될 수 있다.

지식관리시스템의 도입

조직의 지식베이스를 구축하는 작업은 겉으로 보기보다는 훨씬 복잡하다. 구축비용도 매우 높을 수 있지만, 그 도입효과도 정당화시키기가 좀처럼 쉽지 않다. 기업이 지식관리시스템을 도입하도록 동기를 부여하는 요인은 다음과 같다.

- 제품 및 서비스의 개발 및 공급 과정에서 증대된 지식 콘텐츠 제공
- 제품 개발주기의 단축
- 혁신 및 조직학습의 촉진 및 관리
- 조직 전반에 걸쳐 전문지식 적용
- 조직 내외부간 네트워크 연동성 증대
- 비즈니스 환경의 관리 및 직원들의 업무관련 아이디어/통찰력 확보
- 고난도 문제의 해결
- 근로자들의 지적 자산의 관리 (가령, 핵심 인력이 보유하거나 혹은 저장고에 보관중인 전문 지식 및 노하우)

 쉬어가기 **DGB대구은행, 지식기반의 고객상담 AI 챗봇 '앤디(ND)' 서비스 출시**

DGB대구은행(은행장 임성훈)은 언택트 시대 디지털 금융 변화에 따른 소비자 편의를 위해 고객상담 챗봇 서비스 '앤디(ND)' 개발을 완료하고, 서비스를 실시한다고 밝혔다.

지난해 11월 개발에 착수, 약 7개월여의 준비 기간을 거친 앤디는 직원 네이밍 공모를 통해 공식 명칭이 정해졌으며, DGB대구은행 IM뱅크의 캐릭터인 '우디'를 모델로 했다. '질문에 답하는 우디(Answer Woodi)'의 영문 조합의 발음에 착안하는 한편, 'New DGB', 'New Digital'의 머릿 글자 의미를 조합해 고객에게 새로운 디지털 서비스를 제공한다는 뜻을 담았다.

▲ DGB대구은행 본사 사옥 전경

DGB대구은행 관계자는 "금번 AI기반 고객상담 챗봇 구축을 통해 단순한 질문은 챗봇이 답변함으로써 고객센터 콜상담 업무 일부 대체가 가능해 기존 인력을 전문상담으로 배치할 계획"이라고 설명하면서 "24시간 365일 고객 응대에 따른 비용과 고객 대기시간 단축 등을 챗봇 도입을 통해 크게 줄일 것으로 예상된다"고 밝혔다.

7개월여의 개발 기간 동안 앤디는 지식 품질의 정확도를 높이기 위해 머신러닝 알고리즘에 고객 상담 이력 데이터와 내부 지식관리시스템을 분석한 약 1만여 건에 달하는 질문과 답을 학습시켜 고객의 질문 의도를 정확하게 인식할 수 있도록 설계됐다. 또한 AI기술 기반의 쉽고 간단한 채팅 상담 서비스와 계좌 이체, 예·적금 가입, 외화 환전 등 주요 금융 거래를 처리할 수 있는 '대화형 뱅킹' 서비스를 탑재해 고객 편의를 제고했다.

특히 눈에 띄는 것은 개인 맞춤형 데이터를 분석한 밀착 금융 비서 서비스다. 고객 개개인의 예·적금 만기일, 대출이자 납입일, 신용카드 결제일 정보 알림과 전체 금융자산 정보를 한눈에 볼 수 있는 'MY자산 기능'

제공으로 추후 도입될 마이데이터 서비스에 선제적으로 대응했다.

이와 함께 고객이 특정상품이나 서비스에 대한 질문을 하면 추가로 궁금해 할 수 있는 연관된 정보를 같이 제공하고, 필요시 답변과 함께 고객이 원하는 금융거래나 서비스가 바로 이루어 질 수 있도록 '뱅킹 메뉴 바로 가기 기능'을 제공해 고객 서비스 만족도가 향상될 것으로 기대된다.

임성훈 은행장은 "언택트 금융에 대한 니즈가 지속적으로 증가함에 따라 챗봇 서비스를 통해 고객 불편 최소화와 편의성 향상에 기여할 것으로 기대한다"고 설명하면서 "인공지능 고객상담 챗봇 서비스 앤디를 통해 고객의 금융업무 편의성 증대와 은행 내부 업무 효율화 라는 두 마리 토끼를 잡은 DGB대구은행은 마이데이터 자산관리 서비스와 로보어드바이저를 연계하는 마중물로서의 역할에 충실할 수 있도록 기술 개발에 힘쓰겠다"는 뜻을 밝혔다.

출처: 대한금융신문, 2021. 6. 8

지식관리시스템의 구축에 있어 중요하게 고려해야 하는 이슈 중의 하나는 지식관리시스템의 구축을 누가 총괄할 것인가 하는 문제이다. 지식관리시스템도 정보기술이므로 흔히 최고 정보경영자(chief information officer: CIO)가 총괄하면 된다고 생각할 수 있지만 CIO 혼자의 힘으로 이 복잡한 프로젝트를 감당해 나가기는 벅찰 수도 있다. 여러 기업들이 지식관리시스템 구축의 총괄역할을 담당하게 하기 위해 최고 지식경영자(chief knowledge officer: CKO)라는 직무를 설치하고 있다. 회장(CEO)과 CIO와의 연결고리 역할을 수행하는 CKO는 지식관리기반을 구축하고 지식 중심의 조직문화를 조성하며 지식경영의 성과를 극대화하는 책임을 담당한다.

특히, 지식관리시스템을 도입하는 데 있어 극복해야 하는 중요한 과제로는 조직문화의 조성이 있다. 아무리 우수한 지식베이스를 기술적으로 완벽하게 구현하더라도 조직원들이 이를 이용하여 새로운 지식을 창조하고 또한 함께 공유하는 노력이 없으면 시스템은 아무 의미를 지니지 못한다. 따라서, 지식의 창조와 활용 노력에 대해 동기를 부여하는 보상시스템을 도입함으로써 조직원들 개개인이 확고한 의지를 가지고 지식경영에 참여할 수 있도록 CKO가 중요한 리더십을 발휘해야 한다.

KMS의 도입으로부터 기대할 수 있는 효과는 다음과 같다.

- 소중한 조직의 정보/지식을 전사적으로 공유할 수 있음
- 중복적인 개발노력을 피할 수 있음
- 신규 직원의 교육훈련 기간을 단축할 수 있음
- 직원이 회사를 떠나더라도 담당하던 지식을 사전에 명문화한다면 지적재산을 보유할 수 있음
- 시간의 효율적 관리

01 지식기반 경제에서는 기업의 유형자산 규모가 무형자산 규모보다 기업의 성공에 더 중요한 영향을 미친다.

> **정답** ×
>
> **해설** 지식기반 경제에서 기업의 성패는 지식을 토대로 한 무형자산(가령, 기술, 특허, 지적재산권 등)에 의해 좌우된다.

02 명시적 지식은 암시적 지식보다 조직의 혁신에 더 중요하게 기여한다.

> **정답** ×
>
> **해설** 문서, 보고서와 같은 명시적 지식도 중요하지만, 조직 혁신에 더 중요하게 기여하는 지식은 조직구성원들이 경험을 통해 획득한 암묵적 지식이다.

03 기업 포털은 지식의 공유 및 교환을 위해 활용될 수 있는 지식관리 기술이다.

> **정답** ○
>
> **해설** 기업의 구성원들이 일상적으로 접속하는 기업 포털(예: MS 셰어 포인트)은 지식을 공유하고 교환하는데 유용한 툴이다.

04 지식기반 사회의 특징으로 옳지 못한 것은?

① 조직이 지능형 조직으로 변환된다.
② 체계화된 지식이 증가한다.
③ 대량생산 능력이 증대된다.
④ 교육을 받는 구성원이 늘어난다.

> **정답** ③
>
> **해설** 대량생산 능력은 산업화사회의 주된 특징이다.

05 지식기반 경제에서의 지식에 대해 옳게 설명하고 있지 않은 것은?

① 기업의 핵심 자원   ② 혁신의 동력
③ 정보에 관한 정보   ④ 비가공된 팩트

> **정답** ④
>
> **해설** 비가공된 팩트는 곧 데이터이며 지식과는 관련이 없다.

06 지식기반 경제에서 정보기술의 역할에 대해 정확하게 기술한 것은?

① 노동력의 증가   ② 지식/정보의 전파
③ 규모경제의 확대   ④ 임금의 하락

> **정답** ②

해설 컴퓨터 및 통신기술을 통해 지식 및 정보가 이를 필요로 하는 이들에게 전달될 수 있다.

07 암묵적 지식에 대해 거리가 먼 것은?

① 명문화된 정보   ② 조직구성원의 경험

③ 기업혁신의 좌우요인   ④ 공유의 어려움

정답 ①

해설 명문화된 정보는 명시적 지식에 속한다.

08 명시적 지식이 발견될 수 있는 곳으로서 관계가 없는 것은?

① 조사보고서   ② 데이터베이스

③ 메모/노트   ④ 비전

정답 ④

해설 명시적 지식은 명문화된 지식의 형태로서 조사보고서, 문서, 데이터베이스, 메모 등이 모두 이에 속한다.

09 지식관리시스템이 가장 잘 다룰 수 있는 지식의 유형은?

① 내장형 지식   ② 명시적 지식

③ 암묵적 지식   ④ 세가지 모두

정답 ②

해설 지식관리시스템은 일종의 문서 데이터베이스 관리시스템이므로 명문화된 지식, 즉 명시적 지식을 다루는데 가장 적합하다.

10 지식 수명주기의 단계들 중 기업의 부가가치 창출에 중요하게 기여하는 단계는?

① 지식 획득   ② 지식 저장

③ 지식 전파   ④ 지식 활용

정답 ④

해설 지식활용은 제품개발과 같은 부가가치 창출활동을 위해 지식을 공유하고 활용하는 것을 뜻한다.

11 지식저장 단계에서 요구되는 작업이 아닌 것은?

① 지식의 포착   ② 문서의 디지털화

③ 문서의 색인   ④ 지식의 조직화

정답 ①

해설 지식의 포착은 지식저장 단계와 관계가 없으며, 지식획득 단계에서 요구된다.

12 다음 소프트웨어 툴 중 지식을 공유하는데 유용한 협업 도구가 아닌 것은?

① 포털　　　　　　　　　　　② 인스턴트 메시징

③ 스프레드시트　　　　　　　　④ 위키

정답　③

해설　스프레드시트는 지식공유를 위한 협업과 관계가 없다.

13 기업이 지식관리시스템(KMS)을 도입하는 주된 동기요인이 아닌 것은?

① 증대된 지식 콘텐츠 제공　　　② 제품 개발주기의 단축

③ 혁신 및 조직학습의 촉진　　　④ 운영비용의 획기적 절감

정답　④

해설　지식관리시스템은 비용절감에 주된 초점을 두지 않는다.

14 (　　　　　) 지식은 종종 노하우라고도 불리는데, 인간의 경험에 기반하는 지식으로서 직관적이며 규정짓기가 어려운 특징이 있다. 빈칸에 적합한 단어는?

정답　암묵적

15 기업에서 지식경영을 총괄하는 임무를 담당케 하기위해 채용하는 최고경영층의 책임자를 가리켜 (　　　　　) 라고 한다. 빈칸에 적합한 단어는?

정답　최고지식경영자 (혹은 CKO)

요약

- 지식기반 경제란 "제품 및 서비스의 생산이 지식집약적인 활동에 기초하는 경제"로 정의할 수 있다.

- 오늘날 지식기반 경제에의 진입을 이끄는 주된 동력은 글로벌화 및 정보기술이다. 특히, 정보기술은 정보/지식 활용능력을 개선하고, 지식의 공유능력을 배가시키며, 또 '글로벌 마을'을 실현시키는데 중요한 역할을 한다.

- 지식기반 경제는 전통적 경제와 달리 풍족성으로 대표되는 경제이고, 지리적 위치의 중요성이 줄어들며, 국가 간 경계가 허물어지고, 또 지식이 제품 및 서비스의 가격을 높이는데 중요하게 기여한다.

- 지식기반 경제에서는 유형자산보다 무형자산(가령, 지식, 특허, 기술 등)이 기업의 성공을 위해 더 중요한 역할을 한다.

- 지식은 크게 명시적 지식과 암묵적 지식으로 나뉜다. 문서나 책에 담기는 명시적 지식보다는 경험을 통해 인간의 뇌에 축적되는 암묵적 지식이 조직의 혁신에 더 중요하게 기여한다.

- 조직학습이란 조직내에서 지식을 창출, 보유 및 이전하며 또 새 지식을 토대로 조직행동을 변화시켜 나가는 프로세스를 의미한다. 학습조직은 비학습조직에 비해 더 오래 생존할 가능성이 높다.

- 지식경영은 지식획득, 지식창출, 지식축적, 지식활용의 단계들을 포함한다. 이 중에서도 지식활용이 특히 중요하다.

- 지식관리시스템은 기업이 지식자원의 가치를 극대화하기 위하여 조직학습 및 비즈니스 노하우를 체계적으로 관리할 수 있게 해 주는 정보시스템이다.

- 지식관리시스템의 주요 정보기술 요소는 크게 지식창출/획득 툴과 지식공유/교환 툴로 나뉜다.

- 지식창출/획득 툴에는 그룹웨어, 전자회의 시스템, 워크플로우 시스템 등이 있으며, 지식공유/교환 툴에는 콘텐츠관리 시스템, 문서관리 시스템, 기업 포털 등이 있다.

- CKO는 지식관리기반을 구축하고 지식 중심의 조직문화를 조성하며 지식경영의 성과를 극대화하는 책임을 담당한다.

- 기업이 지식관리시스템을 도입함으로써 기대할 수 있는 효과로서 조직 지식의 전사적 공유, 중복적인 개발 방지, 직원 교육훈련 기간의 단축, 직무 지식의 명문화, 시간의 효율적 관리 등이 있다.

신한은행, 지식관리시스템으로 콜센터 상담역량 제고

신한은행은 이번 수상으로 한국능률협회컨설팅(KMAC)의 서비스품질지수(KSQI) 콜센터 부문에서 15년 연속 우수 콜센터로 선정됐다. KMAC가 KSQI 조사를 시작한 이래 전 연도 우수 콜센터로 선정된 비결은 장기간 관리해 온 고객 중심의 상담 노하우에 있다.

신한은행은 2007년부터 상담지식관리시스템(KMS)인 '다산'을 도입한 이후 상담 노하우의 관리가 체계화됐다. 이를 통해 상담에 필요한 은행 업무 지식, 상품 정보들과 숙련된 상담사들의 응대법, 스크립트 등을 언제든지 열람 가능하도록 모든 상담사에게 공유해 신입 상담사들도 양질의 상담을 제공할 수 있다.

상담지식관리시스템의 활용은 신입 상담사들의 적응력을 키우고 장기 근속을 유도해 상담 조직 운영 측면에서도 선순환 구조로 이어졌다. 현재 5년 이상 근무하고 있는 숙련된 상담사가 전체의 절반 이상을 차지하고 있고, 펀드·퇴직연금 등 전문 업무에 대한 상담을 담당하고 있는 전문 상담팀은 1인당 평균 여섯 개의 금융자격증을 보유했다. 고급 자격증인 CFP·AFPK 보유자도 전체의 50%에 이를 정도로 상담사의 역량이 뛰어나다.

상담지식관리시스템은 도입 후 12년간 '상담누리' '지식샘터'로 업그레이드되면서 더 많은 상담 지식과 노하우를 축적하고, 더 빠르게 공유될 수 있게 개선해 균질한 상담 품질을 유지할 수 있도록 했다. 올해 2월에는 '신한SOL'이라는 모바일 플랫폼을 오픈하면서 디지털 금융 환경과 모바일 플랫폼 중심의 상담 콘텐츠를 강화한 'SOL샘'으로 재탄생하면서 영업점 직원들까지 활용 가능한 비대면 상담 전용 지식 관리 서비스로 진화했다.

▲ 신한은행은 상담 내용을 문자로 변환해 분석하는 '녹취 분석 시스템'을 은행권 최초로 도입해 활용하고 있다.

신한은행은 최근 빠르게 변화하는 디지털뱅킹 시대에 대응하기 위해 고객센터 부문에서도 단계적 로드맵을 세우고 디지털로 끊임없는 진화를 거듭해 왔다. 은행권 최초로 비대면 실명 확인과 스마트라운지 화상 상담을 제공해 왔고, 모바일Talk 상담 채널도 확대해 왔다. 최근에는 챗봇 상담 '쏠메이트' 서비스를 시작하고 챗봇의 답변 정확도를 높이기 위한 지원을 아끼지 않고 있다.

녹취 분석 시스템을 통한 분석은 상담사 게시판 'SOL위키'를 통해 수집된 현장의 소리와 함께 고객 목소리를 은행 상품 및 서비스, 제도 개선에 반영될 수 있도록 하는 등 고객과 끊임없이 소통하고 있다.

신한은행은 디지털 환경에 보다 유연하고 빠르게 대응하기 위해 기존 고객센터 조직을 '스마트컨택본부'로 확대 개편했다. 스마트컨택본부는 전화·화상·모바일Talk·챗봇·이메일 상담 등 모든 비대면 고객 상담 채널을 하나로 융합한 옴니채널센터 역할을 수행하게 된다. 신한은행은 여러 비대면 채널을 통해 고객이 표현하지 못한 문제까지 발견하고 해결하는 통합 상담 플랫폼 '쏠로몬' 서비스 오픈도 앞두고 있다.

출처: 매일경제, 2018. 5. 3; www.shinhan.com, 2023. 1. 5

1. 사례본문에 의하면, 신한은행은 구체적으로 어떤 목적을 위해 상담 지식관리시스템인 '다산'을 도입했는가?

2. '다산'시스템 도입후 신한은행은 어떤 변화를 맞게되었는지 도입효과에 대해 설명하시오.

3. 신한은행의 지식관리시스템 사례를 토대로 어떠한 업종의 국내기업들에게 유사한 상담 지식관리시스템을 권하겠는가? 그 근거에 대해서도 설명하시오.

새로운 시대의 e-커머스

이커머스 '네·쿠·쓱' 3강 체제로…"이젠 수익성 확보에 방점"

coupang

NAVER

SSG.COM

국내 이커머스 시장이 쿠팡·네이버·SSG닷컴 등 점유율 상위 사업자 위주로 재편되는 모양새다. 이들 상위 사업자들은 이제 외형 확대보다는 수익성 창출에 무게를 두고 있다.

2022년 12월 5일 업계에 따르면 쿠팡·네이버·SSG닷컴 등 이커머스 3사의 총 시장 점유율은 월간활성사용자수(MAU) 기준 83.3%에 달한다. 모바일인덱스가 조사한 지난 7월 기준 MAU는 쿠팡이 2,766만 명(40.2%), 네이버 2,000만 명(29.1%), SSG닷컴+G마켓 글로벌 990만 명(14.4%)이다.

각 업체는 매출이 안정적으로 늘고 있으며, 특히 영업손실도 개선된 모습을 보인다. 쿠팡은 올해 3분기 매출액이 6조6,316억 원(49억4,717만 달러)로 원화 기준 전년 대비 28% 늘었다. 특히 영업이익과 당기순이익은 각각 1,037억 원(7,742만 달러), 1,215억 원(9,067만 달러)를 기록하며 2014년 로켓배송 론칭 후 8년 만에 첫 분기 흑자 전환에 성공했다. 네이버의 경우 쇼핑과 멤버십 등 커머스 부문은 커머스 광고, 브랜드매장, 멤버십 가입자 증가 등에 힘입어 3분기 매출 4,583억 원을 기록했다. 전년 동기 대비 19.4% 성장한 수치다. SSG닷컴도 3분기 매출액 4,406억 원을 올렸다. 이는 전년 대비 14% 증가한 수준이다. 영업손실도 231억 원으로 전 분기 대비 151억 원 줄이면서 적자 폭을 빠르게 줄이고 있다.

이처럼 쿠팡·네이버·SSG닷컴 등 3사가 호실적과 점유율을 확보할 수 있던 배경에는 압도적인 물류 인프라와 멤버십 서비스 등이 있다. 쿠팡의 경우 지난해 기준 30개 이상 지역에서 100개가 넘는 물류 인프라를 운영 중이다. 전 국민의 70%가 쿠팡 물류 인프라에서 10분 내 거주 중인 정도다. 규모로 보면 축구장 500개 크기에 달한다. 이처럼 압도적인 자체 물류 인프라를 통해 쿠팡은 전국 규모의 익일 배송 서비스(로켓배송 등)를 전개할 수 있었고, 이는 멤버십 등 충성고객 확보에 핵심적인 역할을 했다. 멤버십에 가입하기만 해도 무료로 이용할 수 있는 OTT(쿠팡플레이) 콘텐츠 등도 주효했다.

실제 쿠팡의 멤버십 가입자 수는 900만 명에 달한다. 지난 6월 멤버십 가입비를 기존 2,900원에서 4,990원으로 크게 올렸음에도 3분기 기준 쿠팡에서 한번이라도 상품을 구매한 활성고객은 1,799만 명으로 전년 동기 대비 7%가 늘었고 인당 구매 단가도 38만 원으로 전년 대비 19% 증가했다. 쿠팡의 멤버십 가입자 수는 올해 1,000만 명을 넘길 것으로 추정된다.

네이버의 경우 자체 물류망을 갖추지 않았지만 NFA(Naver Fulfillment Alliance) 통해 이를 해결했다. NFA는 네이버를 중심으로 CJ대한통운과 신세계그룹 등 데이터·물류·유통 분야 공룡들과 네이버가 지분을 투자한 업체들의 동맹이다. 네이버는 방대한 데이터를 바탕으로 판매자와 소비자를 연결하는 플랫폼 솔루션을 제공하고, 제조사와 유통·물류 기업들이 이를 통해 물건을 판매한다. 네이버는 이를 통해 전통적인 유통 강자들이 온라인 시장에서 적자를 키우고, 사업에 철수하는 상황이 벌어지고 있는 현 상황에서도 플랫폼을 제공하는 것만으로 올해 3분기 기준 10조5,000억 원에 달하는 거래액을 기록하는 등 매출과 시장 점유율을 착실하게 늘려갔다. 상품 검색과 쇼핑, 결제까지 한 플랫폼에서 해결할 수 있다는 점도 네이버의 강점으로 꼽힌다. 특히 멤버십을 이용할 경우 1% 적립 등의 혜택 누릴 수 있다는 점은 충성고객 확보에 주효했다.

SSG닷컴은 이마트를 활용한 자체 물류망과 신세

계그룹 계열사를 통한 온·오프라인 시너지를 통해 이커머스 시장에 자리잡았다. 쿠팡과 네이버가 온라인 기반 업체라는 점을 고려했을 때, 오프라인 혜택까지 누릴 수 있다는 점이 SSG닷컴의 강점이다. SSG닷컴은 전국에 120개에 달하는 이마트 내 PP(피킹&패킹 센터)와 경기 용인과 김포에 위치한 온라인 전용 물류센터 네오(NE.O) 등 자체 전국 물류망을 갖추고 있다. 이를 통해 전국 단위의 주간배송(쓱배송)을 운영하고 있다. 또 지난 4월 SSG닷컴은 G마켓글로벌의 유료 멤버십 '스마일클럽'을 통합한 유료멤버십을 선보였다. 통합 스마일클럽은 지마켓·옥션과 SSG닷컴이 회비 및 할인범위를 채널에 맞게 투트랙 설계해 맞춤형 혜택 제공하는 동시에 스타벅스 사이즈업 혜택, 각 플랫폼 간 포인트 전환 가능 등이 가능해지면서 통합 한달만에 신규 가입자가 30만 명을 넘기는 등 실적도 냈다. 뿐만 아니라 지난 8월부터 지마켓·옥션에서 SSG닷컴 쓱배송, 새벽배송 연동한 온라인장보기 서비스를 선보이고, 신세계그룹 온·오프라인 통합행사 '쓱데이'를 진행하는 등 오프라인 시너지 창출을 위한 지속적인 노력을 통해 점유율과 충성고객을 동시에 잡았다.

이처럼 외형 확대에 집중해 온 쿠팡·네이버·SSG닷컴 등 3사는 이제 물류 효율성 확보 등을 통한 수익성 창출에 방점을 찍고 있다. SSG닷컴은 물류 효율성 제고를 위해 배송 정책에 변화를 줬다. 대표적으로 비용 부담이 큰 새벽배송 서비스의 경우 기존에는 수도권과 충청권에서 운영 중이었으나, 충청권의 경우 올해 말까지만 유지하기로 한 것이다. 이에

수도권에는 온라인 전용 물류센터 네오 3기와 이마트 PP센터를 통해 쓱배송(주간배송)과 새벽배송 서비스를 권역 내 수요에 맞춰 조정한다. 수도권 외 지역은 전국에 위치한 100여 곳의 이마트 PP센터를 통해 쓱배송 서비스에 집중한다는 방침이다. 앞서 SSG닷컴은 지난해부터 운영해왔던 오픈마켓을 지난 10월 종료하면서 지마켓글로벌과의 사업 영역을 조정한 바 있다. 중복되는 사업 영역을 정리해 그룹 계열사간 카니발리제이션(Cannibalization)을 해소하기 위한 것으로 풀이된다.

쿠팡 역시 락인(Lock-In) 효과를 노려 유료 멤버십 회원에게 무료로 제공하던 OTT(쿠팡플레이)에 유료 서비스를 도입하며 수익 창출에 나섰다. 쿠팡은 지난달부터 쿠팡플레이 내에 '스토어' 탭을 신설하고 영화 등 개별 구매 서비스를 제공하고 있다. 업계는 쿠팡이 축구 국가대표 중계권을 독점 확보하거나 콘텐츠 자체 제작으로 회원 수를 어느 정도 확보했다는 판단 하에 수익성을 노리는 것으로 분석했다.

업계 한 관계자는 "점유율 상위 업체들을 중심으로 이커머스 시장이 재편됐고, 엔데믹으로 인한 성장 동력의 상실, 고금리로 인한 투자 심리 위축 등의 이유로 '의도된 적자'를 통한 외형 확대에는 한계가 찾아온 상황"이라며 "이커머스 업체들이 최근 시장 상황을 반영해 과도한 투자보다 수익성을 함께 확보할 수 있는 전략으로 선회하고 있다. 이 같은 흐름은 대내외 불확실성이 해소되기 전까지는 이어질 것으로 보인다"고 말했다.

출처: 글로벌경제신문(http://www.getnews.co.kr) 2022. 12. 5

e-커머스의 정의

e-커머스란 좁은 의미에서 정의하면 인터넷 및 기타 통신 네트워크를 통해 제품 및 서비스를 사고파는 행위를 의미한다. 거래되는 상품에는 실물뿐 아니라, 원거리 교육이나 의학적 진단과 같은 서비스도 포함한다. 이보다 넓은 의미의 e-커머스는 사이버 공간에서 일어나는 모든 상거래 행위와 이와 관련된 정보의 공유와 검색, 의사결정과정 지원 등 상거래를 보다 효율적으로 수행할 수 있도록 지원하는 모든 활동을 포함한다. 한편, e-커머스가 이루어지는 시장(market)은 생산자(producers), 중개인(intermediaries), 소비자(consumers)가 디지털 통신망을 이용하여 상호 거래하는 시장으로 실물시장(physical Market)과 대비되는 가상시장(virtual market)을 의미한다.

쉬어가기 📄 e-커머스와 e-비즈니스

지난 몇 년 동안 인터넷의 발전과 더불어, 'e(electronic)'자가 들어가는 e-커머스, e-비즈니스등의 유사 용어들이 범람하고, 그 결과 개념적 혼동이 생겨나기도 한다. 여기서는 이 두 개념의 차이점에 대해 간략히 알아보자. 일반적으로, e-비즈니스는 전통적 비즈니스 방식을 향상, 발전시키고 또는 대체하기 위해서 인터넷 또는 정보통신기술을 적용하며, 정보기술, 업무 프로세스, 경영 관행들을 포괄하는 것으로 정보의 전략적 사용을 통해 조직의 경쟁력을 향상시키며, 기업 활동 자체에도 영향을 미쳐 기업 간, 기업과 소비자 간, 기업 내부의 모든 활동이 컴퓨터를 활용한 네트워크에서 실행되는 것을 의미한다.

따라서, e-비즈니스에서 "e"의 의미는 단순히 'electronic'보다는 오히려 '강화'의 의미가 있는 'enhanced'로서 정의하는 것이 더 적절할 것이다. 즉, e-비즈니스는 기업 전반의 비즈니스 프로세스인 "제품의 기획과 설계, 생산을 위한 자재 유입, 생산 및 제조, 판매와 유통, 유지보수 및 서비스까지 이어지는 모든 기업의 경영활동을 컴퓨터 네트워크를 매개로 유기적으로 연결함으로써 기업의 성과를 획기적으로 개선하는 새로운 패러다임"이라고 정의할 수 있게 된다. e-비즈니스를 가능하게 하기 위해서 그 동안 수 많은 IT기술과 정보시스템이 도입되었고, 이를 통해 기업 전반의 데이터 및 프로세스의 전사적인 통합관리가 시도되었다. 그 중에서도 대표적인 시스템은 이 책의 앞장에서 설명한 전사적 자원관리(ERP, Enterprise Resource Planning), 공급망관리(SCM, Supply Chain Management) 그리고 고객관계관리(CRM, Customer Relationship Management) 등이 있다.

e-커머스는 전자매체를 기반으로 한 상거래로, 온라인 쇼핑몰에서의 상품을 판매하고 구매하기 온라인상의 주식매매, 인터넷상 경매 등 다양한 형태의 상거래를 의미한다. 반면 e-비즈니스는 앞서 정의한 바와 같이

e-커머스를 포괄하는 광범한 개념으로 인터넷 및 정보기술의 적용대상이 기업전반의 가치활동 들로 확대된다. e-비즈니스와 e-커머스는 서로 밀접한 관계를 맺고 있음을 알 수 있다. 가령, 온라인 고객이 제품을 주문하도록 적극 유도하기 위해서는 고객을 대상으로 한 고객관계관리(CRM)시스템을 통해 효과적인 마케팅 활동이 필요하고, 일단 고객주문이 접수된 후에는 전사적 자원관리(ERP) 및 공급망관리(SCM)시스템을 활용해 정해진 일정에 맞춰 원자재를 공급 받아 차질 없이 제품을 만들어 발송함으로써 고객에게 만족스러운 서비스를 제공하게 된다.

e-커머스	e-비즈니스
• 전자매체를 기반으로 한 상거래를 의미 • 쇼핑몰에서의 온라인 상품판매, 온라인 주식매매, 인터넷 경매	• e-커머스를 포괄하는 광범한 개념 • 인터넷 및 정보기술의 적용대상이 기업전반의 가치활동 들을 포함함 (공급망 자동화, 온라인 주문처리, 온라인 고객관계 관리 서비스, 온라인 인력관리 등)

출처: 차훈상, 유소은, 홍일유, 김태하, "이비즈니스와 이커머스", 법문사

e-커머스의 발전

웹기반 이전의 e-커머스

많은 사람들이 e-커머스의 출현을 인터넷이 대중화된 1990년대로 알고 있지만 사실 e-커머스는 인터넷이 상용화되기 훨씬 전인 1970년대부터 시작되었다.

1970년대에 접어들면서 이전까지 회사 간 업무처리에 사용되던 종이로 된 문서 대신 구조화 되고 표준화된 데이터를 전산 네트워크를 통해 교환하고 처리하는 데이터 교환(EDI, Electronic Data Interchange)방식이 사용되기 시작한 것이다. EDI를 통해 결제, 구매 요구서, 선적 문서 등의 전산처리가 시작되고 재고관리나 자금관리 등의 업무에도 표준화된 전자양식이 사용되기 시작하였다. 초창기 EDI 통신을 담당하는 네트워크는 인터넷이 아니고 부가가치 통신망(VAN, Value Added Network)라고 불려지는 일종의 인트라넷(Intranet)이었다. EDI의 사용은 단순히 종이에 의한 작업 감소를 넘어서 불필요한 데이터의 재입력과 처리 지연을 줄여 자동화를 확산 시키는 개기가 되었다. 이와 더불어 대금지불 및 결재수단으로서 전자화폐 개념인 EFT(Electronic Fund Transfer)가 도입되어 기존의 종이 수표를 대체하게 되었다. 초창기 e-커머스는 이와 같이 기업과 기업간의 내부 네트워크를 통한 거래에서 시작되었다. 1980년대를 거치면서 이메일 등 전자 메시징 기술이 발달하고, 기업의 가상화를 통한 통합 이 중요해지면서 조직간 정보시스템(IOS, Inter-organizational System)을 기반으로 한 e-

커머스가 활발해졌다. 또한 1980년대 초 미국의 군수 물자 공급을 기반으로 한 정부 조달 프로세스를 표준화한 CALS(Computer Aided Logistics Support)가 등장하였으며 이를 통해 기업과 정부간 네트워크를 통한 상거래가 시작되었다. 또한 80년대 후반부터 CD 카탈로그나 PC 통신망을 기반으로 기업과 소비자간(B2C: Business to Customer)의 거래형태가 소규모로 진행되었다.

웹기반 e-커머스의 태동기

1990년대 초반에 인터넷이 상용화 되고 월드와이드웹이 출현하면서, 마침내 인터넷 기반의 e-커머스가 시작되었다. 기존의 EDI는 인터넷의 발전으로 VAN망을 넘어서 더욱 확장되고 XML과 같은 표준 양식을 사용함으로써 개방성을 늘여나갔다. 또한 이전까지 기업과 기업간의 거래에 국한되어 있던 e-커머스가 개방형 인터넷 망을 근간으로 서서히 소비자와 기업간의 직접 거래로 확장되었다. 특히, 넷스케이프 라는 웹브라우져를 중심으로 웹 기술이 일반 대중에게 소개된 1994년부터 아마존, 델 컴퓨터 등 선두기업들은 웹 기반 상거래의 기회를 발견하고 발빠르게 이를 도입하기 시작하였다.

웹기반 e-커머스의 성장 및 성숙기

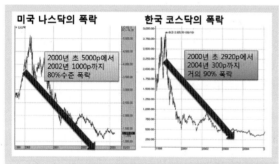

▲ 2000년 초의 닷컴버블은 미국 나스닥과 한국 코스닥의 폭락으로 이어졌다.

웹 환경은 빠르게 발전하여, 1998년 이후부터 웹 기반 e-커머스가 성장을 거듭하게 되고 수많은 밴처 기업들이 1998년에서 2000년 사이에 웹사이트를 개발하고 새로운 사업을 시도하였다. 당시 1,200억 달러의 밴처 캐피탈이 12,450 닷컴 밴처 회사에 투입되었다고 하니, 얼마나 인터넷 기반의 상거래가 우리사회에 심오한 영향을 미쳤는지 짐작할 수 있다. 하지만, 인터넷 과열현상 가운데 2001년 닷컴버블 경제는 결국 붕괴하게 된다. 비록 2000년에서 2001년 많은 닷컴 기업들이 사라졌지만, 구글, 아마존 등 핵심능력을 갖춘 기업들은 살아남게 되는데 이를 통해, 마구잡이로 IT 기술을 도입하기보다는 경영주도방식(business-driven approach)의 중요성을 인식하게 된다.

웹기반 e-커머스의 안정기

2001년 이후 e-커머스는 보다 다양한 형태로 발전하게 되었고 누구나 한번쯤은 인터넷 쇼핑몰을 이용해 제품이나 서비스를 구매해본 경험이 있을 정도로 우리 생활의 일부로 자리 잡았다. 판매자들이 다양해지면서, 개발자나 전문가가 아니더라도 손쉽게 쇼핑몰을 구축하고 결제 시스템 등을 사용할 수 있는 쇼핑몰 솔루션(예: 카페 24)이 제공되었고, 이를 이용한 여러 전문몰들이 출현하였다.

모바일 기기의 대중화와 소셜커머스

2007년 아이폰의 등장과 더불어 스마트폰이 대중화 되고 온라인 쇼핑의 모바일화가 급격하게 진행되었다. 특히 국내에서는 2010년 "카카오톡"메신저의 등장과 함께, "카카오 선물하기"와 같은 소셜커머스가 시작되었고, 이밖에 쿠팡, 위메프, 티몬, 그로폰과 같은 공동할인 구매 방식의 소셜커머스들도 유행하였다. 최근에는 정액제를 통해 지속적으로 물품을 공급받는 구독경제나, 자신의 취향에 따라 선별된 제품을 공급받는 큐레이션 쇼핑과 같은 편의성을 중요시하는 새로운 형태의 상거래가 나타나고 있다.

 쉬어가기 **큐레이션 커머스란?**

큐레이션 커머스는 상품 구매 시, 과다한 정보로 쇼핑에 대한 피로감이 높아진 상당수의 온라인 소비자들을 주 고객으로 겨냥한다. 방대한 상품 카탈로그 대신, 의상, 디자인, 음식, 화장품, 소품, 가구, 여행 등의 상품 정보들이 전문 큐레이터나 지인들의 추천을 기반으로 필터링되고, 소수의 선택된 제품만 소비자들의 개별 취향이나 관심사에 따라 나열된다. 최근 들

어서는 이러한 개념을 보다 적극적으로 적용한 '서브스크립션(subscription) 커머스'가 부상하고 있는데, 매달 큐레이터가 선정한 제품을 패키지로 받아보게 된다. 예를 들어, 미미박스는 매달 몇 가지 화장품을 큐레이터가 선별하여 박스에 넣어 배달해 준다.

한편, 마켓컬리는 신선한 채소와 과일과 같은 음식을 개인의 취향을 고려해 큐레이터가 엄선하여 배달하여 빠르게 성장한 기업으로 유명하다. 2022년에는 회사명을 컬리로 변경하고 마켓컬리와 더불어 뷰티전문 플랫폼, 뷰티컬리를 출시했다.

e-커머스의 특징

전통적인 상거래와 비교할 때 e-커머스가 가져다 주는 새로운 변화와 특징은 다음과 같이 5가지로 요약할 수 있다.

유통 채널의 단순화와 비중개화

e-커머스는 인터넷을 통해 유통업체나 대리점과 같은 판매채널상의 중개자들을 제거하여 분권화된 가상 기업을 형성하였다. 이러한 특징은 중간 채널 거래 비용의 감소와 고객과 공급자간의 정보 단절을 해소하는 역할을 하며 그 결과 거래의 효율성을 제고할 수 있다. 좀 더 구체적인 효율성 제고 방안을 살펴보면 다음과 같다.

- 양질의 정보를 적시에 제공함으로써 구매자와 판매자 사이의 정보 비 대칭성을 해소
- 비교구매를 위한 정보 제공 등을 통한 검색 및 협상비용의 절감
- 중개상을 배제함으로써 거래 프로세스의 처리속도 향상
- 구매자에게 보다 폭넓은 제품 선택 기회제공
- 거래 프로세스의 표준화를 통한 거래처리 오류 감소
- 공동 대량 구매와 수요 결집을 통한 규모의 경제 효과

▲ 온라인 중고차 시장, SK 앤카. 유통채널의 단순화와 비중개화는 효율성을 높여주게 된다.

이러한 효율성을 통해 가치를 창출하고 이를 통해 경쟁우위를 유지하는 사례로 온라인 중고차 시장을 운영하는 SK엔카를 들 수 있다. 전통적으로 중고차 시장에서의 매매는 전문가가 아닌 차량의 상태 정보를 파악하기 힘들고 이전 운전 기록이나 사고 기록에 대한 정보가 없어 정보의 비대칭성이 심하며, 구매 절차 또한 경매 프로세스와, 차량 등록에서 보험까지 복잡한 절차를 거쳐야 하는 것으로 알려져 왔다. SK엔카는 e-커머스 시장의 특징을 살려 이러한 비효율성을 해소시키는데 노력하였다. 그림에서 보듯이 구매자는 해당 중고차에 대해 각 부위별 세부 정보를 정확하게 제공 받게 된다. 뿐만 아니라 기존 중고차 경매 거래프로세스를 단순화시킴으로써 거래효율성을 증대시켰고, 원스톱 차량구매 서비스(보험, 대출 등)의 제공으로 구매자들의 거래비용을 크게 절감시킬 수 있었다.

그 결과 거래 비용의 절감, 줄어든 유통 채널에 따른 재고 비용 절감, 그리고 이에 따른 상

품 및 서비스가격의 인하를 가져왔다. 또한 고객주문의 접수에서 제품의 발송까지 전체적인 절차를 자동화하여 처리시간을 단축시켜 주문한 제품을 보다 빠르게 받을 수 있게 되었다.

시간과 공간의 제약 극복

e-커머스를 통해 소비자는 언제 어느 때라도 인터넷을 통하여 제품의 정보를 수집하고 전 세계의 제품을 거래할 수 있게 됨으로써 제품 선택의 폭이 확대되고 글로벌 규모의 쇼핑이 가능해졌다. 반면 기업들도 제조를 위한 자원의 조달(sourcing)이 개방화, 네트워크화가 되면서 언제 어디서든지 필요한 자원을 아웃소싱하는 것이 가능해졌고, 이는 제조 원가 인하로 이어졌다.

고객의 구매행태 분석이 용이

전통적인 상거래에서는 고객 수요의 포착이 어렵고 대응이 지연되기 쉬운 반면, 쌍방향 네트워크를 통한 e-커머스는 고객에게 직접 판매하여 고객 수요를 신속하게 포착하며, 문제가 발생시 고객불만에 즉각 대응할 수 있다. 또한 온라인 고객의 구매기록뿐 아니라 구매과정에 대한 기록이 서버로그 파일로 저장되면서 고객의 구매형태를 동적으로 분석할 수가 있게 되었고, 이를 바탕으로 적절한 판매전략을 수립할 수 있다.

트래픽 척도	설명
방문자 수	하루 동안 사이트를 찾아온 총방문자 수; 한 사람이 두 번 방문하면 2인으로 간주하며, 실제 방문자 수(unique visitors)와는 다른 개념임
방문자 당 평균 페이지 뷰	이 수치가 높으면, 방문자들이 흥미를 느껴 사이트를 많이 둘러보기 때문일 수도 있고, 혹은 정보 찾기가 지나치게 어려워 헤매는 것일 수도 있음
평균 방문 체류시간	한 사용자가 한 번 방문해서 체류하는 총 시간
평균 페이지 체류시간	한 페이지에 머무르는 시간
최고 집중 시간대	하루 중 트래픽이 가장 많이 몰리는 시간대로서, 판촉 캠페인을 하는 데 적절한 시간을 선택하는 데 유용함
최고 요청 페이지들	가장 빈번하게 조회되는 인기 콘텐츠 페이지들
최고 요청 시작페이지	사용자가 사이트에 접속해서 보는 첫 페이지(사용자 관심 콘텐츠 파악)
최고 요청 끝페이지	사용자가 사이트를 떠날 때 보는 마지막 페이지(흥미 없는 콘텐츠, 페이지 접속불량, 혹은 인기 있는 외부사이트 링크 존재 여부 파악)
최고 이동경로	사용자가 사이트에 접속해서 떠날 때까지 조회하는 일련의 페이지들; 최고 이동경로는 사이트 내비게이션을 개선하는 목적으로 이용됨
접속 근원지	링크를 통해 사이트에 접속한 경우, 링크를 제공한 이전 사이트를 추적할 수 있음; 특정 페이지에 트래픽을 가장 많이 보내주는 사이트를 파악함

웹 사이트 방문자 분석의 가장 기본이 되는 척도는 웹트래픽인데, 이는 방문자들이 특정 웹사이트와 주고 받는 데이터의 양을 뜻한다. 웹트래픽 규모는 사이트 방문자 수와 방문 페이지 수에 의해 결정되며 물론 성공적인 온라인 기업일수록 웹트래픽은 더 높아지게 된다. 하지만 이 밖에도 여러 가지 유용한 관련 정보를 얻을 수 있다. 아래 표에서는 웹 트래픽의 주요 척도를 간략히 설명하였다. 각 척도들이 주는 결과 값은 다양한 목적으로 이용됨을 알 수 있다.

쉬어가기 🔗 **1년만에 20억 팔았다, 아마존 정복한 그녀들의 아이템은?**

▲ 첫해 매출 20억원, 아마존 평점 5점 만점 중 4.6점, 210만 달러 투자 유치¹

한 스타트업이 첫 제품을 시장에 내놓은 지 1년 만에 낸 성과다. 덕분에 최근 소프트뱅크벤처스와 에이티넘파트너스, 스라이브 마켓(thrive market)에서 총 210만 달러(한화 약 23억원)를 투자받았다. 소비자와 투자자의 마음을 움직인 회사는 바로 '라엘(rael)'. 라엘은 유기농 여성 위생용품을 파는 스타트업이다. 미국 최대 이커머스 업체인 아마존에서 유기농 여성용품 부문 1위를 하고 있는 유기농 생리대가 대표 제품이다. 후기에는 별 다섯 개의 리뷰가 가득이다. '여성들을 위한 최고의 제품', '내가 찾던 바로 그 제품' 등 1000개 넘는 후기 대부분이 긍정적이다.

라엘은 각자 분야에서 활동하던 여성 4명이 함께 하고 있다. 아네스 안(37), 원빈나(35), 백양희(38)가 공동 창업했다. 마지막으로 변호사 출신 고윤미(38)가 사업개발 디렉터로 합류했다. 현재 백양희 대표가 라엘을 이끌고 있다. 아네스 안은 최고전략가로 원빈나는 최고제품책임자로 일하고 있다.

팀을 꾸린 후 가장 먼저 시장 조사를 시작했다. 여러 제품을 온라인 유통 플랫폼 아마존(Amazon)에서 실험해보기로 한 것이다. 유기농 아기 옷, 여성 속옷, 면·일회용 생리대 등 여성이 관심 가질 만한 물건을 한국에서 도매로 구입해 판매했다. 미국에서는 물건을 사기 위해 가장 먼저 들르는 곳이 아마존이다. 소비자들의 반응을 바로 알 수 있는 최적의 유통 채널이라고 생각해 선택했다고 한다.

각 제품의 판매속도와 후기를 살폈다. 그렇게 집을 사무실 삼아 1년 동안 시장조사를 이어갔다. 그 결과 많은 제품 중 생리대가 반응이 가장 좋았다. 질 좋은 여성용품 브랜드가 몇 없는 미국에서 한국산 생리대가 인기를 끈 것이다. 아마존 반응뿐 아니라 한국 유학생들이 한국에 다녀올 때마다 생리대를 잔뜩 사 오는 모습을 보고 아이템에 확신을 했다고 한다.

제품을 만들기까지의 과정이 순탄하지만은 않았다. 첫 시제품을 만들기까지 6개월이 걸렸다. 원빈나는 공장을 찾는 것이 어려웠다고 말한다. "처음엔 유기농 패드를 만드는 유럽 쪽을 알아봤습니다. 그러나 공장이 오래됐을 뿐 아니라 시설이 낙후돼있었어요. 중국은 재료를 믿을 수가 없더군요. 그래서 찾은 곳이 한국입니다. 여러 업체 중 충청도에 위치한 곳과 계약을 했습니다. 시설도 깨끗했고 목화를 미국 텍사스에서 유기농 재료 인증을 받은 곳에서 수입하는 곳입니다. 믿을 만했죠. 공장 측과 뜻이 맞아 초기 제품 생산 비용을 낮추기도 했어요."

공장을 정하고 OEM 방식으로 제품을 만들기 시작했다. 5~6번의 수정을 거쳐 제품을 완성했다. 그동안 OCS(organic content standard) 인증을 받았다. OCS는 유기농 함유량을 인증하는 것이다. 목화 씨앗부터 유전자 조작, 농약이나 화학 물질 사용 여부를 조사한다. OCS 마크를 받기 위해선 3년 이상 농약을 사용하지 않은 땅에서 목화를 재배하고 화학비료를 사용하지 않는다는 까다로운 조건을 충족해야 한다. 또 공장, 재고를 관리하는 창고, 사무실의 위생 평가에서 합격점을 받아야 한다. 라엘은 모든 평가에서 합격해 OCS 100 STANDARD 마크를 받았다. 100% 유기농 제품 또는 95% 이상 유기농 면과 5% 이내 섬유를 사용한 제품만 받을 수 있다. 인증 및 제품까지 모든 준비를 마친 뒤 2017년 6월, 아마존에서 첫 판매를 시작했다.

6개월 만에 20만 팩을 판매하면서 아마존 유기농 생리대 부문에서 1위를 했다. 첫해 매출 20억원을 기록했다. 백 대표는 단기간에 성과를 낼 수 있었던 가장 큰 이유는 유통 채널 덕분이라고 한다. "아마존은 브랜드보다 소비자들이 올린 구매평을 중요하게 생각합니다. 대기업 제품이 아니더라도 소비자의 선택을 받을 기회가 있는 것이죠. 제품이 좋고 입소문을 탄다면 충분히 가능성이 있다고 생각했습니다. 제품당 후기를 한 번만 남길 수 있어 신뢰도가 높은 편이기도 합니다. 또, 소비자들이 남기는 후기를 보고 계속해서 제품을 개발하는 것도 성공 요인 중 하나입니다."

창업 초창기에는 두 대표의 자금을 모아서 했지만 사업 방향이 잡히자 투자를 받기 시작했다. 초반엔 프라이머, 스트롱벤처스, 슈피겐에게 투자를 받았다. 이후 소프트뱅크벤처스와 유기농 제품을 판매하는 스라이브 마켓과 에이티넘으로부터 투자를 받았다. 투자는 물론 스라이브 마켓에 입점하기도 했다. 스라이브 마켓은 미국 온라인 유기농 시장에서 1위로 평가 받는 곳이다. 유기농 제품을 원하는 소비자에게 라엘을 알릴 수 있는 좋은 기회인 셈이다. 미국 시장 진출 성공에 이어 영국, 프랑스, 이탈리아 등 유럽에도 진출했다.

미국에서의 성공을 바탕으로 2018년에는 한국시장 공략에도 나섰다. 2017년 깨끗한 나라의 '릴리안' 생리대 발암 물질 파동이 휩쓸고 가며 공황 상태에 빠진 여성용품 시장에서 라엘은 10~20대 여성 소비자층을 빠르게 잠식했다. 연방식품의약국(FDA)으로부터 유기농 순면 커버 인증을 받고 텍사스산 100% 유기농 순면을 사용해 국제 유기농 인증 기준을 통과하는 등 고품질로 한국 소비자의 선택을 받은 것이다. 라엘은 팬데믹 상황에서도 뷰티 브랜드 '리얼 라엘'을 론칭하고 '비건 뷰티 라인'을 추가하면서 유기농 여성용품 전문 브랜드를 넘어 퍼스널 케어 브랜드로의 확장을 준비하고 있다.

지난 2022년 6월, 경제뉴스 전문 매체인 비즈니스저널 등에 따르면 라엘은 3,500만 달러의 투자를 추가로 받았다. 이번 투자 유치로 라엘은 설립 5년 만에 자본금 규모가 5,900만 달러로 늘었으며, 기업 가치는 약 2억

쌍방향 통신에 의한 1:1 마케팅

구매자 의사에 상관없는 공급자 위주의 단방향 마케팅과 달리, 인터넷을 통한 소비자와의 상호 작용(interactive)을 통한 마케팅이 가능해졌다. 기존의 마케팅에서 광고내용은 평균적 소비자에 맞게 설계되었다. 그러나 상호 작용적인 마케팅에서 광고는 개별 고객정보를 사용하여 맞춤형 광고를 설계하고 제공한다. 뿐만 아니라 이과 같이 웹을 이용한 광고는 신문이나 TV보다 상대적으로 저렴한 비용이 요구된다. 이러한 특징을 고려할 때 e-커머스 기업의 가치 창출 가능성은 구매자들이 반복적인 거래를 하도록 동기를 부여하고, 전략적 제휴 기업들의 협력지속 의지를 더욱 강하게 할수록 커지게 된다. 이와 같이 고객 및 제휴 협력사가 다른 경쟁회사로 전환하는데 드는 비용(switching cost)을 높이고 종속성을 유지하기 위한 방안으로 다음과 같은 예를 들 수 있다.

- 반복구매 고객에게 인센티브를 부여하는 충성도 프로그램 운영 (예: 제품 구매 시마다 포인트 적립)
- 비즈니스 프로세스, 제품 또는 서비스를 독특한 디자인 요소를 적용하여 차별화 (예: 아마존의 원클릭 주문기능)
- 개인화와 커스터마이징을 이용한 차별화된 서비스 (예: 개인화된 상품 카탈로그 페이지, 개인화된 음원 리스트)
- 동일한 제품이나 서비스를 이용할 때 그 가치가 커지는 네트워크 외부효과의 활용 (예: 온라인 상품 후기 커뮤니티의 활성화)

이처럼 종속성을 통해 가치를 창출하고 경쟁우위를 유지하는 사례로 아마존(Amazon.com)의 상품추천 시스템을 들 수 있다. 아마존은 방문자의 구매 기록과 구매행태 분석 결과를 바탕으로 소비자가 관심을 가질만한 제품 카탈로그를 동적으로 생성하여 첫 페이지에 보여주며 이러한 맞춤형 추천 서비스는 기존고객들의 만족감 및 재구매 욕구에 긍정적인 영향을 미치게 된다.

판매 거점이 불필요

e-커머스는 시장이나 상점 등 물리적 공간이 필요하지 않고 사이버 공간에서 판매자와

소비자가 만나 거래가 성사된다. 따라서 도소매 영업점 운영을 위한 토지, 건물 등의 구매나 임대에 필요한 자본이 필요가 없고, 웹 서버나 온라인 쇼핑몰 구축 비용 등 상대적으로 소규모의 투자로도 새로운 비즈니스 운영이 가능해졌다. 따라서 판매 거점이 전략 우위 요소로 작용하기 어려워졌고 상대적으로 진입장벽은 낮아졌다. e-커머스가 판매 거점이 필요하지 않는 장점을 살려 기업이 추구할 수 있는 가치 중 상호보완성을 꼽을 수 있다. 상호 보완성이란 서로 관련이 있는 제품들을 번들링(즉, 하나로 묶음)시키는 것이 개별 제품들을 통해 갖는 가치들의 합보다 더 큰 가치를 제공할 수 있음을 의미한다. 상호보완성을 위한 제품 번들링 방법에는 서로 없어서는 안 되는 제품을 대상으로 하는 수직적 번들링(예: 차량 + 등록/보험서비스)과 직접적인 영향관계는 아니더라도 서로 보완적인 제품에 대한 수평적 번들링(예: 커피메이커 + 머그잔)이 있다. 온라인 매장이 제품을 진열하는데 전혀 제약이 없는 장점을 이용하면 오프라인에서 생각할 수 없었던 다양한 수평적 번들링이 가능해지며, 반면 관련 프로세스와 제휴업체와의 통합은 다양한 수직적 번들링 기회를 가져올 수 있다. 이와 같이 상호보완성을 이용하여 새로운 가치를 추구하기 위한 방안으로 다음과 같은 예가 있다.

- 상호 연관 상품의 패키지 할인 프로모션 (예: 호텔 + 항공권 + 차량 랜탈)
- 핵심상품과 부가서비스의 상호보완성을 이용 (예: 항공권 + 날씨, 환율정보)
- 하드웨어와 소프트웨어 상호보완성을 이용 (예: 아이폰 + 애플뮤직, 애플TV, 피트니스서비스)
- 오프라인 자산과 온라인 상품 간의 연계 (예: 온라인으로 주문한 상품을 인근상점에서 수령하거나 반품함)

상호보완성을 통해 가치를 창출하고 경쟁우위를 유지하는 사례로 익스피디아(Expedia. com)의 여행 상품 서비스를 들 수 있다. 익스피디어는 항공권과 호텔을 패키지로 판매함으로써 각각의 상품을 구매할 때보다 더 낮은 가격, 따라서 더 높은 가치를 고객들에게 제공하고 있다.

② e-커머스의 대표 유형

e-커머스를 유형별로 분류하면 거래되는 재화나 용역과 관계없이 거래 경제 주체에 따라 구분할 수 있다. 여기서 경제 주체는 기업(Business), 소비자(Customer), 정부(Government)

거래 주체		구매자		
		정부	기업	소비자
판매자	정부	G2G	G2B	G2C
	기업	B2G	B2B	B2C
	소비자	C2G	C2B	C2C

▲ e-커머스의 거래주체에 따른 분류

를 의미하는데 각각의 경제주체가 구매자와 판매자의 역할을 할 수 있으므로, 표에서 보여주듯이 B2B, B2C, C2B, B2G, G2B, G2C, C2G, C2C, G2G 총 9가지 유형으로 나눌 수 있다. 여기서는 이 중 대표적인 4가지 유형에 대해 살펴보자.

B2C e-커머스

B2C(Business to Customer)는 공급자인 기업(Business)과 고객인 소비자(Customer) 간의 e-커머스로서 인터넷 쇼핑몰의 형태로 이루어진다. 멀티미디어 카탈로그를 갖춘 가상 상점에서 소비자를 대상으로 제품을 판매하며, 이를 뒷받침해줄 수 있는 상호대화적 주문처리, 안전결제기능, 온라인 고객서비스 등이 인터넷을 통해 제공되어야 한다. 아마존(Amazon.com)이 가장 대표적인 B2C 형태의 상점이다. 우리나라의 경우 AKmall이나 Lotte.com과 같은 온라인 백화점 사이트들이 이 같은 유형에 속한다. 초창기에는 쇼핑몰을 통해 서적, 음반, 전자제품, 소프트프웨어 등을 판매하였지만 홈 뱅킹, 주식 거래, 예약 서비스, 게임이나 멀티

▲ B2C e-커머스의 예: AKmall

미디어 컨텐츠 등 점차 다양한 형태의 제품이나 서비스가 판매되고 있다.

2022년 10월 통계청이 발표한 국내 온라인쇼핑 쇼핑 동향을 살펴보면 한 달 간 온라인쇼핑 거래액은 거의 대략 18조 원으로 전년 동월대비 8.2% 증가하였으며, 온라인쇼핑 중 모바일쇼핑 거래액은 대략 13조원으로 7.7% 증가하였다. 따라서 온라인쇼핑 거래액 중 모바일쇼핑 거래액 비중이 70%를 넘게 차지하는데, 이는 모바일의 영향력이 e-커머스 전반에 걸쳐 얼마나 큰지를 보여준다. 상품군별 거래액 구성비는 음·식료품(12.8%), 가전·전자·통신기기(12.4%), 음식서비스(11.8%) 순으로 높게 나타난다. 이와 더불어 온라인 해외 직접 구매액은 꾸준히 증가하여, 2022년 3/4분기에는 구매액이 1조 3,065억 원에 육박하고 있으며, 이는 전년 동분기 보다 19.0% 증가한 것이다.

B2B e-커머스

일반 소비자들에게 B2B e-커머스는 B2C에 비해 다소 생소하다 보니 그 규모에 대해 쉽게 상상이 가지 않는다. 하지만 전 세계적으로 전체 e-커머스 중 B2B 거래가 대략 90%의 비중을 차지하는 반면 B2C나 그 밖의 상거래는 겨우 나머지 10%정도를 차지하고 있을 정도

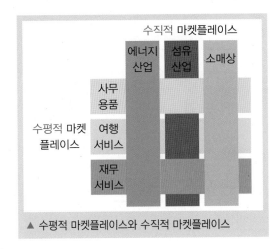

▲ 수평적 마켓플레이스와 수직적 마켓플레이스

로 그 중요성이 높은 분야이다. 우리나라의 경우도 비슷한 경향을 보이는데, B2B가 전체 상거래 중 90%의 이상의 비중을 차지하고 있다.

B2B는 기업간 거래로서 C2C와 유사하게 기업간 e-마켓플레이스를 통해 거래를 수행한다. 주로 부품이나 자재 공급업체와 제조사들간의 거래가 대부분을 차지하고 그렇다 보니 산업별로 e-마켓플레이스가 특화되어 있는 경우가 많다. 기업간 e-마켓플레이스는 구매사들과 판매사들을 웹상에서 상호 연동하여 제품이나 서비스를 매매할 수 있도록 하는 중개자의 역할을 하는 온라인 상의 시장을 의미한다. 가령, 구매사와 공급사가 서로 다른 구매방식을 따를 경우 구매사들의 구매시스템을 공급사들의 주문제품 발송시스템과 함께 통합하는 온라인 커뮤니티를 제공하고, 제품에 대한 전자 카탈로그, 표준화된 구매 자동화 서비스를 제공한다. 다수의 비즈니스 관계들을 단일 프로세스를 이용해 처리하고 웹 기반의 거래자동화 시스템을 이용함으로써 효율성이 증가하게 되고, 그 결과 제품의 가격이 대부분 오프라인보다 저렴하게 된다. e-마켓플레이스의 주요 수입원은 거래 수수료에 의존한다.

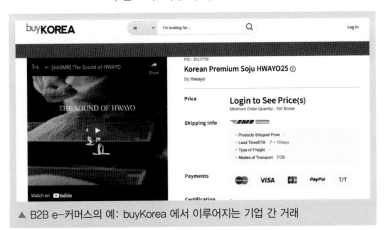

▲ B2B e-커머스의 예: buyKorea 에서 이루어지는 기업 간 거래

B2B e-마켓플레이스는 기업의 판매 제품에 따라 직접 구매와 간접 구매로 나누어진다. 직접 구매는 기업이 생산을 위한 제조 투입재를 직접 구매하는 형태로 이를 위해서는 산업별로 서로 다른 수직적 마켓플레이스가 활용된다. 반면 간접구매는 산업 형태나 실제 생산에 상관이 적은 운영 투입재나 MRO(Maintenance, Repair and Operations) 자재의 구매를 의미하며 여러 산업에 걸쳐 수평적 마켓플레이스가 활용된다.

국내의 경우 최근 중소기업의 해외 수출을 지원하는 B2B 형태의 e-마켓플레이스가 눈에 띈다. 예를 들어 GoBizKorea(www.gobizkorea.com)는 중소기업청에서 운영하는 B2B 사이트로 온라인 글로벌 마케팅을 지원하며, BuyKorea(www.buykorea.org)는 코트라에서 운영하는 B2B 사이트로 상품을 등록하고 코트라의 결제 시스템인 KOPS를 통해서 바이어가 카드결제를 할 수도 있다.

▲ C2B e-커머스의 예: ebay.com 경매 사이트(좌)와 Coupang 마켓플레이스 사이트(우)

C2C e-커머스

C2C(Customer to Customer)는 소비자와 소비자간의 거래로 중계 웹사이트를 기반으로 구성된다. 예를 들어 ebay는 경매사이트를 통해 소비자들 간에 경매가 진행되고, 판매자는 가장 높은 입찰 가격을 제시한 소비자에게 물건을 판매하게 된다.

경매 형태는 아니지만, e-마켓플레이스도 C2C 유형의 예가 되는데 개별 소비자와 판매자가 서로 거래를 할 수 있는 시장을 열어준다. 아마존(Amazon.com)도 내부에 제3의 판매자가 등록 후 아마존 고객에게 상품을 팔 수 있는 e-마켓플레이스를 제공함으로써 B2C와 C2C가 결합된 e-커머스를 나타낸다. 우리나라의 경우 가장 대표적인 상거래 사이트인 쿠팡, G마켓, 11번가 모두 e-마켓플레이스에 해당한다. 만약 판매자가 개인이 아닌 e-마켓플레이스에 입점하고 있는 일정 수준의 기업이라면 이를 C2C로 보기보다는 마켓플레이스 플랫폼에서 운영되는 B2C로도 구분할 수 있을 것이다.

G2C e-커머스

최근 들어 전자정부(e-Government)의 중요성이 대두되면서, 세금, 생활보호 지원금, 의료보험, 각종 증명서 발급 등 많은 대국민 정부 서비스가 전자매체를 통해 이루어진다. 이를 G2C(Government to Customer)형태의 e-커머스로 분류한다. 가령 국내의 정부24는 지금까지 동사무소 등을 통해서 발급받던 각종 증명서류를 웹사이트상에서 손쉽게 발급 받을 수 있는 민원서비스를 담당하고 있다.

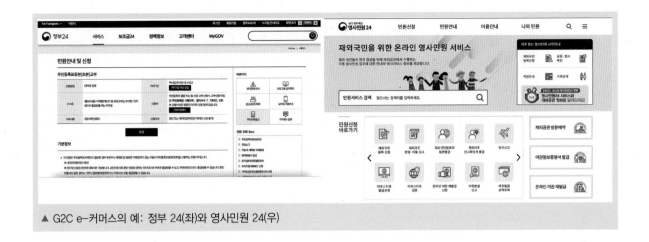

▲ G2C e-커머스의 예: 정부 24(좌)와 영사민원 24(우)

③ e-커머스를 통한 혁신

e-커머스와 더불어 사회는 변화하고 소비자는 진화한다. 이러한 환경 속에서 기업은 '변화'를 넘어 '혁신'해야 한다는 말들이 통상적으로 오간다. 즉, e-커머스 기업은 기존의 비즈니스 프로세스를 발전시켜 효율성을 높이기도 하지만 전혀 새로운 제품이나 서비스를 만들어 내고, 새로운 생산, 유통, 마케팅 기법을 통한 혁신을 도모함으로써 새로운 가치를 창출할 수 있다. 이와 같은 혁신을 통한 가치창출의 사례들을 통해 앞으로 e-커머스의 발전방향에 대해 알아보자.

물리적 시장에서 불가능했던 신제품과 서비스의 개발

혁신을 통해 가치를 창출하고 경쟁우위를 유지하기 위해 물리적 시장에서 불가능했던 신제품과 서비스를 개발한 사례를 들 수 있다. 이 중 대표적인 회사가 넷플릭스(Netflix.com)이다. 넷플릭스는 1997년 설립되었고, 1998년 서비스를 시작하였다. 초창기 넷플릭스는 오프라인 비디오 대여 서비스를 온라인 배송이라는 편의성과 효율성을 추구하며 등장하였다. 즉, 소비자는 비디오 대여점에 가는 대신 인터넷으로 보고 싶은 영화를 여러 개 선택하고 신

▲ 혁신을 통한 가치 창출의 예시 (넷플릭스사의 온라인 배송 v.s. 비디오 스트리밍 서비스)

청하면 우편으로 해당 DVD를 반송용 봉투와 함께 보내주었고, 영화를 다 본 뒤에는 반송용 봉투에 다시 넣어 우체통에 넣기만 하면 되므로 매우 편리한 서비스였다. 하지만 이러한 효율성 중심의 대여서비스는 인터넷 속도의 증가와 다양한 멀티미디어 콘텐츠들을 직접 다운로드할 수 있게 되면서 2000년대 후반부터 점차 위기를 맞게 되었다. 이러한 위기를 혁신을 통해 새로운 기회로 바꾼 예가 넷플릭스사이다.

2009년부터 넷플릭스는 기존의 DVD대여 마켓을 점차 축소하고 대신 비디오 스트리밍 사업을 시작하였다. TV, PC 뿐만 아니라 스마트폰, Xbox, PlayStation 등 인터넷과 연결되는 모든 기기에서 원하는 비디오를 실시간으로 스트리밍 받을 수 있는 환경을 조성하였다. 미국 내 프라임타임 인터넷 트래픽의 3분의 1을 넷플릭스가 사용하고 있다는 CNN의 보도가 있을 정도로 엄청난 인기를 끌고 있으며 방송 산업의 역사를 새로 쓰고 있다고 봐도 무방할 정도이다. 2009년부터 9년간 기록한 수익률은 무려 4,912%. 당시 5.67달러였던 주가는 2022년 12월 기준으로 300달러에 달한다. 이에 디즈니와 애플도 영상물 스트리밍 시장에 뛰어드는 등 스포티파이와 함께 일종의 스트리밍 붐을 일으켰다고 평가받는다.

최근 화제가 되었던 넷플릭스 "오징어 게임" 시리즈처럼, 넷플릭스 오리지널이라는 카테고리로 자체 제작한 드라마를 스트리밍하기도 한다. 온라인 콘텐츠를 제공만 하는 회사가 이제는 콘텐츠를 직접 생산하는 회사로 다시 한번 혁신을 했다고 있다고 볼 수 있다.

다양한 제품과 서비스를 융합

혁신의 도구로서 다양한 제품과 서비스를 융합하기도 하는데, 전자책 기기와 전자책 콘텐츠의 융합을 그 대표적인 예로 꼽을 수 있다. 전자책 시장을 연 것은 아마존이다. 2007년

▲ 아마존 킨들: "킨들은 기기가 아니라 서비스다"

킨들을 출시하여 꾸준히 전자책 시장을 공략하였고, 2011년 5월을 기점으로 종이책보다 전자책이 더 많이 팔리는 상황이 되었다. 2010년 아이패드(iPad) 등 태블릿 PC의 등장은 전자책 시장의 성장을 가속화했다. 2013년에는 아마존에서는 100만 종 이상의 전자책을 판매하고 있으며 종이책의 2배 이상이 판매되는 것으로 추정되고 있다.

아마존의 창업자인 제프 베조스(Jeff Bezos)는 킨들을 출시하면서 "킨들은 기기가 아니라 서비스다(It isn't a device, it's a service)"라고 했다. 즉, 킨들은 전자책을 단지 읽는 도구가 아니라 전자책을 구매하고, 읽고, 생각을 나눌 수 있는 서비스로 생각한 것이다. 킨들은 출시 초기부터 아마존에서 구매한 전자책을 무선 인터넷(이른바 Whispernet)으로 다운로드하고 관리할 수 있도록 하였다. 소위 말하는 클라우드 서비스를 2007년부터 시작한 것이다. 게다가 대형 출판사를 설득하여 출시와 동시에 88,000여 권의 전자책을 판매함으로써 독자들에게 읽을거리를 제공하였다. 최근에는 iOS, Android, Windows, Mac OS X 등 거의 모든 컴퓨팅 플랫폼에 애플리케이션을 제공함으로써 언제 어디서나 책을 읽을 수 있는 환경을 제공하고 있다.

새로운 서비스 제공 방식이나 거래방식의 개발

기존의 상거래 방식을 뛰어 넘는 새로운 서비스 제공방식이나 거래방식의 개발을 통해 혁신을 가져올 수도 있다. 예를 들어, 많은 사람들이 e-커머스의 새로운 패러다임으로써 소셜커머스를 기억한다. 소셜커머스는 이름 그대로 소셜과 커머스의 합성어이다. 여기서 소셜이라 함은 온라인 상에서 사람과 사람의 관계를 형성함을 의미하고 이러한 관계를 상거래에 이용하는 것을 말한다. 페이스북 등 소셜네트워크의 빠른 성장과 함께 e-커머스도 공개 및 참여의 방향으로 진행되기 시작하였는데 2008년 구루폰(Groupon)이 소셜네트워크 기반의 입소문(viral, 구전)을 통한 공동구매 서비스를 성공시키면서 유사한 서비스들이 빠른 속도로 생겨나기 시작했다.

국내에서는 2010년 소셜커머스로 불린 쿠팡, 티몬, 위메프가 출시되면서 오픈마켓 중심이던 국내 e-커머스 시장에 새로운 변화의 바람이 불었다. 트위터, 페이스북, 카카오톡 등 다양한 소셜 플랫폼이 그날에 뜬 '빅딜'을 공유하고 확산시키는 역할을 했고, 소셜커머스 붐을 일으키는 데 큰 도움을 줬다. 대표적인 예로 위메프는 2010년 10월 에버랜드 자유이용권

▲ 2010년 3월 처음 선보인 소셜커머스는 불과 수개월 만에 매출 규모 면에서 급격한 성장을 이루게 되는데 가장 충격적인 슈퍼딜이 같은 해 10월 '위메프'에 의해 성사되었다. 이 슈퍼딜에서 위메프는 에버랜드 자유이용권의 하루 매출 15억원을 달성하는데 이는 실제 10만장 이상의 판매를 의미한다.

을 60% 할인 판매해 10만장 완판에 성공했으며, 이듬해 티몬은 크리스피도넛을 절반 가격으로 선보여 인터넷에서 화제를 일으켰다. 쿠팡의 경우 홈플러스 상품권을 50% 할인된 가격에 10만장 판매해 호응을 얻자, 20만장을 추가 판매하는 등 히트를 쳤다.

하지만, 새로운 서비스나 거래방식이 영원한 경쟁우위를 재공하지는 않는다. 소셜커머스의 경우, 판매자들은 반값에 상품 판매를 통해 수익을 올리기 보다는 오히려 홍보를 통한 신규고객을 확보하고 인맥을 통해 판매자의 신뢰를 구축함으로써 재구매 고객의 확보를 목표로 하였지만, 반대로 소비자들은 동일 사업자를 지속적으로 이용하기보다는 여러 사업자를 순회하며 할인 쿠폰만을 노리는 양상이 전개되었다. 그 결과 판매자는 기존의 신뢰 구축이라는 목표를 이루지 못하고 오히려 지속적인 적자를 기록하며 소셜커머스로부터의 이탈이 심화되고, 소비자는 그 결과 양질의 제품과 서비스를 제공받기가 더욱 힘들어지는 악순환이 반복되었다. 뿐만 아니라, 2010년을 기점으로 지나치게 많은 소셜쇼핑업체가 단기간에 급속히 생겨나면서 경쟁이 과열되고 빈익빈 부익부 현상이 지속되면서 퇴출 업체가 속속히 증가하고 결국은 쿠팡, 티몬, 위메프의 3강 구도를 생성하였다. 시장은 정리됐지만, 업계 내부 점유율 싸움이 계속되었고 쿠팡, 티몬, 위메프는 소셜커머스를 포기하고, G마켓, 11번가와 같은 기존의 오픈마켓 형태로 상품 구성과 판매 방식을 전환하였다.

새로운 쇼핑 경험을 안겨준 소셜커머스가 문을 닫는 것처럼, 한 순간의 새로움이 영원한 경쟁우위를 제공하지는 않는다. 오히려 혁신은 끊임없이 도전하고 개발함으로써 이룩하게 된다. 미국의 아마존도 7년 간 적자를 버텨내고 지금과 같은 거대한 글로벌 사업자로 성장했다. 하지만 아마존의 혁신은 아직도 현재 진행형이다.

[2022 결산] 이커머스, 엔데믹 후 시장 재편 가속화

2022년 한 해 이커머스는 팬데믹과 엔데믹을 동시에 겪으면서 급변하는 시장 변화를 체감했다. 이러한 변화를 업계의 중요 뉴스를 통해 살펴보자.

▲ 쿠팡의 물류창고

쿠팡, 8년 만에 사상 첫 분기 흑자 달성

쿠팡이 로켓배송 도입 이후 8년 만에 첫 분기 흑자를 기록했다. 쿠팡의 3분기 영업이익은 1,037억 원으로 흑자 전환했으며 매출도 6조8,383억 원을 기록했다. 물류창고 증설 등 외연 확장 전략이 적중하면서 수익성이 마침내 개선됐다는 설명이다. 흑자전환과 함께 동종업계 대비 높은 성장률도 눈에 띈다. 쿠팡의 3분기 매출 성장률은 지난해 같은 기간과 비교해 27%로 같은 기간 온라인 쇼핑 12%, 소매판매 7%에 비해 높았다.

쿠팡-CJ제일제당, 상품 발주 중단 갈등

쿠팡이 내년도 상품 마진율 협상에서 CJ제일제당과 의견을 좁히지 못하고 결국 상품 발주를 중단했다. 쿠팡은 압도적 시장 1위 브랜드인 햇반을 내세우고 있는 데다, 올해 내내 발주 물량의 50% 수준만을 보내면서 피해가 커지고 있다고 주장했다. 반면 CJ제일제당은 내년 마진율 협상에서 과도한 요구를 하던 쿠팡이 일이 뜻대로 풀리지 않자 쿠팡에서 CJ제일제당 제품을 팔지 않을 수 있다는 일종의 경고로 받아들이는 모양새다.

쿠팡, 금융업 진출 준비 '착착'

쿠팡이 금융업 진출을 위한 준비를 이어갔다. 쿠팡페이 자회사인 'CFC준비법인'의 사명이 6월 '쿠팡파이낸셜'로 변경됐고, 쿠팡파이낸셜은 금융감독원에 여신전문금융업 등록 신청서를 제출했다. 장기적으로 쿠팡은 입점사들의 거래 데이터를 통해 지불 능력을 판단하고 안전한 대출을 제공할 수 있고, 고객을 대상으로도 다양한 금융 서비스를 제공할 수 있다.

이커머스 플랫폼, '유튜브' 협업 강화

국내 이커머스 플랫폼들이 유튜브와 협업을 강화하고 있다. 11번가와 위메프, CJ온스타일 등 국내사업자들은 자체 앱과 사이트에서 송출하던 라이브 방송을 유튜브 채널로 확장하는 데 집중하고 있다. 한정된 기존 고객층에서 나아가 유튜브 내 존재하는 다양한 계층의 소비자와 만나 판매 접점을 확장할 수 있기 때문이다.

커지는 해외 직구 시장… 글로벌 공룡도 참전

해외 직구 시장이 커지면서 국내 이커머스 기업 외 해외 기업들이 국내 시장 진출에 속도를 내고 있다. 시장이 성장하면서 중국의 알리바바 등 공룡기업들이 소비자뿐만 아니라 셀러들을 위한 서비스를 확대하며 경쟁이 치열해지는 모양새다.

알리바바가 운영하는 알리익스프레스는 한국 사업을 강화하고 있다. 한국으로의 배송 기간을 평일 기준 3~5일로 줄이고 수도권 고객센터를 시범 운영하는 등 소비자 접점을 넓히고 있다. 싱가포르에 본사를 둔 직구 플랫폼 '큐텐'도 지난 9월 1세대 국내 이커머스 업체 '티몬'을 인수하며 국내 사업을 확대하고 있다.

국내 이커머스 업체들도 해외직구 서비스를 강화하고 있다. G마켓은 기존에 운영하던 해외직구 플랫폼 'G9'을 연내 종료하고, 자체 채널 해외직구 콘텐츠를 강화할 방침이다. 11번가는 아마존과 손잡고 직구 물량을 두 배 이상 늘렸다.

출처: 뉴데일리 경제, 2022. 12. 13

01 e-비즈니스는 전자매체를 기반으로 한 상거래를 의미한다.

　　정답　×

　　해설　e-커머스는 전자매체를 기반으로 한 상거래를 의미한다. e-비즈니스는 e-커머스를 포함하는 포괄적인 개념이다.

02 수많은 닷컴 회사들이 갑자기 몰락하게 된 시기는 2005년을 전후해서였다.

　　정답　×

　　해설　1998~2000년 사이에는 B2C 전자상거래 분야의 투자가 급격히 증가한 후 2001년을 정점으로 몰락하게 되었다.

03 e-커머스를 통해서 생산비용은 줄고 거래비용은 늘게 되었다.

　　정답　×

　　해설　e-커머스로 인한 거래효율성 증가분이 커질수록, 비용이 더 낮아지며 가치도 더 상승한다.

04 G마켓, 11번가, 옥션 등의 비즈니스 모델을 일컫는 용어로 '오픈마켓'이 있다.

　　정답　○

　　해설　오픈마켓은 누구나 웹사이트 회원 가입만으로 개인/사업자 등 모든 사람들이 판매자 및 구매자가 될 수 있는 e-마켓플레이스 공간이다.

05 e-커머스와 e-비즈니스에 대한 설명으로 가장 타탕한 것은?

① e-커머스와 e-비즈니스는 서로 같은 의미이다.

② e-커머스는 e-비즈니스를 포괄하는 개념이다.

③ e-비즈니스는 e-커머스를 포괄하는 개념이다.

④ e-커머스와 e-비즈니스는 전혀 관련이 없다.

　　정답　③

　　해설　e-비즈니스는 e-커머스를 포괄하는 광범위한 개념으로 인터넷 및 정보기술의 적용한 기업전반의 가치활동들을 포함한다.

06 e-커머스 동향에 대하여 바르지 못한 것은 ?

① B2C e-커머스가 총 판매액의 90%이상을 차지 하고 있다.

② 1998에서 2000년에 걸쳐 B2C 전자상거래 분야의 투자가 급격히 증가하였다.

③ 2001년을 정점으로 닷컴 버블이 몰락

④ 2001년 이후 아마존 등 수익성을 확보한 회사는 존속하고 있다.

　　정답　①

해설 B2B e-커머스가 총 판매액의 90%이상을 차지하고 있다.

07 e-커머스의 특징에 대한 다음 설명 중 가장 타당한 것은 ?

① 구매자와 판매자 사이의 정보 분석 능력에 차이가 생겨 비대칭성이 높아진다.

② 고객의 수가 기하급수적으로 증가함에 따라 개별 고객의 구매형태를 기록하는데 한계가 생겼다.

③ 공급자 위주의 단방향 마케팅에서 소비자 위주의 단방향 마케팅으로 전환이 이루어졌다.

④ 상호보완성을 고려한 제품 번들링 경향이 증가하였다.

정답 ④

해설 e-커머스는 유통채널의 단순화에 따른 정보 비대칭성 감소, 개별 고객의 구매형태 분석 용이, 쌍방향 통신에 의한 1:1 마케팅, 판매 거점이 필요 없는 제품의 번들링 등의 특징을 보여준다.

08 AKMall.com은 e-커머스 유형은 다음 중 어디에 해당하는가?

① B2C   ② B2B   ③ B2G   ④ C2C

정답 ①

해설 AKMall.com은 백화점식 온라인 쇼핑몰이다.

09 B2B e-커머스의 기대효과로 타당하지 않은 것은?

① 정보의 투명성   ② 협력을 위한 기회 확대

③ 주문처리 비용 절감   ④ 공급사들 간의 경쟁 제거

정답 ④

해설 오히려 공급사들 간의 경쟁을 유도하는 기회를 제공한다.

10 소셜커머스의 발전을 위해 가장 중요한 요소는?

① 수익   ② 매출   ③ 제품   ④ 신뢰

정답 ④

해설 많은 소셜커머스가 즉각적인 매출에만 급급하다 보니 정말 중요한 '자신과 소비자들 사이의 신뢰 구축'은 등한시하게 되고 사업의 지속성에 심각한 위기를 초래하였다.

11 빈칸에 알맞은 단어를 넣으시오

인터넷 과열현상 가운데 2001년 닷컴버블 경제는 결국 붕괴하게 된다. 많은 닷컴 기업들이 사라졌지만, 구글, 아마존 등 핵심능력을 갖춘 기업들은 살아남게 되는데 이를 통해, 마구잡이로 IT 기술을 도입하기보다는 (   )의 중요성을 인식하게 된다.

정답 경영주도방식 (business-driven approach)

12 다음은 무엇을 설명하는 것인가?
- 웹 사이트 방문자 분석의 가장 기본이 되는 척도
- 방문자들이 특정 웹사이트와 주고받는 데이터의 양을 의미
- 사이트 방문자 수와 방문 페이지 수에 의해 결정
- 성공적인 온라인 기업일수록 증가

정답 웹 트래픽

13 빈칸에 알맞은 두 단어를 넣으시오

e-커머스는 상호보완성을 이용한 제품 번들링을 자주 이용한다. 제품 번들링 방법에는 서로 없어서는 안 되는 제품을 대상으로 하는 (①)(예: 차량 + 등록/보험서비스)과 직접적인 영향관계는 아니더라도 서로 보완적인 제품에 대한 (②)(예: 커피메이커+머그잔)이 있다. 온라인 매장이 제품을 진열하는데 전혀 제약이 없는 장점을 이용하면 오프라인에서 생각할 수 없었던 다양한 (①)이 가능해지며, 반면 관련 프로세스와 제휴업체와의 통합은 다양한 (②)기회를 가져올 수 있다.

정답 ① 수평적 번들링, ② 수직적 번들링

14 빈칸에 알맞은 두 단어를 넣으시오

B2B e-마켓플레이스는 기업의 판매 제품에 따라 직접 구매와 간접 구매로 나누어 진다. 직접 구매는 기업이 생산을 위한 제조 투입재를 직접 구매하는 형태로 이를 위해서는 산업별로 서로 다른 (①)가 활용된다. 반면 간접구매는 산업 형태나 실제 생산에 상관이 적은 운영 투입재나 MRO 자재의 구매를 의미하며 여러 산업에 걸쳐 (②)가 활용된다.

정답 ① 수직적 마켓플레이스, ② 수평적 마켓플레이스

15 다음은 무엇을 설명하는 것인가?
- e-커머스를 포괄하는 광범한 개념
- 인터넷 및 정보기술의 적용대상이 기업전반의 가치활동들을 포함함 (공급망 자동화, 온라인 주문처리, 온라인 고객관계 관리 서비스, 온라인 인력관리 등)

정답 e-비즈니스

요약

- e-커머스는 사이버 공간에서 일어나는 모든 상거래 행위와 이와 관련된 정보의 공유와 검색, 의사결정과정 지원 등 상거래를 보다 효율적으로 수행할 수 있도록 지원하는 모든 활동을 의미한다.

- e-커머스는 1970년대 부가가치망을 통한 EDI 통신을 시작되었으며, 1980년대 기업과 정부간 네트워크를 통한 상거래를 거쳐, 마침내 1990년대에 인터넷이 상용화되면서 인터넷 기반의 e-커머스가 시작되었다.

- 인터넷 기반의 e-커머스는 2000년대 초반까지 급속한 성장을 하였지만, 닷컴회사들의 과열 현상 가운데 2001년 닷컴 버블이 터지면서 붕괴하게 된다.

- 닷컴 버블 이후 e-커머스는 경쟁력을 갖춘 기업들을 기반으로 소셜커머스, 모바일 커머스 등 새로운 시장을 개척하며 꾸준히 성장하고 있다.

- e-커머스의 특징은 크게 (1) 유통 채널의 단순화와 비중개화, (2) 시간과 공간의 제약 극복, (3) 고객의 구매행태 분석이 용이, (4) 쌍방향 통신에 의한 1:1 마케팅, (5) 판매 거점이 불필요로 요약할 수 있다.

- e-커머스를 거래 주체에 따라 분류하면, B2B, B2C, C2B, B2G, G2B, G2C, C2G, C2C, G2G 총 9가지 유형으로 나눌 수 있다.

- B2C(Business to Customer)는 공급자인 기업(Business)과 고객인 소비자(Customer) 간의 e-커머스로서 인터넷 쇼핑몰의 형태로 이루어진다.

- B2B는 기업간 거래로서 산업별로 e-마켓플레이스가 특화되어 있는 경우가 많다. B2B e-마켓플레이스는 기업의 판매 제품에 따라 직접 구매와 간접 구매로 나누어진다. 직접 구매는 기업이 생산을 위한 제조 투입재를 직접 구매하는 형태이며, 간접구매는 산업 형태나 실제 생산에 상관이 적은 운영 투입재나 자재의 구매를 의미한다.

- C2C(Customer to Customer)는 소비자와 소비자간의 거래로 중계 웹사이트를 기반으로 구성된다. ebay 경매사이트나 G마켓이나 11번가와 같은 e-마켓플레이스가 해당된다.

- 2C(Government to Customer)는 국민 정부 서비스가 전자매체를 통해 이루어지는 형태로 국내의 "정부 24" 온라인 서비스(www.gov.kr)가 해당된다.

- e-커머스와 더불어 사회는 변화를 추구하며, 이를 통해 물리적 시장에서 불가능했던 신제품과 서비스의 개발, 다양한 제품과 서비스의 융합, 새로운 서비스 제공 방식이나 거래방식의 개발이 가능하게 되었다.

네이버 vs 쿠팡 혈투…'왕관'은 누구에게

이커머스 왕좌를 놓고 네이버와 쿠팡의 경쟁이 뜨겁다. 쇼핑과 멤버십, 디지털 콘텐츠 등 각 분야에서 대립이 이어지고 있다. 쿠팡과 네이버는 숙명의 라이벌이다. 출발지는 달랐지만 결국 둘의 결전은 마주 보는 열차처럼 한 곳으로 집중되고 있다. 이해진 네이버 창업자는 뉴스 포털로 사업을 시작했고, 김범석 쿠팡 창업자는 일종의 공동구매 쇼핑몰에서 기회를 찾았다. 한 세대의 격차에도 불구하고, 국내 e커머스의 양대 산맥으로 자리 잡은 양사의 지향점은 '플랫폼의 제왕'이다.

네이버는 정보(뉴스, 가격 비교, 우리동네 등)와 재미(웹툰, 뿜 등)를 매개로 사용자와 가입자를 최대로 늘리는 데 엄청난 공을 들였다. 이렇게 판을 벌여 놓으니 중소기업, 소상공인들은 알아서 물건을 팔러 네이버로 몰려들었다. '사람이 모이면 돈은 언제든 벌 수 있다'는 원리를 국내에서 최초로 시현한 건 네이버다.

엄밀히 말해 쿠팡도, 심지어 카카오도 이런 관점에서 보면 네이버의 아류다. 쿠팡은 고객을 잡아 둘 핵심 무기로 쇼핑을 택했다. 세상의 모든 물건을 가장 싸고 빠르게 배송해준다는 아마존식 발상이었는데 2015년에 김범석 창업자가 기자간담회를 열고, 이를 발표했을 때 거의 99%는 "곧 망할 기업"이라고 폄훼했다. 하지만 결과는 정반대다. 쿠팡은 네이버를 충분히 위협하고도 남는 강력한 경쟁자로 부상했다.

상호 간 '약점' 파고들며 승기 잡기 치열

최근 쿠팡은 네이버를 제치고 국내 이커머스 결제액 1위를 차지했다. 앱 분석서비스 와이즈앱에 따르면 쿠팡(쿠팡이츠 포함)의 지난 1분기 결제추정액은 9조6,226억 원으로, 전년 동기 대비(7조5,172억

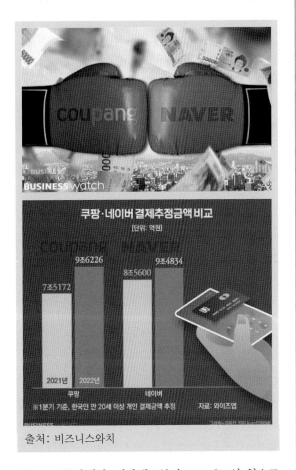

출처: 비즈니스와치

원) 28% 증가했다. 지난해 1분기 8조5,600억 원으로 1위를 기록했던 네이버는 올해 1분기 9조4,834억 원으로 나타났으며, 이는 전년 동기 대비 11% 증가했지만 쿠팡의 증가율에 뒤져 2위로 떨어졌다.

차이가 크지 않지만 쿠팡이 처음으로 네이버를 넘어선 것인데, 이 같은 상황은 올해도 각축전이 치열할 것임을 예고한다. 네이버와 쿠팡은 서로의 '약점'을 공략하는데 집중하고 있는데, 쿠팡의 핵심 전략은 '쇼핑 검색의 탈(脫) 포털'이다. 물건을 구입할 때 네이버가 아닌 쿠팡에서 검색하도록 하여, '검색,

쇼핑, 결제'로 이어지는 네이버의 '고리'를 깨려는 시도이다. 아예 검색 단계부터 이를 끊어 내겠다는 전략이다. 최근 쿠팡이 빅데이터 분석을 통해 '쇼핑 검색'을 강화하고 있는 것도 이러한 노력의 일환이다.

쿠팡은 언젠가 네이버와 직접 승부를 펼칠 날이 올 것임을 분명히 예감하고 있었다. 로켓배송이라는 완전히 새로운 서비스로 네이버 쇼핑과의 차별화를 꾀하는 것이 최우선시 됐다. 물류로 판을 바꾸는 전략이다. 공수로 치면 전면 공격이라 할 수 있다. 적자를 감수하면서, 물류 시설과 인력 등 인프라에 수조 원의 돈을 쏟아 부었다. 다른 경쟁사들도 이런 전략을 모방하려 했지만 대부분 실패했다. 신세계그룹의 핵심인 이마트는 G마켓글로벌을 인수하느라 올 2분기에 적자를 냈고, 롯데쇼핑은 수천억 원을 쏟아 부은 롯데온이 지금까지 자리를 잡지 못하고 있다. 급기야 경쟁사들은 속속 새벽배송 시장에서 기권의 수건을 던지고 있다.

네이버는 다른 경쟁자처럼 물류업에 경쟁적으로 뛰어들기보다는, 비즈니스 협력이란 중수(中手)를 택했다. CJ대한통운과 물류 제휴를 맺은 것이다. 즉, 전략적으로 판매자와의 '상생'을 내세운 것이다. 이는 쿠팡이 소비자 편익에 좀 더 집중하고 있는 것과 대조적이다. 네이버 스마트스토어의 낮은 수수료율과 빠른 정산이 대표적인데, 최근 '빠른정산' 서비스는 출시 1년 4개월 만에 대금 10조 원을 기록했다. 이외에도 네이버는 소상공인과 1인 창업자 지원 프로그램을 계속 늘리고 있으며, 입점 업체를 늘려 쿠팡의 오픈마켓을 흔들려는 의도로 보인다.

멤버십 경쟁 레이스

가장 격전이 벌어지고 있는 곳은 '멤버십'이다. 유료 멤버십 경쟁에서 승리해야 시장의 패권을 차지한다는 이야기도 나온다. 이커머스는 플랫폼 특성상 '충성고객'이 적으며, 대부분 가격을 기준으로 온라인몰을 옮겨 다니는 경우가 많다. 이를 최소화 할 수 있는 방법이 멤버십인데, 쓸수록 혜택이 커지는 구조로 고객을 자사 서비스에 지속적으로 묶어두는 것이 핵심인 된다.

네이버와 쿠팡은 멤버십 마케팅에 적극적이다. '네이버플러스멤버십'은 이달 초 누적 이용자 800만 명을 돌파했다. 네이버플러스멤버십은 포인트 적립 제도를 내세워 이용자를 끌어들인다. 네이버쇼핑, 예약, 웹툰 등에서 네이버페이로 결제하면 결제 금액의 최대 5%를 포인트로 돌려주며, 이 같은 높은 포인트 적립률은 '검색, 쇼핑, 결제'로 이어지는 네이버 쇼핑 생태계의 핵심이 된다.

로켓배송으로 무장한 쿠팡의 '로켓와우멤버십'은 1,000만 회원 돌파가 코앞이다. 네이버를 상대로 계속해서 우위를 점해 왔으며, 현재 회원수는 900만 명에 달한다. 특히 온라인동영상서비스(OTT)인 '쿠팡플레이' 이용 혜택이 알려지며 가입자 수가 늘었는데, 쿠팡플레이는 스포츠, 영화, 드라마 등 다양한 콘텐츠를 내놓고 있다. 올해 3월 단행된 4,990원 요금 인상 여파에도 흔들리지 않았던 이유가 여기에 있다.

양사는 멤버십 혜택 강화에 사활을 걸고 있다. 멤버십 가격에 걸맞지 않은 혜택을 제공할 수 없다면 고객을 뺏기게 된다. 이는 수익성과 직결된 문제입니다. 유료 멤버십 가입자가 늘어나면 늘어날수록 시장 장악력은 더 커지게 된다. 다른 유통 기업들이 네이버, 쿠팡의 양강 구도를 깨지 못하는 것도 이 멤버십 때문이다.

쿠팡과 네이버 어디가 이길지 속단은 어렵다. 두 곳 모두 장점이 뚜렷해서다. 네이버의 손을 들어주는 쪽은 포털의 힘을 내세운다. 네이버는 국내 최대 포털 사업자이며, 검색 뿐 아니라 부동산, 웹툰, 블로그 등 서비스 간 연계가 탁월하다. 특히 네이버 블로그의 경우 물건을 사기 전 둘러보는 필수 '코스'이다. 네이버가 판매자에 낮은 수수료 정책을 펴고 있는 것도 강점인데, 사회적 책임을 강조하는 한국 사회

분위기에 부합한다는 의견이 많다. 동맹군도 든든하다. 네이버는 앞서 언급한 바와 같이 CJ대한통운과 손을 잡아 물류 역량을 강화하고 있다. 쿠팡처럼 대규모 물류 투자나 비용을 지출할 필요가 없으며, 쿠팡과 달리 물류센터 과로사 등 노조 이슈에서 상대적으로 자유롭다는 게 큰 강점이다. '유통 공룡' 신세계와도 지분 교환을 통해 본격적인 협업에도 나서고 있다.

반면 쿠팡의 승리를 예상하는 쪽도 만만치 않다. 쿠팡의 '탈(脫)포털화' 전략이 어느 정도 성공하고 있기 때문이다. 값싼 물건과 빠른 배송을 원하는 소비자들은 쿠팡을 선호한다. 특히 생필품에 대한 재구매율이 높고, 알게 모르게 충성고객들이 계속 늘고 있다. 상품에 대한 '솔직한 후기'도 볼 수 있는데, 상업화된 네이버 블로그 리뷰보다 낫다는 평이다. 쿠팡플레이, 쿠팡이츠 등 서비스 영역을 확장하고 있는 것도 강점이다. 무엇보다 배송 역량이 쿠팡의 가장 큰 무기이다. 쿠팡은 수년간 물류 인프라를 수조 원을 투자해 왔고, 더는 외부에 위탁을 맡기지 않고도 자체적으로 배송할 수 있는 역량을 갖추게 되었다. 로켓 배송 등 새벽배송 권역도 가장 넓다. 여기서 멈추지 않고 쿠팡은 수조 원을 들여 물류센터를 확충하고 있으며, 네이버가 가장 긴장하고 있는 부분이다.

출처: 비즈니스와치, 2022. 6. 28.; 한국경제 "박동휘의 컨슈머 리포트", 2022. 8. 20

토의문제

1. 플랫폼 비즈니스의 특성상 앞으로 1등만 살아남을 가능성이 높다는 게 업계의 공통된 의견이다. 승자는 과연 누구일까? 각 회사의 장점과 단점을 나열해보고 이에 대해 토론해 보자.

2. 쿠팡은 온라인 쇼핑몰에서 상품이 어떻게 판매되는지에 관한 데이터를, 광고시장을 통해서 유료로 판매한다. 데이터를 이용한 광고 시장에서는 앞으로 네이버와 어떤 경쟁을 펼치게 될지 토의해 보자.

3. 에스에스지닷컴(일명 쓱닷컴, SSG.com)등 '제3자'의 약진이 이들의 경쟁에 어떤 영향을 미칠지 생각해 보자.

컴퓨터 보안과 프라이버시

국내 최대 기업 보안 뚫고 돈 갈취하는 해커들 기승

삼성전자와 LG전자, 현대삼호중공업 등 국내 최대 기업에 해킹 사고가 연이어 터진 가운데 악성코드 감염 이후 금전을 갈취하는 랜섬웨어 공격도 계속해서 늘어나고 있다. 24일 과학기술정보통신부(과기부)에 따르면 올해 1분기 기준 랜섬웨어 해킹 피해 신고건수는 63건으로 2020년(21건)보다 3배나 늘었다. 지난해 동분기(35건)보다도 2배 가까이 늘어 매년 증가 추세다. 지난해 말 기준(223건)으로 보면 2020년(127건) 대비 76% 급증했다. 과기부 정보통신정책실 관계자는 "기업 이미지 타격 등의 이유로 신고를 꺼리는 사람들이 많기 때문에 실제 피해는 이것보다 훨씬 크다고 보면 된다"고 말했다.

랜섬웨어란 몸값(Ransom)과 소프트웨어(Software)의 합성어로 악성 프로그램을 사용해 시스템을 잠그거나 데이터를 암호화해 사용할 수 없도록 하고 이를 인질로 금전을 요구하는 공격이다. 악성코드 감염 사고는 대부분 대기업, 금융, 의료 등 자금 능력이 있는 회사를 공격해 금전을 갈취하려는 목적으로 발생한다. 최근 랜섬웨어 공격은 더 지능화되고 다양한 형태로 나타나는데, 탈취한 개인정보나 기밀정보를 외부에 공개하겠다고 협박해 금전을 요구하기도 한다.

실제로 SK쉴더스의 '2022 보안 위협 전망 보고서'에 따르면 지난해 침해 사고 유형별 발생 빈도 가운데 '악성코드 감염'이 38%로 제일 심각하다. 이어 '공급망 공격(21%)', '개인정보 유출(15%)', '시스템 장악(12%)', '기밀 자료 유출(11%)' '디페이스(홈페이지 변조·3%)' 순으로 많았다.

국내에서도 지난 1월 현대삼호중공업이 악성코드(하이브)에 감염되면서 전산망과 인터넷, 사내 네트워크 등이 마비됐다. 랜섬웨어 공격을 감행한 해커는 이메일 주소만 남겨둔 채 별도의 요구사항을 전달하지 않았지만, 복구 과정에서 연락이 오면 금액을 제시했을 것으로 추정됐다.

이 외에도 지난달에는 해커집단 랩서스(Lapsus$)가 삼성전자의 반도체 설계 소스와 LG전자 임직원의 계정정보를 유출해 주목받았다. 데이터 분석 전문기업 에스투더블유랩(S2W)은 지난해부터 활동을 시작한 랩서스가 대기업의 강력한 보안 시스템의 허점을 파고들어 데이터를 빼낸 실력자들로 구성된 집단이라며 이들의 가장 큰 목적은 금전적 이득으로 추정된다고 밝힌 바 있다.

과기부와 한국인터넷진흥원(KISA) 등 업계 관계자는 "최근 삼성전자와 LG전자 해킹 사건은 기존 악성코드를 감염시켜 접근한 랜섬웨어 공격은 아니지만, 범죄적 관점에서 보면 (해커집단 특성상) 정보 유출을 빌미로 돈을 요구하는 게 랜섬웨어 공격과 유사하다고 볼 수 있다"고 말했다.

지난달 랩서스는 삼성전자와 LG전자 이외에도 해외 기업 엔비디아, 마이크로소프트 등을 해킹하는 데 이어 미국 2위 통신사인 T모바일 시스템에 침투해 진행 중인 프로젝트와 관련한 소스코드를 훔쳤다고 23일(현지시간) 미국 IT 전문매체 더버지는 보도했다. T모바일은 해킹사고로 고객정보 등 민감한 데이터는 유출되지 않았다고 밝힌 상태다.

전 세계 랜섬웨어 피해 금액 지난해 7,486억 원에 달해

전 세계적으로 사이버 공격에 따른 피해 금액도 커지고 있다. 블록체인 데이터 플랫폼 기업 체이널리시스에 따르면 지난해 전 세계 랜섬웨어 피해액 만 6억 200만 달러(약 7,486억 원)로 6년 전인 2016년 (2,400만 달러)보다 25배 넘게 증가했다. 지난해 최대 피해액을 기록한 랜섬웨어인 콘티(Conti)는 피해자들로부터 1억 8,000만 달러 이상을 갈취했다.

조용민 신한금융투자 연구원은 사이버 보안 관련 보고서에서 "올해 기업 성장을 위협할 최대 위험은 사이버 공격"이라며 "해커에게 지불해야 하는 비용과 시스템 복원에 걸리는 시간, 기업 평판, 주가 급락 등 다방면으로 피해가 발생하기 때문"이라고 말했다.

이어 "국제적으로 지난해 사이버 보안을 강화하기 위한 지출이 12% 증가했지만 FBI(미 연방수사국)에 보고된 사이버 범죄 피해 규모는 전년 대비 64% 증가했다"며 "사이버 보안 투자 확대를 위해 기업은 사내 IT 예산의 10~15%를 사이버 보안에 배정해야 한다"고 말했다.

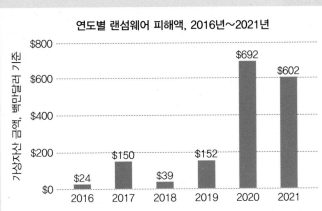

연도별 랜섬웨어 피해액, 2016년~2021년

블록체인 데이터 플랫폼 기업 체이널리시스가 지난 2월에 발표한 '2022 가상자산 범죄 보고서'에 따르면 랜섬웨어 피해액 규모도 커지고 있다.

출처: 서울신문, 2022. 4. 24

---

① 정보시스템 보안

정보시스템 보안의 개념 및 필요성

오늘날 많은 기업들이 일상업무를 정보기술에 크게 의존하고 있다. 이들 기업이 사용하고 있는 시스템들은 전략적 중요성이 실로 높으므로 하루만 작동 중단이 되어도 업무중단으로 인해 큰 손실을 가져올 수가 있다. 시스템의 작동 중단은 테러 공격은 물론 뜻하지 않은 자연 재해에 의해서도 얼마든지 초래될 수가 있다.

또한 정부기관, 군기관, 기업, 금융기관, 병원 등 수많은 기관들은 직원, 고객, 제품, 연구

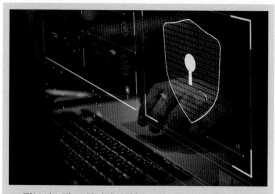

▲ 정보시스템 보안이란 위협요소들로부터 데이터 및 정보시스템을 보호하는 것을 뜻한다.

개발 및 재무상태와 관련한 방대한 분량의 민감한 정보를 보유하고 있다. 이러한 정보 대부분이 오늘날 컴퓨터를 이용해 수집, 처리 및 저장되며, 네트워크를 통해 다른 컴퓨터로 전송되고 있다. 만일 기업의 고객이나 자금이나 신제품과 관련한 민감한 정보가 경쟁사의 손으로 흘러갈 경우, 보안의 침해가 발생해 매출이 감소하거나 법정소송으로 발전할 수도 있고, 아니면 기업의 파산으로까지 이어질 수가 있다. 민감한 정보를 보호하는 것은 우선적으로는 비즈니스 요구사항이지만, 동시에 윤리적 및 법적 요구사항이기도 하다. 또 개인 관점에서 보면, 정보시스템 보안은 프라이버시에도 중요한 영향이 있다. 개인정보가 유출되면, 개인정보를 불법적으로 이용해 다양한 2차 범죄를 저지를 수도 있기 때문이다.

이러한 맥락에서, 정보시스템의 안정적인 운영을 위해 필요한 장치가 무엇이며, 시스템의 작동 중단시 어떠한 조치를 취할 필요가 있는지 이해하는 것이 중요하다. 따라서 기업은 이러한 보안위협요소들로부터 데이터 및 정보시스템을 최대한 보호할 수 있도록 정보시스템을 관리하여야 하는데, 이를 정보시스템 보안이라 일컫는다. 정보시스템 보안은 비승인된 접근, 사용, 공개, 변조, 조사, 기록 혹은 훼손행위로부터 시스템을 보호하는데 초점을 둔다. 또한 정보시스템 보안을 실행하기 위한 수단으로서 정보시스템 통제가 요구된다. 즉, 정보시스템 통제를 통해 정보시스템 보안 기능이 제공되는 것이다.

시스템 취약점

기업에서 정보시스템 보안의 침해 사고는 시스템 취약점이 존재하기 때문에 발생한다. 컴퓨터 보안에서 취약점이란 공격자가 시스템 정보보안 체계를 무력화시키기 위해 이용할 수 있는 허점이다. 오늘날 다음과 같은 요인들 때문에 조직의 정보 자산의 취약점이 증가하는 추세에 있다.

- 오늘날 비즈니스 환경에서 사용자 간의 상호 연동 및 무선 네트워크화 추세가 점차 증가함
- 보다 저렴한 소형 컴퓨터 및 저장 매체의 보편화

그림 10-1 보안위협요소의 시스템 침입에서 취약점의 역할

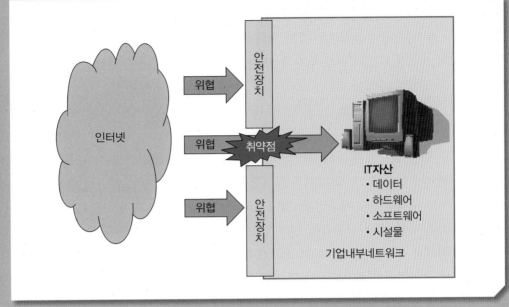

▲ 시스템 취약점이란 공격자가 시스템 정보보안체계를 무력화시키기 위해 이용할 수 있는 허점이다.

- 컴퓨터 해킹을 하는데 필요한 기술의 획득이 용이해짐
- 국제적 해킹전문 조직의 사이버 범죄가 증가함 (예: 북한, 중국 등)
- 관리가 미흡한 장치를 직원이 이용하는 상황이 증가함

취약점은 세 가지 요소에 의해 시스템 침해로 이어질 수 있는데, 시스템 결함, 결함에의 공격자 접근, 공격자의 결함운용 능력이 그것이다. 공격자는 시스템 접속에 필요한 툴이나 기법을 가지고 취약한 곳들을 공격하게 된다.

취약점 관리는 취약점들을 발견하고, 분류하고, 수리하고, 약화시키는 활동이다. 취약점 관리는 일반적으로 컴퓨터시스템 내의 소프트웨어 취약점들을 대상으로 한다. 취약점 관리를 위해 주기적으로 취약점 분석이 필요하다. 취약점 분석(vulnerability assessment)란 시스템 내의 취약점들을 찾아내고, 계량화 해서, 우선순위를 매기는 프로세스이다. 정보의 기밀성, 무결성 혹은 가용성이 취약해질 수 있는

▲ 취약점 분석이란 시스템 내의 취약점들을 찾아내고, 계량화해서 우선순위를 매기는 프로세스이다.

가능성을 발견하고 규명하는 것이 취약점 분석의 목적이다. 기업의 정보시스템은 물론, 에너지 공급 시스템, 상수공급 시스템, 교통 시스템, 그리고 통신 시스템에서도 취약점 분석이 중요하게 요구된다. 취약점 분석은 다음 단계에 따라 수행된다.

1. 시스템에 존재하는 정보 자원들의 목록을 작성한다.
2. 이들 자원의 계량적 가치 및 중요성에 따라 순위를 부여한다.
3. 개별 자원에 대한 취약점 혹은 잠재적 위협을 규명한다.
4. 가장 가치가 높은 자원들에 대한 심각한 취약점을 줄이거나 제거한다.

보안 위험은 일종의 취약점으로 분류된다. 위험과 취약점은 유사한 개념이나, 서로 구별해 사용할 필요가 있다. 위험은 실질적인 손실을 초래할 우려가 수반한다. 따라서 위험이 없이도 취약점이 존재하는데, 가령 침해를 받은 자산이 가치가 없는 경우가 그 예에 속한다. 이미 다른 곳에서 공격한 전례가 있는 유형의 취약점은 운용가능한 취약점으로 분류된다. 취약점 수명은 설치 완료된 소프트웨어에서 보안 결함이 나타난 시점부터 접근이 제거되거나 보안문제가 해결되거나 혹은 공격자가 불능화된 시점까지에 이르는 시간을 포함한다.

보안 오류는 더 협소한 개념이다. 소프트웨어와 관련이 없는 취약점도 있는데, 이를테면 하드웨어, 사이트, 인력 취약점 등은 소프트웨어 보안 오류가 아닌 취약점의 예라고 할 수 있다.

취약점의 원인

방대한 양의 데이터가 컴퓨터에 저장되어 있을 경우, 그 데이터는 오프라인 형태로 보관되는 경우에 비해 더 다양한 위협요인들에 노출되기 마련이다. 통신 네트워크를 통해 정보시스템들이 상호 연결되어 있으므로, 이들 시스템에 존재하는 데이터에 승인 없이 접근하거나 데이터를 남용할 가능성이 있다. 또한 단일 지점에 국한되지 않고 내부네트워크에 접속 가능한 지점들을 통해 여러 경로로 접근할 수가 있으므로, 보안침해 위험이 클 수 있다.

시스템 취약점이 발생하는 근본적인 원인은 다음과 같은 요인들로 나누어 살펴볼 수 있다.

- 복잡성: 대형의 복잡한 시스템은 결함 및 비의도적 접근경로가 존재할 가능성도 높다.
- 친근성: 잘 알려진 익숙한 프로그램, OS 및 하드웨어를 이용하면, 공격자가 결함을 역이용하는데 필요한 지식 및 툴을 발견할 가능성 역시 높아진다.
- 접속성: 물리적 연결, 연결 단자, 규약, 서비스 등이 늘면 늘수록, 취약성 역시 높아 진다.
- 암호관리 결함: 흔히 사용자들은 기억 및 입력이 용이한 약한 암호를 이용하는데 이는 취약한 보안을 부르는 행위이다. 사용자는 프로그램의 접근대상이 되는 컴퓨터에 암호를

▲ password, 12345, abc123 등과 같이 기억하기 쉬운 암호는 중대한 취약점 중 하나이다.

저장하게 되므로 프로그램이 암호를 궁극적으로 찾아낼 수가 있다. 또한 일부 사용자는 한번 만든 암호를 여러 프로그램은 물론 여러 웹사이트 사이에 반복해 사용하기도 한다.

- 근본적인 OS 설계결함: OS 설계자는 사용자 및 프로그램 관리에 관한 차선 정책을 선택한다. 예를 들면, 항시 접근허용(default permit)과 같은 기능을 가진 OS들은 어느 프로그램이나 어느 사용자에게도 컴퓨터 전체에 대한 접근권한을 허용한다. 이러한 OS 차원의 결함은 바이러스 및 기타 악성코드가 관리자를 대신해 명령을 실행하도록 허용하는 결과를 가져올 수 있다.

- 인터넷 웹사이트 브라우징: 일부 인터넷 웹사이트는 자동으로 컴퓨터시스템에 설치할 수 있는 스파이웨어나 애드웨어를 보유하는 경우가 있다. 이들 웹사이트를 방문한 후 컴퓨터시스템이 감염되어, 개인정보가 수집되어 제3자에게로 유출될 수 있다.

- 소프트웨어 오류: 프로그래머가 소프트웨어 프로그램 내에 운용가능한 오류를 자신도 모르게 남겨놓을 수가 있다. 소프트웨어 오류는 공격자가 애플리케이션을 자신의 의도대로 악용할 수 있는 기회를 제공한다.

- 비점검된 사용자 입력데이터: 모든 사용자 입력데이터가 안전하다고 프로그램이 가정할 수가 있다. 사용자 입력데이터를 점검하지 않는 프로그램은 특정 명령을 뜻하지 않게 실행할 수가 있다.

보안 취약점의 유형

그림 10-2에서 볼 수 있듯이, 취약점은 영향을 받는 자산의 종류에 따라 하드웨어, 소프트웨어, 네트워크, 인력, 사이트, 조직 등 여러 가지로 나뉜다.

하드웨어 취약점은 컴퓨터 주변의 습도, 먼지 또는 온도를 적절히 관리하지 않을 때 발생한다. 시스템에 대한 보호가 미흡할 경우 작동이 멈추거나 시스템이 다운되는 결과로 이어질 수 있다. 따라서 환풍기 및 에어컨을 이용해 컴퓨터가 소재한 곳의 대기를 최적화시키는 것이 중요하다.

소프트웨어 취약점은 가장 흔하게 정보시스템 보안을 위협하는 취약점으로서 OS나 애플리케이션 소프트웨어의 결함으로 인해 발생한다. 가령, DBMS 소프트웨어의 결함 때문에 고객 데이터를 웹상에서 비승인된 사용자들이 볼 수 있다면, OS 결함을 통해 동일 데이터가 노출되는 것이나 마찬가지로 심각한 결과를 초래할 수 있다. 특히, 인터넷 상에서 발생하는 시스템 침해 중 60%가 웹 애플리케이션에 대한 공격으로 발생한다. 그러므로 이러한 시스템 침해의 근본적인 원인을 제공하는 소프트웨어 결함을 제거하기 위해서는 소프트웨어 개

그림 10-2 보안취약점의 유형

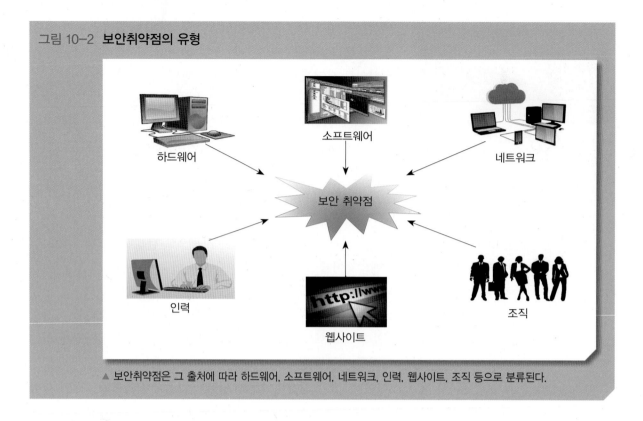

하드웨어

소프트웨어

네트워크

보안 취약점

인력

웹사이트

조직

▲ 보안취약점은 그 출처에 따라 하드웨어, 소프트웨어, 네트워크, 인력, 웹사이트, 조직 등으로 분류된다.

발과정에서 철저하게 테스팅을 수행하여야 한다.

네트워크 취약점은 네트워크의 성능에 부정적인 영향을 미치는 취약점으로서 내부 취약점과 외부 취약점으로 나뉜다. 보호수준이 미흡한 통신회선으로 네트워크를 구성한다든지, 혹은 트래픽이 네트워크 용량을 초과하는 네트워크 병목현상이 발생할 때 내부 취약점이 존재한다. 반면, 외부 취약점은 외부 침입자의 공격에 의해 발생하며, DoS 및 DDoS가 그 대표적인 예라고 할 수 있다. 특히 무선 LAN을 통해 암호화되지 않은 메시지를 전송할 경우 침입자가 민감한 데이터를 절취하거나 변조할 우려가 있다. 네트워크 취약점이 존재할 경우 네트워크가 느려지거나 때에 따라서는 네트워크가 불능화될 수도 있어, 네트워크 감시 소프트웨어를 이용해 취약점을 관리할 필요가 있다.

그 밖의 취약점들에 대해서도 주목할 필요가 있다. 인력 취약점은 부적절한 인력선발 프로세스나 인력의 부족한 보안인식이 그 예에 속한다. 사이트 취약점의 경우, 홍수의 영향권 내 지역, 불안정한 전력공급 등으로 나뉜다. 또 조직차원의 취약점은 정규적인 시스템 감사의 부족, 재난복구계획의 부재, 보안의 미흡 등과 같이 조직차원에서 보안대책이 부재할 때 존재하는 취약점이다.

백도어

▲ 백도어란 정상적인 인증절차를 건너뛰며 탐지되지 않고도 컴퓨터에 원격 접근해 시스템을 침해하는 방법이다.

컴퓨터시스템에서 백도어(backdoor)란 정상적인 인증절차를 건너뛰며 탐지되지 않고도 컴퓨터에 원격 접근해 시스템을 침해하는 방법을 뜻한다. 백도어는 시스템 설계자나 관리자에 의해 고의로 남겨진 시스템의 보안 헛점으로 응용 프로그램이나 운영체제에 삽입된 프로그램 코드이다. 이러한 보안 헛점을 남겨두는 이유가 항상 악의적인 것은 아니다. 경우에 따라서는 현장 서비스 기술자나 시스템 공급자의 유지보수 프로그래머가 사용할 목적으로 특수 계정을 허용하는 코드를 운영체제나 응용프로그램에 넣어서 쓸 수 있다. 이러한 백도어는 디버깅 시 개발자에게 인증 및 셋업시간 등을 단축하기 위한 뒷문으로 사용된다. 하지만 이러한 백도어가 비양심적인 프로그래머가 비인가된 접근을 시도하거나 개발이 완료된 후 삭제되지 않은 백도어가 다른 사용자에 의해 발견될 경우 대단히 위험할 수도 있다. 1983년 Ken Thompson이 ACM에서의 강연에서 초기의 유닉스 버전에는 백도어가 존재하고 뛰어난 해커라면 이를 공격할 수도 있다고 말했다. 이러한 방법으로 'login' 프로그램이 재 컴파일되어 특정 패스워드가 입력되었을 경우 접근을 허락하도록 했다. 그 결과 시스템에 계정이 있든지 없든지 간에 시스템으로의 접근이 가능하다.

2 정보시스템 보안의 주요 위협요인

최근 끊임없이 발생하고 있는 일련의 보안 침해사고들은 기업 정보시스템이 다양한 위협요소들에 의해 침해를 당할 수 있음을 여실히 보여주고 있다. 이러한 관점에서 볼 때, 경영관리자들은 시스템의 안정성에 장애를 줄 수 있는 요인들이 어떠한 것이 있는지 이해하는 것이 중요하며 이러한 이해를 바탕으로 효과적인 대응을 위해 필요한 시각을 얻을 수 있다. 우선 이러한 요인들을 이해할 수 있는 개념적 틀을 살펴보기로 한다.

정보시스템의 다양한 위협요소들은 천재지변 및 인재사고, 비의도적 행위, 그리고 의도적 행위의 세 가지로 압축·분류할 수 있다.

천재지변 및 인재사고

▲ 2021년 독일에서 천 년 만에 발생한 대홍수 피해현장. 홍수는 보안의 주요 위협요인들 중 하나이다.

천재지변 및 기타 피할 수 없는 사고로 인해 시스템 보안이 위협을 받을 수 있다. 지진, 폭우, 대홍수, 회오리바람과 같은 천재지변은 물론, 화재, 정전사고, 냉방장치 불량, 하드웨어 기술적 결함 등의 인재사고가 발생할 경우, 정보시스템의 보안에 심각한 침해를 초래할 수 있다.

이러한 재해가 발생하면 컴퓨터 기기나 통신 회선이 훼손됨은 물론 데이터 자체도 손실될 수 있다. 또한 컴퓨터 프로그램과 데이터 파일이 복구되는 동안 정상적인 시스템 가동이 지속될 수 없기 때문에 조직이 입는 피해는 클 수 있다. 월드트레이드 센터 폭파사건이 이를 잘 입증해 주고 있다.

비의도적 행위

컴퓨터는 조직의 업무를 지원하기 위한 수단으로 널리 사용되고 있지만, 또한 컴퓨터로 인해 오류가 발생함으로써 조직의 업무에 큰 장애를 일으킬 수 있는 여지를 지니고 있다. 이러한 컴퓨터의 오류는 근본적으로 인간의 오류에 기인한다.

인간의 오류

인간의 오류는 프로그램 설계, 프로그래밍, 데이터 입력, 프로그램 오작동, 컴퓨터 조작, 하드웨어 등 다양한 부분에서 발생할 수 있다. 인간의 착오로 인해 발생하는 시스템 오류는 조직의 시스템 보안과 관련한 많은 문제들을 발생시키는 원인이 되고 있다. 필자도 본 저서를 집필하던 중 한 조교가 원고파일 하나를 모르고 삭제해 버리는 일을 당하고 말았다. 사전에 파일 백업을 해 두지 못했으나 다행히도 출력물이 있어 복구는 할 수 있었다.

제3자 침입행위의 비의도적 방조

▲ 사회 공학이란 공격자가 접근해 자신의 신분을 속이고 개인정보를 빼내거나 금전적 이득을 취하는 행위로서 이른바 보이스 피싱이 여기에 속한다.

직원 자신은 시스템 보안을 위태롭게 할 의도는 없다 할지라도, 공격자가 시스템 침입을 위해 필요한 정보를 요구할 때 침입의도를 모른 채 해당 정보를 제공하거나 침입에 필요한 기타 행위를 돕게 될 수가 있다. 즉, 직원이 사회 공학의 비의도적 방조자가 될 수 있는데, 사회 공학(social engineering)이란 공격자가 시스템 접근 권한이 있는 직원에게 접근해 자신을 속이고 사용자명과 비밀번호를 빼내는 행위를 뜻한다. 사회 공학에 휘말린 직원이 자신이 속은 줄도 모르고 공격자에게 시스템접근 정보를 제공한다면, 그로 말미암아 정보시스템 보안이 심각한 위협을 받을 수 있다.

의도적 행위

인터넷 및 통신 기술이 급속히 발전함에 따라 해킹 등 컴퓨터와 관련한 새로운 범죄가 나타나고 있다. 컴퓨터로 네트워크를 통해 다른 컴퓨터에 접속하여 정보 자원을 침범하는 해킹(hacking) 행위에 관한 보도를 우리는 신문지상을 통해 종종 접해왔다. 즉, 컴퓨터 기술은 범죄를 일으키기 위한 수단으로 사용되는 동시에, 그 자체가 또한 범죄의 대상이 되기도 하는 것이다. 접속할 권한을 지닌 사람이 정당한 목적으로 정보자원에 접속하는 것은 전혀 문제될 것이 없지만, 권한이 없는 사람이 불법적으로 접속하는 것은 컴퓨터 범죄에 해당한다. 다음 절에서 컴퓨터 범죄를 포함해 다양한 유형의 의도적 보안위협 행위에 관해 보다 상세히 살펴보기로 한다.

의도적 행위의 유형

컴퓨터와 관련한 범죄도 다양한 모습으로 변천되어 왔다. 일반인들에게 컴퓨터 보급이

▲ 컴퓨터범죄도 단순 데이터조작을 통한 행위에서 점차 진화되어 최근에는 '랜섬웨어'와 같이 개인의 컴퓨터 파일들을 인식불가능하게 만들고 이들을 해독하는 조건으로 금전을 요구하는 행위가 등장하는 추세이다.

흔치 않았던 1970년대부터 1990년대 초까지만 해도 컴퓨터 범죄의 대부분은 은행이나 금융기관에서 단말기를 통한 데이터 조작이나 데이터 부정입력이 주를 이루었다. 그러나 1990년대 초부터 컴퓨터 보급이 확산되고 PC통신 및 인터넷 이용이 급증하면서 데이터유출 및 해킹 사례가 눈에 띄게 높아지고 있다. 이 가운데 해킹은 주로 10~20대 청소년 층에서 많이 발생했고, 특히 인터넷 등을 통해 외국의 해킹기술이 유포되면서 그 피해도 단순침입 정도가 아니라 중요데이터 유출, 삭제, 시스템 정지 등 심각한 수준인 것으로 알려지고 있다. 뿐만 아니라, 외부인의 침입 못지 않게 조직 내부인에 의한 의도적 침입시도도 빈번하게 발생하고 있다.

컴퓨터에 불법적으로 접속하여 일으킬 수 있는 범죄는 크게 해킹행위, 악의적 소프트웨어, 신분 도용의 세 가지로 요약할 수 있다.

해킹 행위

해킹의 가장 큰 비중을 차지하는 데이터 보안침해 행위에는 비승인된 접속/사용, 변조 및 삭제의 세 가지 유형이 포함된다. 뿐만 아니라, 특정 사이트를 불능화시키는 서비스 거부공격도 해킹에 해당한다. 이들을 아래에서 각각 살펴보기로 한다.

▲ 해킹은 승인없이 데이터를 접속, 변조 혹은 삭제하거나 시스템 접속을 불능화시키는 행위로서 심각한 컴퓨터 범죄에 해당한다.

- **비승인된 접속 및 사용**: 컴퓨터 자원을 불법적으로 접속하거나 사용하는 행위는 정부기관이나 군 조직에 있어 중요한 관심사가 되고 있다. 적절한 보안장치가 부재할 경우, 정보가 외부로 유출될 수 있으며, 그로 인해 피해가 발생할 수 있다. 러시아 스파이가 미 국방성 컴퓨터네트워크에 불법적으로 침입하여 군사기밀을

빼내는 사례가 이에 해당된다고 할 수 있다. 또한, 국내에서는 어느 백화점 점원이 자신의 이익을 위해 고객들의 신용카드 정보를 불법적으로 외부인에게 유출시켜 고객에게 피해를 끼친 일도 있었다. 또한 국내 기업의 전직 임직원이 중국의 기업에 하이테크 기술을 빼돌리는 이른바 산업스파이(industrial espionage) 사례도 매우 빈번하게 발생하고 있다.

- **비승인된 변조:** 데이터는 기업의 중요한 자산이다. 따라서 데이터를 어떠한 목적으로든 불법적으로 변조(extortion)하는 것은 범죄행위에 해당한다. 과거에는 전직 은행직원이 은행의 컴퓨터시스템에 접속하여 자금을 횡령할 목적으로 데이터를 변조하는 범죄가 적지 않게 발생했다. 이와 같이, 인간이 직접 변조하는 경우도 있지만, 때에 따라서는 컴퓨터 바이러스를 통해 데이터를 변조함으로써 오류를 발생시키는 경우도 있다. 이와 같이 불법적으로 데이터를 바꾸는 행위는 달리, 조직의 대외적 이미지를 훼손하기 위해 웹사이트를 변조하는 사이버밴덜리즘(cyber vandalism)도 있다. 가령, 미국의 백악관 웹사이트의 메인 웹페이지가 한때 중국 해커집단에 의해 포르노 사진으로 교체되어 일시적이나마 미국의 체면이 손상된 경우도 있었다.

- **비승인된 삭제:** 원한이나 기타 나쁜 감정을 갖고 있는 상대에게 보복을 할 목적으로 데이터를 삭제함으로써 피해를 입히는 범죄도 간간히 발생한다. 미국 조지아주 애틀란타시에 소재한 어느 기업에서는 컴퓨터전문가인 부하직원이 상사에게 복수할 생각으로 이 회사의 고객 데이터를 백업데이터까지 모두 삭제하기에 이르렀다. 회사는 수십만 달러의 큰 피해를 입었지만, 외부 보안전문기업에 의뢰하여 추적 조사한 결과 그 직원의 소행이라는 사실이 드러나 범인은 결국 실형을 선고받게 되었다.

- **서비스 거부 공격:** 해커들이 네트워크 서버나 웹 서버를 가상적인 트래픽을 발생시켜 서버가 마비됨으로써 접속이 불능화되는 해킹 공격을 가리켜 **서비스 거부**(denial of service: DoS)라고 한다. 무수하게 많은 거짓 데이터조회 요청을 서버에 도착하면, 비록 데이터가 파괴되지는 않는다 하더라도 서버는 이용자들의 정상적인 접속 및 서비스 요청을 처리하지 못하고 다운되므로 이용자들의 불편을 가져올 수 있다. 요즘 우리나라에서도 수 차례 발생한 적 있는 **분산 서비스거부**(distributed denial of service: DDoS) 공격은 여러 대의 컴퓨터를 이용해 여러 지점에서 동시다발적으로 네트워크를 불능화시키는 해킹 행위다. DoS 공격자들은 악의적 소프트웨어가 감염된 수천 대의 좀비 PC를 PC 소유주가 알지 못하게 이용해 서비스 거부 공격에 이용한다. 감염된 컴퓨터는 좀비 PC, 즉 노예 PC가 되어 상위의 마스터 컴퓨터의 지시에 따라 공격을 수행하게 된다.

그림 10-3 분산 서비스거부(DDoS) 공격의 개념도

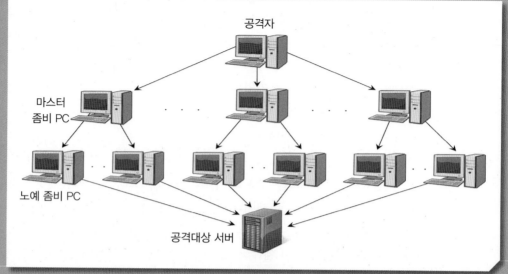

공격자

마스터
좀비 PC

노예 좀비 PC

공격대상 서버

▲ DDoS란 네트워크 서버나 웹 서버에 대해 악의적으로 가상적인 트래픽을 발생시켜 서버를 마비시킴으로써 접속을 불능화시키는 해킹공격이다

악의적 소프트웨어

앞에서 논의된 세 가지 시스템 가해 유형은 인간에 의한 직접적인 데이터 가해에 속하는 컴퓨터 범죄라고 할 수 있다. 컴퓨터 바이러스(virus)는 데이터를 삭제하거나 시스템 작동을 중단시키거나 혹은 시스템에 오류를 발생시키는 프로그램이다. 주로 저장매체나 통신망을 통해 다른 프로그램에 첨부된 형태로 컴퓨터에서 컴퓨터로 이동한다. 일부 악의를 지닌 개인들에 의해 만들어지는 바이러스는 컴퓨터 사용자에게 피해를 입힐 수 있으므로 바이러스 작성/전파 행위도 범죄에 해당한다.

바이러스 중에 로직 폭탄에 속하는 미켈란젤로 바이러스가 있다. 이 바이러스는 평소에 사용자의 시스템에 잠복해 있다가 천재화가 미켈란젤로의 생일인 3월 6일만 되면 시스템을 감염시킨다.

이 바이러스에 감염되면 사용 가능한 기본 메모리를 2KB(킬로바이트) 정도 감소시키고 하드디스크나 플로피디스켓의 주 부트섹터(boot sector)가 감염되어 시스템부팅에 문제가 생기며 심할 경우 하드디스크에 저장된 데이터를 파괴하기도 한다. 바이러스에 감염된 것이 의심되면 즉시 바이러스 제거 프로그램을 이용하여 필요한 조치를 취해야 한다.

웜(worm)은 바이러스와 매우 유사하지만 시스템을 마비시키기만 할 뿐 파일을 손상시키지는 않는다. 워엄의 유명한 예로서 로버트 모리스 사례를 들 수 있다. 로버트 모리스는 1980년대 말 코넬대 대학원 컴퓨터공학과 재학시절 워엄을 만들어 인터넷의 전신인 아파넷(ARPANET) 네트워크에 띄웠는데, 이로 인해 네트워크에 연결된 6,000여 컴퓨터가 하루 동안 장애를 일으킴에 따라 사용자들이 업무를 중단해야 하는 불편을 겪었다.

 쉬어가기　**세계최초의 컴퓨터 바이러스**

　1970년대에 인터넷의 전신인 아파넷에서 발견된 크리퍼 바이러스가 세계 첫 바이러스로 기록되어 있다. 크리퍼는 미니컴퓨터에 해당하는 DEC PDP-10 컴퓨터들을 감염시켰다. 크리퍼는 아파넷을 통한 접근 권한을 얻었고 스스로를 "I'm the creeper, catch me if you can! (나는 크리퍼다, 잡을 수 있다면 나 잡아봐라!)"라는 메시지가 있는 원격시스템에 복사시켰다. 뒤에 리퍼(Reaper)라는 프로그램이 개발되어 크리퍼 바이러스를 지우게 되었다.

　개인용 컴퓨터에서 발견된 최초의 바이러스는 브레인이라고 하는 부트 섹터 바이러스였으며 1986년에 파루크 앨비 형제가 만들었다. 그러나 이 시절의 바이러스는 현재의 '복제' 개념이 아닌 '이동'인 원시적 형태였다.

▲ 엘크 클로너 바이러스는 애플 II 컴퓨터에만 감염되었으며, 부팅용 플로피 디스크에 감염되는 바이러스였다.

　'복제' 개념이 들어간 최초의 바이러스는 '엘크 클로너(Elk Cloner)'라는 프로그램이다. 이는 1982년경에 만들어졌는데, 놀랍게도 이를 만든이는 당시 15세였던 리처드 '리치' 스크렌타라는 소년이었다. 이 엘크 클로너는 Apple II 시스템에만 감염되었으며 부팅용 플로피 디스크에 감염되는 일종의 부트 섹터 바이러스였다. 엘크 클로너는 부팅 된 이후 메모리에 남아있다가 만약 감염되지 않은 새로운 디스크가 컴퓨터에 들어오면 자신을 해당 디스크에 감염시켰다. 이런 식으로 엘크 클로너는 디스크에서 디스크를 통해 감염되는 프로그램이었다. 엘크 클로너는 특별히 파괴적인 활동을 벌이지는 않았으며, 감염된 컴퓨터는 감염된 뒤 50번째로 부팅하면 화면에 짧은 시를 출력했다.

출처: 위키피디아, "컴퓨터 바이러스," 2023. 1. 5 참조; 나무위키, "컴퓨터 바이러스," 2023. 1. 5 참조

신분 도용

▲ 신분 도용이란 공격자가 의도적으로 자신을 다른 개인의 신분으로 가장해 시스템 접근을 획득하는 행위이다.

신분 도용(identify theft)란 공격자가 의도적으로 자신을 다른 개인의 신분으로 가장해 시스템 접근을 획득하는 행위를 뜻한다. 신분도용을 통해 시스템에 성공적으로 접근하게 되면, 메일이나 데이터베이스의 개인 정보를 빼내거나 타인 소유의 게임 아이템을 불법 매도해 금전적인 이익을 챙기기도 한다. 신분 도용의 피해자는 공격자가 도용한 신분을 이용해 저지른 범법 행위에 대해 법적 책임을 물을 경우 의외로 피해를 입을 수 있다. 또 신분을 도용한 공격자에 의해 속임을 당한 조직이나 개인 역시 피해를 입기는 마찬가지다.

신분도용이란 용어는 1964년 처음 등장했다. 실제로 신분을 훔치는 것은 현실적으로 가능하지 않으므로, 보다 정확한 표현은 신분 사기 혹은 신분 복제임에도 불구하고, 오늘날 신분 도용이 보편화되었다.

신분도용은 다음 다섯 가지 유형으로 나누어 생각할 수 있다.

- 범행목적의 신분도용(criminal identity theft) : 자신이 저지른 범죄의 추궁을 피하기 위해 제3자로 위장함 (범죄책임 회피 목적)
- 재무적 신분도용(financial identity theft) : 제3자의 신분을 가장해 신용, 상품 및 서비스를 획득 (재무적 이익획득 목적)
- 신분 복제(identify cloning) : 일상생활에서 제3자의 정보로 자신의 신분을 가장함
- 의료적 신분도용(medical identity theft) : 제3자의 신분을 이용해 진료서비스나 약품을 획득함

③ 프라이버시

프라이버시의 개념 및 중요성

▲ 프라이버시란 일반적으로 개인이 자신의 사적 정보의 공개 및 사용을 통제할 수 있는 능력을 뜻한다.

정보기술의 발전으로 데이터 및 정보를 신속하게 수집, 저장, 통합, 교환 및 이용하는 것이 그 어느 때보다 더 용이해지고 있다. 바로 이 점 때문에 컴퓨터기반의 정보시스템의 효율성 및 효과가 향상되고 있다.

그러나 정보기술의 정보 저장 및 이용기능으로 인해 각 개인이 개인정보를 보호받을 권리가 침해되기도 한다. 예를 들어, 직원이 작성하는 기밀적 이메일 메시지를 많은 기업들이 검열하고 있다. 또 사용자가 웹상에서 사이트를 방문할 때마다 그 사용자에 관한 개인 정보가 수집된다.

개별 사용자에 관한 기밀 정보는 신용평가사, 정부기관 그리고 민간 기업들이 중앙 컴퓨터 데이터베이스에 보관하는데, 이 정보는 간간히 분실되거나 남용되는 일이 발생하며 프라이버시가 침해되고, 사기사건이 발생하기도 한다.

그러한 정보를 승인 없이 사용할 경우, 개별 사용자들의 프라이버시가 심각하게 훼손되는 일이 발생하기도 한다. 그러한 데이터베이스 내의 오류는 개인의 신용등급이나 평판을 심각하게 훼손시킬 우려가 있다. 프라이버시란 일반적으로 개인이 자신의 사적정보의 공개 및 사용을 통제할 수 있는 능력으로 정의할 수 있다.

미국을 포함해 전 세계의 정부들은 프라이버시 이슈에 대해 논쟁을 벌이며 다양한 종류의 법안을 검토하고 있다. 인터넷과 관련해서는 사전동의(opt-in) 제도와 사후거부(opt-out) 제도가 프라이버시 법안과 관련한 논쟁의 중심에 있다.

소비자 보호단체들은 흔히 사전동의 방식을 추천하며 프라이버시를 기본 사항으로 요구하고 있다. 사전동의 방식은 자신들에 관한 데이터 수집을 허용하지 않는 소비자들을 기본적으로 보호한다. 대부분의 기업들은 사후거부 제도가 전자상거래의 흐름을 저해하지 않는다고 주장하며 그 제도를 지지한다. 흥미롭게도 이 점과 관련된 현행 법규는 미국과 유럽간에 차이가 있다. 미국의 경우, 사후거부 제도가 기본적으로 채택되고 있는 반면, 유럽에서는 소비자들이 사전동의를 하지 않을 경우 그들에 관한 정보를 사용할 수가 없다.

이메일이나 전화, 팩스 등에 보내는 광고성 정보 (스팸 메일)에 대한 규제 방식을 말한다. 사전동의(Opt-In)는 수신자의 권리를 중시해 수신자가 사전에 동의해야만 광고 이메일이나 전화를 할 수 있게 하는 방식이다. 업체가 고객들의 이메일을 모아서 광고나 소식지를 배포하는 것이 아닌 고객 스스로 업체가 제공하는 정보나 소식들을 받아보겠다고 자발적으로 이메일을 기입하여 서비스를 신청하는 것이기 때문에 광고나 업체 홍보 등의 메시지에 거부반응이 적으며 고객 반응률이 스팸메일보다 높게 나타난다.

▲ 사후거부 방식에서는 사용자가 자칫 불필요한 프로그램 설치의 체크해제를 하지않을 경우, 공급자는 합법적으로 해당 프로그램을 설치할 수 있다.

이와 대조적으로, 사후거부(Opt-out)는 수신자가 발송자에게 수신 거부 의사를 밝혀야만 이메일 발송이 금지된다는 점에서 발송자의 권리를 중시한다. 고객이 더 이상 이메일 정보를 원치 않을때 해지할 수 있도록 하는 것을 말한다. 즉 이메일을 한번 보낸 뒤 거부하지 않으면 허락한 것으로 간주해 계속 발송할 수 있도록 하는 것이다.

우리나라는 최근 일반전화, 휴대전화, 팩스를 이용해 광고를 할 때는 반드시 사전에 수신자의 동의를 얻도록 하는 '사전동의' 제도를 시행하고 있다. 수신자 사전동의 없이 광고를 전송하는 사업자는 적발시 과태료를 물게 된다. 그러나 인터넷 스팸메일에 대해선 수신자가 구체적으로 거부 의사를 표시해야 금지되는 현행 사후거부 제도가 유지되고 있다. 정부는 이메일에 사전동의 방식을 도입할 경우 영세업체들의 마케팅 기회가 사라지게 된다는 점을 우려, 현행 사후거부 방식을 유지할 방침이라고 밝혔지만 날로 수법이 교묘해져가는 스팸메일을 규제하기 위해서는 좀더 강력하게 사전동의 방식을 채택한 법개정 작업이 이뤄져야 한다는 목소리가 높다.

현재 유럽연합은 사전 동의가 있어야만 광고성 메일을 보낼 수 있는 사전동의 방식을 채택하고 있다. 반면에 미국과 일본은 메일을 받은 후에 거부의사를 밝힐 수 있는 사후거부를 선택하고 있다.

아직 논쟁중인 기타 프라이버시 이슈들은 다음과 같다.
- 개인 이메일 대화내용 및 컴퓨터 기록을 접근하며 인터넷 웹사이트 방문자에게서 얻은 개인 정보를 공유 (프라이버시 침해)
- 모바일 서비스가 장소보다는 사람에 더 가깝게 제공되면서, 사람의 위치를 파악하는 것이 가능 (컴퓨터 모니터링)
- 여러 출처에서 수집한 고객 정보를 이용해 추가적인 비즈니스 서비스를 홍보 및 판매
- 전화번호, 이메일 주소, 신용카드 번호, 그리고 기타 개인 정보를 수집해 개별고객 프로필을 구축 (비승인된 개인 파일)

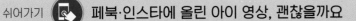

한 아이가 잠시 부모와 떨어져 혼자 놀고 있다. 이때 낯선 사람이 접근한다. 이 사람은 엄마의 SNS에 전체 공개된 사진을 보고 아이에 대한 여러 정보를 알고 있는 상황. 그는 아이에게 "최근에 갯벌에 놀러 갔었지?" 등의 질문을 하며 아이를 안심시킨다. 아이는 점차 경계를 풀고 낯선 사람을 따라나선다. 이 모습을 지켜본 부모는 "사진도 조금밖에 안 올렸는데 (정보를) 많이 알고 있다"며 놀라워한다. 과거 국내 다큐멘터리 방송 프로그램에서 진행된 모의실험 내용이다.

전문가들은 단순 실험에 그치지 않고 현실에서 충분히 일어날 수 있는 일이라고 경고한다. 자녀의 일상을 사회관계망서비스(SNS)에 올리는 셰어런팅(Sharenting)이 이미 흔한 풍경이 됐기 때문이다. 셰어런팅은 공유를 뜻하는 '셰어(Share)'와 '육아'(Parenting)의 합성어로, 부모들이 성장 일기처럼 자녀의 일상을 SNS에 공유하는 것을 의미한다.

최근에는 카카오톡 프로필 사진이나 페이스북, 인스타그램, 인터넷카페 등에서 지인은 물론 얼굴도 모르는 사람의 자녀 사진을 쉽게 볼 수 있다.

한국리서치가 지난 6월 만 13세 이하 자녀를 둔 전국 성인남녀 2,000명을 대상으로 조사한 결과 81%가 셰어런팅 경험이 있는 것으로 나타났다. 이는 10명 가운데 8명꼴이다.

자녀와 상의 없이 SNS에 올리는 사진·동영상···아동 권익침해는 물론 범죄 빌미될 수도

문제는 부모나 제3자에 의해 온라인상에서 노출한 다양한 개인정보가 아동·어린이의 의사나 권리가 반영되지 않는 경우가 많다는 것이다. 세이브더칠드런 조사결과 55.4%는 SNS에 자녀의 사진이나 영상, 일상을 올릴 때 자녀에게 의견을 묻지 않는 것으로 나타났다.

고우현 세이브더칠드런 선임매니저는 "아동에게 충분한 동의나 이해 없이 사진을 SNS에 올리는 것은 아동 권리, 특히 사생활에 대한 권리를 침해할 수 있다"라며 "정보주체인 아동의 부모가 올리는 사진이라도, 아동 본인이 원치 않으면 권리 침해 여지는 충분하다"고 말했다.

더욱 심각한 점은 아동·청소년의 동선이나 개인 정보가 범죄에 악용될 가능성도 있다는 것이다. 고 선임매니저는 "아동의 정보가 노출되는 것은 해당 아동의 신원을 도용하거나 각종 범죄의 빌미를 제공한다는 점에서 셰어런팅은 문제가 될 소지가 다분하다"고 말했다.

가장 흔한 경우는 개인정보 도용이다. 5세 자녀를 둔 한 부모는 "내 자녀가 다른 사람의 SNS에서 그 사람의 조카처럼 올려진 적이 있어 강하게 항의했다"라며 "전체 공개를 한 SNS를 통해 퍼져나간 것으로 의심된다"라고 말했다.

강력 범죄로 이어질 가능성도 없지않다. 강정규 한국법조인협회 변호사는 "SNS에 올라온 사진만으로도 거주 지역 등을 충분히 예상할 수 있다"라며 "나쁜 마음을 먹은 사람이 동선 등을 파악해 범죄에 악용할 수 있다는 점을 알아야 한다"고 강조했다.

인터넷상에서의 프라이버시

이메일 전송, 웹사이트 방문, SNS 글 등록, 혹은 인터넷 쇼핑/뱅킹을 할 때, 적절한 주의를 기울이지 않으면, 자신도 모르는 사이 데이터 수집을 하려는 제3자의 표적이 될 수 있다. 다행히 암호화 기술을 이용하거나 방문 사이트 및 정보제공에 신중을 기함으로써 프라이버시 침해의 위험을 어느 정도 최소화할 수는 있다.

인터넷은 사용자들에게 마치 익명의 느낌을 주지만, 실제로는 사용자들의 세세한 이용행태가 다른 이용자들에게 드러나므로 프라이버시가 침해될 여지가 있다. 오늘날 인터넷 및 웹 환경은 보안이 부재한 정보의 바다에 불과하며, 어떤 정보가 개인 정보인지에 대한 기준 및 원칙도 명확하지 않다.

▲ 개인정보는 뜻하지 않게 유출되기 쉽기때문에, 인터넷 사용자가 의식적으로 자신의 개인정보를 보호하기 위한 노력을 기울여야 한다.

인터넷 사용자들에 관한 정보는 사용자가 웹사이트를 방문할 때마다 합법적으로 또 자동 방식에 의해 포착되며, 사용자 컴퓨터의 하드디스크에 '쿠키파일'이란 이름으로 기록된다. 그렇게 되면, 웹사이트 소유주나 온라인 감사대행사가 쿠키파일 및 기타 기록으로부터 정보를 추출해 제3자에게 판매할 수 있다. 그뿐만 아니라, 인터넷 및 웹이 종종 인터넷 사용자가 특정 웹사이트 측에 제공한 개인정보를 해킹한 자들에 의해 탈취 대상이 되고 있다.

그럼에도 불구하고 사용자가 자신의 개인정보를 보호할 수 있는 방법들은 있다. 예를 들어, 이메일 송수신자가 모두 상호 호환이 되는 암호화 소프트웨어를 사용할 경우 민감한 이메일은 암호화 기법으로 보호하는 것이 가능하다. 또 인터넷 서비스업체에 사용자 자신의 이름 및 개인정보를 제3자에게 제공하지 말라고 요청할 수 있다. 끝으로, 페이스북, 인스타그램 등 SNS 사이트의 사용자 프로필에서 개인 인적사항 및 취미 정보를 공개하지 못하도록 세팅할 수 있다.

01 기업 정보시스템의 보안침해는 사전예방에 비해 사후처리가 비용이 더 적게 발생한다.

　정답　×

　해설　사전처리가 훨씬 더 큰 비용이 발생할 수 있으므로, 사전예방의 노력을 기울여야 한다.

02 백도어는 시스템 개발 과정에서 악의적인 목적으로 생성된다.

　정답　×

　해설　프로그래머가 악의적인 목적보다는 추후 프로그램 수정보완할 목적으로 남기지만, 이를 추후 해커가 악용할 수 있는 여지가 있다.

03 신분 도용은 그 자체로 컴퓨터 범죄이긴 하나, 이를 토대로 제2차 범죄를 저지를 수 있다.

　정답　○

　해설　도용된 신분은 신용카드 사기, 의료혜택 사기 등 제2차 범죄에 이용될 수 있다.

04 보안침해 사고 발생시 기업이 입을 수 있는 피해와 거리가 먼 것은?

① 매출 감소　　　　　　　　　② 법정소송에 따른 형사책임

③ 기업 이미지 훼손　　　　　　④ 이직률 증가

　정답　④

　해설　이직률은 보안침해 사고와 직접적인 관련이 없다.

05 취약점 분석의 단계 중 조직내 시스템 취약점을 탐색하는 단계는?

① 시스템의 정보자원들의 목록 작성

② 계량적 가치 및 중요성에 따라 정보자원 랭킹

③ 개별 자원에 대한 취약점 혹은 위협 규명

④ 중요한 자원부터 취약점 제거

　정답　③

　해설　취약점 혹은 잠재적 위협을 규명하는 단계에서 시스템 취약점을 탐색/분석한다.

06 오늘날 기업에서 시스템 취약점이 발생하는 주요 원인으로서 적절하지 못한 것은?

① 시스템 복잡성의 증가　　　　② 시스템 접속이 더 용이해짐

③ 암호관리 결함 증가　　　　　④ 인터넷 사용자의 증가

　정답　④

　해설　인터넷 사용자의 수는 취약점 증가와 관련이 없다.

07 다음 시스템 취약점의 유형 중 DoS 및 DDoS 공격과 관련있는 취약점은?

① 하드웨어 취약점　　　　　　② 소프트웨어 취약점

③ 네트워크 취약점　　　　　　④ 인력 취약점

정답　③

해설　서비스 거부공격에 속하는 DoS 및 DDoS는 네트워크 취약점이다.

08 다음 시스템 취약점의 유형 중 먼지나 습도와 관련이 깊은 것은?

① 하드웨어 취약점　　　　　　② 소프트웨어 취약점

③ 네트워크 취약점　　　　　　④ 인력 취약점

정답　①

해설　먼지, 습도, 온도 등의 요소들은 하드웨어 취약점에 속하는 것으로서 적절하게 관리가 되지 않을 경우 서버의 다운현상을 불러올 수 있다.

09 다음 보안 위협요소 중 인터넷 서버에 악의적으로 가짜 트래픽을 빠르게 생성시켜 서버가 다운되게 하는 것은?

① 비승인 삭제　　　　　　　　② 비승인 사용

③ 서비스거부 공격　　　　　　④ 비승인 변조

정답　③

해설　서비스거부(DoS) 공격은 서버에 가짜 트래픽을 발생시켜 서버 접속을 불능화시키는 해킹 유형에 속한다.

10 신분도용의 유형으로 옳지 않은 것은?

① 범행목적의 신분도용　　　　② 재무적 신분도용

③ 의료적 신분도용　　　　　　④ 법률적 신분도용

정답　④

해설　법률적 신분도용이란 것은 존재하지 않는다.

11 다음 중 프라이버시의 개념과 가장 관련이 깊은 것은?

① 정보공개의 통제　　　　　　② 정보저장의 통제

③ 정보가공의 통제　　　　　　④ 정보삭제의 통제

정답　①

해설　프라이버시란 개인정보의 공개 및 사용을 사용자가 직접 통제할 수 있는 능력을 뜻한다.

12 프라이버시 관련 법안과 관련해 옳지 못하게 기술한 것은?

① 프라이버시 법안과 관련한 대안으로서 사전동의와 사후거부 방식이 있다.

② 사전동의란 개인이 자신에 관한 데이터의 수집을 사전에 동의하는 것을 뜻한다.

③ 사후거부란 개인이 수신자가 발송자에게 수신거부 의사를 밝혀야만 메일발송이 금지된다.

④ 사전동의 및 사후거부 둘다 프라이버시를 유지하는데 별 도움이 되지 못한다.

정답 ④

해설 사전동의 및 사후거부는 둘 다 프라이버시를 지원할 목적으로 탄생한 방식이다.

13 미국 9/11 테러공격은 다음 중 어떠한 유형의 보안 위협요소에 속하는가?

① 천재지변 및 인재사고　　　　② 의도적 행위

③ 비의도적 행위　　　　　　　④ 악성 코드

정답 ①

해설 9/11 테러공격은 인간의 실수 혹은 부주의로 인해 발생한 인재사고이다.

14 (　　　　　　)이란 공격자가 시스템 정보보안체계를 무력화시키기 위해 이용할 수 있는 허점이다. 빈칸에 적합한 단어는?

정답 취약점 (혹은 시스템 취약점)

15 일반적으로 개인이 자신의 사적 정보의 공개 및 사용을 통제할 수 있는 능력을 가리켜 (　　　　　　)라고 부른다.

정답 프라이버시

요약

- 오늘날 일상업무를 정보기술에 의존하는 기업들은 그들의 정보시스템 자원이 자연재해나 인간의 침입 등 다양한 보안 위협요인에 노출될 수 있으므로, 정보시스템 보안은 정보화 시대의 중요한 이슈로 점차 부상하고 있다.

- 정보시스템 보안이란 보안 위협요소들로부터 데이터 및 정보시스템을 보호하는 것을 뜻한다.

- 시스템 취약점이란 공격자가 시스템 정보보안체계를 무력화시키기 위해 이용할 수 있는 허점이다. 따라서 기업 정보시스템의 보안침해사고는 시스템취약점이 존재하기때문에 발생한다.

- 취약점은 그 출처에 따라 하드웨어, 소프트웨어, 네트워크, 인력, 웹사이트 그리고 조직으로 나뉜다.

- 정보시스템 보안의 위협은 기업의 내부나 외부에서 인간이나 비인간에 의해 의도적 혹은 비의도적인 목적으로 나타날 수 있으므로, 기업은 이에 대해 조심스럽게 대책을 마련하여야 한다.

- 흔히, 보안의 위협요인은 크게 천재지변 및 인재사고, 비의도적 행위 그리고 의도적 행위의 세 가지로 분류된다.

- 비의도적 행위에는 인간의 오류가 큰 비중을 차지하며, 또한 사회공학도 여기에 포함된다. 사회공학은 공격자가 자신의 신분을 신뢰있는 제3자로 위장하고 개인정보를 빼내거나 금전적 이득을 취하는 행위이며, 피싱이 그 예에 속한다.

- 의도적 행위는 해킹 행위, 악의적 소프트웨어, 신분 도용의 세 가지로 세분화된다.

- 해킹은 승인없이 데이터를 접속, 변조 혹은 삭제하거나 시스템 접속을 불능화시키는 행위로서 심각한 컴퓨터 범죄에 해당한다.

- 분산서비스거부(DDoS) 공격이란 네트워크 서버나 웹 서버를 악의적으로 가상적인 트래픽을 발생시켜 서버를 마비시킴으로써 접속이 불능화되는 해킹공격이다.

- 신분 도용이란 공격자가 의도적으로 자신을 다른 개인의 신분으로 가장해 시스템 접근을 획득하는 행위이다.

- 프라이버시란 일반적으로 개인이 자신의 사적 정보의 공개 및 사용을 통제할 수 있는 능력을 뜻한다.

- 프라이버시 법안에는 사전동의 방식과 사후거부 방식이 있는데, 소비자보호단체들은 흔히 사전동의 방식을 지지하는 반면, 대부분 기업들은 사후거부 방식을 지지한다.

- 사전동의(Opt-In)는 수신자의 권리를 중시해 수신자가 사전에 동의해야만 광고 이메일이나 전화를 할 수 있게 하는 방식이다. 유럽연합은 사전동의 방식을 채택하고 있다.

- 사후거부(Opt-out)는 수신자가 발송자에게 수신 거부 의사를 밝혀야만 이메일 발송이 금지된다는 점에서 발송자의 권리를 중시한다. 미국과 일본은 사후거부 제도를 시행하고 있다.

아마존, 로봇 청소기 기업 인수에 개인 프라이버시 침해 우려

로봇 청소기는 집안 일의 부담을 낮춰준 혁신적 제품이다. 혼자 집 구석 구석을 다니며 먼지를 빨아들이는 로봇 청소기 덕분에 우리는 허리를 구부려 진공 청소기를 소파 밑바닥에 밀어 넣는 번거로운 일에서 해방됐다.

로봇 청소기를 대중화한 기업은 미국의 아이로봇이다. 1990년 MIT 인공지능랩 출신들이 주축이 돼 설립한 이 회사의 로봇 청소기 '룸바'는 4,000만 대 이상 보급됐다.

로봇 청소기의 대명사 아이로봇이 아마존에 인수된다. 아마존은 최근 17억 달러(약 2조2,000억 원)를 현금으로 지급해 아이로봇을 인수한다는 계획을 밝혔다. 아마존이 인수한 기업 중 식료품 체인 홀푸드(137억 달러)나 영화사 MGM(84억5,000만 달러)에 비하면 낮은 가격이지만, 온라인 신발 쇼핑 서비스 자포스나 자율주행 기업 죽스(각 12억 달러)보다 높다.

아이로봇 인수로 아마존은 스마트홈 전략에 더욱 박차를 가할 전망이다. 이미 아마존은 스마트 스피커 '에코'와 가정용 보안 카메라 '링', 스마트 와이파이 중계기 등을 팔고 있다. 사람들이 사고 팔고, 먹고, 입고, 보고 읽고, 거주하는 생활의 모든 영역에 손을 뻗쳐 본업인 커머스 사업을 효율화하고 시장지배력을 강화하는 전략을 착실히 실천하고 있다.

우리 집 내부 지도 그리는 로봇 청소기

이런 아마존 전략의 핵심은 사용자 데이터다. 하지만 너무 많은 데이터를 너무 잘 활용한다는 점에 대한 우려는 계속 커지고 있다. 시민의 프라이버시를 침해할 가능성이 크기 때문이다.

아이로봇 인수도 비슷한 우려를 일으키고 있다. 룸바는 집 안 곳곳을 돌아다니며 스스로 구조를 학

▲ 이커머스 플랫폼 아마존에서 룸바와 아마존의 스마트 스피커 에코 닷을 패키지로 묶어서 팔고 있다.

습해 집 내부 지도를 그리고, 장애물을 피해 가며 지도에 따라 청소를 한다. 스마트 매핑은 룸바의 핵심이다. 다시 말하면, 아마존은 이제 4,000만 가정의 집 내부 상황을 알 수 있게 된다는 것이다.

각 방의 위치나 넓이는 어떤 지, 가구는 어떻게 놓여 있는지 알 수 있다. 바닥에 장난감이 많이 놓여 있으면 어린 아기를 키우는 집으로, 가구가 별로 없다면 가구를 더 많이 팔 가능성이 있는 집으로 판단할 수 있다는 이야기다. 가정의 라이프 스타일이나 생활환경, 자산 등에 대한 차별적 데이터를 얻을 수 있다. 아이로봇 CEO는 2017년 한 언론 인터뷰에서 룸바의 지도 기능으로 얻은 데이터를 아마존이나 구글 같은 회사에 판매하는 수익 모델 도입을 언급한 바 있다.

이 데이터는 아마존이 우리의 생활 방식에 대해 보다 면밀히 파악해 보다 효과적인 서비스를 제공하는데 쓰일 것이다. 아마존 입장에선 맞춤형 서비스지만, 소비자 입장에선 꺼림직 한 일일 수 있다.

아마존의 미국 내 시장점유율이나 사용자 맞춤형 서비스를 위해 데이터를 대량으로 수집하고 활용하는 행태에 비추면 이런 우려는 지나친 것은 아니다.

최근 아마존은 가정용 보안 카메라 링에서 촬영된 영상을 사용자 동의 없이 경찰에 넘겼다는 사실이 드러나 논란에 휩싸였다. 링은 현관 문 같은 곳에 설치하는 보안 카메라로 촬영된 영상은 클라우드에 저장된다. 집에 도둑이 들거나 누가 문 앞에 놓인(아마도 아마존에서 구매한) 택배 물건을 가져가는지 등을 감시하는데 쓰일 수 있다. 단독 주택 위주인 미국 주거 환경에선 제법 유용해 보인다.

아마존이 의회에 제출한 자료에 따르면, 아마존은 올해 사용자 동의나 법원 영장 없이 11번에 걸쳐 링 카메라 촬영 영상을 수사기관에 제출했다. 링 영상은 사용자 동의나 법원 영장이 있어야 경찰이 접근할 수 있긴 하지만, 긴급한 경우엔 이런 절차 없이 영상을 제공할 수 있다는 규정도 약관에는 있다.

총기 난사가 벌어졌거나 아이가 유괴되는 등 빠른 시간 안에 시급히 해결하는 것이 무엇보다 중요한 상황도 있기 마련이다. 아마존은 "경찰의 요청에 대해 선한 의도의 신뢰를 바탕으로 결정한다"라고 밝혔다. 이 11건의 사건이 무엇인지, 선한 의도의 결정의 기준이 무엇인지 등은 밝히지 않았다.

이런 문제에 완전한 기준이나 정답이 있을 수는 없다. 하지만 경찰 등 국가 권력이 시민의 데이터에 접근하기 시작하면, 그 요구는 점점 잦아지고 확대될 수 있다. 아마존이 링 사업을 위해 전국의 경찰이나 수사기관 등과 제휴를 확대하고 있고, 인공지능 안면인식 기술인 '레코그니션(Rekognition)'을 경찰에 판매하는 사업을 추진했던 점 등을 생각하면 이런 우려는 더 커질 수밖에 없다.

우리 삶 감시하는 아마존의 기기들

아마존은 산하 영화사 MGM을 통해 링에 찍힌 재밌는 영상을 활용한 TV 예능 프로그램 제작에 나서는 등 미디어를 활용한 여론전도 준비하고 있다.

거대한 사용자 기반을 가진 테크 대기업들은 사람들의 삶에 깊숙이 침투해 있다. 사람들이 아마존

▲ 가정용 보안카메라 링에서 촬영된 영상은 클라우드에 저장되고, 사용자는 클라우드에서 영상을 볼 수 있다.

에서 사는 물건이나 아마존 프라임에서 보는 영화는 사용자에 대해 많은 정보를 알려준다.

이들의 손은 오프라인 공간으로도 뻗친다. 방마다 놓인 인공지능 스피커, 현관에 달린 링 카메라, 바닥을 쓸고 다니는 로봇 청소기는 우리가 사는 집이 어떻게 생겼는지, 집에 무엇이 있고 무엇이 없는지, 주변 환경은 어떤 지에 대한 데이터를 제공한다. 아마존은 집을 지키는 역할도 할 수 있는 반려로봇 '아스트로'를 만들었고, 보안용 실내 드론 개발 계획도 밝혔다. 아마존의 클라우드 컴퓨팅은 이러한 제품과 서비스를 하나로 묶어준다.

이들 제품은 모두 사용자의 편리함을 위해 존재한다. 미래 SF 영화에서나 보던 스마트홈이 가까워지고 있다. 그러나 이 스마트홈을 서비스 제공자의 입장에서 보면 사용자의 모든 행동과 환경에 대한 데이터가 실시간으로 전달되는 스마트 모니터링 시스템이다.

아마존은 이제 온라인 커머스가 아니라 감시 기술(surveillance)로 돈을 버는 회사로 변모하고 있다는 우려가 과장만은 아니다.

이는 아마존만의 이야기가 아니다. 구글, 애플, 메타, 네이버, 카카오, 쿠팡 같은 테크 대기업들은 무료 소셜미디어, 메신저, 편리한 뱅킹 및 결제 서비스, 차량 호출, 쇼핑과 배달, 인공지능 스피커 등을 촘촘히 엮어 우리의 삶을 들여다보려 하고 있다. 우리의 미래는 편리한 감옥일 수 있다.

출처: 이코노미스트, 2022. 8. 20

토의문제

1. 아마존에서 로봇 청소기업체 아이로봇을 인수하면서 왜 프라이버시 침해 우려가 제기되고 있는가?

2. 기업이 판매한 제품을 고객이 이용하는 과정에서 발생한 사용자 데이터를 해당 기업이 제품개선 목적으로 접근하는 것이 타당한가? 타당 여부에 관한 자신의 답변을 논리적으로 뒷받침할 수 있는 설명을 제시하시오.

3. 사례 본문에서 로봇 청소기 이외에 프라이버시 침해 우려가 있다고 주장하는 다른 아마존 기기들은 무엇이며, 또 이들 기기는 각각 어떤 근거에서 프라이버시 침해가 존재할 수 있는지 설명하시오.

4. 기업이 고객의 제품 사용과 관련해 수집하는 데이터와 관련하여 제기될 수 있는 프라이버시 침해 우려를 근본적으로 피할 수 있는 방법을 제시하시오.

영문색인

denial of service: DoS 283

Digitaldivide 10

distributed denial of service: DDoS 283

downstream supply chain 188

E

EAI(enterprise application integration) 162

EC2 102

EDI, Electronic Data Interchange 245

EDLP: Every Day Low Price 192

EFT(Electronic Fund Transfer) 245

e-Government 256

Elastic Compute Cloud(EC2) 서비스 100

Elasticity 99

electronic meeting 230

enterprise portal 231

enterprise software 165

ERP(enterprise resource planning) 162, 166, 244

exhaust data 68

explicit knowledge 222

F

Facebook 132, 135

Friendster 134

G

globalization 12

GPU(Graphics Processing Unit) 39, 40, 44

graphical user interface 11

Groupon 259

H

hacking 281

Huggies 145

Human Genome Project, HGP 65

Hybrid Cloud 106

I

IaaS: Infrastructure as a Service 43, 101

identify theft 286

industrial espionage 283

Influencer 72

information reporting system 18

information superhighway 10

Instagram 136

internal supply chain 188

Internet of Things: IoT 41

IOS, Inter-organizational System 245

IoT 68, 80

IoT, Internet of Things 203

K

knowledge-based economy 217

knowledge lifecycle 225

knowledge management system 229

L

Lacoste 147

LG 147

Life Time Value, LTV 198

Linkedin 132, 135

load balancing 99

Lotus Notes 230

M

Machine Learning 38

Mazda 16

middleware 162

MRO(Maintenance, Repair and Operations) 255

[저 자 약 력]

● 차 훈 상

[학력]
- 서울 대학교 공학사 (금속공학 전공, 1998)
- 미국 University of Arizona 경영학석사 (경영정보시스템 전공, 2003)
- 미국 University of Arizona 경영학박사 (경영정보시스템 전공, 2007)

[경력]
현, 미국 메릴랜드 솔즈베리 대학교 경영대학 경영정보시스템 교수
- 중앙대학교 경영대학 경영정보시스템 부교수 (2011~2013)
- 미국 메릴랜드 솔즈베리 대학교 경영대학 경영정보시스템 조교수 (2007~2011)
- 삼성 SDS, IT 컨설턴트 (1998~2001)

[저서]
- e-비즈니스와 e-커머스 (법문사, 공저, 2019)
- 디지털 기업을 위한 경영정보시스템 (법문사, 공저, 2021)

● 홍 일 유

[학력]
- 미국 Indiana University 경영학사
- 미국 University of Illinois 경영학석사
- 미국 University of Arizona 경영학박사 (경영정보시스템 전공)

[경력]
- 현, 중앙대학교 경영대학 경영정보시스템 명예교수 (http://ihong.cau.ac.kr)
- 미국 Western Kentucky University 경영대학 조교수, 한국경영정보학회 이사, (주)대교 부설대학원 원격
  교육과정 자문교수, 한국능률협회 자문교수 등 역임
- 미국 UCLA Anderson School of Management 방문교수 (2003~2004)

[저서]
- 디지털시대의 이비즈니스와 이커머스 (법문사, 2022)
- e-비즈니스와 e-커머스 (법문사, 공저, 2019)
- 디지털 기업을 위한 경영정보시스템 (법문사, 공저, 2021)
- 디지털경제시대의 기업 IT활용사례 (법문사, 2001)
- 신기업 창조를 위한 발상의 전환 (도서출판 애드텍, 1996)
- "Classifying B2B inter-organizational systems: a role linkage perspective"(Book Chapter),
  Inter-Organizational Information Systems in the Internet Age, Idea Group Inc., 2004.

경영정보의 이해 제2판

2018년   10월   15일   초판 발행
2023년   2월   25일   제2판 발행

공저자   차 훈 상 · 홍 일 유
발행인   배   효   선

발행처   도서
출판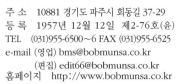

주 소   10881 경기도 파주시 회동길 37-29
등 록   1957년 12월 12일 제2-76호(윤)
TEL   (031)955-6500～6 FAX (031)955-6525
e-mail (영업) bms@bobmunsa.co.kr
      (편집) edit66@bobmunsa.co.kr
홈페이지   http://www.bobmunsa.co.kr

조 판 (주) 성 지 이 디 피

정가 26,000원   ISBN 978-89-18-91388-9